金融科技

江苏的创新与实践

江苏省互联网金融协会项目

金融科技
江苏的创新与实践

Financial Technology
Innovation and Practice in Jiangsu Province

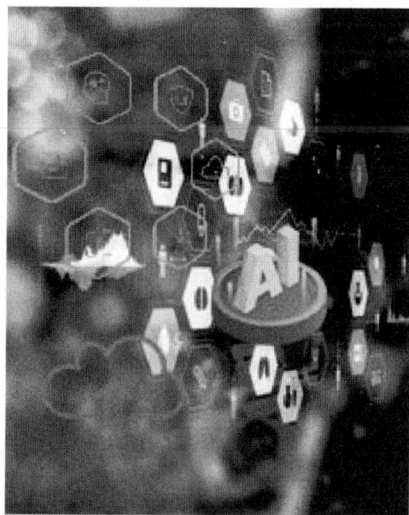

■ 黄金老　主编

东北财经大学出版社　大连
Dongbei University of Finance & Economics Press

图书在版编目（CIP）数据

金融科技：江苏的创新与实践 / 黄金老主编．—大连：东北财经大学出版社，2020.10
ISBN 978-7-5654-3906-3

Ⅰ．金… Ⅱ．黄… Ⅲ．金融–科学技术–研究–江苏 Ⅳ．F832.753

中国版本图书馆CIP数据核字（2020）第125759号

东北财经大学出版社出版发行

　大连市黑石礁尖山街217号　邮政编码　116025

　网　　址：http://www.dufep.cn

　读者信箱：dufep @ dufe.edu.cn

大连图腾彩色印刷有限公司印刷

幅面尺寸：170mm×250mm　字数：421千字　印张：28.25
2020年10月第1版　　　　　　　　2020年10月第1次印刷
责任编辑：李　季　刘　佳　刘东威　责任校对：孟　鑫　石建华　吉　扬
　　　　　刘慧美　王　玲
封面设计：原　皓　　　　　　　　版式设计：原　皓
定价：88.00元

《金融科技：江苏的创新与实践》
编委会

主　编　黄金老

编委会成员（按姓氏笔画排序）

丁　媛	于中磊	马　成	马晓丹	王　元
王远林	王　勇	王春生	王　振	方西陆
井彬建	王耀东	石　宁	左家维	左强翔
卢启祯	华文倩	孙　扬	孙华蔚	刘培彬
江念南	朱　琨	向　楠	严维金	杜　虎
杜　娟	李千目	陈天翔	李加庆	陈加明
吴宇红	肖　军	汪祖刚	沈春泽	李竞元
张晓雷	宋　晨	张　康	陈菲琪	陈嘉宁
陈　瞰	陈　霞	郑广飞	昌龙飞	孟令威
周张泉	周治翰	季　峰	季常青	欧　琼
罗　斐	赵成国	施旭健	施志晖	胡骁勤
钟　颖	徐文健	顾浩楠	顾慧君	徐跃峰
陶　金	桑　杰	陶竞红	黄大智	黄乐平
曹石金	梁　昆	黄　馨	蒋建明	葛　婧
虞卫东	鲍海鸿	蔡亚新	薛洪言	戴中原
檀永宜				

支持单位

中国人民保险江苏分公司

开鑫金融科技服务江苏有限公司

天安财险江苏省分公司

东吴人寿保险股份有限公司

华泰证券股份有限公司

华云数据集团

江苏苏宁银行股份有限公司

江苏省广电网络科技发展有限公司

江苏省农村信用社联合社

江苏省信用再担保集团

江苏省联合征信有限公司

江苏银行股份有限公司

江苏银承网络科技股份有限公司

苏宁金融科技有限公司

苏州企业征信服务有限公司

苏州思必驰信息科技有限公司

苏州银行股份有限公司

企查查科技有限公司

利安人寿保险股份有限公司

南京三百云信息科技有限公司

南京工业大学

南京可信区块链与算法经济研究院有限公司

南京市华博互联网科技小额贷款有限公司

南京市焦点互联网科技小额贷款有限公司

南京证券股份有限公司

南京迪普思数据科技有限公司

南京理工大学

南京银行股份有限公司

科沃斯商用机器人有限公司

紫金财产保险股份有限公司

前言

　　全行业都在拥抱金融科技。科技使金融变得更简单。没有金融科技，做不好普惠金融。普惠金融的"普"字，对应海量用户，离开科技助力，就不可能低成本、高效率地做好用户营销、风险识别和贷后服务工作；普惠金融的"惠"字，离不开金融科技的降本增效作用，金融服务各项成本降下来，才能惠及广大用户。

　　金融科技不是一股风潮，而是被实践验证的行业趋势。同用户、资金一样，金融科技正成为金融业的基本生产要素。作为一种生产要素，金融科技发挥的是乘数效应，具有重塑金融业版图的力量。

　　2019 年 8 月，中国人民银行印发《金融科技（FinTech）发展规划（2019—2021 年）》，推动建设金融科技的"四梁八柱"。彼时，金融业内部的金融科技实践早已百舸争流千帆竞，部分机构更是凭借自身在流量、技术、数据与人才等方面的领先优势获得市场认可。

　　江苏省作为中国经济强省，在人才、资本、产业数据等方面积累深厚，创新意识强。伴随着金融科技大发展，江苏省涌现出一批有实力的金融科技企业。这些企业，或为金融持牌机构，或为专业科技公司、智能设备企业，基于多年的创新投入及行业实践，在金融科技领域取得了诸多创新及应用成果，推出了领先的产品及解决方案，积累了宝贵经验。

　　基于此，江苏省互联网金融协会联合各会员单位，推出《金融科技：江苏的创新与实践》，系统展示江苏省金融科技发展现状与特色创新成果，以期为读者提供借鉴。

　　本书主要从技术创新与业态应用两方面，对江苏省的金融科技发展脉络和金融科技特色案例做系统梳理，同时介绍江苏省在金融科技研发及人才培养方面的经验，以及对金融科技发展给予的政策支持。

　　在技术创新层面，江苏省在数据风控、区块链技术、物联网技术、支付科技、RPA 技术六大领域，打造出一批具有自主知识产权的领先科技成果，形成了具有自身特色的金融科技优势发展体系。在业态应用层面，江苏省的金融从业机构众多，涉及银行、保险、证券、信托、消费金融公司、互联网小额贷款（以下简称互联网小贷）公司、征信等各领域，这些机构将金融科技广泛应用于业务实践中，其中消费金融、小微金融、供应链金融、农村金融、保险业务、证券业务、智能运营七大领域是应用重点。

具体来看，江苏银行、南京银行、苏州银行、江苏苏宁银行、紫金保险、紫金农商行、太平保险、华泰证券、南京证券、江苏平安产险、东吴人寿、天安财险、利安人寿、焦点小贷等金融机构，苏宁金科、开鑫金服、科沃斯、思必驰、迪普思、华云数据、同城票据网、企查查、车300等科技类企业，都做了较为成熟的探索尝试，积累了诸多创新研发成果，并广泛输出、应用于金融机构展业实践之中。

金融科技是一个开放的生态，发展金融科技需要开放的心态。我们相信，江苏省金融科技实践对绝大多数金融机构而言，具有很强的可借鉴性和可迁移性。

金融与科技互为促进，带来了商业模式的创新变革，促进了金融行业降本增效，尤其推动了普惠金融的深化发展。如果把视线从金融业移开，整个产业互联网的发展进程也孕育着很多机遇。大数据、人工智能、5G、区块链、物联网等技术在推动产业数字化、智能化方面已经有了很好的探索，未来也能发挥更大的作用。

金融科技，未来大有可为！博采众长乃创新之本，希望此书的出版能为国内金融科技产业的迭代创新，贡献一份绵薄之力。

黄金老

2020年9月

目录

第1章　江苏金融科技发展概览／001

1.1　江苏经济实力／001

1.2　江苏金融实力／011

1.3　江苏科技实力／025

1.4　江苏省金融机构金融科技发展重点／040

第2章　江苏金融科技发展情况／056

2.1　导语／056

2.2　大数据风控／058

2.3　区块链技术／094

2.4　金融AI／125

2.5　物联网金融／158

2.6　支付科技／177

2.7　RPA技术／198

第3章　金融科技应用／209

3.1　消费金融科技／211

3.2　小微金融科技／237

3.3　农村金融科技／261

3.4　供应链金融科技／286

3.5　保险科技／309

3.6　证券科技／348

第4章　金融科技人才和科研／374

4.1　江苏省的人才优势／374

4.2　高校科研资源和人才培养／378

4.3　省内金融机构概况及需求 / 385

4.4　人才培养和组织架构的典型案例 / 397

第5章　江苏金融科技政策 / 402

5.1　金融科技产业规划 / 402

5.2　金融科技企业和人才扶持政策 / 405

第6章　未来江苏金融科技发展展望 / 414

6.1　金融科技发展展望 / 414

6.2　投融资热点和趋势 / 421

6.3　江苏金融科技向何处去 / 429

第7章　江苏省金融科技大事记（2019）/ 432

第1章
江苏金融科技发展概览

1.1 江苏经济实力

江苏省作为经济大省、开放大省、创新大省，在经济规模、产业结构高度、政府治理水平、技术进步和创新环境、开放程度等各个方面，均名列全国前茅。

1.1.1 经济规模大，综合实力强

2019年，江苏省经济总量再上新台阶。2019年实现地区生产总值9.96万亿元，比上年增长6.1%，占全国比重达10.1%，仅次于广东省，排名全国第二，固定资产投资增长5.5%。其中，工业投资、工业技改投资、民间投资分别增长8%、10.7%、10.8%。228个省重大实施项目完成投资5 300亿元。社会消费品零售总额达3.53万亿元，同比增长6.2%，限额以上网上零售额增长超过20%。

从动态来看，江苏省综合实力不断增强，来源于经济持续的增长与发展。中华人民共和国成立以来，江苏省坚持以发展为第一要务，不断解放和发展社会生产力，经济总量大幅提升。全省经济总量由"十二五"初期的5.4万亿元增长到"十三五"的近10万亿元，近年来江苏省经济规模依然持续增长，预计到2020年年底，经济总量将较"十二五"初期翻番。江苏省地区生产总值及其增长情况如图1-1所示。

1.1.2 高质量发展态势良好

2019年，面对经济下行的压力和复杂的外部环境，江苏省全年经济增速始终稳定在6%～7%的中高速增长区间。年末城镇登记失业率为3.0%，仍处于较低水平。在面对世界经济增长放缓、外部需求动力疲弱、中美经贸摩擦等众多不利因素的大背景下，全省主要经济指标保持平稳增长，经济发展取得了良好的成绩。

高质量发展态势良好，也体现在了生产率的提高上。2019年，江苏省劳

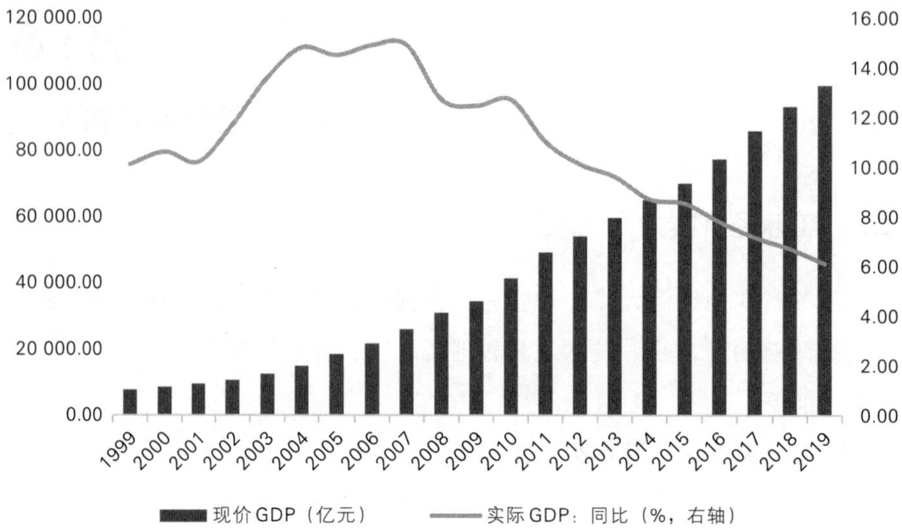

图1-1　江苏省地区生产总值及其增长情况

资料来源：江苏省统计局。

动生产率持续提高，平均每位从业人员创造的增加值达20.98万元，比2018年增加13 790元，处于全国领先水平。

1.1.3　经济活力强

江苏省经济始终保持较强的活力。

第一，小微企业的生产活动较快增长是其中的重要体现。2019年小微工业企业增加值同比增长9.2%，增速高于规模以上工业企业3个百分点，高于大中型企业4.4个百分点。

第二，企业税费负担明显下降。2019年全省新增减税降费2 200亿元。其中，1—11月，全省规模以上工业企业应交增值税同比下降6.2%，增速比上年同期回落10.6个百分点；税负率（应交增值税占营业收入比重）为1.86%，比上年同期下降0.39个百分点。1—11月，全省规模以上服务业企业三项税金增长2.0%，增速比上年同期回落4.3个百分点；企业销售费用增长2.1%、管理费用下降5.1%，增速比上年同期分别回落1.5个、10.6个百分点。

第三，市场主体数量增多。"放管服"改革纵深推进。2018年，江苏省成为全国第二个市场主体突破900万户的省份。2019年，江苏省新登记市场主体184.1

万户、平均每天登记5 044户，其中企业有54.3万户、平均每天登记1 488户。

第四，江苏省创新创业生态进一步优化。高质量推进大众创业、万众创新，2018年省级以上众创空间达746家，新增5家国家级专业化众创空间，"双创"带动就业占城镇新增就业的50%以上。大力发展专业化孵化载体，省级以上创业孵化载体超过1 600家。

1.1.4 产业结构合理

江苏省产业结构高度持续提升，第二、第三产业比例持续趋于合理。同时，制造业、服务业内部的发展质量更高，更具内涵。

结构调整步伐加快。2019年，江苏省三次产业增加值的比重为4.3%、44.4%、51.3%，第三产业增加值占江苏省地区生产总值的比重比上年提高0.9个百分点，产业结构继续向"三二一"的现代产业构架稳步优化（参见图1-2）。对比全国三次产业7.1%、39%、53.9%的产业结构比重，江苏省的第三产业比重较低、第二产业比重较高。这并不代表江苏省服务业发展滞后，而是从侧面反映了江苏省工业和制造业基础雄厚，规模巨大，发展良好。2019年江苏省实现工业增加值同比增长6.2%，高于江苏省地区生产总值增速0.1个百分点。

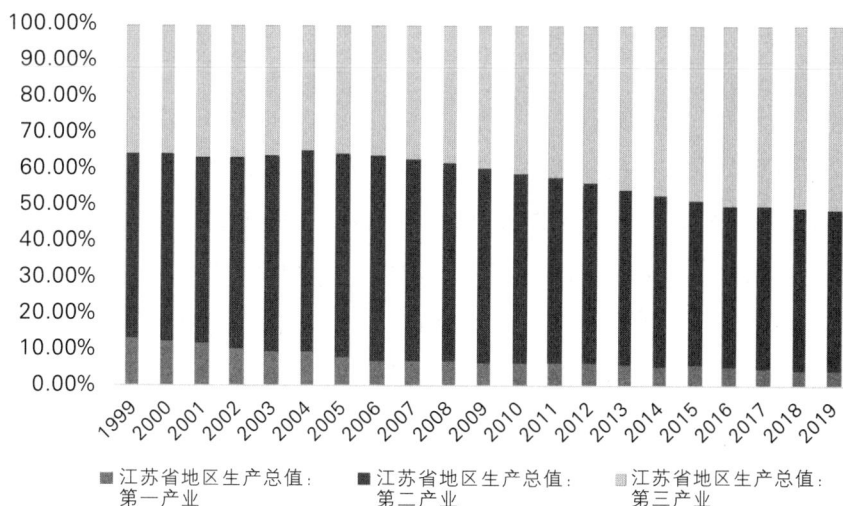

图1-2　江苏省产业结构变迁

资料来源：江苏省统计局。

1.1.5 制造业综合实力雄厚

改革开放以来，江苏省制造业经历了长期蓬勃发展。截至2019年，江苏制造业的规模连续9年保持全国第一，第二产业增加值4.4万亿元，占全国比重达11.5%，高于广东省和山东省（参见图1-3）。其中，2018年工业增加值规模超过3.6万亿元，占全国比重达12%。

（亿元）

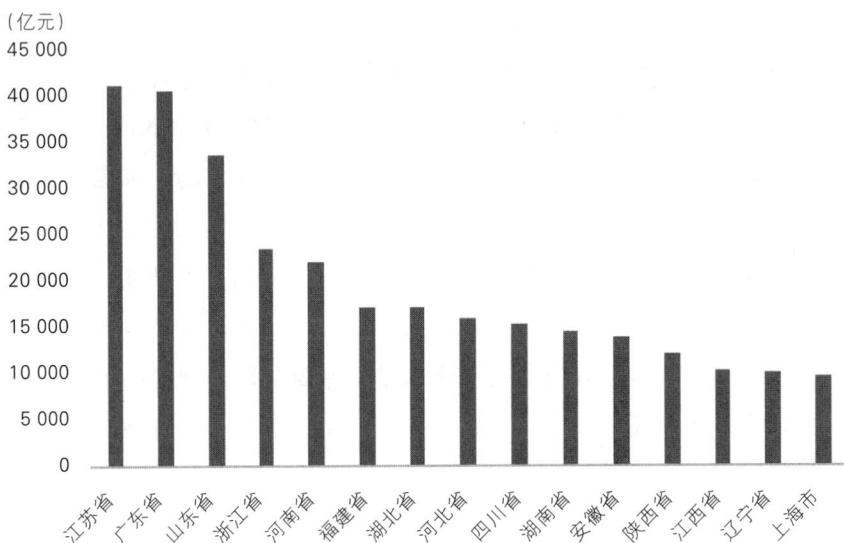

图1-3 江苏省第二产业增加值排名全国第一

资料来源：国家统计局。

近几年，江苏省大力发展战略性新兴产业，加快建设具有国际竞争力的先进制造业基地，推动13个先进制造业集群建设。2018年全省高新技术产业产值占规模以上工业比重达43.8%，比2012年提升6.3个百分点。其中，智能装备制造业、新材料制造业、电子及通信设备制造业产值规模很大，都超过了万亿元，航空航天制造业、仪器仪表制造业、生物医药制造业等新兴产业的增长较快。18个国家级和省级战略性新兴产业集聚区集聚了60%以上的战略性新兴产业产值，产业集聚程度极高，集约化、规模化发展态势渐成。

近年来，江苏省着重于提升工业企业综合竞争能力，为可持续发展奠定资源基础。2018年全省工业技术改造投资近万亿元，占工业投资的比重提升到 60.6%，对全部投资增长的贡献率近 45%。中国超过 1/5 的高新技术产品出口是江苏省贡献的。

1.1.6 现代服务业蓬勃发展

基于制造业雄厚的发展基础，江苏省现代服务业也在茁壮成长。2018年全省服务业增加值占地区生产总值比重达 51%，尽管这一比重低于全国平均水平，但这主要是因为江苏省发达的制造业规模巨大。

1）结构布局合理

江苏省服务业结构合理。2018 年，江苏省服务业增加值具体构成为：批发和零售业 10 736 亿元，交通运输、仓储和邮政业 3 039 亿元，住宿和餐饮业 2 059 亿元，金融业 6 668 亿元，房地产业 5 840 亿元，其他服务业 19 041 亿元（参见图 1-4）。2018 年，金融业增加值占服务业比重达 15.7%，比 2012 年提高 2.5 个百分点。租赁和商务服务业增加值占服务业的比重达 8.9%，比 2012 年提高 2.9 个百分点。

（亿元）

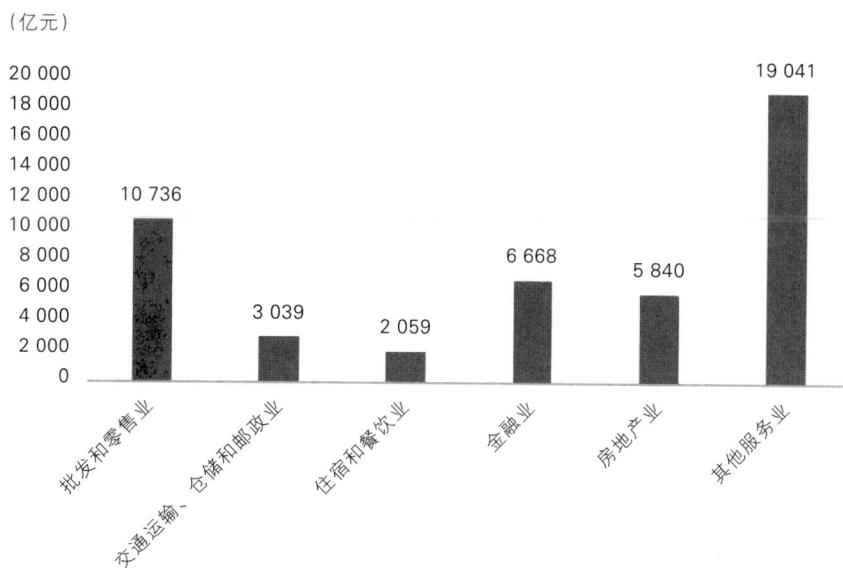

图 1-4　2018 年江苏省服务业主要构成

资料来源：江苏省统计局。

除了上述主要的细分服务业构成以外，以营业收入为口径进行衡量，2018年全省规模以上服务业中商务服务业、道路运输业、软件和信息技术服务业、专业技术服务业等5个行业营业收入超千亿元，其中商务服务业营业收入达2 691.2亿元，同比增长8%。

2）商业发展较为成熟

江苏省依靠制造业基础、人民收入水平的不断提高，发展出了较为成熟的商业。其中批发和零售业、住宿和餐饮业成熟程度较高。2018年，江苏省社会消费品零售总额达33 230.4亿元，较上年增长4.7%，2001—2018年年均增长14.8%（参见图1-5）。其中批发和零售业营业额达29 801.4亿元，住宿业营业额达249.8亿元，餐饮业营业额达3 179.1亿元。2018年，江苏省限额以上批发和零售业法人企业数达22 302个，从业人员近百万人，零售营业面积达2 800平方米。

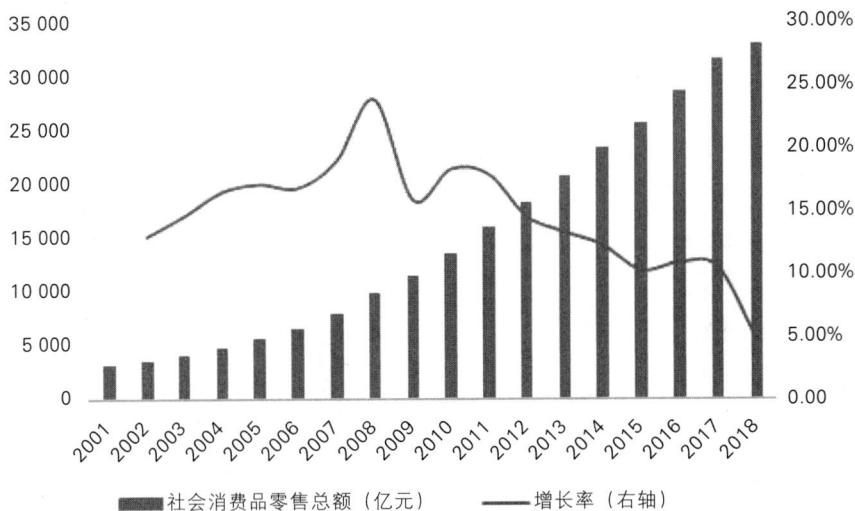

图1-5　江苏省社会消费品零售总额增长情况

资料来源：江苏省统计局。

3）服务业技术含量较高

江苏省服务业对江苏省总体经济增长、效率提高的拉动作用较大。在服务业中，生产性服务业占比达80%以上。高技术服务业占全部服务业的比重超过1/3，科技服务、新一代信息技术应用等新兴服务业快速发展。2018年，全省高技术服务业、战略性新兴服务业、科技服务业等技术含量高、业态领域新的服务行业均呈两位数以上增长，其中互联网和相关服务业实现营业收入914.5亿元，同比增长39%，增速位居各行业第一，对全省规模以上服务业营业收入增长的贡献率达25.9%。

金融科技产业的良好发展也是江苏省服务业技术含量较高的一大体现。南京的金融科技产业发展水平在全国所有城市中处于前列，无锡在物联网，苏州在软件、科技等方面具有坚实的产业基础。例如，无锡的物联网企业达2 000多家，年营收超过2 000亿元，其产业规模占据物联网产业规模的20%。发挥好这些城市在区域发展中的集聚辐射能力，将有效地带动其他地区金融科技产业的发展。当前，江苏省正着力建设区域金融科技中心，区域金融科技创新能力和创新水平得到明显提升。

1.1.7 创新能力持续增强

以建设"具有全球影响力的科技产业创新中心"为目标，江苏省把实施创新驱动发展战略、建设创新型省份摆在突出位置，区域创新能力连续多年位居全国前列，近年来江苏省也成为我国创新活力最强、创新成果最多、创新氛围最浓的省份之一。中国领跑全球的219项技术中，有33项出自江苏省。

2019年，江苏省全社会研发投入额超过2 700亿元，占地区生产总值比重达2.72%，比全国水平高0.53个百分点，企业研发投入额占比超过80%。万人发明专利拥有量达30.2件，同比增加3.7件。科技进步贡献率达64%。数字经济规模达4万亿元。图1-6列示了江苏省近年来专利授权数量的增长情况。

企业部门的技术进步是经济整体技术水平提升的重要基础。近年来，江苏省企业自主创新能力进一步增强。加快培育具有自主知识产权和自主品牌的创新型领军企业、独角兽企业和瞪羚企业，2018年新认定国家高新技术企业超过8 000家。2018年江苏省出台《江苏省科技型中小企业评价实施细则（试行）》，通过评价的科技型中小企业已超过15 000家。国家级企业研

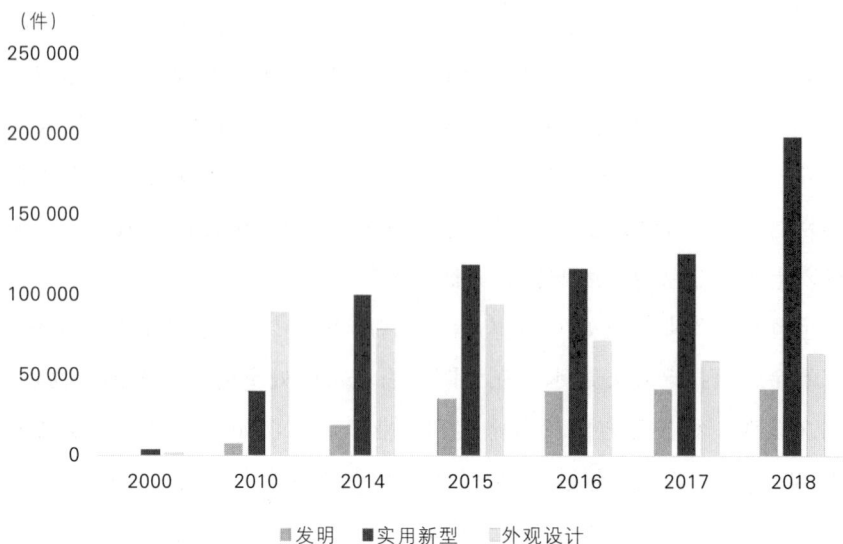

（件）

图1-6　江苏省三种专利授权数量增长情况

资料来源：江苏省科技厅。

发机构达145家，位居全国前列。企业研发经费投入占主营业务收入比重提高至1.3%，大中型工业企业和规模以上高新技术企业研发机构建有率保持在90%左右。

江苏省还依托雄厚的高校资源，在前沿技术研发中取得较好成绩。目前江苏省有2家985高校：南京大学、东南大学；有11家211高校：南京大学、东南大学、中国矿业大学、河海大学、江南大学、南京农业大学、中国药科大学、南京航空航天大学、南京理工大学、苏州大学、南京师范大学。南京大学和东南大学入选一流大学建设A类高校，苏州大学、南京邮电大学等13所高校入选一流学科。在教育部第四轮学科评估中，江苏省排名位居全国各省份（含自治区、直辖市）第三，仅次于北京、上海。图1-7列示了近年来江苏省高校的研发投入额情况。

1.1.8　开放型经济实现新突破

20世纪90年代以来，江苏省抢抓浦东开发开放的历史机遇，加快形成以开放型经济为主的经济新格局。2018年以来，江苏省对外贸易受到外部环境冲击较大，但仍保持全国领先水平。

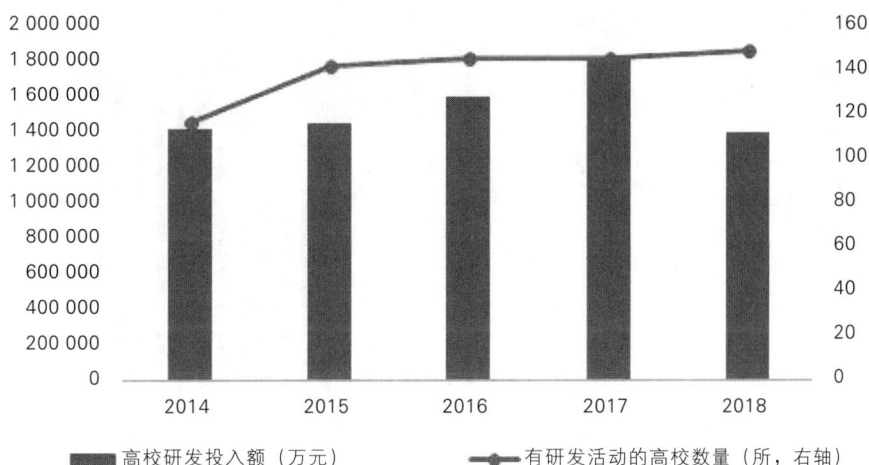

图1-7　江苏省有研发活动的高校数量和研发投入额

资料来源：江苏省统计局。

1）外贸规模保持全国领先

2019年，江苏省进出口规模继续扩大。江苏省累计实现外贸进出口额43 379.7亿元，受贸易环境恶化影响，较上年略微减少，但仍占同期全国进出口总值的13.8%，排名全国第二。其中，出口保持增长，达27 208.6亿元，进口有所收缩，达16 171.1亿元，进出口规模逐季攀升。图1-8展现了近年来江苏省进出口总额及其增长情况。同时，江苏省贸易结构持续优化，一般贸易占比连续3年上升。江苏省一般贸易进出口额22 393.6亿元，增长4.9%，占同期全省进出口总值的51.6%，占比分别较2018年、2017年提高2.9%和3.5%。

2）实际利用外资持续增长

除了贸易领域，江苏省在扩大对外开放、引入外资方面也走在了全国前列。近年来江苏省全力打造市场化、法制化、国际化的营商环境，新设立外商投资项目和实际利用外资均保持较高增长态势。但自2011年以来，主要受制于产业转移，外资引入的速度明显下降，直至2015年，江苏省开启了治理过剩产能，制造业效率再次提高，外资引入也开始增加。2018年，江苏省实际利用外资2.56万亿元，位居全国各省份（含自

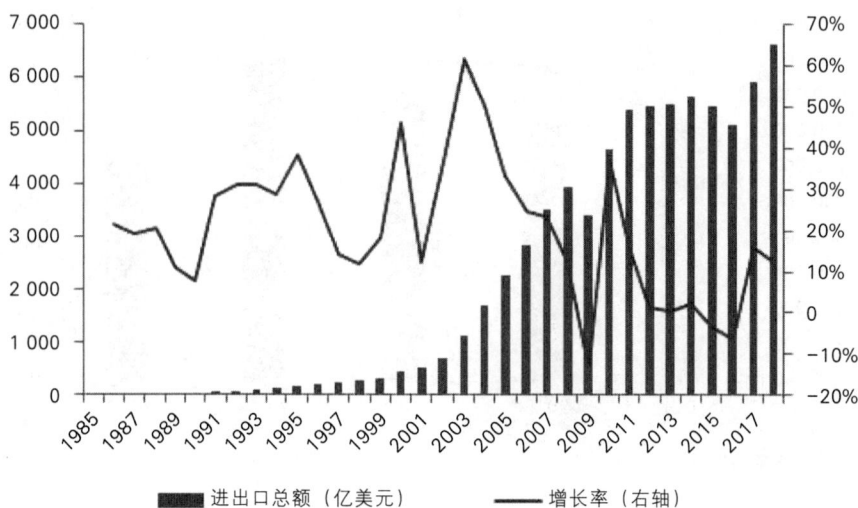

图 1-8　江苏省进出口总额及其增长情况

资料来源：国家统计局。

治区、直辖市）第二，仅次于广东省。图1-9展现了近年来江苏省实际利用外资规模增长的情况。

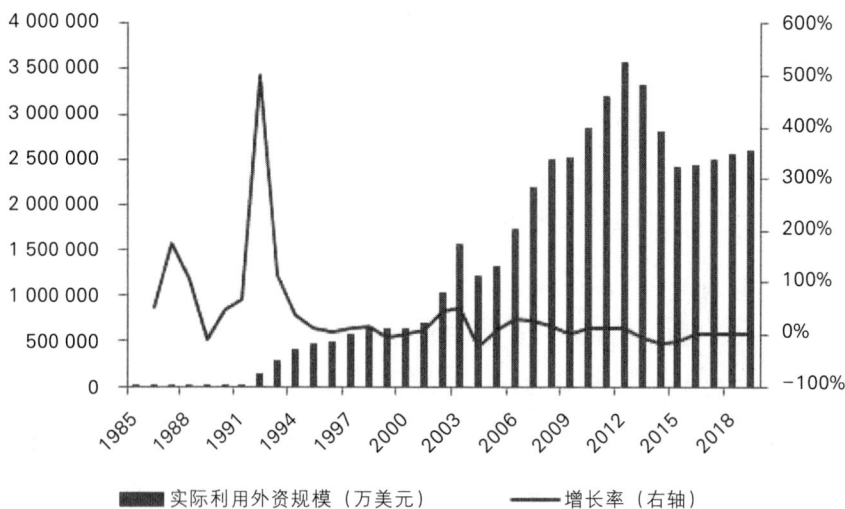

图 1-9　江苏省实际利用外资规模增长的情况

资料来源：江苏省统计局。

1.2 江苏金融实力

江苏省经济的发展离不开金融业的发展与支持。近年来，江苏省金融运行取得新的成绩，围绕经济发展大局，金融投入继续保持了总量适度、结构优化的趋势。

1.2.1 金融业规模较大

江苏省金融规模较大，发展也较为成熟。2018年，江苏省金融业实现增加值7 461.9亿元，同比增长7%，金融业规模位居全国第二，仅比排名第一的广东省少约70亿元。除了北京、上海、天津、重庆等直辖市以外，江苏省金融业集聚程度排名全国前列，其金融业增加值占地区生产总值的比重达8.06%（参见图1-10）。

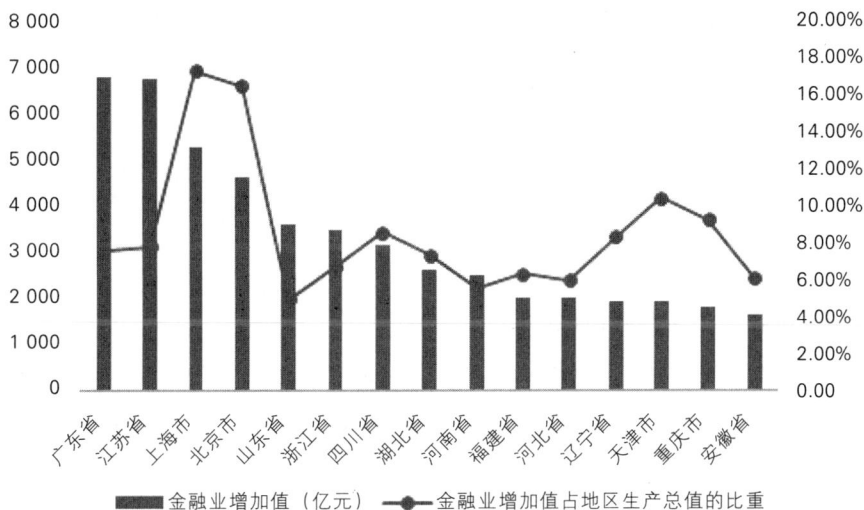

图1-10 2018年全国主要省份（含自治区、直辖市）金融业增加值
占地区生产总值的比重

资料来源：国家统计局。

近年来，江苏省金融业规模不断扩大。2016、2017年江苏省金融业的增长率分别达到了13.4%、12.9%（参见图1-11）。2018年以来，面对

实体经济发展下行压力，江苏省金融业也经历了调整，扩张速度有所下调，但其增长速度依然快于整体经济的增速，体现了江苏省金融业的发展韧性。

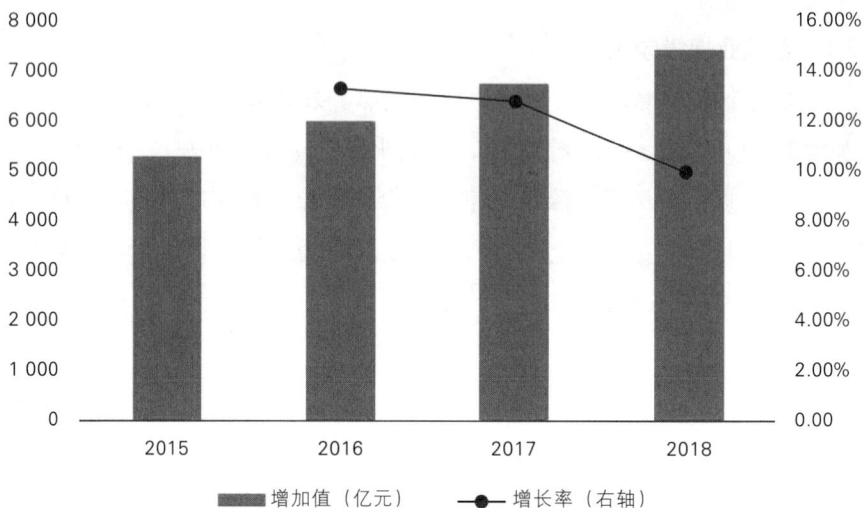

图 1-11 江苏省金融业增加值及其增长情况

资料来源：江苏省统计局。

1.2.2 金融业结构布局持续优化

江苏省金融业发展的背后是银行业、证券业、保险业、互联网金融以及多层次资本市场等领域的共同成长。2018年，江苏省社会融资规模增量1.77万亿元，位居全国各省份（含自治区、直辖市）前列。首先，以银行业为代表的直接融资规模巨大。2018年年底，全省金融机构人民币存款余额13.97万亿元，比年初增加了9 775亿元，新增额位居全国各省份（含自治区、直辖市）第三；金融机构人民币贷款余额11.57万亿元（社融口径），比年初增加1.36万亿元，新增额位居全国各省份（含自治区、直辖市）第三。其次，银行体系外的直接债务融资规模较大。其中，2019年1—9月信托贷款累计达267.5亿元，票据融资超过1 000亿元，而企业债券融资规模则达 2 378.5 亿元。最后，证券市场融资规模有待进一步扩大，2019 年 1—9 月江苏省非金融企业境内股票融资为 177.6 亿元（参见图 1-12）。第四，江苏省互联网金融、小额信贷（简称"小贷"）市场较为发达，拥有众多消费金融和小额信贷公司，这背后是金融科技的持续发展。尽管江苏省前几年在 P2P 等领域暴露了一定的风险问题，但近年来在监管加强、防风险攻坚战不断胜利的情况下，江苏省以消费金融、小贷为代表的互联网金融发展日益规范化。

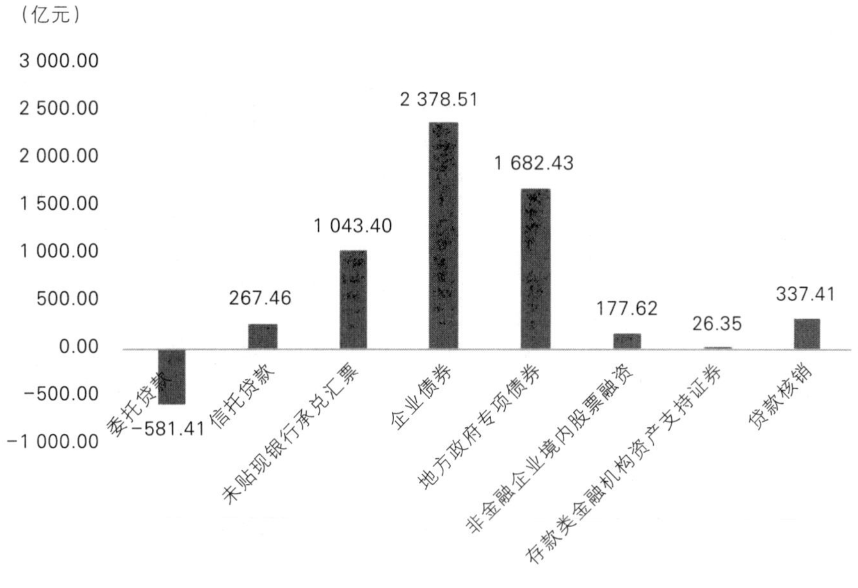

图 1-12　江苏省各类社会融资规模（2019 年 1—9 月累计，剔除人民币贷款融资）
资料来源：中国人民银行南京分行。

1.2.3　银行业发展成熟

银行业的成熟发展是江苏省金融实力的重要体现。我国融资结构以间接融资为主，而银行业则占据了间接融资中的主要地位。江苏省银行业经过多年持续发展，展现了以下优势特征：

1）银行业规模巨大

不论从产业规模还是银行类金融机构的数量上来看，江苏省银行业规模均较大。2019年年底，全省金融机构人民币存款余额15.28万亿元，同比增长9.39%；金融机构人民币贷款余额13.33万亿元，同比增长15.22%。近年来，江苏省银行业规模持续扩张。其中，2010年以来存款平均增长率超过9%，贷款平均增长率则超过了13%（参见图1-13）。从就业人数来看，江苏省银行业规模也很大，截至2018年年底，江苏省银行业金融机构从业人数超过26万人。

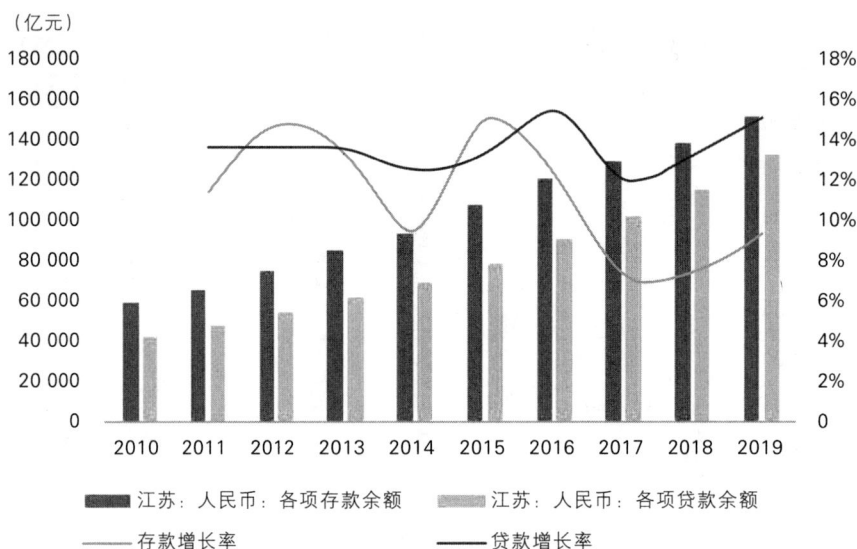

图1-13　江苏省各项存款余额和贷款余额及其增长率

资料来源：中国人民银行南京分行。

　　从机构数量来看，江苏省银行业金融机构规模位居全国各省份（含自治区、直辖市）前列，类别也较为齐全。2018年大型商业银行网点4 936个；国家开发银行和政策性银行网点78个；股份制商业银行网点1 047个；邮储银行网点2 515个。城市商业银行法人机构达5家，位居全国各省份（含自治区、直辖市）前列；小型农村金融机构法人机构达63家；财务公司法人机构14家；信托公司法人机构4家；外资银行法人机构6家；新型农村金融机构法人机构74家（参见表1-1）。

表1-1　　　　2018年江苏省银行业金融机构的数量与规模

机构类别	营业网点			法人机构（个）
	机构个数	从业人数	资产总额（亿元）	
大型商业银行	4 936	107 437	60 536	0
国家开发银行和政策性银行	78	2 415	9 425	0
股份制商业银行	1 047	33 657	29 473	0
城市商业银行	906	32 549	36 575	5
城市信用社	0	0	0	0
小型农村金融机构	3 275	51 817	28 290	63
财务公司	0	460	1 408	14
信托公司	0	573	346	4
邮政储蓄	2 515	25 164	7 392	0
外资银行	35	2 292	1 541	6
新型农村金融机构	173	4 625	832	74
其他	0	1 136	1 421	6
合计	12 965	262 125	177 240	172

资料来源：中国人民银行南京分行。

2）贷款投放方向进一步优化

江苏省银行业贷款保持适度增长，信贷资源进一步流向实体经济。2018年年末，全省人民币贷款余额达到11.8万亿元，同比增长13.3%，增速同比上升1.4个百分点。全年新增人民币贷款1.37万亿元，同比多增2 626亿元（参见图1-14）。

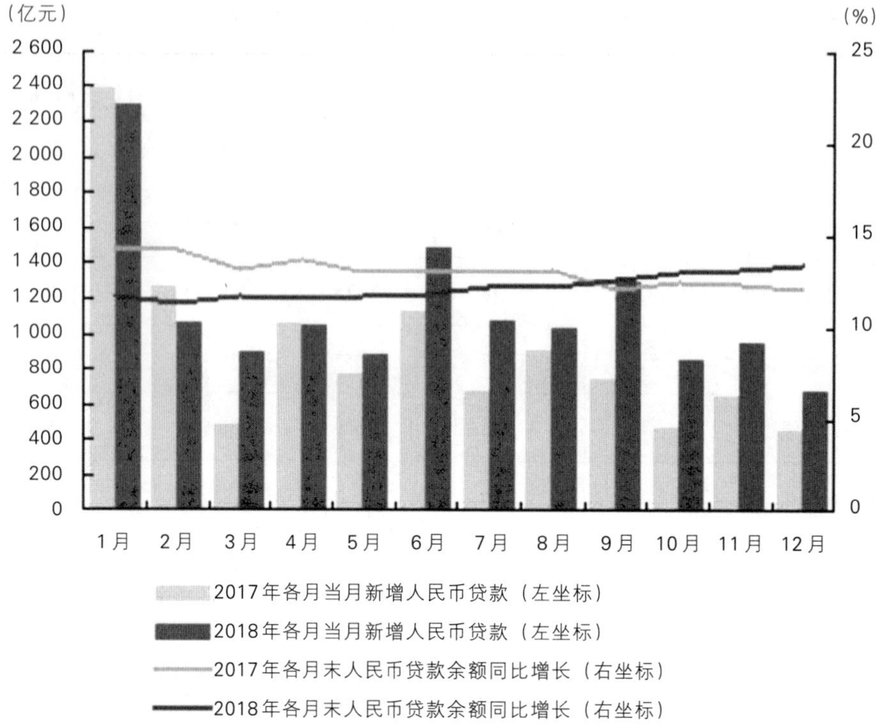

图 1-14　2017—2018 年江苏省金融机构人民币贷款增长情况

资料来源：中国人民银行南京分行。

　　从贷款币种来看，受近年来贸易摩擦和进出口增速放缓的影响，全省外币贷款同比增长，增速有所下降。外币贷款余额增速放缓，截至 2018 年年底，全省外币贷款余额 304.36 亿美元，同比增长 5%，增速较 2017 年下降 3.7 个百分点。

　　从期限结构来看，短期贷款与票据融资增速加快，中长期贷款增速放缓。2018 年，全省本外币短期贷款增加 3 859 亿元，同比多增 1 518 亿元。票据融资比 2018 年年初增加 1 703 亿元，同比多增 3 415 亿元。2018 年年底全省本外币中长期贷款余额增速为 11.9%，比 2017 年增速下降 6.5%，较 2018 年年初增加 7 809 亿元，同比少增 2 375 亿元。

　　从贷款投向来看，小微企业贷款保持平稳增长，制造业贷款结构优化。2018 年年底，全省金融机构普惠口径小微企业贷款余额 6 630.93 亿元，同比增长 18.8%，增速比上年底提高 5.7 个百分点。全省制造业本外币贷款余额 1.65 万亿元，同比增长 4.0%，增速同比提升 0.1 个百分点；比 2018 年年初新增 583 亿元；其中，《中国制造 2025 江苏行动纲要》确定的 15 个重点领域贷款余额同比增长 7.8%；全省钢铁、煤炭、水泥、平板玻璃、船舶等产能过剩行业贷款同比减少 11.2%。

1.2.4 证券业和多层次资本市场稳步发展

近年来江苏省证券行业平稳发展。2018 年，江苏省共有法人证券公司 6 家，证券营业部 944 家，同比增长 4.8%。2019 年，江苏省新增境内上市公司 20 家，新增数量位居全国各省份（含自治区、直辖市）第一，境内上市公司总数为 430 家（参见图 1-15），市价总值超过 3 万亿元；企业境内上市公司总股本 3 639.3 亿股，比上年增长 11.7%；首发融资额 189 亿元，位居全国各省份（含自治区、直辖市）第二；拟上市公司 206 家，后备上市企业资源充足；新增境外上市公司 14 家，首发融资额 144 亿元，全省境内外上市公司累计 560 家。省内上市公司通过首发、配股、增发、可转债、公司债在沪深证券交易所筹集资金 2 249.8 亿元。2019 年，江苏省股票市场的规模进一步扩张，境内上市公司数量达 430 家，总股本达 3 800 亿股。

（家）

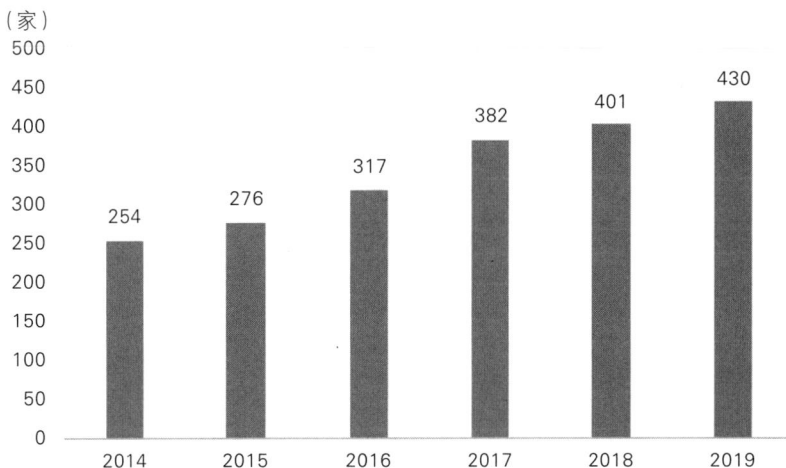

图 1-15　江苏省境内上市公司数量及其增长情况

资料来源：上交所、深交所。

江苏省多层次资本市场建设稳步推进。新增新三板挂牌企业67家、位居全国各省份（含自治区、直辖市）第二，新三板挂牌企业累计1 273家，位居全国各省份（含自治区、直辖市）第三。2018年全省直接融资发行额2.3万亿元、同比多发行1 477亿元，其中股权融资1 677亿元，债券融资21 285亿元；全省企业在交易所和银行间市场发行债券超过2万亿元。2019年，部分江苏省新三板企业通过上市、摘牌等方式退出了新三板，截至2019年11月，江苏省新三板企业共有1 091家（参见表1-2）。

表1-2　　江苏省资本市场分地区统计情况（截至2019年11月）

地区	上市公司		辅导企业		新三板		证券公司		
	数量	占比（%）	数量	占比（%）	数量	占比（%）	数量	分公司	占比（%）
南京	90	21.33	28	13.21	182	16.68	2	53	47.75
无锡	76	18.01	35	16.51	170	15.58	2	10	9.01
苏州	117	27.73	80	37.74	349	31.99	1	17	15.32
常州	41	9.72	17	8.02	109	9.99	1	10	9.01
南通	35	8.29	17	8.02	61	5.99	0	5	4.5
扬州	13	3.08	8	3.77	63	5.77	0	3	2.7
连云港	7	1.66	1	0.47	15	1.37	0	1	0.9
镇江	13	3.08	4	1.89	35	3.21	0	2	1.8
泰州	8	1.9	5	2.36	23	2.11	0	3	2.7
徐州	10	2.37	3	1.42	22	2.02	0	3	2.7
盐城	6	1.42	4	1.89	31	2.84	0	3	2.7
宿迁	4	0.95	7	3.3	13	1.19	0	0	0
淮安	2	0.47	3	1.42	18	1.65	0	1	0.9
合计	422	100	212	100	1 091	100	6	111	100

资料来源：中国证监会江苏监管局。

江苏股权交易中心已有4 444家挂牌企业，融资额比2019年年初增加2.2亿元。期货行业稳步发展，全省共有法人期货公司9家，1 100家证券期货营业部，期货经营代理交易额15.3万亿元。2019年江苏省全年证券市场完成交易额28.7万亿元，证券经营机构股票交易额13.4万亿元。

1.2.5 保险业服务能力持续增强

经过多年发展，江苏省保险业总体规模持续扩张，保障功能得到了更有效的发挥。

1）保险业规模较大

江苏省保险业市场规模处于全国前列。2018年，江苏省累计实现保费收入3 317.3亿元，保费规模排在全国第二位。其中，财产险保费858.8亿元，同比增长5.51%，江苏省产险公司实现承保利润25.12亿元，位居全国各省份（含自治区、直辖市）第三（参见表1-3）。承保利润率3.1%，比全国平均水平高3.2个百分点。江苏省人身险保费2 458.5亿元，同比下降6.7%。

表1-3　　　2018年江苏省保险机构数量和市场规模基本情况

项目	数量（家）	项目	金额（亿元）
总部设在江苏省辖内的保险公司数量	5	保费收入（包含中外资）	3 317.3
其中：财产险公司分支机构	2	其中：财产险保费收入（中外资）	858.8
寿险公司分支机构	3	人身险保费收入（中外资）	2 458.5
保险公司分支机构	5 739	各类赔款给付（中外资）	996.7
其中：财产险公司分支机构	2 352	保险密度（元/人）	4 120.5
寿险公司分支机构	3 387	保险深度（即保费收入占当地地区生产总值的比重，%）	3.6

资料来源：江苏省银保监局。

2）保险业进一步助力新旧动能转换

保险业的持续发展为江苏省经济增长新旧动能转换贡献了重要力量。

一方面，江苏省保险业服务科技创新的覆盖范围扩大。2018年，江苏省保险业为首台（套）重大技术装备提供了177.55亿元风险保障。新材料首次保险实现保费收入6437.22万元，为应用企业提供风险保障28.56亿元。另一方面，保险业还支持了江苏企业尤其是小微企业"走出去"。出口信用保险积极支持江苏外贸出口及海外投资，服务出口企业18201家，其中服务小微企业13064家，累计支持江苏出口838.22亿美元，为江苏从制造业大省向强省转变注入新动能。

1.2.6 金融风险防控渐显成效

首先，银行业整体运行稳健，金融风险防控更加扎实。2018年年底，全省银行业金融机构不良贷款率1.21%，比年初下降0.04个百分点。尽管不良贷款余额1429亿元，比年初增加130亿元，同比多增93亿元，但关注类和逾期贷款余额分别较2018年年初减少76亿元和172亿元。对于银行业经营来说，银保监部门自2019年以来加强了监管，江苏省部分银行受到了一定数量的处罚，这是需要注意的。但总体而言，江苏省银行业在资本杠杆、流动性、资产质量和信贷政策等方面保持了稳健发展的态势。

其次，在金融风险防控政策方面，2018年，江苏省银保监局、人民银行南京分行、江苏省地方金融监管局等金融监管机构坚持把防控金融风险放在更加重要的位置。一是发挥宏观审慎政策的风险防范作用。二是落实资管新规要求，摸排和调研法人金融机构和省级商业银行资管业务情况，推动地方法人金融机构平稳有序去杠杆。三是扎实开展现场评估和专项整治工作，探索开展金融控股公司监管试点。

最后，尤其是近两年来，江苏省持续加强了资管新规的监管落实。2018年江苏省表外融资增量为负，各类表外业务变化趋势不一。2018年年底，全省表外融资（委托贷款、信托贷款和银行承兑汇票净额）减少1281亿元，同比多减2177亿元。从具体业务看，委托贷款、信托贷款同比大幅下滑，银行承兑汇票止跌并出现较快增长。2018年，全省金融机构委托贷款增量为−1889.92亿元，比2017年少2264.87亿元；全省金融机构信托贷款增量为−456.54亿元，比2017年少1076.53亿元；全省金融机构银行承兑汇票净额增量为 1 065.49 亿元，同比多增 1 164.19 亿元。2019 年，江苏省金融风险防控延续了 2018 年的平稳态势。其中，2019 年前三季度委托贷款继续少增，但比 2018 年有所回升；信托贷款增量由负转正，但增量较为平稳；票据融资则少量调减。

1.2.7 金融服务实体经济力量增强

近年来，江苏省金融业在产业结构、融资规模扩张、表外融资控制等方面更加贴合实体经济发展方向，金融支持实体经济发展的力量和针对性都在加强。

1）实体经济投放增加

如上所述，江苏省社会融资规模持续保持合理增长，金融对实体经济支撑作用进一步增强。2018 年，全省社会融资增量 1.77 万亿元，同比多增 138 亿元。

从融资结构看：一是对实体经济信贷投放占比有所提升，2018 年新增各项贷款 1.35 万亿元，比 2017 年多 2 380.84 亿元；占社会融资规模增量的 76.41%，比上年提升 12.96 个百分点。二是表外融资有所减少。全年新增表外融资增量为 -1 280.97 亿元，比 2017 年少 2 177.21 亿元。三是直接融资增量同比有所回升。全省企业直接融资增量为 2 854.22 亿元，比 2017 年多 147.02 亿元。综上来看，实体经济信贷增加的同时，表外融资空转的现象也得到了抑制，金融业的融资功能进一步向实体经济回归。

2）债券发行规模较大

近年来江苏省债券发行规模进一步扩大，支撑直接融资持续扩张，金融市场创新力度增强。2018 年，江苏企业共发行债务融资工具 5 826 亿元，比 2017 年增加 1 173 亿元，2018 年年末全省债务融资工具存续余额 10 165 亿元，同比增加 1 731 亿元。法人机构主动负债能力不断增强，全省共 8 家地方法人金融机构在银行间债券市场发行各类主动负债工具 361 亿元，同比多发 139 亿元，其中金融债 305 亿元，二级资本工具 38 亿元。图 1-16 列示了近年来江苏省企业债券融资规模及其变化情况。

3）票据业务有所收缩，利率持续走低

2018 年，全省承兑汇票累计发生额 2.06 万亿元，比 2017 年增加 3 467

亿元，票据贴现累计发生额 3.3 万亿元，比 2017 年减少 8 664 万亿，主要受票据业务监管趋严、商业银行加强票据风险管控等因素叠加影响，导致票据业务持续收缩。2018 年 1—4 季度，全省票据贴现加权平均利率分别为 5.47%、5.27%、4.29%、3.99%；票据转贴现加权平均利率分别为 4.55%、4.31%、3.62% 和 3.39%，票据市场贴现利率明显回落，转贴现利率环比、同比也均出现回落。

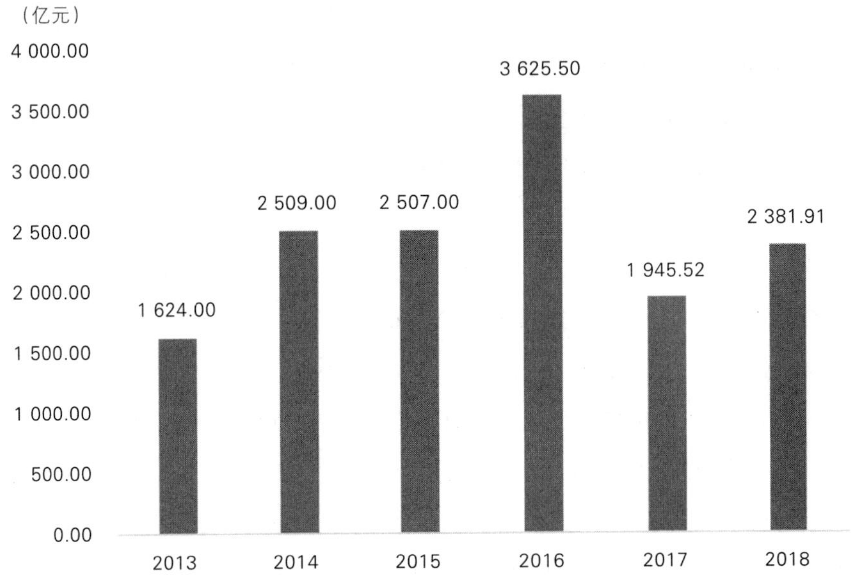

（亿元）

图 1-16　江苏省企业债券融资规模及其变化

资料来源：中国人民银行南京分行。

1.2.8　中心城市金融业能级较高

由于金融业的集聚属性，各地区的中心城市往往是金融业规模最大、发展最为全面的。在这方面，江苏省省会南京市的金融业发展更成为全国典范。背靠较为发达的制造业和服务业，南京市金融产业平稳持续发展，主要呈现出以下 5 个方面的特征。

1）全市金融首位度进一步提升

南京市金融产业发展情况良好，在规模、结构等方面均处于全省、全国前列，且保持了良好增长。2018年，南京市金融业增加值、存贷款余额和增量、直接融资额、境内新增上市公司数量等多项指标均位居全省首位。其中，南京金融业增加值1 473亿元，占全省金融业增加值的比重为19.7%，位居全省第一，占南京市地区生产总值的11.5%。2019年上半年全市金融业增加值达730.7亿元，同比增长11.7%，增速明显快于上年，占地区生产总值的比重也达到了10.8%；全市社会融资规模增量为4 601.57亿元，已超过2018年全年水平；6月末，金融机构本外币存款余额3.7万亿元，增长9.01%，贷款余额3.2万亿元，增长16.78%，余额和增速均位居全省首位；上半年全市共发行各类直接债务融资工具1 148亿元，占全省发行额的33.65%。在2019年第26期全球金融中心指数报告（GFCI 26）的金融中心评选中，南京市首次上榜，排名高于杭州，成功跻身全球金融中心行列。

2）金融业发展的集聚效应不断凸显

随着金融业首位度的提升，南京市金融业发展的产业集聚效应不断凸显。2018年南京地区共新引进金融机构20余家。目前，南京已集聚各类金融、新型金融组织等各类市场主体近800家。按照区位熵方法来测度金融产业集聚程度，南京金融产业区位熵值逐年攀升，2018年达1.5。相比之下，武汉、苏州基本稳定在1左右，广州稳居1~1.2之间，杭州从1.65的峰值降至1.25（2018年数据）；成都与南京较为接近，达1.47。与其他省会城市（含直辖市、自治区首府）相比，南京金融产业集聚程度最高，金融产业集聚效应最为明显，从而为全市建设现代金融集聚区奠定了坚实的基础。面临重点打造的"一江两岸"现代金融集聚区，即河西金融集聚区、新街口金融商务区和江北新区新金融示范区，南京市已初步形成"一核、两区、多点"的整体协同发展格局。因此，立足全市金融产业的"一江两岸"布局，全面推进南京现代金融集聚区建设，已成为全市下一步经济发展的重要内容。

3）银行信贷及间接融资占据主导地位

南京市传统银行信贷部门发展成熟，间接融资规模较大。从传统金融产业发展情况来看，南京市金融机构存贷款余额和增量持续位列全省首位。至2018年12月，南京市各项存款3.66万亿元，同比增长5.1%，占全省23.3%，各项贷款3.23万亿元，同比增长17.6%，占全省30%，南京市金融机构存贷款余额增长情况参见图1-17。由此来看，南京市在省内的金融首位度进一步得到了强化。总体而言，近年来以银行业为代表的间接融资呈现持续平稳增长的态势，在全省中也保持着重要地位。

从融资结构上看，南京市间接融资占全市社会融资整体规模的绝对主导地位。如表1-4所示，以贷款为主要构成的间接融资达到28 091.12亿元，占南京市2018年1—10月社会融资规模总量的97.4%。

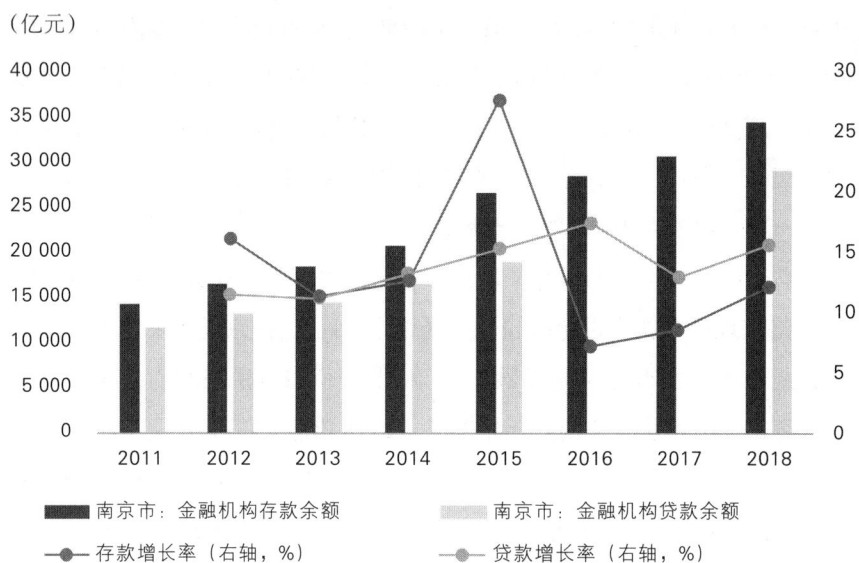

图1-17 南京市金融机构存贷款余额增长情况

资料来源：中国人民银行南京分行。

表1-4　　　　南京市2018年1—10月社会融资情况（亿元）

间接融资	境内贷款	28 091.12
直接融资	企业债	362
	其中：民营企业	26
	股票融资（含定向增发）	347.7
	其中：民营企业	13.5

资料来源：中国人民银行南京分行。

4）股票（主板+新三板）融资全省领先

南京市股票融资发展在全省、全国处于领先地位。当前，南京市共有88家A股上市公司，占全省上市公司总数的21.2%。其中，主板企业56家，创业板20家，中小板企业11家，科创板企业1家。82家非金融企业的2018年营业收入总计达6 345亿元，占全省比重达32.6%。2019年以来，全市新增境内上市企业6家，上市企业总数达115家，市值超过1.2万亿元，其中南微医药在科创板首批上市。与此同时，南京市多层次资本市场融资渠道不断丰富。2018年，南京市新三板挂牌公司202家，仅为苏州市（406家）的一半。此外，南京市尚未打造完整、均衡的金融业态，对产业发展的全生命周期的金融支持不足，风投、创投、证券、基金、保险、期货、租赁等机构仍有较大的发展空间。

5）债券融资位居全省前列

近年来，南京市债券融资持续发展，稳居全省领先地位。截至2018年年底，全市共有1 155家企业在债券市场进行融资，总发行规模达1.32万亿元，占全省债券发行规模的36.3%。其中，除了金融债、同业存单等金融部门的债券融资，公司债、企业债、票据融资、资产支持证券、可转债等实体部门的债券融资规模为6 201.6亿元，占南京市债券融资总规模的47.1%，远低于全省总体82.9%的水平。由于南京市存在较多金融企业的总部，这些金融企业以总部名义发行了较大规模的债券，因此金融部门的债券融资占比较大，但对于省会城市而言，南京市企业债券融资规模还是有较大的扩展空间。

1.3 江苏科技实力

江苏省经济和金融不断发展的背后是科技创新的持续支撑。近年来，江苏省在国家创新体系中的地位和创新对江苏省高质量发展的支撑能力得到明显增强，江苏省也成为我国创新活力最强、创新成果最多、创新氛围最浓的省份之一。

1.3.1 江苏科技综合情况介绍

2019年，江苏全社会研发投入额超过2 700亿元，企业研发投入额占比超过80%，高新技术企业达2.4万家，科技进步贡献率为64%，区域创新能力位居全国前列。万人发明专利拥有量达30.2件，同比增加3.7件。

近年来在江苏省委、省政府的坚强领导下，江苏省科技发展树立"企业是主体，产业是方向，人才是支撑，环境是保障"的理念，加大工作推进和改革突破力度，不断提高创新型省份建设水平。具体而言，江苏省主要在以下4个方面着力壮大科技实力。

1）企业创新能力进一步增强

习近平总书记深刻指出，"创新是企业核心竞争力的源泉"，"要建立以企业为主体、市场为导向、产学研深度融合的技术创新体系"。近年来，江苏省深入实施创新型企业培育行动计划和科技企业"小升高"计划，加快完善企业为主体、市场为导向、产学研深度融合的技术创新体系。着力将创新资源引入企业，全省企业研究生工作站、企业博士后工作站、企业院士工作站等超过3 000个。着力将研发机构建设到企业，全省大中型工业企业和规模以上高新技术企业研发机构建有率保持在90%左右。着力将科技服务覆盖到企业，2018年全省科技服务业总收入超过8 000亿元。着力将创新政策落实到企业，企业科技税收减免额连跨两个百亿元台阶，2018年超过430亿元。目前，全省高新技术企业超过18 000家。

2）产业科技创新水平持续提升

江苏省持续落实"把科技创新真正落到产业发展上"的发展方向。产业结构优化，全省聚焦13个先进制造业集聚区，有6个入围全国制造业集群培育对象，占全国的1/4。"十三五"以来，江苏省组织产业前瞻与共性关键技术研发项目521项，承担国家各类科技项目17 000余项；组织实施435项重大成果转化项目，形成一批高附加值核心单元、关键材料、重大整机等标志性产品。目前，全国超过1/5的高技术产品出口来自江苏省，15.1%的全球领跑技术分布在江苏省。举例而言，在科技创新的牵引带动下，江苏纳米产业成为国际微纳领域八大产业创新中心之一，物联网产值率先突破千亿元大关，光伏产值占全国的一半左右、全球20%以上。

3）科技人才队伍壮大

江苏省把打造人才高地作为战略支撑，形成了引进高层次人才、创办高科技企业、发展高技术产业的链式效应，努力以科技人才优势构筑创新发展优势。同时，江苏省还加大青年人才培养力度，"十三五"以来，重点资助4 400多名优秀青年骨干开展基础研究。加大创业载体建设力度，省级以上创业孵化载体超过1 600家，其中国家级孵化器数量、面积及在孵企业数连续多年保持全国第一，2019年全省创业投资管理资金规模超过2 300亿元。

4）创新创业生态良性发展

近年来，江苏省坚持统筹布局、分类指导，积极构建竞争力强的创新创业生态系统。发挥省产业技术研究院改革"试验田"作用，培育建设49家专业研究所，集聚近1 000名海外高层次人才，成功转化3 500多项科技成果，衍生孵化750多家科技型企业。发挥政策激励作用，先后出台"科技创新40条""科技改革30条"，最大限度激发创新创业创造活力。发挥区域创新示范作用，制定《苏南国家自主创新示范区条例》，加快苏南国家自主创新示范区建设；推动高新区提升发展水平，2018年江苏省国家高新区排名平均提升2.8位。

1.3.2 江苏科技省内各区域情况分析

2019年12月，国家首次公布《国家创新型城市创新能力监测报告2019》和《国家创新型城市创新能力评价报告2019》，江苏省设区市表现优异。全省已有11个设区市为国家创新型城市（参见图1-18），数量位居全国第一。

评价结果（参见表1-5）显示，在江苏省各设区市国家创新型城市创新能力排名中，江苏省南京、苏州、无锡、常州市位居前20名，依次为第4、6、11、16名；镇江、南通、扬州、泰州、徐州、盐城、连云港市依次为第21、30、33、36、40、45、56名。宿迁和淮安未入榜。

科技发展离不开教育资源的积淀。江苏省高等教育资源极其丰富，主要集中在南京、苏州等苏南地区（参见图1-19）。2018年南京、苏州分别有53家、26家高等院校，领先全省。值得强调的是，南京是江苏省的政治、经济、科教和文化中心，是长三角经济核心区的重要区域中心城市，是全国唯一的科技体制综合改革试点城市，正全力打造泛长三角地区承东启西的门户城市、国家综合交通枢纽、区域科技创新中心，力争到2020年创新核心指标进入全国前列，到2025年成为全球有较强影响力的创新名城。而南京的科技创新发展更离不开科教资源的贡献。

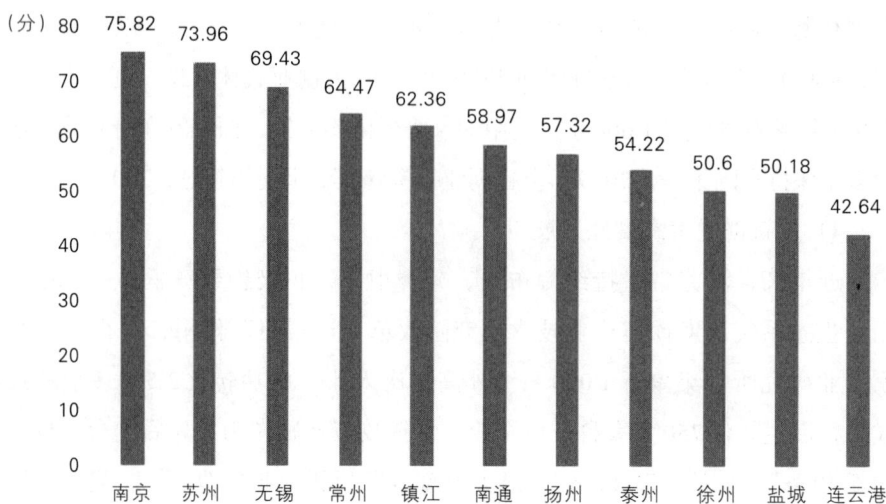

图 1-18　江苏省各设区市国家创新型城市创新能力评价排名与得分

资料来源：国家科学技术信息研究所. 国家创新型城市创新能力评价报告 2019 ［M］. 北京：科学技术文献出版社，2019.

表 1-5　　　江苏省各设区市国家创新型城市创新能力评价结果

设区市	排名	得分
南京	4	75.82
苏州	6	73.96
无锡	11	69.43
常州	16	64.47
镇江	21	62.36
南通	30	58.97
扬州	33	57.32
泰州	36	54.22
徐州	40	50.6
盐城	45	50.18
连云港	56	42.64

资料来源：国家科学技术信息研究所. 国家创新型城市创新能力评价报告 2019 ［M］. 北京：科学技术文献出版社，2019.

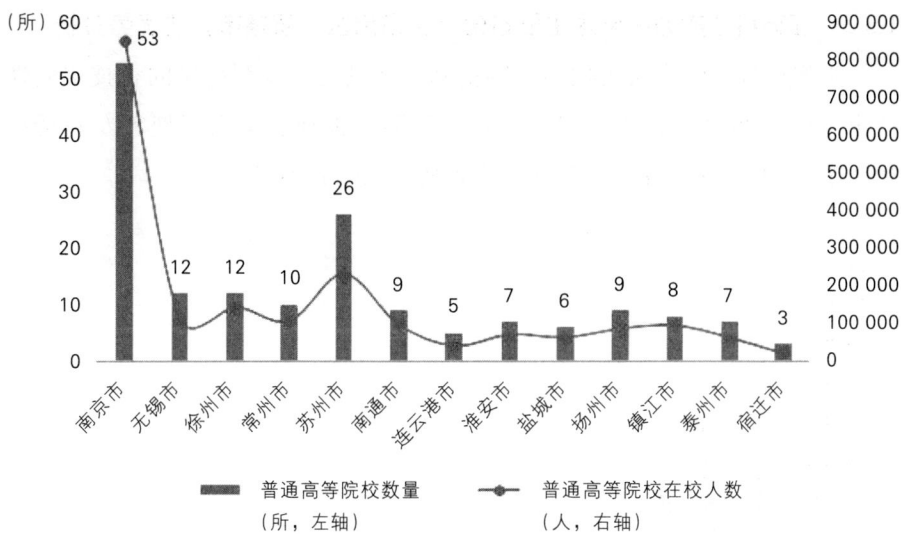

图1-19 2018年江苏省各设区市普通高等院校数量和在校人数

资料来源：江苏省教育厅。

江苏省科技人才聚集程度较高（参见图1-20）。2018年，苏州市拥有13.32万各类专业技术人员，领先全省。徐州、南京也拥有较多各类专业技术人员。

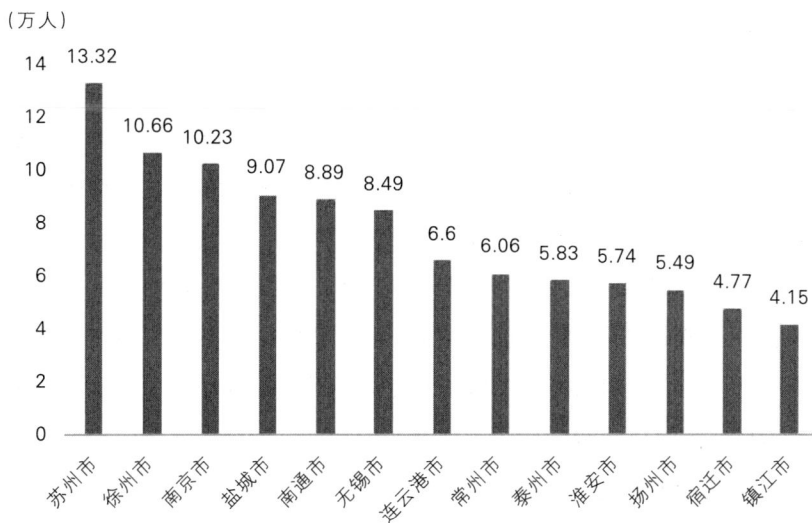

图1-20 2018年江苏省各设区市各类专业技术人员数量

资料来源：江苏省科技厅。

1.3.3　江苏科技实力在全国主要省份（含自治区、直辖市）的优势分析

江苏省科技综合实力位居全国前列，尤其在以专利衡量的科技实质性产出方面。2018年，江苏省累计获得发明、设计、实用新型等专利授权30.7万件，排名全国第二，仅次于广东省，如图1-21所示。

（件）

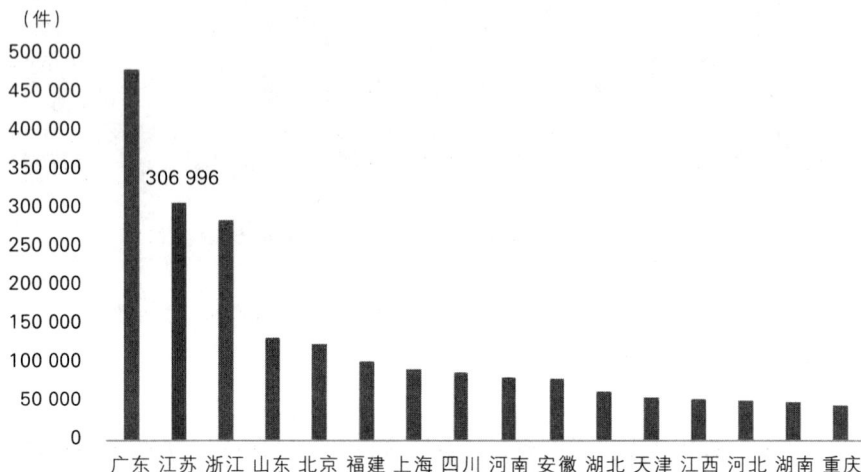

图1-21　2018年江苏省专利授权数量与全国主要省份

（含自治区、直辖市）的比较

资料来源：国家科技部。

企业的研发是江苏省科技创新的重要突破口。2018年，江苏省规模以上工业企业研发经费达2 025亿元，排名居全国各省份（含自治区、直辖市）第二，仅比广东省少82亿元，如图1-22所示。

2020年1月10日，2019年度国家科学技术奖励大会在北京人民大会堂隆重举行。江苏省共有55个通用项目获奖，其中由江苏省单位主持完成的有22项、参与完成的有33项，另有1人获国际科技合作奖，获奖总数和主持获奖项目数继续位居全国前列。

1.3.4　江苏重点园区分布情况

据2019年5月中华人民共和国商务部官网显示，全国共有国家级经济技术开发区（简称"国家级经开区"）220家。国家级经开区数量排前三

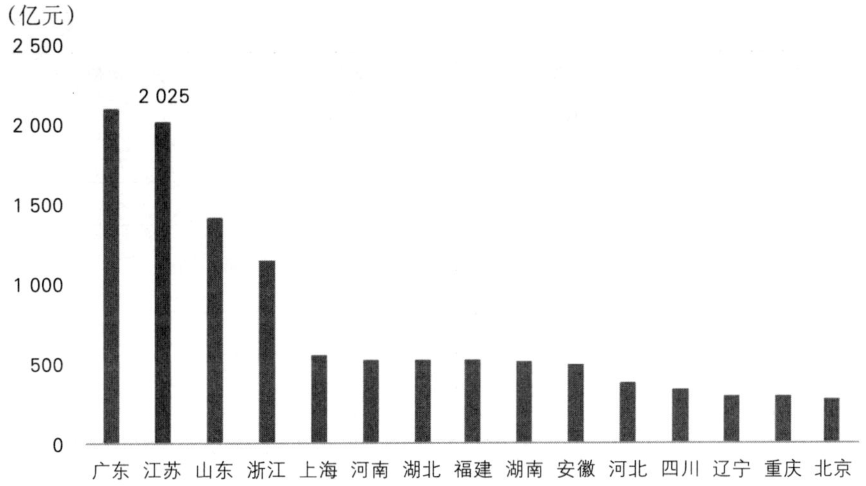

（亿元）

图1-22　2018年江苏省规模以上工业企业研发经费与全国主要省份
（含自治区、直辖市）的比较

的省份分别是江苏26家、浙江21家、山东15家，江苏省国家级经开区总
数全国第一，见表1-6。作为我国扩大开放的重大战略部署，中国国家级
经开区已经遍布31个省、自治区、直辖市。从国家级经开区综合发展水
平前30名单中可以发现，江苏省一共有8家经开进入榜单，成为入榜数
量最多的省份。这8家经开区分别为苏州工业园区、昆山经济技术开发
区、江宁经济技术开发区、南京经济技术开发区、镇江经济技术开发
区、徐州经济技术开发区、连云港经济技术开发区、南通经济技术开
发区。

表1-6　　　　　　　　　2019年国家级经开区分布情况　　　　　　（单位：家）

地区	经开区数量（家）	地区	经开区数量（家）
江苏	26	上海	6
浙江	21	广东	6
山东	15	吉林	5
安徽	12	甘肃	5
江西	10	云南	5
河南	10	陕西	5
河北	10	广西	4

地区	经开区数量（家）	地区	经开区数量（家）
福建	10	内蒙古	3
新疆	9	重庆	3
辽宁	9	贵州	2
湖南	8	青海	2
黑龙江	8	宁夏	2
四川	8	海南	1
湖北	7	北京	1
天津	6	西藏	1

　　江苏省内的产业园区是承接集聚科技创新的主力军。江苏省各类企业的技术创新主要集中在全省约 6 600 个产业园区中。其中，苏州、南京和无锡等城市的园区发展相对更为成熟，集聚程度更高。2019 年，苏州共有 1 588 个产业园区，南京共有 947 个产业园区，无锡则有 765 个产业园区，如图 1-23 所示。

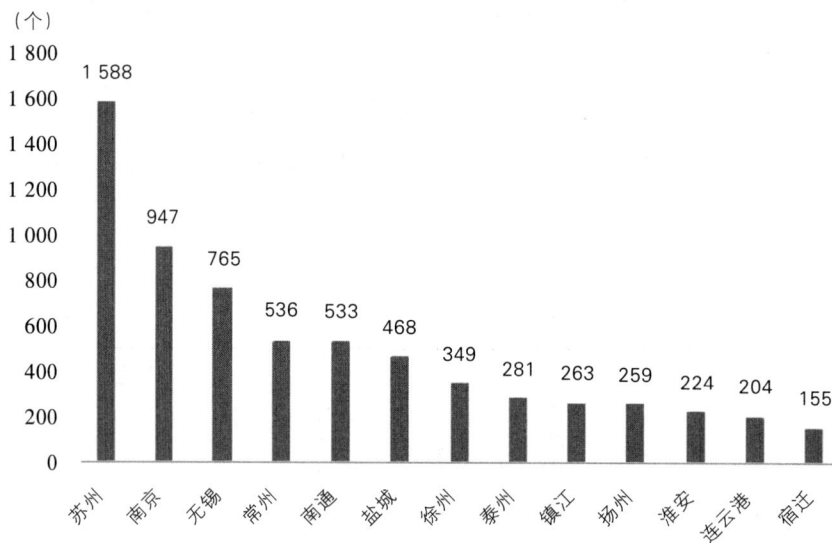

图 1-23　2019 年江苏省设区市各类产业园区数量分布

资料来源：前瞻产业研究院。

高新区是江苏省创新驱动的核心区和重要载体，在转方式、调结构、促转型中发挥着支撑、引领和示范作用，高新区已成为江苏最具竞争力的创新高地、人才高地、产业高地，成为助推全省高质量发展的强大引擎，高新区以全省4.8%的土地，创造25%的地区生产总值。

2018年科技部火炬中心下发《关于通报国家高新区评价（试行）结果的通知》，江苏省16个参评国家高新区较上一年度全面实现进位，齐齐携手挺进"百强榜"。《科技周刊》记者了解到，江苏省拥有国家高新区总数已达18家（见表1-7），位居全国第一，同时是全国首个实现国家高新区设区市全覆盖的省份。

表1-7 江苏省国家高新区

序号	城市	高新区	面积（公顷）
1	南京	南京高新技术产业开发区	1 650
2	无锡	无锡高新技术产业开发区	945
3		江阴高新技术产业开发区	660
4	徐州	徐州高新技术产业开发区	700
5	常州	常州高新技术产业开发区	563
6		武进高新技术产业开发区	340
7	苏州	苏州工业园区	8 000
8		苏州高新技术产业开发区	680
9		常熟高新技术产业开发区	352
10		昆山高新技术产业开发区	786
11	南通	南通高新技术产业开发区	550
12	连云港	连云港高新技术产业开发区	300
13	淮安	淮安高新技术产业开发区	234
14	盐城	盐城高新技术产业开发区	400
15	扬州	扬州高新技术产业开发区	418
16	镇江	镇江高新技术产业开发区	400
17	泰州	泰州医药高新技术产业开发区	880
18	宿迁	宿迁高新技术产业开发区	428

资料来源：根据官网新闻整理。

2019年8月2日，国务院同意设立中国（江苏）自由贸易试验区。自贸试验区的实施范围119.97平方千米，涵盖三个片区：南京片区39.55平方千米，苏州片区60.15平方千米（含苏州工业园综合保税区5.28平方千米），连云港片区20.27平方千米（含连云港综合保税区2.44平方千米）。南京片区建设具有国际影响力的自主创新先导区、现代产业示范区和对外开放合作重要平台；苏州片区建设世界一流高科技产业园区，打造全方位开放高地、国际化创新高地、高端化产业高地、现代化治理高地；连云港片区建设亚欧重要国际交通枢纽，集聚优质要素的开放门户、"一带一路"沿线国家（地区）交流合作平台。

苏州工业园区

2019年国家级经开区排名公布，苏州工业园区实现"四连冠"，作为中国改革开放的"试验田"，苏州工业园区一直是外企持续看好的投资热土。20多年来，园区累计实际利用外资312.7亿美元，进出口额达1万亿美元。2019年12月20日，中新苏州工业园区开发集团股份有限公司（简称"中新集团"）在上海证券交易所鸣锣登陆A股市场。

值得关注的是，2019年苏州工业园区位列国家级经开区综合发展水平全国首位。从商务部公布的考评结果来看，苏州工业园区在产业基础、科技创新、区域带动、生态环保和行政效能五大方面发展成效突出，大部分指标进入全国前列。

据商务部统计，2019年1—11月，苏州工业园区新增外资项目259个，新增注册资本15.2亿美元，实际使用外资9.4亿美元，实现平稳增长。2019年，苏州工业园区新增项目中战略性新兴产业占比近70%，总部项目中外资占比达60%，省级总部项目占全省项目的17%，新增上市企业14家，呈现"井喷"态势。

南京江北新区

江北新区位于南京市长江以北，是中国国家级新区，由浦口区、六合区和栖霞区八卦洲街道构成，总面积2 451平方千米，占南京市域面积的37%，是华东面向内陆腹地的战略支点。江北新区拥有便捷的公路、铁路、水路和航空枢纽，是长江经济带与东部沿海经济带的重要交汇节点，长三角辐射中西部地区的综合门户，也是南京北上连接中西部的重要区域。

2015年6月27日，国务院印发《关于同意设立南京江北新区的批复》，正式批复同意设立南京江北新区。自此，南京江北新区建设上升为国家战略，成为中国第十三个、江苏省唯一的国家级新区。

2019年上半年，江北新区集成电路产业主营业务同比增速达122%，生命健康产业主营业务收入同比增长47%。在产业跑道上，"芯片之城"与"基因之城"并驾齐驱，带动江北新区新兴产业一路疾驰。2019年江北新区生命健康产业达到千亿元规模，集成电路产业将在2020年达到千亿元规模，成为推动江北新区高质量发展的强劲动力。

"两城一中心"三大主导产业均呈现爆发式增长，集成电路、生命健康产业规模分别达到300亿元、900亿元，高新技术企业总数突破700家，新增企业1.3万余家，同比增长28%。江北新区紧扣龙头优势，除了台积电、紫光南京半导体产业基地，富士康旗下的京鼎精密南京半导体产业基地也紧跟而来。在这些"领跑员"的驱动下，江北新区"芯片之城"建设全面提速。

如今，全球最大芯片设计自动化企业Synopsys、世界知名集成电路设计公司ARM等纷纷落户江北新区，国内排名前十的集成电路设计企业已有一半在江北新区落户，带动集聚上下游企业260多家，其中2019年新增集成电路设计企业50余家，龙头企业带动并见证了江北新区集成电路产业资源厚度的积淀。

在生命健康领域，拥有全亚洲最大基因测序平台的国家健康医疗大数据中心，成为带动产业集聚的另一大龙头。在大数据中心，世界最先进的二代测序仪NovaSeq 6000可在40个小时内生成基因序列信息，存储分析服务器和超级计算机，运算能力在健康行业排名全国第一。

正是看中了大数据中心的顶级硬件优势，众多企业慕名而来。目前，新区已集聚生命健康相关企业700余家，构成了以研发创新为主的生命健康产业结构，集聚先声东元、绿叶制药、健友生化、药石科技、世和基因、医渡云等一批产业龙头创新企业，产业集群效应逐步显现。2018年，新区生命健康产业主营业务收入突破500亿元。

1.3.5 江苏科技重点研发领域分析

1）三次产业视角下的重点科技发展基础

江苏省第二产业和第三产业的相关科技领域的技术水平在近几年得到了明显提升。

从工业看，江苏全年规模以上高技术产业增加值增长6.8%，比全部规模以上工业高0.6个百分点；占规模以上工业比重达21.8%，比2018年同期提高1.3个百分点。战略性新兴产业、高新技术产业产值分别增长7.6%和6.0%，占规模以上工业总产值比重分别达32.8%和44.4%，比2018年同期分别提高0.8个、0.7个百分点。

从服务业看，新业态新商业模式蓬勃发展。全省规模以上服务业中，互联网和相关服务业、软件和信息技术服务业、商务服务业营业收入分别同比增长23.4%、18.8%和9.4%，受电商网购经济带动，邮政业营业收入增长13.5%，4个行业对全省规模以上服务业增长的贡献率超六成，达60.6%。

从农业看，全省高标准农田占比达65%，农业综合机械化水平达86%，农业科技进步贡献率提高到69.1%。全年绿色优质农产品比重超过58.7%，农业新产业新业态增幅连续多年保持在20%左右。

随着"放管服"改革纵深推进，2019年全年新登记市场主体184.1万户、平均每天5 044户，其中企业54.3万户、平均每天1 488户，市场活力进一步激发。

2）制造业核心科技产业

作为制造业大省，江苏省重点科技研发领域也集中在制造业领域，促成了江苏省制造业的有效创新发展环境和较大的可持续发展空间。江苏省制造业门类齐全、规模体量大，在全面梳理江苏省27个产行业发展现状的基础上，综合考虑产业影响力、规模、集群化特征、发展潜力等方面，兼顾传统产业和新兴产业，江苏省遴选出新型电力（新能源）装备、工程机械、物联网、前沿新材料、生物医药和新型医疗器械、高端纺织、集成电路、海工装备和高技术船舶、高端装备、节能环保、核心信息技术、汽车及零部件、新型显示13个基础较好的先进制造业集群作为重点培育对象，以点带面，推动全省制造业发展整体水平大幅提升。良好的微观企业发展基础构筑了江苏省核心科技产业的较大规模,其中新材料、节能环保、医药、软件、新能源、海工装备等新兴产业规模位居全国第一。

从研发投入额来看,江苏省制造业核心科技产业布局也较为清晰。如图1-24所示,2018年江苏省制造业科技研发活动相对更聚集的产业领域包括:电气机械和器材制造业,计算机、通信和其他电子设备制造业,化学原料和化学制品制造业,专用设备制造业,通用设备制造业,汽车制造业,医药制造业,黑色金属冶炼和压延加工业等细分制造业。

(亿元)

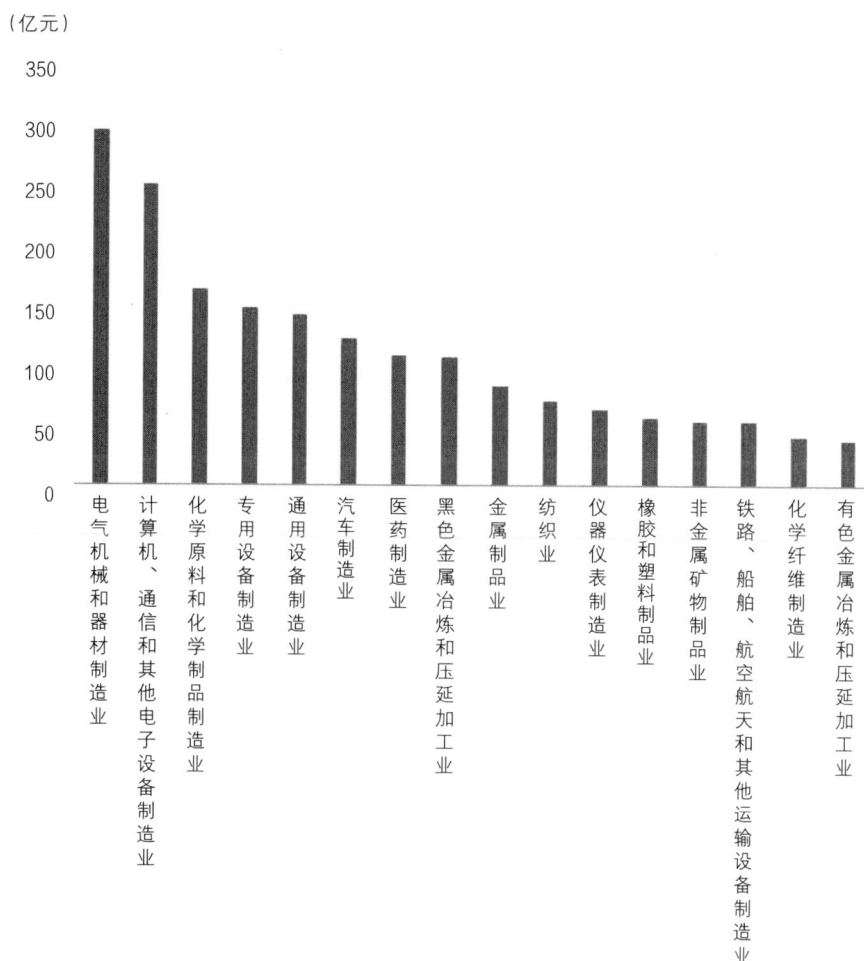

图1-24　2018年江苏省规模以上工业企业研发投入额

资料来源:江苏省工信厅。

而在计算机、通信和其他电子设备制造业中，江苏省着力发展集成电路制造业，尤其是在无锡、苏州和南通等地区的封测业发展态势良好，2017年上述三个城市同比增速分别超过20%、8%和40%

3）服务业和新兴领域核心科技产业

在服务业和新兴领域，江苏省科技创新的典型产业领域是软件服务业。集聚发展和持续研发促成了江苏省尤其是南京市软件服务业的持续壮大，南京也由此成为中国首个软件名城。如图1-25所示，截至2018年11月，江苏省软件企业收入达到8 866亿元。广东、江苏、北京的软件服务业企业收入均超过了8 000亿元。

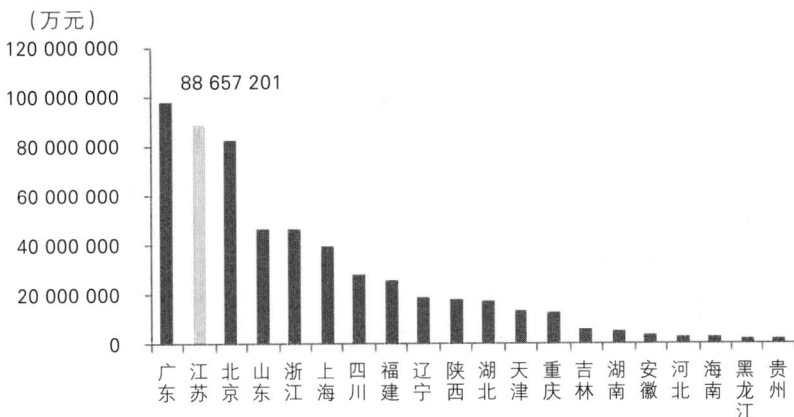

图1-25　2018年1—11月20个省份（含直辖市）软件企业收入

资料来源：工信部。

近年来，江苏大力发展"5G+工业互联网"，实施智能制造工程和制造业数字化转型行动，推动工业化与信息化深度融合，促进"江苏制造"向"江苏智造"转变，其中软件业发挥了重要的引领作用。

在软件业的良好发展基础上，江苏省还着力培育壮大"三新"经济。加强人工智能、大数据、区块链等技术创新与产业应用，培育壮大新一代信息技术等战略性新兴产业，加快5G通信网络和车联网先导区建设，大力发展数字经济，以新产业、新业态、新模式为高质量发展增添新动能。

不难想见，倚重江苏的产学研和实体经济的双重优势，这些新兴产业将成为江苏未来动能转换、经济发展的战略支撑，为这片"科技高原"再添新的"科技高峰"。

4）江苏科技龙头企业情况分析

江苏省在制造业、服务业和新兴产业领域中的一批头部企业都拥有一定的产业领导力。例如在制造业中，13个先进制造业集群内拥有一批在国际、国内具有较强竞争力和产业链整合能力的龙头企业，以及大量专注细分领域、协作配套能力强的单项冠军企业，产业影响力和竞争力较强。集群内拥有百亿元以上的制造企业57家、占全省百亿元的制造企业比重接近45%，"专精特新"小巨人企业超过1 000家。

从科技型中小企业的实力看，江苏省头部企业的表现也非常突出。根据科技部火炬中心数据统计，通过评价取得入库登记编号的科技型中小企业在2019年度国家科学技术奖获奖项目中表现突出，全国共有44家科技型中小企业分享了35个国家科技奖励项目。其中，江苏省中崇信诺生物科技泰州有限公司等9家科技型中小企业榜上有名，获奖企业数占全国的20.5%，继续保持全国第一，江苏科技型中小企业研发能力和创新能力得到体现。

2020年江苏省政府工作报告重点提到，"未来网络试验设施、高效低碳燃气轮机试验装置、纳米真空互联实验站等重大创新平台建设取得新的进展，创建国家首个车联网先导区，国家级孵化器数量及在孵企业数均保持全国第一。"这些重要的科技基础设施，是科技创新研发的实验平台，更是吸引和培养国际顶尖科研人员和工程技术人员的"强磁场"。未来在这些地方诞生的重大技术突破、重要产品和尖端科学，对江苏乃至全国的相关产业变革、创新发展将有极其深刻的推动作用。

1.4　江苏省金融机构金融科技发展重点

金融科技已成为推动金融业变革创新的重要力量，在为金融机构展业带来新挑战的同时，也为金融机构实现业务跃升式发展提供了新契机。积极拥抱此轮金融科技创新机遇已成为金融行业共识，众多领先金融、科技机构均已明确金融科技发展定位，正加速推进科技研发及应用落地。表1-8对江苏省领先金融机构在金融科技领域的发展做了简要梳理。

表1-8　　　江苏省领先金融机构在金融科技领域的发展

序号	机构	发展定位	发展聚焦
1	银行类	科技驱动，数字化、智能化、场景化、轻型化	1）聚焦业务：零售金融、小微金融、交易银行 2）应用环节：智能营销、智能决策、智能管理、智能营运、智能风控、智能客服、智能催收等 3）场景改造：线上App、开放平台、服务场景，线下智能网点、智能柜台等
2	证券类	科技驱动向以财富管理为核心的综合金融服务商转型	1）聚焦业务：财富管理 2）应用环节：系统建设、产品创新、客户运营服务及顾问赋能 3）渠道创新：线上交易平台、App，线下智能柜台、轻型营业部
3	保险类	从资产驱动向科技驱动的转型	1）聚焦业务：各类保险服务 2）应用环节：系统建设、产品创新、投保流程、客户运营、理赔等服务创新、保代赋能 3）渠道创新：线上平台、App、微信、电话，线下保代
4	信托类	科技推动产品服务、风险控制、运营管理创新	1）聚焦业务：资产配置端、资金募集端 2）应用环节：系统建设、资产风险控制、产品创新、客户服务 3）渠道创新：金融App、微信、电话等
5	互联网小贷类	科技驱动服务模式创新	1）聚焦业务：消费信贷、小微信贷、供应链金融 2）应用环节：IT系统、营销获客、自动审批、风控 3）渠道创新：母公司平台、互联网渠道
6	消费金融公司类	以金融科技助力模式创新、场景嵌入	1）聚焦业务：消费金融 2）应用环节：系统建设、产品创新、客户运营、风控、场景嵌入 3）渠道创新：App、H5页面等"轻"移动端、场景端
7	征信类	科技助力征信平台建设，探索服务新模式	1）聚焦业务：征信 2）应用环节：平台建设、产品创新、开放接入 3）渠道创新：手机端App、线上服务平台
8	金融科技企业	以科技赋能金融机构	1）聚焦业务：银行、证券、保险、信托等各领域 2）应用环节：业务流程各环节技术改造——精准营销、产品创新、智能风控反欺诈、智能投顾、智能客服、智能催收、自动化贷后管理、资产价值管理、监测预警等 3）渠道创新：RPA机器人、智能网点、智能客服、商用机器人等

1.4.1　银行类金融机构

在各类金融持牌机构中，银行推动金融科技发展的步伐一直走在前列，见表1-9。通过梳理各家银行金融科技发展战略可见，金融科技发展重点主要围绕零售金融、小微金融、中间业务等银行核心业务，聚焦于数字化、智能化及场景改造三大领域，将金融科技广泛应用于营销、风控、用户管理等业务前、中、后台各环节。

表1-9　　　　　　　　　　　　银行金融科技发展重点

序号	机构	发展定位	发展聚焦
1	江苏银行	打造最具互联网大数据基因的银行	1）零售金融：智慧零售、产品功能线上化（"阿尔法智投""阿尔法保险""指南针""金e融"、智能开户、智能客服、智能投顾）、数字精准运营、智能用户画像、个性化智能推荐、用户引导激励、扩充生活服务功能（政务、教育、居家、住房、出行等）、客群板块（"智慧长者""融享四海""车生活"等） 2）小微金融：线上申请、线上签约、线上用款及智能营销、智能尽调、智能贷，"e融"系列、三农系列产品创新 3）交易银行：电子银行维护（供应链系统、现金管理系统和国际业务系统）、企业网银、客户经理营销平台（"筋斗云"）、现金管理产品（"招标通""银法通""银财通""电商通"）、区块链创新（区块链福费廷交易平台、区块链+信用证平台、区块链+应收账款平台）、供应链上下游资产标准化、物联网动产质押 4）展业环节：智慧营销——"筋斗云"大数据营销平台，智慧管理——"智多星"大数据分析平台，智慧营运——"远程智慧全能银行"、"苏苏"智能客服机器人，智慧风控——"融创智库"大数据技术平台、人脸识别、互联网反欺诈平台 5）场景改造：直销银行、智能柜台、对公远程银行、手机银行、美团PAD开卡、智能服务平台（"爱健康""爱学习""车生活"等）、API及H5接入合作App（网电e宝、杭州市民卡等）

序号	机构	发展定位	发展聚焦
2	南京银行	智慧银行"智能化、数字化、场景化"	1）零售金融："鑫云+"互金开放平台、"普惠之家"一体化服务平台、客户画像与行为分析、定制化产品创新、涵盖全生命周期的金融产品、一站式预约及交易、线上化服务、场景化平台（生态化异业联盟）、集群化营销、以客户账户服务为中心的支付结算体系、大零售营销管理平台、全流程智能投顾 2）小微金融：小企业大数据平台（小企业客户统一视图、客户知识图谱、客户分群精细运营）、鑫航标大数据平台（查询民营、小微企业工商、司法、舆情、招投标、税务、专利、环评、资质等信息）、五个"鑫"系列产品创新、App移动信贷端口（移动审批、取印拍照、面签核保等，到期提醒、逾欠提醒、余额查询、合同管理、放款信息、支付信息、经营报表模块动态展示等） 3）交易银行：48个集群式供应链项目、区块链开证、"鑫国结"线上化国际业务、企业网银、鑫e伴、现金管理系统、产品创新（鑫微贷、鑫医融、资金监管类产品、跨境外汇银团贷款、代客外汇期权等） 4）展业环节：智能获客——硅基智能AI数字员工、场景嵌入、精准推荐，智能风控——"鑫盾工程"内控体系、大数据风控、智能反欺诈、智能身份识别，客户运营——客户营销运营平台、"金融互动视频"、语音导航、手机盾、小程序预约取号，开放合作——鑫e家、"鑫云+" 5）场景改造：网点智能化改造、智能柜台、线上手机银行、电商平台"鑫e商城"、直销银行"你好银行"、"远程银行中心"、支付宝及微信小程序、"鑫e伴"企业手机银行
3	苏州银行	金融科技由战略支撑转向战略引领，实现智能化、场景化	1）零售金融：互联网投融资平台"小苏帮客"、智能投顾、产品创新（"淘宝贷""税银时贷""米粒贷""苏工惠"）、"银医一卡通"、"苏州市社会保障·市民卡"、消费贷业务（大数据、智能决策平台，全流程自动完成客户征信评级、还款能力评估、额度与价格生成、贷款合同电子可视化、"市民贷智能反欺诈系统"、蓝灰名单等）

续表

序号	机构	发展定位	发展聚焦
3	苏州银行	金融科技由战略支撑转向战略引领，实现智能化、场景化	2）小微金融："苏e财务云平台"、苏州综合金融服务平台（引入苏州企业征信体系、无缝对接小企业、数据平台、政务平台及金融机构等）、化纤汇平台、焦点科技平台、产品线上定制平台（"锦绣融""苏式微贷""信保贷""征信贷""信E贴"等）、"创e贷"平台系统 3）金融市场："大数据预警风险""智能决策""反欺诈"等全流程的技术平台体系，全面覆盖金融市场交易业务，将传统同业业务、代理业务和清算结算类业务线上化，持续优化开放式同业业务平台 4）展业环节：智能营销——"起点银行"增加社交属性、"千人千面"用户画像，智能风控——"璇玑智控平台"（"大数据预警风险""智能决策""反欺诈"）、区块链黑名单共享平台，智能决策——"苏行大脑""小苏策"，智能运营——RPA虚拟机器人替代手工大量重复工作，智能客服——"小苏"小i机器人 5）场景改造：智能手机银行、"起点银行"、智能柜台、微信及网银等电子渠道、生活服务场景（"智慧医疗""智慧缴费云平台"）、聚合支付场景嵌入（"苏e付"智慧医疗、智慧商业、政务服务、商业消费、交通出行、智慧停车、智慧缴费）、跨界合作（顺丰速递、苏宁金控集团、淘宝商盟、同程旅游等）
4	苏宁银行	科技驱动的O2O银行	1）零售金融：智能营销——"知心"智能营销、"星象"智能客户画像、"云析"营销分析系统、"极目"黄牛识别系统、"云析"营销分析系统，智能风控——"识器"欺诈设备识别、"寻迹"位置画像系统、"可信"白名单识别系统、区块链金融黑名单、"寻踪"共债分析系统、"风声"黑产监控系统、"扬清"资金饥渴度模型、"伽利略"信用风险矩阵、CSI风控安全大脑、"透镜"信贷风控决策引擎、"石出"消费贷评分系统、苏宁分，账户安全——"晓身"防盗卡盗账户模型，智能催收——"千寻"智能催收系统、"幻识"反欺诈关系图谱，智能客服——"小V"智能客服机器人

序号	机构	发展定位	发展聚焦
4	苏宁银行	科技驱动的O2O银行	2）供应链金融："多普勒"企业风险预警系统（供应链图谱、行业风险图谱、智能企业舆情、智能尽调报告、自动授信风控模型、风险实时预警）、物联网+区块链动产质押融资平台、区块链物联网汽车库融系统、区块链物联网动产质押融资系统、区块链国内信用证、区块链福费廷系统 3）微商金融：线上微商风控体系、区块链+物联网动产质押平台、企业风险预警、微商贷风控系统（个人欺诈风险识别、商户风险模型、实时预警、商户套现模型） 4）场景改造：苏宁金融App、苏宁银行App、苏宁体系内O2O场景及App（小店、易购、家乐福等）、苏宁金控集团各体系供应商、物流商、售后服务商、零售云、苏宁外部合作场景及App渠道（华为、电信等）
5	江苏省农村信用联合社	以云计算和大数据为重点抓手，推动农商行金融科技转型升级	平台支撑：数字化营销平台（客户细分、存款流失预测、贷款流失预测、理财营销预测和贷款营销预测）、农商行专属行业云及私有云、运维大数据平台（数据集中查询检索、单笔业务跟踪、批量作业执行时长计算与预警、数据库实时分析）、数据风控、金融场景接入（点餐平台等）
6	无锡农商	科技赋能服务三农、小微、科创、社区居民	1）零售金融：多渠道数据对接（人行征信系统、无锡社保、无锡公积金、同盾风控等）、信息接口对接全流程线上化管理、差异化授信及用信模型、风险预警指标（自动监测、判断客户风险状况）、智能决策分析（客户历史借贷行为、互联网行为、金融属性、个人偏好等数据深挖及建模）、自有信用决策平台（贷款授信及用信自动化审批）、产品创新（"锡银快贷"等） 2）小微金融：多渠道数据对接（增值税纳税发票信息等）、额度测算模型、产品创新（"锡银税贷""微易贷""惠农贷"等） 3）展业环节：智能信用风控决策平台（智能决策系统、大数据风控系统）、"融智"一体机（为客户画像、精准营销、产品匹配和风险控制提供决策支持）、数据防泄露系统

续表

序号	机构	发展定位	发展聚焦
6	无锡农商	科技赋能服务三农、小微、科创、社区居民	4）场景改造：手机App、直销银行平台"锡银在线"、智能柜台、"智慧医院"（无锡市中医院、第三人民医院、滨湖区中医院及惠山区16家医疗机构）、无锡人社局医保线上支付平台、校园一体化综合线上收缴平台（学生银行卡开户、现场学费收缴、线上学费收缴、内部食堂、商业街区）
7	苏农银行（原吴江银行）	科技助力"轻型"银行转型	1）零售金融：个性化金融服务方案、零售银行产品体系（储蓄、贷款、理财、银行卡、结算和便民金融）、加大数据采集和分析运用，构建社区金融生态、基于手机银行的前端获客、审批、放款全流程功能 2）小微金融：产品创新（"优信e贷""物流网点贷""锦鲤税e贷""化纤汇"在线融资业务），对接苏州综合金融服务平台、地方企业征信系统、企业自主创新金融支持中心三大平台推出企业生命周期"锦绣"系列科创金融信贷产品体系、政府渠道类的"科贷通""信保贷""增信基金贷"等产品 3）场景改造：网上银行、手机银行、微信银行、电话银行、锦鲤商城、金融综合服务站、农村电商平台、支付结算网络和生产经营、日常生活场景服务网络

1.4.2　证券类金融机构

证券类金融机构正在积极推进业务转型，由传统经纪业务向以财富管理业务为核心的综合金融服务商转型，而金融科技被视为推动这一进程、助力券商打造核心竞争力的重要引擎。梳理证券机构金融科技发展实践可见，系统建设、客户运营、渠道和产品四方面，是其推动金融科技落地应用、打造创新优势的主要领域。证券机构金融科技发展重点见表1-10。

表 1-10 证券机构金融科技发展重点

序号	机构	发展定位	发展聚焦
1	东海证券	围绕"智能数据"核心功能,推动产品及服务模式创新	1)产品创新:智能咨询、理财——"咨询+标的+行情"模式和"实时行情+多标准排序"功能、"智能数据"决策支持、交易-策略回测和自动化交易、"统一账户"平台、人工+智能投顾 2)渠道创新:东海通App、龙网、智能交易平台 3)客户运营:优化交互体验、个性化数据及股票等信息筛选、客户认知模式研究、分类分级管理
2	东吴证券	以金融科技为手段,强化数字化经营能力	1)系统建设:一体化分布式私有云架构、大数据平台和数据仓库、区块链技术平台 2)产品创新:智能个股、盘面、行业等全方位服务,客户、账户、交易、产品、风控、运营六大数字化体系建设、智能投顾、智能业务办理、智能风控、智能客服 3)渠道创新:A5极速柜台、智能网点、"东吴秀财" 4)客户运营:客户需求挖掘、创新营销方式、个性化推介、收集、匹配客户需求
3	国联证券	通过技术创新,融合多元化场景,激发产品服务创新,塑造高效投资服务和管理模式	1)系统建设:全套自研运营系统,数据实时更新,支持可视化展示,实现数据反哺产品设计,搭建适合互联网业务的产品设计、开发、运营体系 2)产品创新:智能决策分析工具-气象九转、智能投资服务工具-云参选股(围绕用户投资生命周期,构建了4大分类、内含20多项智能投资服务工具,实现机会挖掘、交易陪伴以及精准服务)、特色付费资讯服务——涨价挖掘机、主题投资、智能数据、智能客服、智能账户、高速行情 3)渠道创新:国联尊宝App 4)客户运营:数据驱动的客户全生命周期智能运营体系,生命周期运营逻辑,转化指标,预警机制,个性化精准匹配和主动推送

序号	机构	发展定位	发展聚焦
4	华泰证券	金融科技驱动数字化转型,打造差异化核心竞争力	1）系统建设：自研交易系统、FoF/MoM投研一体化管理平台、信用评价系统、区块链在监管场景下的应用平台 2）产品创新：智能资产配置、专属投顾在线服务、场景化理财、智能交易科技、泰牛智投、智能盯盘、智能图谱、智能条件单、国债逆回购条件下单、工资定投、养老产品、HUATECH机构客户数字服务体系、智能金融终端MATIC、行情服务平台INSIGHT、投顾专属工作平台"Aorta"、TAMP 3）渠道创新：涨乐财富通、面向客户的服务平台与面向投资顾问的工作流平台、"行知App" 4）客户运营：线上线下一体化的客户运营,大数据分析客户行为、交易信息、行情数据等数据的价值挖掘
5	南京证券	聚焦"移动化、数字化、智能化",以金融科技手段助推业务转型发展	1）系统建设：云安全智能平台、Citrix Xen Desktop私有云平台 2）产品创新：Level-2行情、短线雷达、相似K线、拍照上传自选股 3）渠道创新：鑫易通网上交易软件智能选股、金罗盘App、南京证券大智慧、南京证券期权、轻型证券营业部 4）客户运营：用户个性化理财方案、投顾建议

1.4.3 保险类金融机构

保险机构在金融科技领域的探索也在不断深入。如表1-11所示,保险机构开始追求实现从资产驱动向科技驱动的转型,在金融科技研发应用方面主要聚焦于产品创新、系统建设、客户服务、场景渠道、培训管理几方面。

表 1-11　　　　　　　保险类机构金融科技发展重点

序号	机构	发展定位	发展聚焦
1	利安人寿	以保险科技赋能客户开拓和服务体验，赋能平台建设和系统优化	1）产品创新：借助大数据、云计算、人工智能推进产品定价、产品功能、理赔模式、服务流程、定制化等方面产品创新 2）系统建设：多媒体智能客服系统、线上OCR识别和电子签名技术、多渠道销售支撑系统、理赔服务系统 3）客户服务：智能客服、IVR语音自助查询、微信理赔（小额理赔平均索赔支付周期仅为0.78天）、"一键理赔报案"、"逾期理赔付息"、在线兑付、简易保全、在线续保、电子回执回销、VIP直升机救援、人工智能语音回访、微信交费方式及账号变更 4）场景渠道：整合官网、微信、电话、利保通等渠道
2	东吴人寿	推动科技创新与保险服务深度融合，为客户提供多样性优质服务	1）产品创新：建立客户资源数据分析和评估体系，创新开发定制化产品，如"盛朗康宁定期重大疾病保险"从立项到上市仅19天、"蜀乐保重大疾病保险"根据一线需求定制研发、线上咨询知悉、保单查询、理赔申请、VIP服务30余项服务 2）系统建设：东吴大病商保管理平台、健康管理系统平台、东吴人寿保险行销系统、健康管理信息系统 3）客户服务：客户服务综合平台、保单账户化、客户体验及视觉设计提升、智能核保核赔、云服务、大数据报表、建微服务、微健康、微商城三大业务群（提升企业线上服务效能） 4）场景渠道：与健康管理、医疗服务、养老服务相融合，打造一站式"医养结合"养老服务体系、健康管理体验中心、东吴人寿App 5）培训管理："东吴e保"App（实现营销员从入职到获客、从晋升到增员的全流程覆盖）、网上学习平台、行销辅助工具

序号	机构	发展定位	发展聚焦
3	紫金财险	建设紫金敏态IT、打造"数字紫金"	1）产品创新："紫属保"、"紫农保"、"移动核保"、"车险快速报价"、"紫金展业平台"、车联网及物联网财险产品部署、车险出单流程优化（快速出单系统）、"订舱保证金保险"、"提单遗失保险" 2）系统建设：中台微服务搭建和技术升级（"大中台、小前端、瘦核心"）、5G保险服务云体系、分布式数据库、分布式中间件为核心的技术敏捷平台 3）客户服务：针对代理人、合作伙伴、内部员工三类用户提升产品使用体验，提供客户生态、数据生态、产品生态和技术生态一站式的全方位服务 4）场景渠道：数字营销平台（敏捷开发、持续集成、海量交易支持）

1.4.4 信托类金融机构

信托业务本身是跨市场、多元化、灵活性的融资工具及高端财富管理工具，而金融科技的引入，有助于发挥信托业务的制度优势、模式特色，提升信托业务运营管理水平。信托机构金融科技发展重点见表1-12，可以看到，系统建设、风险控制、产品创新、客户服务、渠道拓展是信托机构金融科技投入重点方向。

表1-12　　　　　　　　　信托机构金融科技发展重点

序号	机构	发展定位	发展聚焦
1	江苏国际信托	推进数字化、信息化转型，以全方位风险管理为基础，布局产品服务创新、运营管理创新	1）系统建设：ERP建设的统一部署（SAP系统）、财务数字化、云计算分析决策平台 2）风险控制：多维度数据挖掘、反欺诈、信用风险管理等风控模型、贷中及贷后风险预警 3）产品创新：大数据挖掘目标客户需求偏好，针对性设计消费信托产品、个性化智能投顾 4）客户服务：线上服务体验优化，如线上完成咨询、"双录"、签约、账户信息查询等、个性化服务 5）渠道拓展：微信服务号、移动App

序号	机构	发展定位	发展聚焦
2	紫金信托	金融科技助推展业模式与产品形态的转变，打造差异化竞争优势	1）系统建设：系统扩容升级、金融机构合作共享平台 2）风险控制：公司信托业务数据库、净资本及风险资本相关指标设置预警线、信用风险计量工具（如信托业务交易对手的评级模型） 3）产品创新：带有主动管理特征的基金化产品，消费信托，从为高净值客户服务的产品变为普惠金融产品，产品结构采取分层设计、分级设计、母子信托等多样化形式，投行化展业模式 4）客户服务：200余个客户远程服务，产品及服务匹配不同类别投资人的偏好与需求 5）渠道拓展：互联网信息化平台（线下资产管理、线上财富管理）、线上产品认购、微信公益信托平台、与互联网运动平台等跨界合作

1.4.5　互联网小贷类金融机构

金融科技的快速发展为金融行业带来更多展业可能，也吸引多元化机构跨界进入金融行业，考虑到互联网小贷公司牌照较银行、消费金融公司牌照而言申请门槛相对低，故而互联网小贷公司成为实力集团拓展金融业务的普遍选择之一。互联网小贷公司依托母集团在创新技术、客户流量、展业平台、细分行业深耕、数据积累等方面的优势，实现业务拓展。互联网小贷金融科技发展重点见表1-13。

表1-13　　　　　　　　互联网小贷金融科技发展重点

序号	机构	发展定位	发展聚焦
1	焦点小贷	打造"数字化、场景化、智能化"的创新发展服务模式	1）环节赋能：精准营销、用户画像、大数据风控、线上操作、产品创新（"信用证管家""信保达""贸闪贷"）、对接母公司电商平台数据、在线业务系统（咨询、授信、放款、查询和投诉服务） 2）展业渠道：母公司焦点科技旗下各电商平台（中国制造网、百卓采购网、新一站保险网）、子公司客户人群

序号	机构	发展定位	发展聚焦
2	三六五小贷	以科技为核心，以产促融、以融促产	1）环节赋能：线上获客、线上审核、自主研发的风控及数据管理系统（线上提交借款材料，后台风控系统依据金融征信体系快速输出客户评级，不同评级客户对应不同授信方式） 2）展业渠道：面向母公司电子商务平台、优质房产行业资源
3	华博小贷	成为数据驱动的国内最值得信赖的全价值链互联网金融发展模式	1）环节赋能："一站式"在线投融资平台、征信数据管理、IT系统建设、基于大数据分析评估的获客能力、快速迭代的资产定价能力、大数据风控 2）展业渠道：依托母公司华博集团旗下中华万年历（个人生活助理服务平台App）、蜂云网络&51订货网、百思贷等实现投贷联动和产融复合
4	紫光数码小贷	以金融科技创新助力中小企业融资	1）环节赋能：以互联网和IT技术为工具，实现网络自助贷款、自动发放，供应链、金融、网络创新结合 2）展业渠道：紫光数码上下游产业链企业

1.4.6 消费金融公司类金融机构

消费金融是金融科技应用的最重要领域之一，通过技术赋能有效降低消费金融服务门槛，拓展长尾客群，其中系统建设、产品创新、客户运营、风控管理、场景拓展、渠道营销是金融科技应用的重点领域。现阶段，国家审批的消费金融公司不足30家，但在金融科技的加持下已有亮眼展业成绩。消费金融公司金融科技发展重点见表1-14。

1.4.7 征信类金融机构

大数据、人工智能等金融科技极大推动了征信行业发展，在扩充征信数据维度、构建智能征信模型、延长征信服务链条、拓展征信服务范围等方面作用显著。征信应用各方与征信平台的直连模式也进一步提升了征信服务效率。梳理征信机构的金融科技发展实践（参见表1-15），可见其发展重点在平台建设、产品创新、服务渠道拓展几方面。

表 1-14 　　　　　　　　　　消费金融公司类金融科技发展重点

序号	机构	发展定位	发展聚焦
1	苏宁消费金融	以金融科技助力金融服务与智慧零售深度融合	1）系统建设：涵盖前、中、后台服务层、外联网关层、数据服务层、基础服务层 6 层共 145 套应用系统，大数据风控、信息科技系统平台 2）产品创新：结合场景需求的"任性"系列产品创新 3）客户运营：会员精准画像、智能客服、全生命周期运营、个性化服务、智能催收、智能营销 4）风控管理：用户信用分体系、大数据风险模型矩阵、智能风控决策、反欺诈模型、贷中贷后风险预警 5）场景拓展：生态圈内外 O2O 生活消费场景（3C、家电、门店等）、文化娱乐消费场景（体育、视频、游戏等）、流量场景（中国电信、新世界教育等） 6）渠道营销：App、H5 页面等"轻"移动端、场景端

表 1-15 　　　　　　　　　　征信类机构的金融科技发展重点

序号	机构	发展定位	发展聚焦
1	江苏联合征信	借助金融科技整合征信资源，探索综合金融服务新模式	1）平台建设：综合金融服务平台与银行及中小微企业等政银企数字化融资对接，征信服务平台与省级征信公司服务、人行南京分行、江苏银监局等对接，对接全国"信易贷"平台 2）产品创新：江苏综合金融服务平台、江苏省联合征信服务平台（上线金融机构可经企业授权，通过平台查询该企业税务、工商、环保等公共信用信息）、小微企业融资绿色通道、环保贷、乡村振兴贷、小微创业贷、人才贷、富民创业贷等政银合作产品 3）渠道拓展：手机端 App、线上服务平台

序号	机构	发展定位	发展聚焦
2	苏州企业征信	金融科技助力征信平台建设，服务小微企业发展	1）平台建设：征信数据库、基础应用系统、增值应用系统、移动端应用系统、智能应用系统为核心的"一库N用"平台架构体系、征信平台数据采集系统、数据处理系统、企业征信应用系统及企业征信业务管理系统 2）产品创新：征信平台、征信报告、企业筛选、风险预警、动态计算整合企业信用评分、宏观分析、风险预警，与银行合作推出小微"征信贷"产品、"信e贴"、智能电力大数据征信模型、小微企业信贷额度测算模型、利率定价模型、信贷风险预警模块、征信评分智能匹配金融产品、支持国家"信易贷"工作落地 3）渠道拓展：企业征信App、苏州企业征信平台（综合金融服务平台、股权融资服务平台等）
3	江苏金农股份	推动全省小贷对人行征信的接入及大数据在获客、风控等方面的应用	1）平台建设：小贷机构与人行征信的对接系统、接入江苏税务及市场监管等相关信息数据 2）产品创新：大数据产品辅助小贷公司获客、风控

1.4.8　金融科技类机构

如表1-16所示，江苏金融科技企业依托在技术创新领域的能力优势，针对银行、保险、证券、信托等各类金融展业过程中的痛点问题，提供基于创新科技的全流程解决方案，为金融机构数字化转型赋能。

表1-16　　　　　金融科技机构发展重点

序号	机构	发展定位	发展聚焦
1	苏宁金融科技	金融科技赋能零售金融数字化转型	1）技术应用：机器学习、知识图谱、区块链、流计算 2）主要产品："伽利略"消费金融信用风险矩阵、"天衡"小微金融风险审批体系、"多普勒"小微企业风险预警、CSI反欺诈引擎、"透镜"信贷决策引擎、"知心"金融精准营销系统、"小V"智能金融机器人体系、金融数据中台 3）应用领域：银行、保险、消费金融公司等的消费金融、小微金融领域

序号	机构	发展定位	发展聚焦
2	开鑫金服	为供应链合作伙伴提供系统开发、产品与风控模型设计等金融科技服务	1）技术应用：大数据挖掘、线上化运营、定制化服务 2）主要产品：金融智能、大数据、金融安全、风控技术、开发框架、区块链六大类别，百余套系统的金融科技产品集群，以 X-LINE 供应链金融系统、鑫云大数据系统、灵析风控系统为主的供应链金融行业解决方案 3）应用领域：物流、医药等产业供应链金融
3	思必驰	围绕"云+芯"重点布局智能语音识别	1）技术应用：全链路智能语音语言技术、中英文综合语音技术（语音识别、语音合成、自然语言理解、智能交互决策、声纹识别、情绪识别、口语对话等） 2）主要产品："云+芯"人机交互平台、会话精灵企业智能服务的定制平台（智能客服、知识机器人等）、人工智能芯片 3）应用领域：车联网、IOT、医疗、教育及其他行业场景
4	科沃斯	以商用机器人赋能智慧厅堂，提供一体化解决方案	1）技术应用：运动智能、图像智能、对话智能、AIOT 2）主要产品：旺宝系列银行服务机器人、"Finbot+智慧厅堂" 3）应用领域：银行、保险等机构智能服务网点
5	迪普思	基于前沿AI技术，提供定制化、一站式数字员工解决方案	1）技术应用：RPA+AI（OCR、NLP、KG）有机融合，机器学习系统、情绪识别、预测性分析、增强智能等 2）主要产品：数字员工——江苏"数字员工小能人"（账管机器人、信贷机器人、报表机器人、财税机器人、外管机器人、质押登记机器人、客户风险监测机器人、SSO机器人等） 3）应用领域：银行、证券、保险等，同时覆盖医疗、能源、制造业、政务体系等领域
6	华云数据	帮助用户采用云计算提升IT能力，实现业务变革	1）技术应用：大数据、云计算、人工智能 2）主要产品：私有云、混合云解决方案、大数据服务、超融合产品、公有云、IDC转云等、国产通用型云操作系统安超 OS™ 及云基础架构平台"安超云一体机" 3）应用领域：金融、能源电力、国防军工、教育医疗、交通运输、政务等

序号	机构	发展定位	发展聚焦
7	江苏银承网络科技	依托金融科技赋能供应链承兑支付体系融资	1）技术应用：数据风控、数据中台、金融AI（机器学习、知识图谱、自然语言处理、计算机视觉）、承兑汇票OCR、智能客服机器人 2）主要产品：供应链承兑支付体系融资平台（数据风控平台=会员信用评级及票据行情预警、票据识别、人脸识别、证件识别、机器人客服、企业画像、在线连表、数据仓库等） 3）应用领域：中小微企业供应链承兑汇票融资
8	车300	以人工智能为依托、以汽车交易定价和汽车金融风控为核心，提供车贷全栈解决方案	1）技术应用：人工智能-数据挖掘、机器学习、价值计算引擎、残值数据算法、学习型人工智能 2）主要产品：贷前反欺诈、贷后资产实时监控、逾期分析、资产评分、风险预警等一站式智能风控服务 3）应用领域：客户审核、资方汇集、业务流程、财务管理、贷后处置、内部管控等汽车助贷业务全流程
9	企查查	依托"云数据"分享平台提供企业综合数据解决方案	1）技术应用：大数据、人工智能、云计算 2）主要产品：企业画像（KYC）、精准拓客、股权穿透受益所有人、尽职调查、征信报告、风险监控、企云图（基于企业信息查询平台接入企业工商信息、法院判决信息、关联企业信息、法律诉讼、失信信息、被执行人信息、知识产权信息、公司新闻、企业年报等） 3）应用领域：企业信息查询、风控预警等

第2章

江苏金融科技发展情况

2.1　导语

本章着重介绍江苏省金融科技的发展现状。江苏省本身具有较强的经济、金融、科技基础，现已打造出一批具有自主知识产权的创新金融科技项目，在大数据风控、区块链、人工智能、物联网金融、支付科技、RPA（机器人流程自动化）技术等六大领域形成了具有自身特色的金融科技发展体系。江苏金融科技发展情况见图2-1。

江苏省在大数据风控领域，一方面开展大数据平台搭建工作，持续完善省、市两级信用平台，推动多元化数据接入，组建大数据联盟，汇集300余家大数据企业，支持省内金融机构接入人行征信、银监、工商、税务、金融、互联网渠道等多维度数据源；另一方面开展风控模型建设工作，领先金融机构如江苏银行、苏宁金融等均已推出成熟的数据风控模型，并基于业务拓展需要进行持续优化，如"智多星"大数据分析云平台、"天衡"小微金融风险审批系统等。

在区块链技术领域，江苏省内领先金融机构基于自身技术实力，深入探索区块链技术在金融领域的应用，并已经在商品追踪溯源、供应链金融、资产管理等领域中使用。江苏省已成功建立拥有自主知识产权的区块链BaaS技术平台、区块链物联网动产质押监管平台、区块链资产证券化服务平台、区块链国内信用证传输平台、区块链福费廷交易平台、区块链风险联防联控平台等完备的区块链技术平台。

在人工智能领域，科沃斯、思必驰、迪普思等省内领先人工智能企业已推出商用机器人、智能客服、数字员工等成熟产品，广泛应用于金融服务流程中，现已被引入工行、建行、平安银行、太平保险等大型金融机构。另有苏宁金融、焦点小贷等金融机构基于业务现实需求，在智能投顾、智能风控、用户画像、智能催收、智慧网点改造等领域推出领先解决方案。

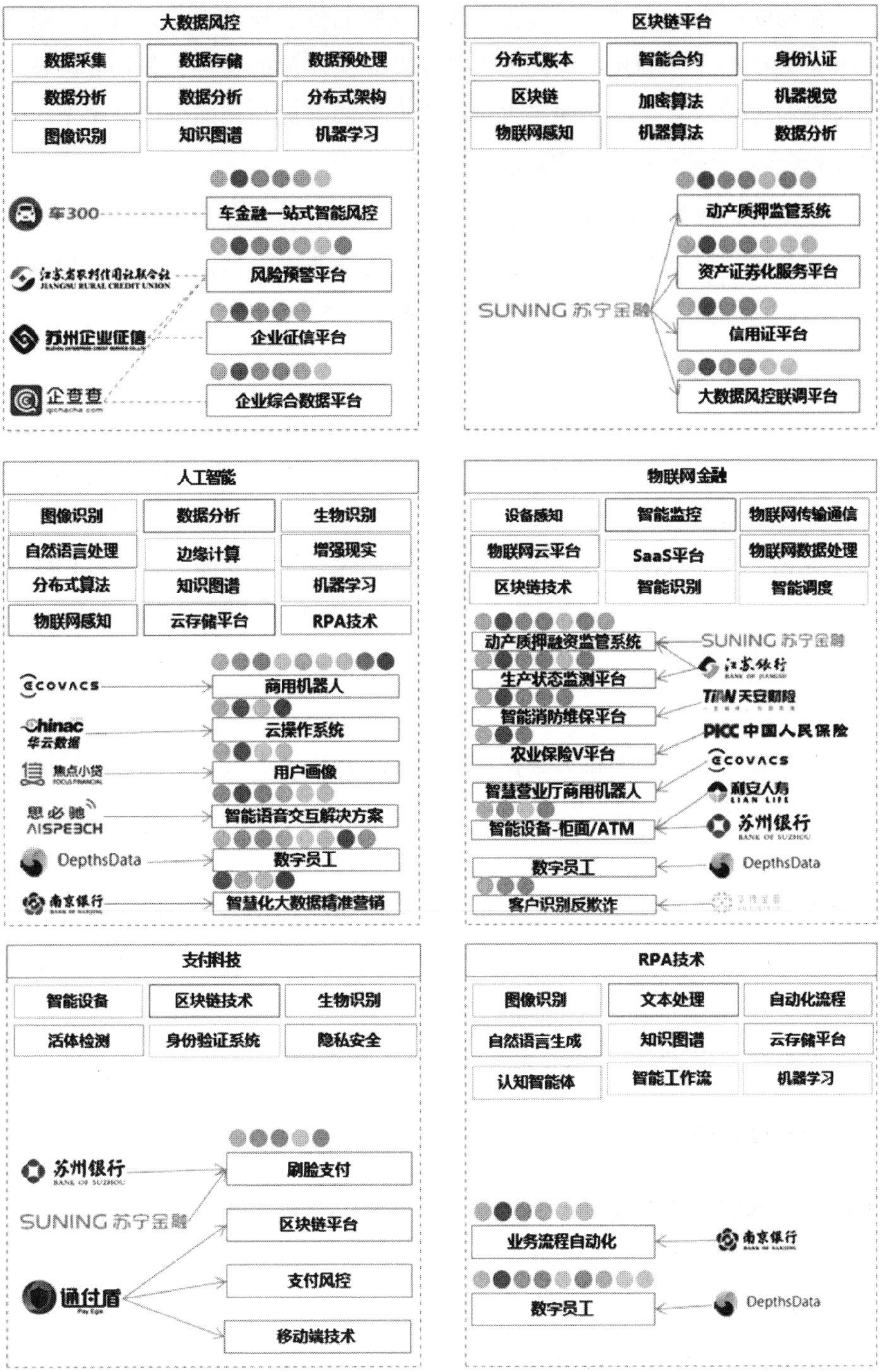

图2-1 江苏金融科技发展概览

在物联网金融领域，江苏具有较为完整的核心技术产业链布局，省内多家金融机构充分利用物联网上下游企业聚集江苏的优势，将物联网技术与金融业务有机结合，实现了多种金融服务的突破与创新，提升了金融业务流程效率、金融资产定价与风险管理水平。

在支付科技领域，苏宁金融等拥有支付牌照的企业基于自身技术架构体系搭建了金融网关核心系统，并集成了安全防护、请求鉴权、监控统计等功能。基于指纹支付、刷脸支付、条码支付等不同支付方式的系统要求，进行了设备层、数据层、核心层、业务层、应用层系统架构的自主研发设计。

在 RPA 技术领域，通过自动化、智能化技术来替代人工进行重复性、低价值、无须人力决策的固定性流程化操作。南京银行、苏宁银行等机构已具备 RPA 机器人的开发、部署、调度、监控、管理等能力，并将 RPA 广泛引入前、中、后台业务流程，重点应用场景涉及反洗钱客户风险监测、平台自动化测试、成本分析、智能客服、开户开票对账等自动化处理等领域。

上面概述了江苏省在大数据风控、区块链技术、人工智能、物联网金融、支付科技、RPA 技术等六大金融科技领域的技术创新实践。基于这些具有自主知识产权的领先技术，江苏省构建起了基于自身特色的金融科技发展体系，而这些科技创新成果也已被广泛输出，应用于金融机构实践之中。为帮助读者更加深入地了解江苏省金融科技领域的发展现状，本章将重点围绕这六大特色领域，结合江苏省金融、科技机构的创新实践案例，从技术角度深入探析江苏省金融科技的创新脉络。

2.2 大数据风控

2.2.1 大数据风控发展现状

1）大数据风控

（1）大数据风控定义

根据研究机构 Gartner 的定义，"大数据" 需要采取一种新的处理模式才能具有更强的决策力、洞察力和流程优化能力，以适应海量、高增长率和多样化的信息资产。IBM 提出大数据的 5V 特点：Volume（大量）、Velocity（高速）、Variety（多样）、Value（低价值密度）、Veracity（真实性）。奥巴马政府更是把大数据形容为"未来的新石油"。近年来随着大数据的普及和应用，"大数据风控"的概念应运而生。大数据风控即大数据风险控制。在信贷业务中，大数据风控是通过运用大数据构建模型的方法对借款人进行风险控制和风险提示的技术。大数据应用于金融当中，和风险控制相结合，开创了金融的新局面，具有传统金融难以比拟的优势。大数据技术在金融风控当中的运用，能够帮助金融机构有效拓展金融业务，降低金融信贷门槛，提供精准金融服务。在当前信息化时代，数据技术的应用给金融业带来了巨大的变化。

大数据对我们的影响已经涉及生活中的方方面面，从商业科技到政府、医疗、经济、教育、人文等各个领域。而 2013 年互联网金融的出现，更是将大数据推向"风口浪尖"。金融的核心是风险控制，互联网金融的出现促进了大数据和风险控制的紧密结合，通过不断优化和完善大数据风控体系，大数据风控技术迅速发展。

（2）大数据风控优势

传统的风控技术，多由各金融机构自己的风控团队凭借以往的业务经验，以人工的方式进行授信审批，这使得基础数据的信息提取和归纳不够全面，效率低下且数据维度单一。随着互联网技术的不断发展，各种各样的信贷产品层出不穷，产品客户群、风险定价不断发生变化，传统的风控方式已逐渐不能支持金融机构业务扩展的需要。在数字化时代背景下，将风控与大数据结合已成为金融业风控的发展趋势。大数据技术对多维度、大量数据的智能处理，其标准、自动化的执行流程，能够更好地贴合信息时代对风控业务的发展要求。

与传统的风控技术相比，大数据风控的维度日益扩大，除了传统的年龄、收入、学历、职业、资产、负债等信用类数据以外，行为数据也可以用来反映用户的还款能力和还款意愿。由于这方面的数据量较大且分散，在传统的风控中并没有得到广泛的使用。但随着现在数据处理能力的提升，用户行为数据的采集也变得容易起来。作为对信用类数据的补充，行为数据能够捕捉到更加微小的风险点。如图2-2所示，纵观金融风控的各个发展阶段，利用传统央行征信数据、基于规则的风控通常被称为金融风控1.0，金融风控2.0基于混和结构数据（规则+模型），在传统征信数据的基础上加入了电商支付、生活缴费、贷款理财等结构数据，而随着上万个数据维度的互联网大数据的加入，风控模型正式走向大规模分布式风控模型阵列时代，金融风控正式进入了3.0时代。

图2-2　金融风控发展

　　此外，大数据风控的审批流程也变得更加简洁高效。传统的金融风控审核以人工审核为主，人工审核一般需要2~3周才能放款，且审核的流程也十分烦琐。对于一些额度小、放款量大的金融贷款机构，人工审核大大增加了工作量。大数据风控技术的出现，能够对客户的网上交易数据进行整合，同时结合客户提供的收入等一些传统数据，构建一套完整的信用分析系统，综合评估客户的偿债能力。在正常情况下，互联网金融的大数据风控的审核周期可缩短至一天，甚至只需一小时，这使得贷款审批的流程得到简化，同时降低了人力资本。

　　除了提高贷款审批效率外，大数据风控还有利于建立更好的贷中和贷后监管。贷中、贷后监管是风险控制中非常重要的环节，及时做好贷中、贷后监管能够及时降低企业的信贷风险。大数据风控的出现能够对放款后的客户收入、资产、负债、消费趋势、还款意愿等变动进行实时监测，一旦客户的上述指标出现异常，大数据风控系统将会重新对客户的信用进行评估,从而更新客户的偿债能力记录。因此,大数据风控技术的出现推动了互联网金融企业和传统银行业建立系统全面的贷中和贷后监管。

2)大数据风控技术介绍

(1)国内大数据风控基本介绍

在中国,大数据风控技术被更多地运用于互联网金融产品中。为了构建互信互惠的商业环境,解决消费者和商家之间的信用问题,一些互联网金融机构面向社会信用服务体系推出了信用服务。大数据风控技术通过分析用户在上网时产生的数据对用户信用进行评估,这些行为数据很好地帮助互联网金融机构对客户的资金情况和还款意愿作出一个相对准确的判断。

此外,越来越多的金融机构将人行征信数据和互联网行为数据相结合,以用户行为等弱数据支撑传统信贷数据,其核心是通过社交大数据和央行的征信系统相结合,运用社交圈、行为特征、交易、基本社会特征、人行征信这五个维度对客户信用进行综合评估,运用大量的指标构建多重模型,以快速并准确地识别客户的信用风险。

虽然中国大数据风控在实践中已经有所进展,但是其有效性也受到了一些挑战。我国以大数据风控为基石的互联网金融公司由于其纯线上操作的特点,对大数据风控的有效性提出了很高的要求,如果大数据风控有效性较差,则金融机构将面临巨大的坏账压力。

(2)国外大数据风控基本介绍

相比国内大数据风控技术的发展,国外大数据风控发展起步较早,如今大数据早已成为金融机构风控业务的基本配置。美国的一些金融小贷公司早在2009年就已经将大数据风控技术运用到实际业务中。针对需要贷款的网店店主,美国的金融小贷公司通过监测其店主的销售记录、信用记录、顾客流量、商品价格等信息,借助数据挖掘技术,把店主分成不同的信用等级,以此来确定贷款金额和贷款利率水平。目前,大数据风控技术已经广泛应用于美国互联网金融贷款公司和商业银行当中,帮助企业和银行降低信贷风险。

美国征信巨头费埃哲(FICO)公司自1956年成立至今,已为全世界范围内超过25亿个信用卡账户提供了信用评级服务。在美国,FICO信用评级更是覆盖了绝大多数人群。依托其存储的近十年个人信用记录和科学客观的决策管理体系，FICO得以对个人信用进行精准的评级，帮助金融机构减少欺诈损失、管理信贷风险、提高客户忠诚度等。

除了老牌征信公司外，由Google前副总裁和Capital One的前信贷部高级主管成立的美国金融科技公司ZestFinance近几年逐渐为人所知。在美国，有大约15%的人因缺乏信用评分而被传统金融机构拒之门外，而ZestFinance针对的主要是这部分难以获得传统金融服务，包括FICO评分低于500分和借贷成本高的人群，其核心竞争力就在于数据挖掘能力和模型开发能力。其开发的10个基于机器学习的分析模型涵盖了多个维度，包括欺诈模型、身份验证模型、预付能力模型、还款能力模型、稳定性模型等，对每位信贷申请人的超过3 000条原始信息数据进行分析，衍生出7万个以上分析变量。与传统信贷管理业务相比，ZestFinance的处理效率提高了将近90%。在风险控制方面，ZestFinance的模型更是比传统信用评估模型提高了40%的效率，这都是依赖于其对大数据的运用。

ZestFinance的数据来源十分丰富，除了传统征信体系的变量外，还深度挖掘了会影响用户信贷水平的其他信息，如社交网络信息、申请信息等。对于ZestFinance来说，一切数据都和信用有关。其充分利用了很多非传统数据来对用户的信贷行为作出预判。例如，通过手机充电次数、电话通话时长、搬家次数、IP地址、屏幕分辨率、浏览器版本、机器型号等分析用户的行为特征。除了拥有庞大的数据资源，ZestFinance还具备成熟的模型开发能力。从2012年至今，ZestFinance平均每个季度会推出一个新的信用评估模型，主要采用先进的机器学习和集成学习策略，为信贷审批提供评分，场景覆盖了汽车贷款、助学贷款、医疗贷款等方面。

3）江苏大数据风控概况

（1）政府的支持

江苏省拥有发展大数据产业所需的优势资源，如丰富的数据储备、稳固的上下游产业基础和雄厚的科研实力等。在拥有优质大数据资源的条件下，江苏省人民政府大力支持大数据风控的发展。

江苏省人民政府于2016年发布了《江苏省大数据发展行动计划》（以下

简称《计划》），积极响应国家号召，科学规划大数据产业，培育大数据发展新模式、新业态。《计划》明确了未来几年江苏省大数据发展目标，包括完善大数据产业，在数据采集、整理、分析、发掘、展现、应用等领域突破关键技术，明确大数据技术标准和应用规范；丰富大数据示范应用，充分运用大数据加强对经济运行的监测、分析、预测、预警，提升宏观调控、产业发展、市场监管、信用体系等方面的管理效能；提升社会治理能力，打破政府部门和企事业单位之间的数据壁垒，全面提升各级政府治理和公共服务能力。其中，金融大数据作为重点实施工程之一，在未来大数据发展过程中占据着重要地位。《计划》强调，政府要鼓励银行、证券、保险、基金等金融机构利用大数据技术加强风险和营销管理，进一步创新金融产品和服务，大力发展消费信贷、金融租赁等业务。同时，政府需支持金融机构与互联网企业合作开展金融服务，共享社交网络、电子商务、终端媒体产生的数据，把握客户的消费习惯、风险收益偏好等行为特征，为用户提供多样化、个性化、精准化的金融产品和服务，切实解决中小企业融资难题。此外，江苏省要尽快建立和完善信用大数据库，进一步提高"诚信江苏"网的建设和服务水平。加强市、区的信用信息系统建设，实现省、市两级信用信息的交换共享和应用，建立和完善覆盖全社会的公共信用信息系统，推进信用信息和信息产品的广泛应用。建立以信用为核心的新型市场监管体制，建立行政执法与司法、金融、旅游环境等信息的共享机制，扩大政府行政职能范围，增强联合执法能力。

江苏省鼓励金融机构加强和改进金融服务，多开发符合大数据企业的金融产品，支持大数据企业创新发展。江苏省作为全国信息产业发展的领先区域，为大数据产业发展提供了一片沃土。在江苏省经济和信息化委员会的指导下，江苏大数据联盟于2016年成立，目前汇集大数据产业企业成员超过300家。在政府各界的大力扶持下，江苏省涌现出一批技术能力较强、产品具有市场竞争力的大数据企业，其中不乏例如企查查、通付盾、车三百、苏宁金融、安讯科技等优秀的大数据风控企业，也有例如瑞中数据、聚合数据、众志合达这样的数据存储和数据分析企业。目前，江苏省以物联网、大数据、云计算等为代表的信息技术产业整体发展水平居于全国领先地位，为未来的进一步发展打下了坚实的基础。

（2）丰富的数据资源

江苏省在发展大数据风控的过程中，在传统征信数据的基础上加入了电力、运营商等新的外部数据，丰富了数据维度。

①运营商数据

江苏移动打造的"金融风控"产品，以运营商庞大的用户数据为依托，基于用户身份信息、通信行为、消费数据、履约数据、行为数据等建立信用评估模型，完善当前个人信用记录，为金融机构提供信用评分服务。目前，"金融风控"产品提供了贷前和贷后双重评估服务。贷前通过多维度的核验评估用户身份的真实性和风险情况；贷后通过风险评估模型对用户还款能力和行为特征进行信用评估和异动检测。此外，江苏移动大数据为贷后催收提供了新的解决方案，基于贷款违约客户的通信行为和社交圈等数据建立催收策略模型，帮助金融机构提高个人不良资产的回收率。目前江苏移动的"金融风控"产品已成功应用于超过20家银行及其他金融机构。

②电力数据

除运营商数据外，江苏电力大数据也积极助力江苏大数据风控的发展。2019年12月，国网苏州电力公司与苏州企业征信服务有限公司签订了数据信息服务合同，实现了智能电力大数据的商业化运营。国网苏州电力公司为苏州企业征信服务有限公司提供数据信息服务，开创了江苏省首例"电力大数据+金融"风控模式。国网苏州电力公司建立了跨部门、跨专业的大数据分析团队，以企业用户的用电量、缴费行为、办电业务等大数据为基础，从电量增长性、缴费及时性两个维度来评估企业用电的信用风险，通过苏州企业征信服务有限公司为企业融资、借贷提供资格审查信息服务。目前已有超过37万户企业授权苏州企业征信服务有限公司、国网苏州电力公司为征信报告提供电力指标。

4）大数据风控问题及发展方向

（1）大数据风控面临的问题

近年来，大数据风控在金融业已取得了一定的成效，但我国对于大数据风控的理论研究还处于萌芽阶段，大数据风控的发展也面临着诸多挑战。

①数据质量问题

纵然大数据为各行各业提供了更多信息和机会，信息时代背景下存在的数据质量问题仍值得关注。在大数据时代，随着网络存储技术的不断发展，各种移动设备、智能终端通过网络彼此关联起来，形成一张极其复杂的交叉网络。随着每个用户在这个交叉网络中不断制造和传播信息，交互网络中的数据持续分裂，呈现指数增长之势，数据种类也日益繁多。这种多样化数据的存在形式也不仅限于传统文本，更多的是以非传统的网络日志、音频、视频、图片等形式的数据存在。在数据规模加速扩大过程中，由于信息来源的多样化，数据本身存在着许多不相关、不真实、不可靠的问题，通常是若干条信息中仅能选出一条真实可用的信息。尤其是社交类数据，这类数据量巨大且垃圾信息较多，分析时需要耗费大量精力，一旦受到干扰信息的影响，分析结果很容易产生偏差，与实际情况相比有出入。

大数据分析技术是一种从复杂、混乱、海量、多样的数据中挖掘出有用的信息，得出相关规律、预测变化趋势的技术，通过发现并保留相互有关联的数据加以收集、总结、分析和研究，使其变成有价值的数据信息。而一旦数据的质量出现了问题，数据的可信度也会大打折扣，那么得出的结论不仅毫无价值，甚至会带来方向上的误导。因此，初期在进行数据的收集和清洗的过程中，需严格把控数据的来源，剔除不相关数据，真正整理出真实可信的数据信息。

②数据合规问题

大数据获取合规问题是当前很多机构面临的严峻考验。当前有一些金融软件在下载后自动获取用户手机中的存储内容，如联系人、短信、通话记录以及交易等信息，而这些信息大多数没有经过用户授权就已经被直接获取，在法律层面上侵犯了客户的隐私。不仅如此，当前市场上售卖的很多爬虫软件，通过抓取其他网站上的客户信息，并售卖给第三方，使得这些泄露的数据大量流入数据黑市，造成了危及用户安全、企业安全甚至国家安全方面的连锁反应，带来极其恶劣的社会影响。如何高效、适度地开发和使用大数据，不仅仅是一个技术问题，也是一个社会问题。数据的收集和使用在很多时候都没有征得数据生产主体的同意，这导致了数据的滥用和隐私的泄露。因此大数据的合法性需要引起重视。

在获得了大量数据后，如何有效地使用数据也是金融机构面临的一大挑战。行为数据与信贷风险关系的不确定性，对机构的风控建模能力提出了更高的要求。金融机构收集到的用户行为信息主要来自互联网，而人们在互联网中的表现不能完全反映其真实的一面。网络并不能准确识别用户的社交圈，其行为数据的真实性也不一定能够得到准确反映。由于客户的行为数据具有不确定性，并且极容易被篡改，数据来源并不真实可靠，因此行为数据和信贷风险的相关性无法确定。这就要求金融机构具备较强的风控模型建立和分析能力，从行为数据中提炼出真正有效的信息，以降低行为数据对客户信用等级造成偏差的风险。

（2）大数据风控的发展方向

我国大数据风控的发展仍然处于初步探索阶段，在消除障碍、解决问题中前进，是大数据风控发展的必经之路。在清除大数据风控发展障碍方面，金融机构和政府机构都发挥着重要的作用。对于金融机构而言，要从基础上保证数据的多样化、连续性和实时性，建立完善的基础数据库。各产业互联互通，更广泛地收集多维度数据，打破数据孤岛，避免各自为政。而一些金融行业的研究机构可以从经济学、统计学等多个角度综合论证大数据风控的有效性，并做一些前瞻性研究，为大数据风控提供理论支持。对于政府监管部门而言，需要从法制层面为大数据的发展提供良好的环境体系。当前我国对数据的保护尚未形成健全的制度，缺乏法律保障，政府机关、金融机构对用户数据的获取和使用界限并不明确。政府应该加强大数据风控法律制度的建设，对数据的采集和用途予以法律上的保护。

2.2.2　江苏省大数据风控案例

1）车300

（1）中国汽车金融现状

2015年6月10日国务院决议全面放开消费金融公司试点以后，互联网消费金融便开始"一发不可收拾"。入市早的汽车厂商开始从线下转到线上，嗅觉敏锐的互联网巨头也开始闻风而动。汽车消费金融领域成为汽车、金融、互联网三大行业的必争之地。

目前汽车金融领域的参与方包括银行、融资租赁公司和融资性担保公司等，这些资金及产品的提供方为了降低业务成本和风险，会通过代理商的模式开展业务。汽车金融行业在高速发展的同时，也存在不少乱象，诸如乱收金融服务费、不规范贷款、贷后暴力拖车等，强监管模式更加有利于减少违规行为、防范风险、维护汽车金融行业的稳定和安全。汽车金融行业的特点是业务链条较长、资金占用量大、劳动密集型、周期长等，为此，加强链条风险把控，确保"资金安全"显得尤为重要。

目前，国内的汽车金融市场相较成熟市场，渗透率一直不高，未来行业中仍存在很多的机会。根据德勤的预测，到2020年，中国汽车金融市场规模或可达2万亿元，中国汽车金融消费市场渗透率有望提升至50%。2014年全球主要地区新车的汽车金融渗透率已达70%，其中美国渗透率达81%。再参考罗兰贝格发布的《2018中国汽车金融报告》统计口径，全球发达国家汽车金融平均渗透率已大于70%，美国、英国、德国汽车金融渗透率分别为86%、90%、75%。

（2）中国汽车金融行业面临的挑战

中国汽车产业历经两年的下滑和深度调整后，本期待2020年有所回升。不想，一场突如其来的疫情打乱了整体节奏。疫情不仅对汽车销量，更对整个产业链的供应造成了较大影响。汽车金融自身的发展也面临着诸多挑战。

①监管严格

对融资、资本、风险等监管更加严格。现有的"宏观审慎评估体系"以及宏观审慎资本充足率评估标准、融资租赁行业的准入清单、网贷平台的规范管理，将不断使汽车金融公司、商业银行汽车金融业务、融资租赁公司、互联网平台面临更大的经营压力。

②融资成本高

目前在国内市场专属汽车金融公司仍有部分资金依赖政府贴息，大部分的汽车金融公司通过银行借款、发行债券、ABS等渠道获取资金。但由于融资渠道单一，融资成本较高。

③金融创新难

在新车销量下降的背景下，部分企业开启了金融创新模式，由于很多创新基于首付、违约条件放宽等，将导致金融创新的不可持续。

（3）汽车金融行业发展的科技应用

未来，汽车金融行业的发展趋势将体现在业务模式多元化、资金构成多元化以及技术手段多样化方面。零售汽车金融的科技应用包括人工智能、云计算、大数据、区块链技术等，应用范围涵盖贷前、贷中、贷后整个汽车金融链条，形成闭环。

南京三百云信息科技有限公司（简称车300），2014年成立于江苏南京。成立6年以来，车300数据累计调用量已经突破47亿次，从用户使用数据来看，汽车金融的行业壁垒正在形成。数据能力强的机构实力会变得越来越强，不管是在争取客户层面还是在风险管理、定价、资产管理层面，都有着非常明显的优势。

车300累积了数亿条真实数据，建立了海量的汽车价格信息库。在大数据、价值计算引擎、残值数据算法、学习型人工智能技术的基础上，建立精确、透明、快速的二手车估值体系。在此基础上，通过AI技术在金融科技上的应用，结合汽车金融与交易数据，采用科学的数据挖掘与机器学习方法和理论，为汽车金融风控领域提供专业的、系统的解决方案。

作为国内领先的独立第三方汽车交易与金融SaaS服务提供商，车300以人工智能为依托、以汽车交易定价和汽车金融风控的标准化为核心产品，凭借车贷全栈解决方案能力（如图2-3所示），其产品服务已经覆盖了汽车金融全场景、全流程。

汽车金融需要数字化管控手段，从业务申请开始到业务结束，系统会对每一个重要节点进行记录，从而实现对每一个前端申请的业务员及申请客户的数字化回溯。

车300为汽车金融从业者提供业务进件到贷后管理的一站式整体解决方案，围绕客户审核、资方汇集、业务流程、贷中监控、贷后处置、内部管控等汽车助贷业务全流程进行整体优化，有效提升工作效率，规避坏账及贷款逾期风险，以金融科技赋能新时代的汽车助贷。

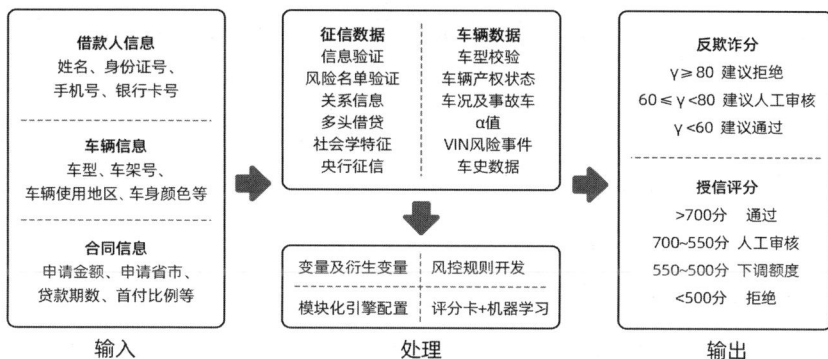

车300汽车金融业务整体思路

买车 卖车 车贷 先查车300

回溯每一笔风险到车贷放款人员

贷款车辆实时风险监控

借款人实时风险监控

贷中贷后监控

全天候即时监控

车300伽马风控系统及相关服务，每天协助金融机构处理近万笔的贷款申请，相较传统方法，整体效率提升60%。

借款人 → 申请 → 进件

快定价场景风控（车贷人员）

确认车型、车况、车价

确认真车、真人、真交易

放款

车关联图谱风险测量

人关系图谱风险测量

车（VIN）

借款人：姓名、身份证、手机号
联系人：关系、姓名、手机号

伽马贷前反欺诈

图2-3　车300汽车金融业务整体

联合风控建模　反欺诈+信息评估

买车 卖车 车贷 先查车300

借款人信息
姓名、身份证号、
手机号、银行卡号

车辆信息
车型、车架号、
车辆使用地区、车身颜色等

合同信息
申请金额、申请省市、
贷款期数、首付比例等

征信数据
信息验证
风险名单验证
关系信息
多头借贷
社会学特征
央行征信

车辆数据
车型校验
车辆产权状态
车况及事故车
α值
VIN风险事件
车史数据

| 变量及衍生变量 | 风控规则开发 |
| 模块化引擎配置 | 评分卡+机器学习 |

反欺诈分
$\gamma \geq 80$ 建议拒绝
$60 \leq \gamma < 80$ 建议人工审核
$\gamma < 60$ 建议通过

授信评分
>700分　通过
700~550分　人工审核
550~500分　下调额度
<500分　拒绝

输入　　　　　　　处理　　　　　　　输出

》车300可以和资方联合建模，模型支持央行征信等官方数据。

图2-4　车300联合风控建模

　　金融科技使消费者能够享受更多个性化的附加服务。如图2-4所示，车300可以和资方联合建模，模型还可以支持央行征信等官方数据。通过机器学习和大数据等技术，汽车金融贷款的"千人千面"得以实现，差异化的购车需求和信用情况使购车贷款方式、额度和价格更加合理。

　　车300伽马风控系统定位为垂直于车贷行业的风控专家，通过"人+车+场景"的数据分析、数据挖掘、经典模型及AI技术的应用，向银行、保险机构、汽车主机厂及车贷金融公司等汽车金融领域客户，提供包括贷前反欺诈、贷中资产实时监控、逾期分析、资产评分和风险预警等一站式智能风控服务。能够对银行类汽车金融产品，融资租赁（直租和回租）产品，车抵贷、车主贷和库融贷等不同业务类型的车贷产品，以及车险承保、车险理赔等保险业务进行有效的反欺诈。

在贷前环节，金融科技主要用于优化贷款流程，并通过使用多样化大数据来优化风险模型以提高风险控制能力。车300伽马风控系统通过车型数据、车辆详细参数、车辆识别代码查询、新车价格指南、二手车估价服务、远程检测定价、车辆残值分析、维保数据查询等，对放贷车辆的现值以及残值进行精准的价值评估。通过借款人的相关基础信息，对借款人的贷前申请进行风险把控，输出信用额度评分、欺诈风险等级（高、中、低）、欺诈嫌疑评分及其触发的反欺诈规则。

在零售汽车金融贷中环节，伽马风控系统的人工智能和大数据继续发挥重要作用，为汽车金融资产端提供风险预警，为资金端赋予提前风险穿透功能。如图2-5所示，在发放贷款后，基于车300独有的、以车辆识别代码和行业关系网为核心的风险事件，建立监控及预警模型，主动推送风险预警信息，并第一时间进行反馈。

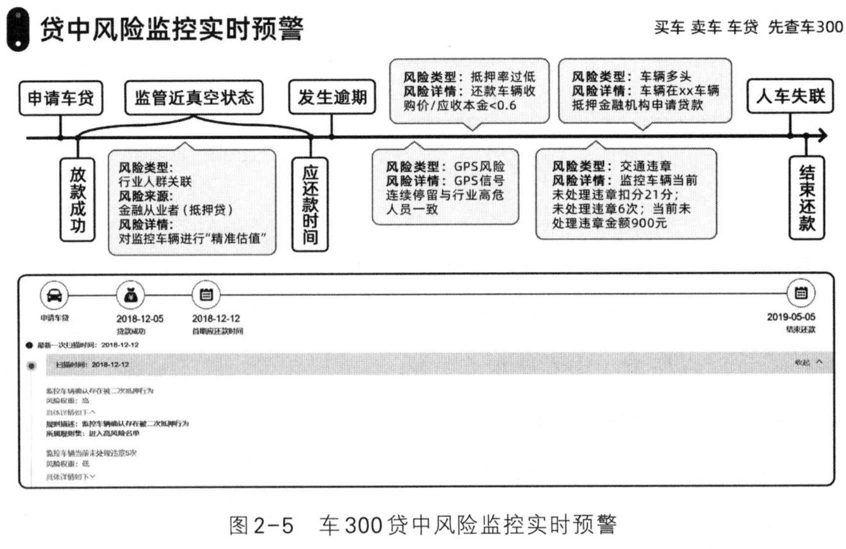

图2-5　车300贷中风险监控实时预警

贷中预警亦可用于优化逾期贷款催收方式，金融服务流程的信用数据用于下一轮服务征信，形成信用闭环，辅助二次营销。

如图2-6所示，伽马贷前反欺诈资产识别可挡住约3.21‰的风险，实现车贷行业的联防联控。数据表明，成功放款的客户中，如果其在放款后一周内被系统预警且该预警为“疑似二押”风险事件，则该部分资产在6个月表现期的逾期率超过90%，不良率超过30%。

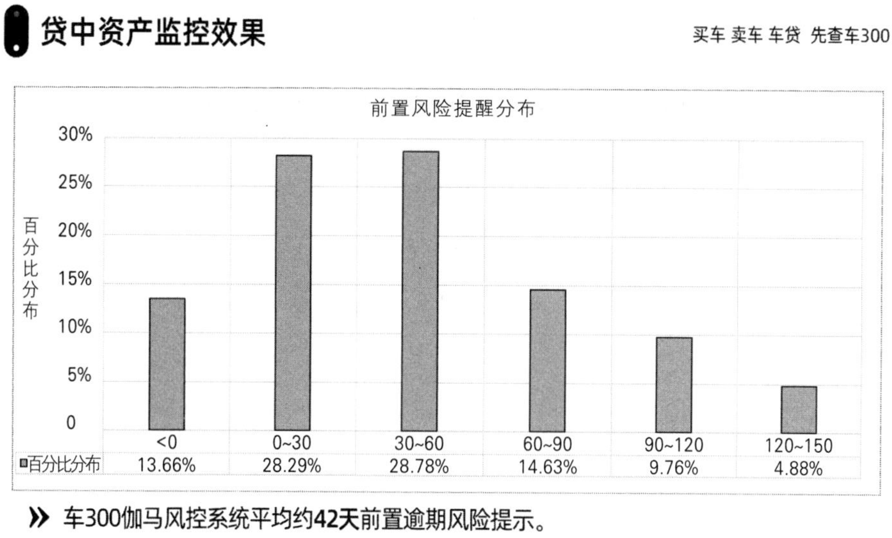

贷中资产监控效果
买车 卖车 车贷 先查车300
前置风险提醒分布
30%
25%
20%
15%
10%
5%
0
百分比分布
<0
0~30
30~60
60~90
90~120
120~150
百分比分布
13.66%
28.29%
28.78%
14.63%
9.76%
4.88%
车300伽马风控系统平均约42天前置逾期风险提示。

图2-6　车300贷中资产监控效果

如图2-7所示，车300专注于汽车金融反欺诈，目前已经为1 000多家的金融机构提供服务，过件资产超过650万笔，过件金额超过5 000亿元。

（4）大数据构建汽车金融反欺诈模型

互联网在中国经过20余年的发展，积累了大量外部数据，如运营商数据、电商数据、消费信贷数据等，成为传统征信数据的有效补充。

传统征信数据的积累和外部数据的补充完善了风险模型，并使得央行体系下的“征信白户”也有机会获得汽车金融服务。但是，商业银行和汽车金融公司以外的汽车金融参与方，依然面临着个人欺诈、团伙欺诈、内外勾结欺诈等欺诈风险。车300自有产品形成的独特数据在构建反欺诈模型方面也起了重要作用。

车300伽马风控效果显著

买车 卖车 车贷 先查车300

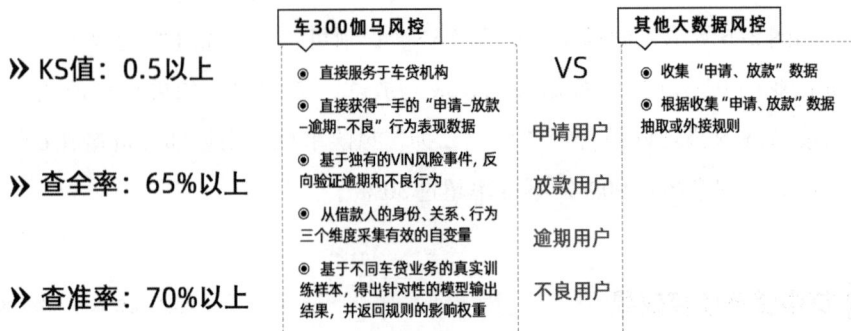

»» KS值：0.5以上

车300伽马风控	VS	其他大数据风控
⊙ 直接服务于车贷机构	申请用户	⊙ 收集"申请、放款"数据
⊙ 直接获得一手的"申请-放款 -逾期-不良"行为表现数据	放款用户	⊙ 根据收集"申请、放款"数据 抽取或外接规则
⊙ 基于独有的VIN风险事件，反 向验证逾期和不良行为	逾期用户	
⊙ 从借款人的身份、关系、行为 三个维度采集有效的自变量	不良用户	
⊙ 基于不同车贷业务的真实训 练样本，得出针对性的模型输出 结果，并返回规则的影响权重		

»» 查全率：65%以上

»» 查准率：70%以上

车300伽马风控筛选，**500万笔有效申请及监控实战检验！**

图2-7　车300风控效果

如图2-8所示，伽马图谱的推出，标志着知识图谱的应用在学术层面和应用层面有了新的突破，表明搭建的汽车金融智能化基础设施已日趋完善。

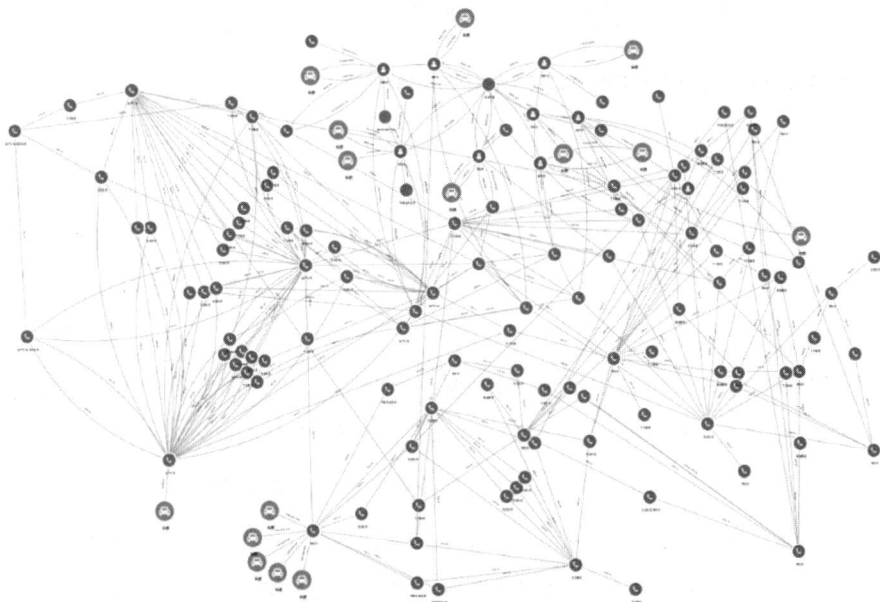

图2-8　伽马图谱模型

车300伽马图谱借助自然语言处理、知识推理、时间序列分析以及社群发现算法等技术，全面整合了车贷行业涉及的实体及关系要素，构建精准的用户画像。从多个实际业务角度识别欺诈风险，快速有效地甄别出欺诈类及高风险客户，并实时准确地反馈贷后监控信息，以实现基于关系网的精准反欺诈。

不同于业内的大数据公司，车300拥有自己独有的以车辆识别代码为主键的车辆全生命周期相关数据，它结合行业用户画像，加上准确的贷后资产表现数据，建立起了行业内区分度最高的反欺诈模型。

车300伽马风控系统基于车辆风险事件大数据和汽车行业知识图谱，将贷中监控到的欺诈行为动态地应用到贷前，从而形成了完整的闭环反欺诈，且在多个接入伽马风控系统的车贷机构形成横向反欺诈，产生了联防联控的效果。这大大提高了车贷行业整体的反欺诈水平，有效降低了局部系统性的车贷金融风险。

2）江苏省联社实时数据风控项目

（1）项目简介

在省联社内部正在运行的风险预警平台面临两个问题。第一是时效性：在逾期欠息客户及其担保人资金催收的业务场景中，最开始是使用T+1的批处理实现的。但是T+1的数据会产生一些问题：一是目标客户日间的资金进出管不住，监测不到；二是时间差带来了误告警。一般使用当天下档的核心数据进行告警，但核心数据下档时间在夜间2：00—3：00左右，预警系统完成批处理时间点大概为早上7：00—8：00，造成网点开门的时候预警信号报出来但是客户的钱已经被转走。第二是如何理清全量关联关系和担保圈情况以及如何利用此关系做好客户间的风险传导。

（2）建设目标与挑战

为解决以上问题，设定了以下三点建设目标，提升行业内整体的实时数据处理能力和风险防控能力。

① 建设实时数据中台。将实时数据中台规划为数据总线和实时数据集市两大部分，包含实时数据采集、传输、交换、处理、分析、挖掘、展现、订阅八大功能，为实时应用提供基础集成服务、公用服务、服务管理功能，实现实时数据的"一次采集，个性消费"，逐步完善实时数据的分析、挖掘、

展现等功能，丰富数据总线周边的配套设施，打造一条先进、稳定、安全、高吞吐、低延时、可扩展、便于管理、易于接入的实时数据总线以及准确、标准、高效的实时数据集市。

② 建设客户知识图谱。通过知识图谱能够快速、系统、全面地展现客户的内外部信息、关联关系、担保圈链以及风险标签，并及时进行风险传导路径分析和风险预警，解决基层行社在信贷"三查"过程中由于信息不对称造成的误判。

③ 建设客户风险态势感知平台。基于实时风险数据集市和知识图谱，建立成熟可靠的风控模型，确定清晰的判断条件和决策规则，实现对客户的高效准确风险感知，体现更快、更高、更远的风控模式，打造与时俱进的客户风险态势感知平台。

实现以上目标，现面临三个挑战。一是基于江苏农信的8 000万个左右客户以及约2亿个账户，如何高效稳定地实时处理海量数据；二是实时数据的获取，江苏农信核心系统数据库是大机，如何稳定高效地实现大机数据实时下行；三是在知识图谱方面，如何组织实体和关系，并分析关联关系和担保圈，以及如何更加友好高效地对知识图谱进行展现和检索，提升业务满意度。

（3）关键技术解决方案

针对上述挑战设计了三套关键技术解决方案。

①批流结合的系统架构设计

第一个技术解决方案见图2-9，主要解决海量数据实时处理的问题。整体框架分为五个层。第一是批处理层，在流处理的同时，不抛弃批处理。批处理的优点是操作成本比较低，可以将加工较为复杂和实时性要求较低的数据放在此层处理。第二是存储视图层，主要使用分布式技术作为存储的底层技术，其中具体分为4层：①贴源层，为没有代码标准化的一层；②标准化层，作为数据整合、分析和挖掘的基础数据层；③整合层，用于标准化后的数据关联整合；④汇总层，用于实时指标的加工汇总。第三是管控层，为实时数据处理的核心，包括几个主要方面：一是服务注册，将元数据管控起来；二是控制台实现数据处理简单ETL的拖拉拽的方式；三是纠错服务，主要是处理批和流之间的衔接问题。第四是实时处理层，主要采用Kafka作为实时数据的管道,使用Flink、KSQL等作为流处理引擎。第五是服务订阅层,支持直接订阅数据库,只要在管控层进行配置就可以,不需要进行很复杂的开发,支持订阅文件、MPP(大规模并行处理),支持订阅应用等。

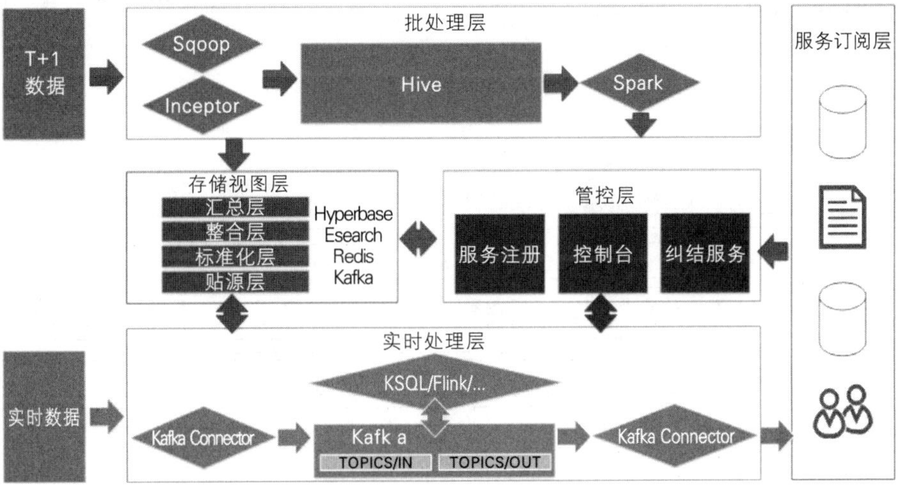

图2-9 批流结合的系统架构设计

②主机数据旁路复制的系统架构设计

在现有的环境中,如何实现高效稳定地从大机下载数据且不影响到现有主机、下移查询等业务?如图2-10所示,可使用Oracle Rac搭建前置库,来补全更新数据的前镜像。前镜像由谁补齐,这个很重要,因为数据库是否开启,数据库日志的大小会差10倍左右。最后,通过OGG for BigData程序将数据推到Kafka里,进行后面的业务加工处理。

③知识图谱查询分析的架构设计

如图2-11所示,在此方案中使用Graphx进行图分析,使用Neo4j进行图数据的检索和展示,使用OGG实时捕捉舆情、工商、司法等数据的变化,将变化的内容投递到Kafka中,通过大数据对比加工处理,实时更新知识图谱。前台提供图查询、图分析、机器学习和批量计算服务,并且对外提供SDK和Restful服务。

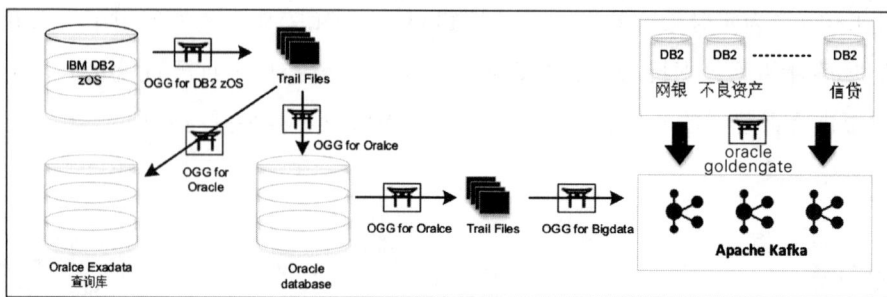

图 2-10　大机数据实时下行的解决方案

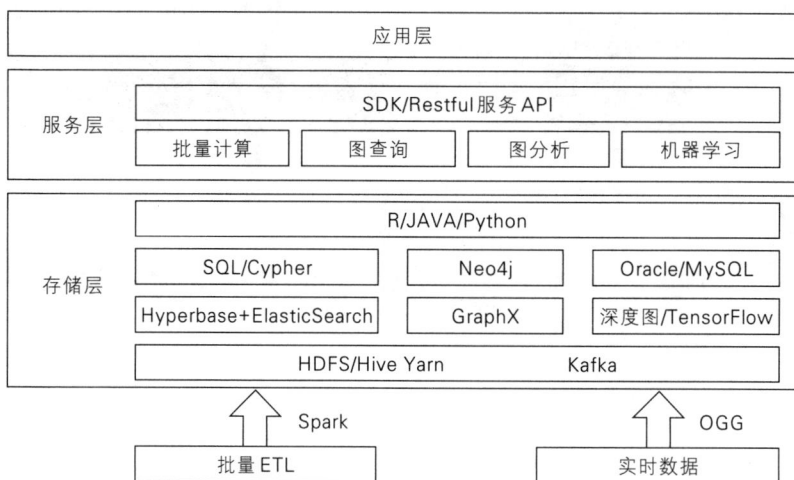

图 2-11　知识图谱的解决方案

（4）项目方案

①项目整体架构

项目整体架构如图 2-12 所示，源端通过数据库采集工具从数据库抽取日志或者从外部数据平台获取消息，通过安全认证后，进入消息接入控制模块，注册元数据信息，并在 Web 控制台中管理。经过数据解析工具将日志转换成相应的格式接入数据总线，经过处理挖掘模块处理后，将结果集推送到实时数据集市或知识图谱集群，用于实时查询分析和知识图谱的使用；或者通过数据订阅功能推送到客户风险态势感知平台。

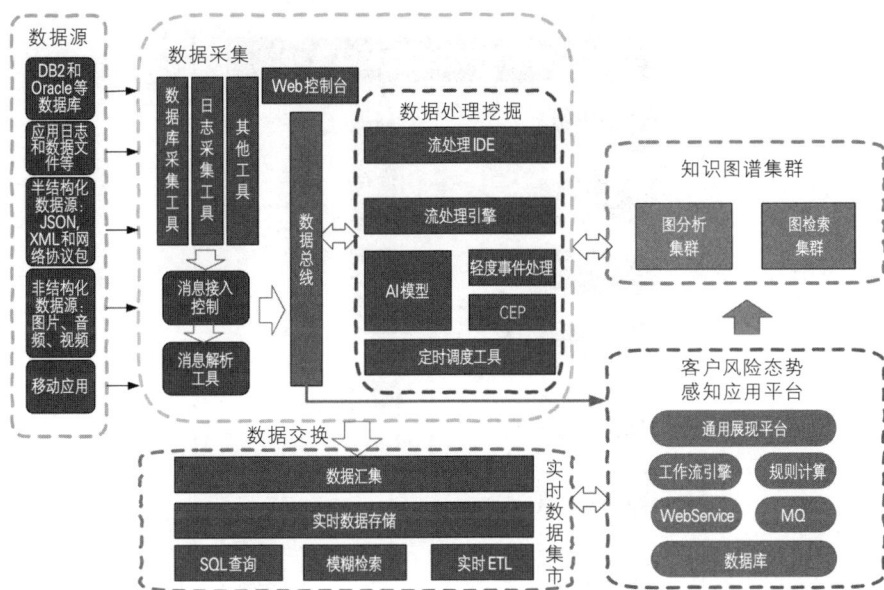

图 2-12　整体架构

其中数据处理挖掘模块是整个架构中最核心、最复杂的部分，流处理引擎包含轻度事件处理（关联、存在、差值等）、复杂事件处理、AI模型调用和定时调度工作，以灵活适应不同场景的业务需求。在知识图谱集群中，流处理引擎通过批处理和流处理结合的方式，应用社区算法、PageRank等算法加工完成，形成全面、实时的客户标签、关联关系、担保圈链等，在客户风险态势感知过程中，知识图谱集群进行信息交互，以判断客户的风险影响和扩展情况，最终将客户本身风险以及扩展风险传导到应用平台，让用户第一时间全面高效地管控风险。

②项目功能架构

下面重点介绍实时数据中台的功能架构（如图2-13所示）。

实时数据中台包含实时数据的采集、传输、交换、处理、分析、挖掘、展现、订阅等功能。

实时数据采集用于采集各类实时产生的数据，比如数据库层面、应用层面、网络层面的旁路复制，用于同步收集数据库日志数据、应用日志数据、应用推送消息、网络包、文件、大报文、半结构化和非结构化数据等，

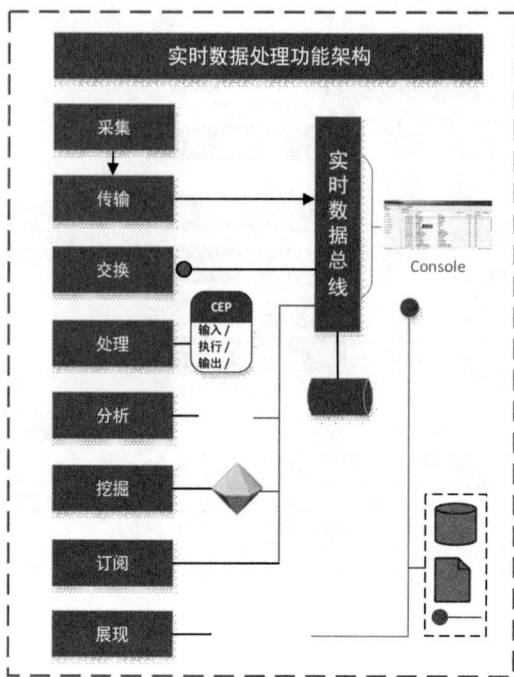

图2-13 数据中台的功能架构

通过简单灵活的配置，以非侵入方式实时采集各类数据，并具备对源端的故障检测和故障切换能力。

实时数据传输能够以总线的形式进行数据传输，实现"一次采集，多次消费"的传输方式，传输效率高，能够进行大报文的传输（30M以内），保证按顺序传输消息，具备缓冲和峰值处理能力，支持扩展和容灾等。

实时数据交换根据数据类型进行分区规划，对数据报文具有前置校验功能，对各类数据进行接入和交换管理，能够分析数据交换的影响，比如生产者数据发生变化之后对哪些消费者会产生影响，影响什么，同时由具备管理监控功能的Web控制台来支持管控数据交换上下游的上述要素。

实时数据处理能够提供多种数据处理引擎，提供可视化的数据操作环境，自带丰富的数据ETL、CEP算子，调用机器学习的模型接口，进行实时模型应用，同时能够提供数据流作业的定时调度，对数据进行实时同步和简单预处理。能够提供具备开发调试、上线部署和监控管理实时处理作业等功能的一体化平台。

实时数据分析能够在将数据流实时加载到MPP、大数据平台等数据载体的同时，支持业务人员对流数据和数据载体本地存储的数据进行实时关联分析，实时分析的内容包含但不限于简单的SQL统计、轻量的BI分析等。

实时数据挖掘能够提供规则引擎和算法库的功能，用户可以自由地集成业务规则和算法，轻松实现流上的业务分析和配置管理等，同时支持发布模型调用接口，让业务系统进行实时的模型应用。

实时数据展现支持报表展示，利用报表工具，将日常经营类等报表加入展现端，方便管理人员和业务人员进行查看。系统支持PC端、手机端、平板端进行查看。展示的能力应不弱于当下主流的报表工具。

实时数据订阅能够提供便捷的实时数据接入方式，提供数据格式注册、Rest API风格的数据访问服务，支持不同数据源的消息订阅，便于消费方的数据消费。

（5）技术实现特点

本项目技术架构如图2-14所示。

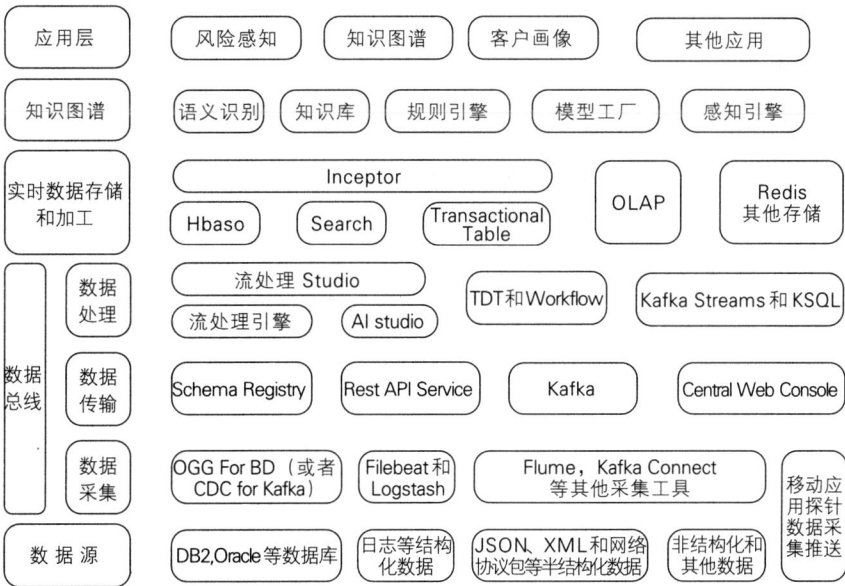

图2-14　技术架构

关键功能说明如下：

数据库日志采集：通过复制数据库日志的方式，实现数据库的复制，对于核心、网银等关键业务系统以及其他的业务系统中实时性关注度高的少数交易支持数据库同步，而不影响到交易系统的性能。支持配置化参数调整数据库日志采集方式，比如 update、truncate 操作等。支持续传和定点采集的功能，并且对于中断后的日志和指定时间戳的日志，支持同步。

流处理引擎：通过集成 Flink、KSQL、Slipstream 等实时数据处理框架，可根据业务场景和时间要求，灵活选择不同的架构，进行统计分析和高效处理，满足低延时业务场景的需求，从而提高开发效率，降低开发成本。以 KSQL 为例，KSQL 是基于 Apache Kafka 的流式 SQL 引擎。它提供了一个简单的、完全交互式的 SQL 接口，支持广泛的流处理操作，包括聚合、连接、窗口、会话等，具有功能强大、量级轻、分布式处理、有容错机制等特性。

实时数据传输：通过 Kafka 发布/订阅功能使得发送者和接收者之间的耦合关系变得更为松散；通过 Kafka Rest Proxy 对生产者系统进行权限控制，防止系统的非法接入；通过接入标准控制，保证写入的数据符合设计的规范，过滤请求和进行负载均衡；通过 Schema Registry 为元数据提供服务层，存储 Schema，提供序列化器，支持对 Kafka 数据的存储和检索；通过 Console 界面配置参数，暴露接口给应用层，可直接从下游应用中获取数据。

知识图谱：使用图数据的方式存储和分析知识图谱，在图存储中使用灵活而丰富的存储模型，通过业务垂直分解的方案解决存储容量和效率的问题，加入高可靠的容错机制，以及高可用的系统架构设计，能够在亿级数据规模下，提供毫秒级的实时点、边查询。在知识图谱中实现了 PageRank、FastUnfolding 等常见图算法，通过简洁的 SQL 调用方法，支持实时的数据插入和更新，并在图谱中快速查找复杂关系以及进行节点查找。

（6）项目运营情况

本项目满足了项目建设目标要求，提升了农商行风险防控的水平，是综合应用实时数据处理技术进行风险防控的首例，为将来进一步提升数据的时效性，发挥数据价值提供了借鉴和参考。项目所要实现的功能包括实时数据中台、知识图谱分析和风险态势感知系统。项目具体包括实时逾期欠息客户及其担保人清收管理、关联图谱、客户贷前风险报告、客户实际控制人、受益人分析、实时风险传导感知等一系列功能模块。本项目首次引入以大数据进行实时风险防控的概念，进一步提升了基层农商行的风险管控水平。系统上线后运行良好，顺利度过试运行阶段，并于2019年上半年完成了全省推广工作。项目上线后得到了各农商行支行网点一线员工的充分认可。自系统正式推广以来，共有2万个用户登录并使用系统，登录次数总计达78.7万次。截至目前，该系统共触发风险预警信号133种，占总设置信号数量的比例为83%。信号产生数量约为136万个。目前系统与信贷、贷审两个业务系统进行交互。信贷系统和贷审系统使用风险信息探测和贷前准入报告查询接口，交互次数达到115万次。

3）苏州征信（利用大数据风控技术助推小微金融服务）

如图2-15所示，苏州征信打造了服务小微金融的一整套征信系统，包含覆盖75个政府部门和公共事业单位的数据指标体系、一库N用的数据开放平台、企业关联图谱、企业信用评分等产品。

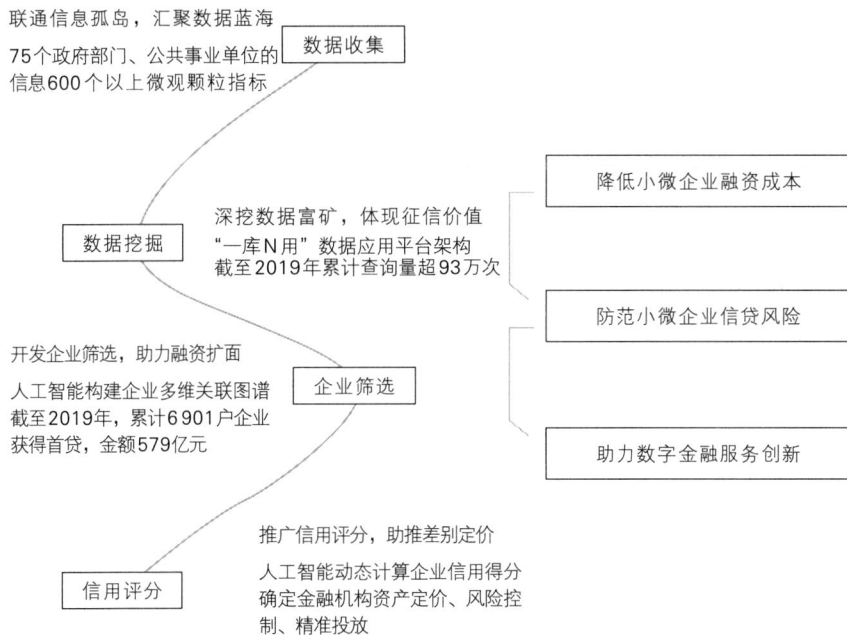

联通信息孤岛，汇聚数据蓝海
75个政府部门、公共事业单位的
信息600个以上微观颗粒指标

数据收集

深挖数据富矿，体现征信价值
"一库N用"数据应用平台架构
截至2019年累计查询量超93万次

数据挖掘

降低小微企业融资成本

防范小微企业信贷风险

开发企业筛选，助力融资扩面
人工智能构建企业多维关联图谱
截至2019年，累计6901户企业
获得首贷，金额579亿元

企业筛选

助力数字金融服务创新

推广信用评分，助推差别定价
人工智能动态计算企业信用得分
确定金融机构资产定价、风险控
制、精准投放

信用评分

图2-15　苏州征信风控介绍

（1）联通信息孤岛，汇聚数据蓝海

信息是征信建设的根基。苏州征信平台在市委市政府领导的大力推动下利用大数据技术，在信息归集方面取得了重要突破，直接打通了与75个政府部门和公共事业单位之间的信息网络，通过大数据采集技术归集了600余个反映企业经营发展情况的微观颗粒指标。这些指标包括工商、税务掌握的企业纳税情况及财务报表，各公共事业单位掌握的水、电、气以及社保、公积金缴存信息，海关进出口统计信息和发明专利等。

（2）深挖数据富矿，体现征信价值

苏州征信在人工智能与金融深度融合过程中，通过深度学习、深度强化学习和增量学习等新技术打造了以征信数据库为核心的基础应用系统、增值应用系统、移动端应用系统、智能应用系统协同运转的"一库N用"数据应用平台架构，为金融机构提供贷前、贷中、贷后全流程征信产品链。截至2019年末，征信平台累计查询量突破93万次，其中2017年20万次，2018年26万次，2019年33万次。苏州征信平台提供的征信报告已经成为在江苏省各银行不可或缺的信息来源。

（3）开发企业筛选产品，助力融资扩面

通过人工智能技术，依托征信平台细颗粒度的、动态及时的信用信息和经营数据，构建企业多维关联图谱，金融机构可根据自身定位和风险偏好筛选企业，快速获取目标客户，引导更多金融资源投放实体经济，特别是为经营情况和信用记录良好的小微企业获得首贷提供系统支撑。截至2019年12月末，通过开发企业筛选等产品，征信平台累计支持6 901户企业获得了首贷，金额579亿元。

（4）推广信用评分，助推差别定价

凭借人工智能算法、构建模型、动态计算整合得出的企业信用得分，可展示企业在区域与行业中所处位置，为金融机构资产定价、风险控制和精准投放提供了重要抓手。在市政府颁布的融资畅通工程与支持制造业发展等文件中，信用评分高的企业，政府的奖励和补贴相应提升。信用评分为降低小微企业、制造业企业融资成本提供了有力支持。

（5）降低小微企业融资成本

苏州征信平台利用大数据技术开发了小微企业信贷额度测算模型、利率定价模型，通过提供第三方评分评价，支持信贷风险定价更为精准。与此同时，通过金融软约束手段，让那些诚信经营、业绩良好的小微企业能更高效、更低成本地获得信贷，而那些经营不诚信的企业则受到资金价格的约束，从而将虚拟的信用财富转化为真正的物质财富。

（6）防范小微企业信贷风险

传统金融风控模式在应对小微企业短、小、频、急的融资需求时显得有些力不从心。苏州征信平台通过数据分析技术按月计算所有入库企业的违约概率，并开发了用于贷后管理的信贷风险预警模块。与此同时，苏州征信按照地方金融监督管理局和人民银行部署，承建金融风险大数据监测预警平台，构建风险预警指标体系，持续关注特定区域、行业和名单内企业的运行情况。

（7）助力数字金融服务创新

苏州征信平台通过语音识别、搜索引擎、个性化推荐技术、机器学习等增强小微企业用户体验。苏州征信打造的征信贷、信E贴等线上产品，为小微企业融资提供了更便捷、高效的服务体验。苏州征信平台与15家银行合作为小微企业500万元以下融资需求量身定制的征信贷产品，已初步实现了秒批秒贷、随借随还和一企一定价。截至2019年12月末，苏州征信平台共为799户小微企业授信，授信金额15.94亿元，户均199.5万元。

4）企查查（企业信用信息查询）

（1）中国企业信用现状

2003年中国外经贸企业协会信用评估部和北京国商国际资信评估公司联合对全国的近10万家涉外经贸企业进行了"外经贸企业信用信息跟踪调查"，调查结果表明：我国企业在信用方面存在的主要问题是"拖欠货款、贷款、税款"（76.2%）、"违约"（63.2%）和"制售假冒伪劣产品"（42.4%），而企业之间相互拖欠货款（俗称"三角债"）甚至形成涉及面更广、危害更大的债务链，使资金周转速度减慢，企业正常的生产经营难以维继。另外，企业还拖欠银行贷款，逃废银行债务，并且存在大量的以银行信用证垫款、银行承兑汇票垫款的情况，这些行为都严重阻碍了信用证、银行汇票等信用工具在经济领域的广泛运用。

信用秩序混乱不仅直接侵害债权人的利益，而且会形成恶性循环，导致经济领域充斥着"守信吃亏，失信有利"的错误观念，失信行为普遍。

从各国市场经济发展经验来看，比较成熟的市场经济体制的运行都是以完善的社会信用体系为基础的。企业征信行业作为社会信用体系的重要组成部分，在国外已经有170余年的历史，形成了比较完善的运行机制和规则体系，对完善市场体系、维护市场秩序、促进市场经济发展起到了重要作用。

我国的企业征信行业经过10余年的发展，从无到有逐渐壮大，形成了一定的规模，对经济发展和市场秩序规范发挥了积极作用。但总体上来说，我国的企业征信行业仍处于初步发展阶段，与市场经济发展的要求相差甚远。可以说，当前我国的企业征信制度尚未完善，因此，促进我国企业征信行业的健康、规范发展，已成为完善我国市场经济体系、维护市场秩序的当务之急。

2019年9月16日国家发改委发出《关于推送并应用市场主体公共信用综合评价结果的通知》，鼓励第三方信用服务机构开展市场化信用评价。各级社会信用体系建设牵头部门要大力培育发展信用服务业，积极创造条件支持第三方信用服务机构开展形式多样的市场化信用评价，以大数据为支撑实现精准的"信用画像"，为金融信贷、招标投标、商务合作等市场活动提供信用服务，满足市场日益增长的信用服务需求。

（2）中国企业征信行业发展面临的挑战

虽然得到了政府、社会各界的重视，我国企业征信业发展仍存在不少问题：

①信息瓶颈制约

企业征信机构运作中遇到的一大难题便是如何突破信息瓶颈的制约。不仅一些本应向社会公开的信息，如企业的工商注册登记信息、纳税信息、法院诉讼信息等，缺乏畅通的获取渠道，而且理应是信息披露机制最完善的上市公司也对其信息"遮遮掩掩"，更毋论其他不负有信息披露义务的中小企业。

②征信市场需求不足

信用意识的缺乏使不少企业、银行没有充分认识征信产品的作用，这一方面导致其不愿意积极参与到企业征信体系建设中去；另一方面导致其从未想到利用征信来降低自己的交易风险、信贷风险，或为自己赢取优质借款人和商业机会。

而落后的信用观念所造成的另一个更严重的后果就是征信产品需求量不足，征信市场规模无法扩大，制约征信业的发展，企业道德的约束力削弱。

③征信业发展模式不明

目前各地纷纷制定地方性规范，推行本地区的征信制度。这是有益的尝试，可以为在全国范围内制定普遍适用的征信法规积累宝贵的经验。但不容忽视的一点是，各地在推进信用体系建设过程当中，具体措施、运作模式差异不小，而产品和金融市场的日趋一体化和征信行业本身存在的趋于合并的特性，都要求建立统一或兼容的征信业运作模式。

欧洲国家的经验已经告诉我们了，"有一股强大的力量一直在推动征信行业的合并进程"，"这种趋势将迫使它们或者走向合并，或者相互链接各自的数据库，这可能需要相当大的转换成本"。可以预见的是：全国性的征信法规出台越晚，这种转换、衔接的成本越大。征信业的运作长期游走于规范边缘，不仅增加了运营成本，而且加大了经营风险。由于法律明文规定的缺乏，使其难以得到公众的认同，易对其收集、加工信息行为的合法性提出质疑，从而引发纠纷，影响征信需求和市场规模的扩大。

（3）企业征信行业发展的科技应用

未来，企业征信行业的发展势必更为专业化、标准化、多元化。企业征信行业的科技应用包括人工智能、云计算、大数据、区块链等，应用范围涵盖商业银行、证券公司、保险公司、政府征信等行业精准拓客、尽职调查、全场景和全流程风险控制。

苏州朗动网络科技有限公司（简称企查查），2014年成立于江苏苏州。企查查是国内移动端企业信用信息查询的开创者及国内领先的企业大数据服务商。

成立6年以来，企查查在企业数据覆盖和用户使用数据方面建立了不可比拟的领先优势。迄今为止，企查查服务全球2亿多华语用户，在金融、咨询、法律等领域的专业使用者中更是遥遥领先，助力各类机构加强基于大数据的企业信用评估能力，助力金融机构更好地为实体经济服务。

（4）专业化尽职调查与受益人识别

①金融机构贷前、贷中、贷后风险管控

企查查构建的企业级拓客、尽调、风控平台，旨在通过数据助力金融客户精准拓客、风险防控，降低经营风险，提升利润空间。企查查具备数据接口平台对接、批量操作准确高效、深度挖掘、灵活管理等特点。

如图2-16所示，平台基于公开的全国工商信息、诉讼信息、知识产权信息等，采用先进的大数据处理技术，对企业海量数据进行结构化处理及深度分析。通过人工智能构建企业图谱，对企业股权关系进行层层穿透计算，精准识别出最终受益所有人，自动探寻库内企业潜在的关联关系，披露隐匿投资，实时监控公司各维度信息变更，快速识别风险，及时推送预警。

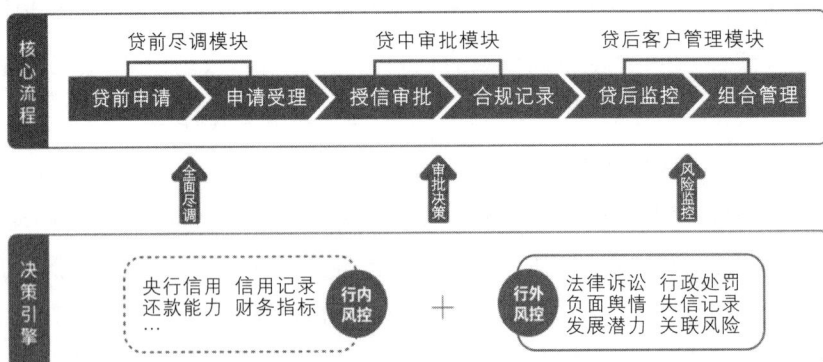

图2-16 企查查大数据模式

②供应商招投标

在企业重大项目的招标采购过程中，投标单位经常存在关联单位串标、围标等情况；在企业选择经销商的过程中，递交申请的单位中有可能存在"马甲"、夫妻店、股东控股企业重复提交申请等情况。

为了协助企业有效地维护公平、公正的招标环境，苏州朗动网络科技有限公司及时推出企查查专业版，充分利用数字化技术和数字化管理平台净化招标环境，在经销商遴选过程中做好背景调查，主动控制履约环节的风险（如图2-17所示），协助企业对供应商、经销商的最终受益人进行穿透识别，实施关联关系挖掘，做好风险控制及合规调查工作，全阶段、全方位、智能化地监控供应商、经销商的行为。

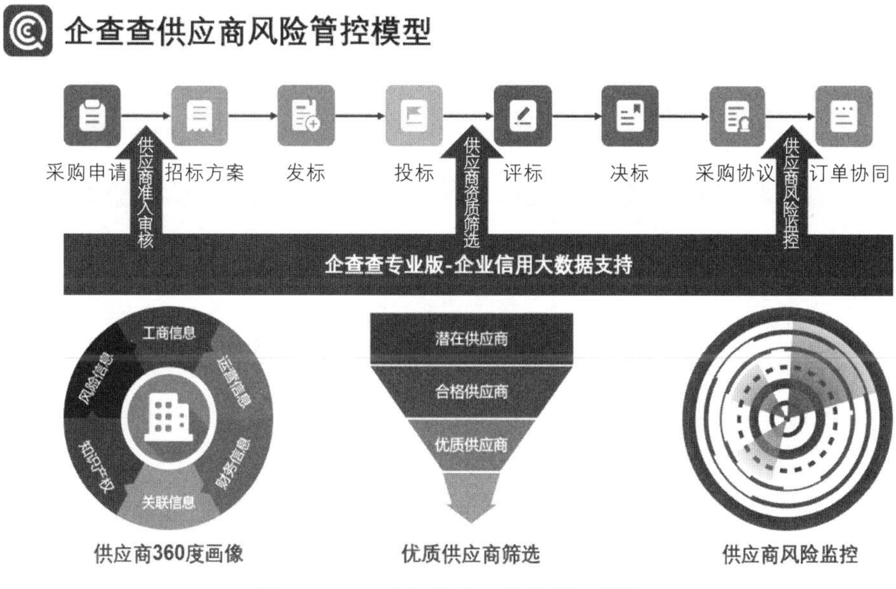

图2-17　企查查供应商风险管控模型

③助力金融企业构建风险数据中台

企查查通过为数据赋能，采用先进的大数据处理技术，有力协助反洗钱义务机构开展非自然人客户的受益人身份识别工作，实施风险控制及合规调查工作；完善反洗钱、反恐怖融资、反逃税监管体制机制；防范违法犯罪分子利用复杂的股权、控制权等关系掩饰、隐瞒真实身份、资金性质或者交易目的、性质，提高受益人的信息透明度。

如图2-18所示，企查查通过整合以上数据治理方法论，形成了完整稳健的金融业务流程支撑框架，助力各类金融企业搭建风险数据中台。

图2-18　企查查风险数据中台

（5）企查查核心金融科技技术

①总体技术架构

经过6年的技术积累，通过不断与业务场景磨合，企查查围绕企业大数据这一主题，搭建了研发平台和技术团队，以数据为基座，梳理完成数据挖掘、清洗、主数据编目入库、企业级应用开发的数据方法论。总体技术架构如图2-19所示。

②大数据

企查查当前在中国拥有2亿家、在全球拥有4亿家工商主体，对于海量的数据资源，企查查利用Hadoop大数据处理技术生态和Neo4j图数据库，构建了企业评分数学模型（参见图2-20）、受益人识别算法、企业知识图谱。

技术架构

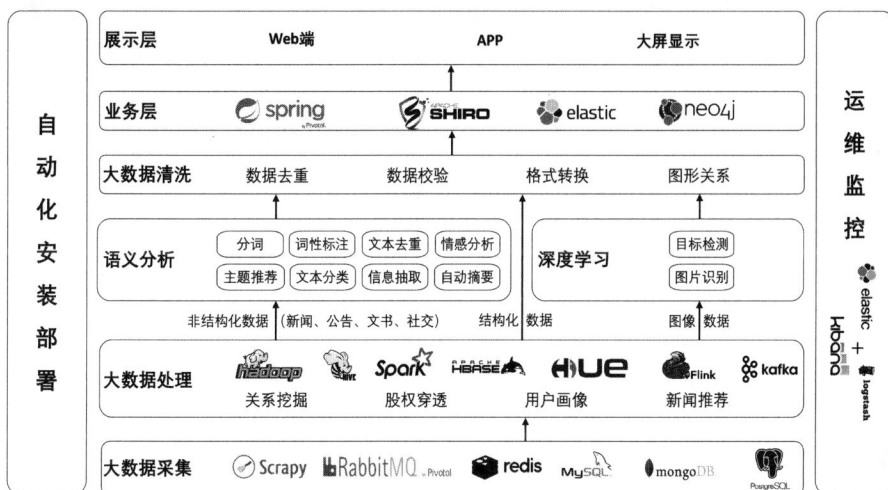

图 2-19　总体技术架构

企业信用风险评价-算法模型

公共信用评价：定性指标、以百分制计、按企业各项负面的量化指标做相应减分。

序号	一级指标	二级指标
1	司法判决	司法被执行人
2		合同违约
3	行政处罚	非简易程序行政处罚
4		异常经营
5	监管评级	部门、行业协会末级评价
6	员工权益	拖欠员工工资、拖欠社保等损害员工权益的情形
7	商誉及重要相关人失信情况	董事、监事、高管、法定代表人、实际控制人、受益人、一致行动人失信情况
8	其他违规失信情况	质检、环保、食药监、卫生、教育、文旅、安全、商务等部门抽检检查不合格和其他失信情况
9	负面舆情	权威媒体发布的负面舆情
10	一票否决项	被列入黑名单
11		严重情形行政处罚
12		企业法人刑事判决
13		其他严重失信情形

市场信用评价：定量指标、以百分制计、在基础分50分的基础上做相应加分。

序号	一级指标	二级指标
1	履约能力	资质许可
2		连续上报年报
3	经营能力	资金规模
4		经营时长
5		业务拓展
6		市场活跃度
7		经营稳定性
8	发展能力	知识产权
9		人才招聘
10	守信状况	荣誉奖励
11		红名单信息
12	社会责任	公益活动
13		残疾人就业扶持
14		扶贫支持
15	行业指标	市场评级

图 2-20　企业信用风险算法模型

5）江苏银行

（1）基于机器学习的风险预警模型

在经济形势日趋复杂、企业风险管控压力较大的背景下，以科技突破为代表的智能风控技术已在我国的企业风险管理领域开始运用。金融机构利用大数据和人工智能等金融科技手段提升风险管理能力，在内外部大数据融合的基础上，通过对数据的深入挖掘和应用，提升单一企业与集团风险管理工作的智能化水平。

①解决集团客户因关系错综复杂难以充分识别的痛点

目前，授信企业之间呈现出股权嵌套度深、关联性强等特点。企业利用错综复杂的关系，通过化整为零的方式进行过度融资。此类客户一旦出险，损失金额较大。另外，因集团客户识别不充分形成各种风险损失也是屡见不鲜。借助于知识图谱技术，利用"人行征信""银监""工商""法院"等外部数据和交易、担保信息等内部数据，整合提炼企业核心的关联关系，如投资关联关系、担保关联关系、交易关联关系、控制人关联关系、事件关系、借贷关系等，将内外部形成的关系链以图谱的形式展现出来，可以有效地识别授信主体所处集团以及集团成员，解决因关系复杂难以充分识别的痛点。

②解决小微企业关联数据不全、难以识别相关风险的痛点

由于小微企业的财务信息大多不健全，财务信息难以反映其真实运营情况，同时其舆情信息也相对不受关注，因此难以及时掌握其风险舆情。找出影响小微企业信贷违约的非财务因素，评估小微企业授信标准，构建小微企业违约预警模型已成为国内外研究的课题。

单一企业风险预警功能基于中数智汇公司的风铃产品的企业外部风险事件平台构建。江苏银行将风险预警事件知识库和企业主体特征库移植至银行本地，在江苏银行已有的业务指标体系基础上，整合内外数据、企业关联关系和企业事件信息，构建以客户为中心的风险指标体系。该功能也支持对单一客户进行风险预测能力分析和违约概率联合建模。

（2）线上金融知识图谱

2016年江苏银行上线了实时反欺诈系统。该系统基于专家经验来识别

欺诈行为的特征，将欺诈行为从正常操作中区别开来，在业内率先为线上金融业务构筑起了一道较牢固的防火墙。但是由于外部欺诈形势日益严峻且多变，团伙形式的攻击利用非人工的批量操作方式，通过大规模、多样化的数据组合集中尝试操作的方法，寻找系统的反欺诈规律或者企图以一定的概率避免触发反欺诈规则。

但是，目前基于专家经验建立反欺诈规则的方式，规则建立和维护的周期较长，过于依赖专家经验，未利用大数据分析和算法等互联网手段进行调整优化，以更加匹配实际业务开展情况及变化情况。而大数据分析和算法能够从纯数据的角度挖掘特征，可与专家经验形成互补。

（3）"黄金眼"小微智能应用平台精准识别客户风险

在建设小微特色标签体系方面，江苏银行基于"专家经验+文献分析+数据挖掘+需求驱动"的基本建设理念，科学理性地选择关键信息指标，并将指标取值口径与加工逻辑以标签的形式进行固化。通过小微特色标签的建设，构建小微金融数字化、智慧化运营的基础数据工程库。江苏银行小微特色标签体系涵盖工商基本信息、经营财务信息、授信业务信息、账户交易信息、征信查询信息、外部风险信息等共745个小微相关字段。

稳健的全流程智慧化风险识别体系，是小微金融服务可持续发展的关键。"黄金眼"小微智能应用平台致力于在小微信贷业务服务过程中，以风险画像技术分阶段实现全流程的风险识别。

在贷后预警环节，持续结合机器学习技术与小微企业发展模式特征，持续精简预警信号、校验信号逻辑、升级监测频度、优化触发模式、扩大预警范围，有效提高了预警信号的整体有效性，进一步提升了业务风险的及时处置能力。目前，风险预警功能已合计对6大维度、200余个预警信号进行全面迭代与优化，新增预警信号9个，优化逻辑规则近70个，优化信号类型或等级79个，停用或精简信号40余个。工商、司法等外部风险信息的预警有效性显著提升，预警时效由原先的30天缩短至3天。

在还款环节，对于还款期前3天账户余额不足的客户，开发了个人经营贷智能外呼功能，基于语音识别与人工智能技术，以"苏苏"机器人客服实现电话还款提醒，并不断根据运行情况迭代优化系统的话术与识别准确率。上线运行后，临时逾欠率稳步下降。

在管理环节，研发风险大排查功能，从客户、客户经理、经营机构等不同视角，以全局视角对客户出险情况进行分析观察，并基于特征工程、随机森林、决策树、OLS等建模分析技术，构建客户增持减退分类预测模型，校验线下申报结果的准确性。

同时开发风险大排查功能，对相关数据以大盘可视化图表的形式展示，风险信息一览无遗。贷前风险侦测、反欺诈功能，将有效提升小微金融服务的风险防控能力。

（4）网贷全流程智能反欺诈体系

①设备反欺诈

通过对设备信息的收集、计算衍生一系列特征规则与模型，主要防控他人盗用用户设备、网络黑产群体欺诈的风险。

②个人反欺诈

利用身份信息，并结合住址、公司名的交叉匹配，验证申请者身份的真实性，同时基于不良历史信息数据，预防个人申请者的恶意欺诈风险。

③团伙反欺诈

利用设备、关联人、住址等信息，构造规则集与反团伙欺诈模型，识别薅羊毛、套现等团伙欺诈行为。

④综合评分模型

根据征信数据、行为数据等预测申请者违约概率，对客户进行分级（例如ABCDE五级），根据风险等级控制申请者额度与利率（风险折扣）。

目前江苏银行使用征信评分卡（风险部）+贷款场景评分卡联合决定用户风险等级。

⑤联邦学习

如图2-21所示，江苏银行利用加密的分布式机器学习技术，使各参与者在不披露底层数据和加密形态的前提下共建模型，建立风控模型实时决策系统。

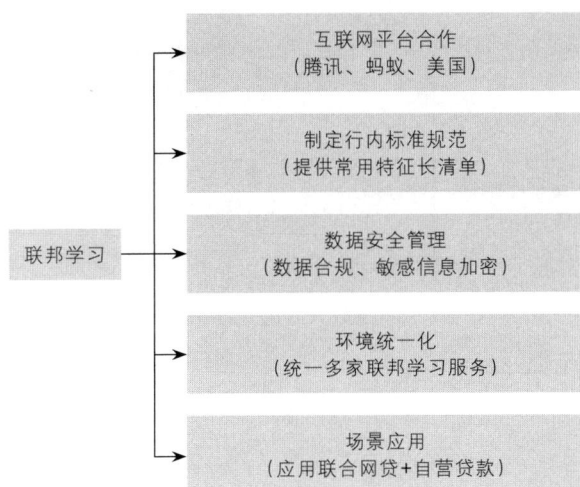

图 2-21　联邦学习

⑥A/B-Test

如图2-22所示，江苏银行在同一策略决策点上比较多个实现策略，评估业务表现。

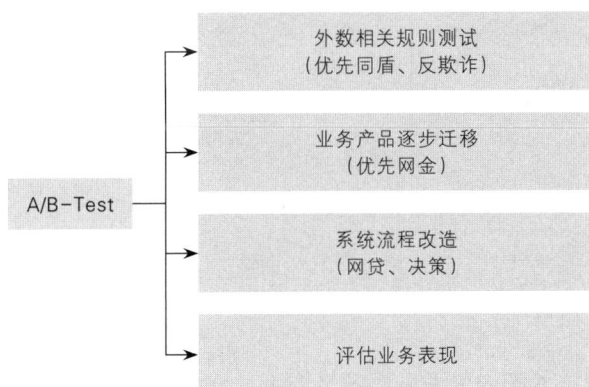

图 2-22　A/B-Test

⑦外部风控数据价值分析与评估

如图2-23所示，江苏银行对多头借贷、反欺诈、运营商、不良信用等外部数据进行挖掘分析，保证数据的有效利用和价值最大化。

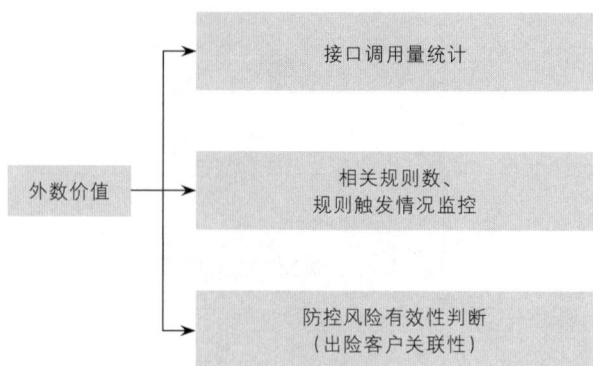

图 2-23　外数价值

⑧评分模型成效监测

如图 2-24 所示，江苏银行跟踪线上评分模型的健康状况，以数据驱动提高现有流程的效率。

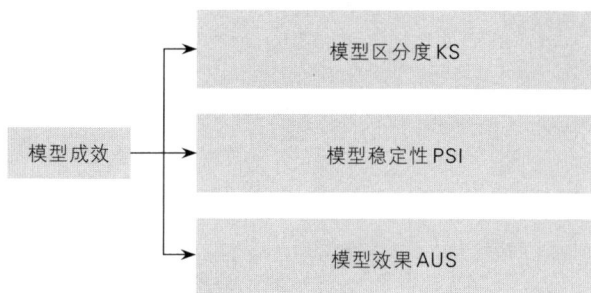

图 2-24　模型成效

2.3　区块链技术

2.3.1　区块链技术国内外发展概况及方案

根据英国科学办公室的定义，区块链是一种数据库，它将一些记录存放到一个区块里（而不是将它们收集到一个单一的表格或者纸张上），每一个区块使用密码学签名与下一个区块"链接"起来，可以在任何有足够权限的人之间进行共享和协作，采用"共识算法"来共同协作和维护账本的真实性。

区块链以大量冗余数据的同步存储和共同计算为代价,牺牲了系统处理效能和客户的部分隐私,尚不适合传统零售支付等高并发场景;但是,在对信息共享要求较高而对并发量要求较低的领域,例如交易结算、供应链金融、产权转让等,区块链已经有广泛的应用。2019年是区块链领域快速发展的一年,围绕着区块链性能提升、可扩展性、安全隐私等方面的技术创新不断涌现。为弥补Layer 1技术(公链技术)交易性能上的不足,不少区块链开发团队开始关注Layer 2技术(扩容技术),如闪电网络、侧链技术、跨链技术等。另外也有部分区块链项目选择在共识算法以及智能合约应用方面进行深入探索。

下面将从闪电网络、侧链技术、跨链技术、共识机制、智能合约、解决方案六个方面,对2019年的发展与突破以及2020年的技术发展趋势进行阐述。

1)闪电网络

闪电网络的初衷是为了解决比特币交易速度过慢的问题,其主要思路是将大量交易放在比特币区块链之外进行。在2019年,闪电网络的节点数、通道数以及资金容量都有了较大提升,"闪电火炬"接力活动的影响力更是遍布全世界各地。在技术创新方面,闪电网络推出了瞭望塔、多路径支付等重大功能。其中,瞭望塔可进行实时的在线交易反欺诈监控,用户能够通过运行瞭望塔来保护自己的闪电网络节点。多路径支付功能用于整合闪电网络通道的容量,将大额支付划分为多个部分,从而快速发送大量比特币。闪电实验室(Lighting Labs)的CTO(首席技术官)Olaoluwa Osuntokun与联合创始人Conner Fromknecht一直致力于瞭望塔这一重要功能的设计、实现以及推广,正如Osuntokun所说:"一个重要因素在于,现在我们有一个直接的威慑来应对任何可能的违规尝试,现在瞭望塔代码是开源的,这对攻击者有很强的抑制作用,因为攻击者知道潜在的受害者很可能有一个瞭望塔在监视攻击活动。"

2)侧链技术

在过去一年中,侧链技术被越来越多地应用于各种资产上,以提供更快的交易速率和更大的交易规模。例如,比特币侧链Liquid在2019年7月完成了 Tether（USDT）稳定币的正式部署，这意味着 Liquid-BTC 与 Liquid Tether 可进行原子交换，为场外交易者降低交易风险。同时 Liquid 还尝试接入了闪电网络，用户可通过 c-lightning 的闪电网络软件进行比特币微支付的发送与接收。通过侧链技术与闪电网络的结合，用户可以进行即时的 Liquid-BTC 交易。对此，Blockstream 的 CSO（首席安全官）Samson Mow 表示，Liquid Network 上稳定币和安全令牌一类的替代资产的增长表明，侧链技术正在迅速成熟，期望 Liquid 的使用率在 2020 年会有所增加。

3）跨链技术

在跨链技术方面，Cosmos 的主网以及 Polkadot（波卡链）的实验性网络都已于 2019 年上线。Cosmos 主要涉及数字资产的跨链，跨链通过一个通用的链间通信协议（IBC）来实现，Cosmos 团队的核心开发人员 Sunny Aggarwal 表示，这个协议将允许每个平行链拥有自己的验证者集合，并拥有很高的自主权，允许两个链相互具有另一个链的轻客户端，从而实现真正的价值转移。Polkadot 则是采用另一种方式来实现不同链条上的资产转移，其使用了跨链信息传递协议（XCMP）来支持多种不同类型数据的跨链，所有平行链都将连接到中继链上，或作为桥接分区被记录下来。

4）共识机制

目前主流共识算法正在逐渐从 PoW 转变为 PoS，以太坊后续版本也将使用 PoS 的共识算法。另外采用 Verifiable Random Functions（可验证随机函数，简称 VRF）的共识机制也变得越来流行，当前 Algorand、DFINITY 等项目都采用了包含 VRF 算法的 PoS 共识算法，Algorand 的创始人 Silvio Micali 教授认为，Algorand 采用的共识机制实际上是 PoS 机制的一种变形，使用密码技术来随机选择负责将下一个区块添加到区块链中的参与者，可以极大避免挖矿所需要的能源消耗。通过 VRF 这种随机选择节点的方式可以更好地实现共识算法的可扩展性，不过目前 VRF 方案仍存在网络效率低、去中心程度不高、缺乏激励机制等问题，有待在 2020 年进一步探索。

5）智能合约

在智能合约方面，不少区块链项目都开始使用智能合约铸造并销毁通证或采用智能合约来管理钱包。具体来说，通过联合曲线模型，即使用数学公式来决定通证的价格与发行量之间的关系，买入通证提高通证价格，卖出通证则降低通证价格。另外，以太坊创始人 Vitalik Buterin 在 2019 年第五届区块链全球峰会上谈到了智能钱包的发展，代币或者钱将不再由密码控制，而是由一个智能合约来进行控制，通过这个智能合约可以执行复杂的条件，比如多重签名的方式来花费账户中的钱，将所有密钥分别存储于不同地点，拥有任意两个密钥即可执行交易。这种技术要比传统的单一密钥更加安全，不易丢失或被攻击。

6）解决方案

区块链的特性解决了一些金融行业的痛点问题：

（1）去中心化，这意味着不需要一个可信的第三方，也意味着至少要攻击 51% 以上的节点才能破坏整个网络。当某些银行某项服务出现问题时，不会影响上下游系统机构的平稳运行，保障了安全性和可靠性。

（2）去信任化，参与系统的每个节点之间进行数据交换无须互相信任，整个系统的运作规则须达成共识，所有的数据内容上链也要满足智能合约，因此在系统指定的规则范围和时间范围内，节点之间不能也无法欺骗其他节点，这样就解决了各机构合作时的信任问题。

（3）数据难以被篡改。首先，采用哈希算法通过单向数学函数检验是否有人试图篡改信息，每个节点都能获得完整数据库的拷贝，任何试图篡改数据库的行为都显而易见；最后采用拜占庭算法，如果想要对已出现的区块进行修改，需要同时超过全网 51% 的投票，也就是要控制整条链上 51% 的成员。这使得作伪的成本高于预期获得的收益，从而保证了各大机构共享数据时数据的安全性，不会被轻易篡改。

（4）分布式记账。链上数据会通过智能合约同时提交给各个节点，解决了信息不对称的问题，比如个体工商户的营业执照已签发，但因为各个机构间日切时间不同，客户就无法在银行系统及时查询到信息，也就无法开户，区块链则很好地解决了这个问题。

基于丰富的生态资源和业务场景，江苏的金融机构和金融科技公司在 BaaS 平台、资产证券化、信用证平台、大数据风控等领域应用场景均有所深耕，下面将以案例的方式重点介绍上述应用场景。

2.3.2 江苏省区块链案例

1）苏宁区块链（BaaS）平台

机构名称：苏宁金融

应用场景：苏宁区块链服务平台

项目阶段：商业应用

习近平总书记在中共中央政治局第十八次集体学习时强调，把区块链作为核心技术自主创新重要突破口，加快推动区块链技术和产业创新发展。随着区块链项目的增多，项目的运维和管理面临严重的挑战。苏宁 BaaS（区块链服务）平台基于云服务的企业级区块链开放平台，提供了统一化区块链项目管理和运营，内外部用户无须关注底层进行区块链项目的开发工作量，可一键式快速接入、降低开发者成本、提高开发效率，使开发者专注于应用层的研发和顶层设计。

BaaS 是由微软、IBM 提出的概念，指大型科技巨头为用户提供的基于云的服务和解决方案，用于开发基于区块链的应用程序。BaaS 能够快速建立自己所需的开发环境，提供基于区块链的搜索查询、交易提交、数据分析等一系列操作服务。

2017 年至 2019 年，涌现了大量的 BaaS 应用，谷歌、微软、IBM、阿里、腾讯等纷纷布局区块链 BaaS 平台，BaaS 逐渐成为互联网巨头进入区块链领域的标准入口，因此 BaaS 逐渐形成互联网巨头和区块链垂直领域并存的竞争格局。

2019 年国外知名数据研究机构 Gartner 曾发布报告对全球区块链云计算厂商的 BaaS 进行服务评估，微软因其丰富的应用场景以及 BaaS 市场的主导地位，位列全球第一。早在 2015 年底，微软就启动了"Azure 区块链即服务计划"，开发基于以太坊的微软 BaaS 平台服务，并开始对外提供一键式基于云的区块链开发环境，属于早期推出 BaaS 平台服务的互联网公司。Azure BaaS 的技术负责人 Marley Gray 描述说，企业用户能够通过 Azure BaaS 平台快速部署私有、半私有或者联盟区块链网络，甚至还可以通过 Azure BaaS 来部署以太坊节点，BaaS 平台可支持云端、本地或混合型的分布式账本的开发、测试和部署。此外，微软 BaaS 服务平台的落地案例有很多，应用场景也非常广阔。例如，与新加坡金融管理局合作进行区块链证券清算、跟纳斯达克证券交易所合作使用区块链技术执行交易与合同等。

除了美国以外，欧盟对于BaaS技术也十分关注。欧盟在2018年成立了欧洲区块链观察论坛，并预计投入3.4亿欧元进行区块链技术的研发，论坛其中一项重要的职责即是建立跨国境的BaaS服务。

现有的BaaS应用有如下特点：切入的场景大多为金融、溯源、供应链；大多数都支持Hyperledger Fabric系统；项目发展处于早期阶段，落地应用较少；目前大部分都是To B模式。根据分析得出结论，BaaS市场前景较为广阔，发展较为迅速，多寡头和垂直领域BaaS并存发展，技术差异较小，产品和服务为主要特色。目前江苏省内的区块链技术发展方向偏向场景应用，类似BaaS平台的区块链开发应用方面涉及的较少。

如图2-25所示，苏宁BaaS平台的系统基本逻辑架构可分为四层：应用层（DAPP）、BaaS层、接口层以及容器云。应用层包含了黑名单共享、动产库融、ABS资产等已上线的区块链应用，业务人员使用这些应用进行日常操作，并完成与对应业务系统的交互；BaaS层可供管理人员对区块链网络、节点、通道、智能合约、组织证书、用户权限等进行细致化的管理，并提供配套的区块浏览器、监控日志等运维工具。接口层则主要向开发人员开放，

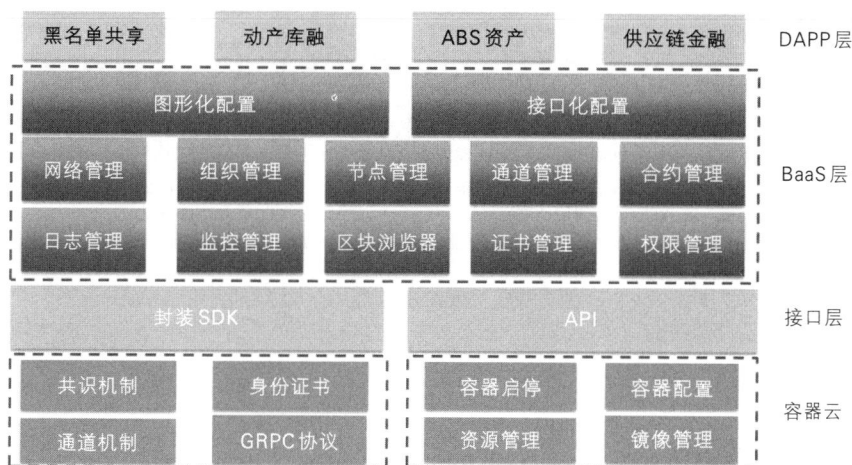

图2-25　BaaS平台系统架构层级

提供SDK与API接口，可从业务系统直接通过接口层来对区块链应用进行操作。BaaS平台中的每个区块链其实都是一个独立的容器集群，最底层的容器云就是运维人员用来进行容器集群的部署、维护以及管理工作的模块。苏宁区块链服务平台解决了存储数据、记录与加密问题，让多方机构（节点）产生信任，将区块链+赋能至各行各业，让企业构建适合自己的应用场景的互联网价值体系。平台可以为已有的区块链项目提供统一化的运维和管理，并减少未来区块链项目的开发量，提升后期区块链项目的开发效率。

如图2-26所示，BaaS平台主要提供包括主机管理、集群管理、用户管理与数据统计共四种类型服务。其中，主机管理接口提供了创建、更新、查询、删除主机等功能，集群管理接口涵盖了集群的创建、查询、删除等功能，用户管理包括用户注册、登录、退出、创建、更新、删除、查询等功能，数据统计则提供了主机与集群的各种统计数据。

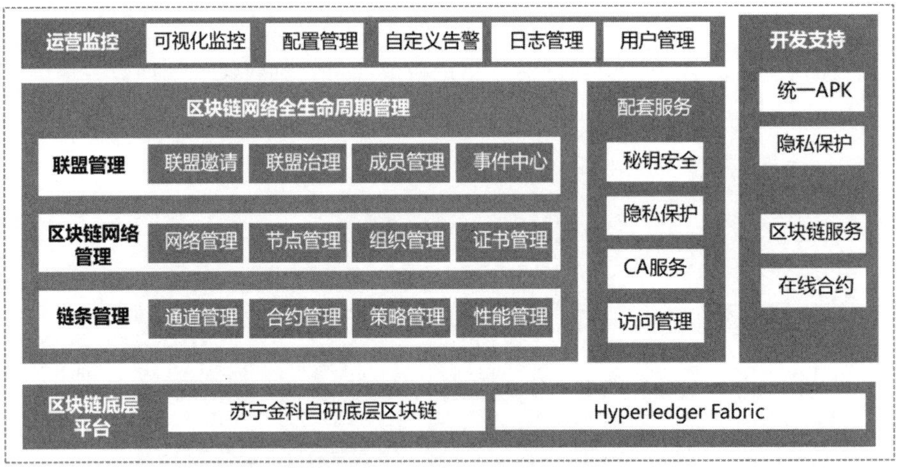

图2-26　BaaS平台产品架构

用户基于BaaS平台进行搜索查询、交易提交、数据分析等一系列操作服务，平台帮助开发者更快地搭建区块链环境，降低区块链技术应用成本和风险，降低应用难度，吸引各类区块链应用人群。在BaaS平台搭建前，每个区块链项目都需要重新搭建区块链平台，没有进行统一化的管理，非常不利于后期项目的维护工作；通过搭建 BaaS 平台，不仅减少了未来区块链项目的开发量、节省成本，还降低了区块链应用的使用门槛，用户可以利用图形化界面快速搭建区块链应用平台，原部署学习成本需 2~3 人花费 30 人·天进行底层部署，如图 2-27 所示的苏宁 BaaS 平台，单人花费 2~3 天即可部署完毕。苏宁 BaaS 平台具体使用技术如表 2-1 所示。

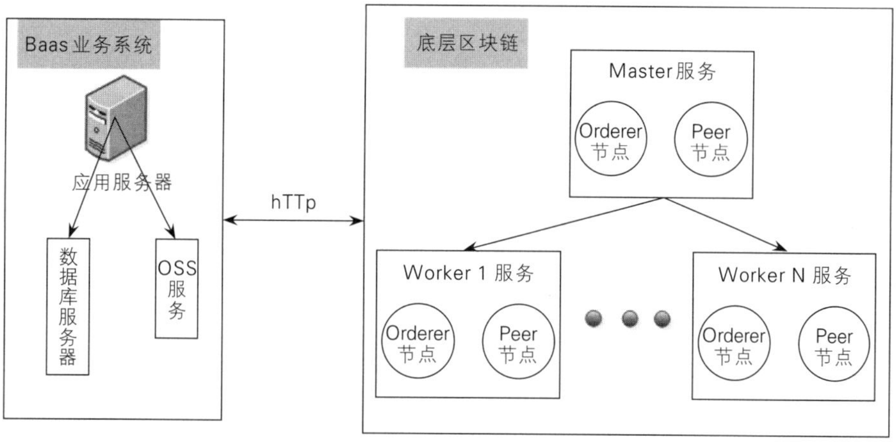

图 2-27 苏宁 BaaS 平台系统架构图

（1）BaaS 平台支持快速构建高效、稳定、安全的生产级区块链环境，降低在区块链部署、运维、治理、应用开发方面的成本，让开发者聚焦 Fabric 应用开发。

（2）将原有的 12 个步骤、100 多个参数简化合并为 5 大步骤、20 个参数，为各接入机构提供联盟链网络建立、节点建立、容器启停、通道建立、合约部署、合约调用、交易监控、日志查询等完整的联盟链服务生命周期管理。

（3）用户无须学习区块链网络的配置方式与格式要求，平台可根据用户输入的参数（最少 1 个，原需要 10 个）自动生成区块链网络中所有节点的全部配置文件，并统一管理与使用这些生成的配置文件，1 分钟内可部署 100 多个区块链（Peer、Orderer、Zookeeper、Kafka）节点，可使用图形化界

表 2-1　　　　　　　　　　　　　苏宁 BaaS 平台技术简介

所用区块链平台的类型	联盟链
部署及运维	采用分布式数据库
底层平台及其自主研发情况	自主研发
开发语言	Python、Go、Java、Vue.js
共识机制及节点数量	支持 Kafka 共识机制，目前有 3 个节点
系统性能	千级 TPS
扩容机制	采用多链架构
智能合约	支持智能合约，可实现信息存证、交易结算等功能
隐私及安全机制	权限许可
专利情况	有，申请专利量为 5 个
加密算法	未来计划支持国密算法

面快速搭建区块链应用，或根据接口文档和相关技术文档，提供区块链开发 SDK，用户可以通过调用 API 结合自己的业务场景进行定制化开发。提供区块链项目管理、开发及运维平台，可使部署区块链项目搭建与应用的整体效率提升 50%。

（4）项目在区块链网络配置的自动生成机制、基于 Docker 集群的区块链网络远程部署机制、支持公有云与私有云的 BaaS 方面均实现了技术难点上的突破。

区块链通过整合一系列的技术，建立一套公正、透明、可信的规则，结合物联网对现实世界数据的采集，以及搭建人工智能算法的自动交易和激励系统，有望在未来形成一套无人值守的价值数据交换和交易体系，将人类社会带向数字化的信任经济时代。苏宁愿意积极配合政府主管部门，建立国家区块链技术标准和规范，探索更多的区块链应用场景，推广区块链技术，共同创建基于区块链的信任经济生态环境。

目前区块链技术推广仍存在诸多挑战，苏宁金融区块链团队总结和建议如下：

（1）区块链技术仍旧处于开发成长阶段，存在一定的局限性，兼容性、效率性、安全性都面临挑战。对区块链的认识水平有待提升，对区块链的应用存在误解和担心。高校、研究机构的参与程度总体不高，建议产学研一体化，进行既了解区块链技术又精通具体业务的大量复合型人才的培养，通过基金申报课题来解决项目经费的问题，建立短期、长期培训闭环机制。

（2）区块链技术的发展存在一定的监管约束，作为新生的技术，区块链的相关法律法规尚未成型，需要不断地进行完善，当前相关政策的缺失会导致区块链行业缺乏正向的引导，存在一定的市场风险，对于规范流程的各类规章制度亟待补充完善。建议形成行业的区块链应用白皮书或规范化、标准化文件，形成行业核心的理念并基本达成技术共识，减少行业发展的碎片化问题。

（3）区块链技术合约的易用性，要求用户必须具备编程能力才能撰写合同，限制了其应用范围。BaaS平台可以让更多开发者进入区块链市场并投入资源，具体包括：在非标准形态的资本市场工具领域引入区块链技术，提升利益相关方的互信以及信息交换和支付的效率；在非金融领域外，深入拓宽应用场景范围，提高民众接受程度。

（4）自上而下（政府主导）提供标准化的体系，急用先行、试点示范、推广应用。通过政策、资金和应用试点等方式加以支持，抢占区块链技术和产业发展先机，推动区块链技术和应用在市场中的良性发展。

（5）保证数据来源的真实可靠，结合IOT以及边缘计算等，通过区块链技术"增信"。确保数据来源的真实性可能需要政府在数据整合方面的支持与推进，一些基础数据需要政府牵头整合，实现产业共赢。

2）区块链资产证券化服务平台

机构名称：苏宁金融

应用场景：区块链资产证券化服务平台

项目阶段：商业应用

传统的资产证券化需要结算机构、交易所和证券公司等多重协调，通过搭载智能合约的联盟链，可以自动实现跨多主体间的证券产品交易。区块链资产证券化服务平台将资金方、资产方、SPV作为联盟链节点，共同维护数据透明度和真实性，掌握并验证底层资产流动性，打通了资产端和资金端之间的高效通道。

由于国外资产证券化市场较为成熟，使用区块链技术来解决资产证券化行业痛点的需求不高，所以国外区块链资产管理平台的发展速度远不如国内，目前只有少数金融科技公司在尝试将区块链技术与资产证券化业务相结合。例如美国创业公司Global Debt Registry（GDR）与IBM合作尝试通过区块链技术来防止ABS投资组合对底层资产进行重复计算。

相较国外来说，国内将区块链技术应用于资产证券化业务的尝试更多。目前江苏省已于2018年推出首单以区块链智能合约管理的保理ABS。该计划以保理合同债权作为底层基础资产，由华泰证券资管公司担任计划管理人。利用区块链技术来达到基础资产数据真实性的要求，且不可篡改，并采用智能合约将交易条款转化为可自动执行的数字协议，实现资产智能化管理。

如图2-28所示，区块链资产证券化服务平台覆盖信贷全流程日常管理，利用BaaS平台结合信贷管理平台进行节点管理，对外输出资产证券化金融科技能力，实现资产数据可视化、资产数据筛选与分析、设置资产数据静/动态池、资产打包上链等功能。

（1）资产管理基础资产服务：针对公开市场、非公开市场融资所需的资产标的信息，金融市场部门（业务方）对底层信贷资产根据一定的筛选条件在平台进行筛选、打包和分析工作。

（2）投资决策引擎：提供数据分析及算法服务，包括：①内部评级资产评定（AAA优先1级、AA优先2级、A+次级）；②现金流分析与压力测试等。

（3）外部资产服务平台：通过BaaS平台提供搜索打包渠道信息。①公开市场券商对业务分类后的静/动态池资产有查询权限；②私募/信托机构可查询业务打包后的底层基础资产。

图 2-28　资产服务平台节点信息示意图

平台涉及的节点包括：基础资产服务节点、金融同业机构节点以及资金方机构节点，其中基础资产服务节点提供资产筛选、定价、模型分析及预测功能，金融同业机构节点提供资产打包、上链查询功能，资金方机构节点提供风险巡视、底层穿透查询功能。

基础资产服务系统服务于资产发行前自动化分析管理系统，提供发行前的资产池筛选、结构化设计，提供不同场景下现金流预测及相关文档生成功能。该模块涉及四个流程功能：

（1）资产池统计分析：系统接入资产池底层资产，提供每日统计资产池余额以及期限分布情况；

（2）资产池筛选分割：对资产池进行不同维度的筛选分割，使资产池收益及期限符合发行需求；

（3）结构化设计：根据底层资产现金流的真实情况准确预测各档证券偿付能力；

（4）资产信息披露：按专项计划说明书要求，在制定日期生成相关信息资产报告。

利用该模块，苏宁银行作为发行方能积极参与到优化证券结构设计，通过充分利用底层资产真实现金流精确测算资产支持证券的偿付能力。

投资决策引擎平台模块提供资产定价能力及风控水平判断能力功能服务，对同主体不同机构、不同主体不同机构的资产包现金流进行预测、监控、定价和发行方目标化预评级（资产方内部评级）。内部评级包括AAA优先1级资产评定、AA优先2级资产评定以及A+次级资产评定。现金流分析与压力测试包括回收率/违约率预测、还款率/回收周期、违约时间分布、提前还款率预测、循环购买效率、利差空间缩减以及资金投资回报率。

如图2-29所示，外部资产服务平台为评级机构及资金方等建立共识节点，可通过BaaS平台来实时获得真实的底层资产数据，实现穿透化资产风险管理、资产风险跟踪，同步获取动态信用评分数据报告服务。其中公开市场券商对业务分类后的静/动态池资产有查询权限，私募/信托机构可查询业务打包后的底层基础资产。

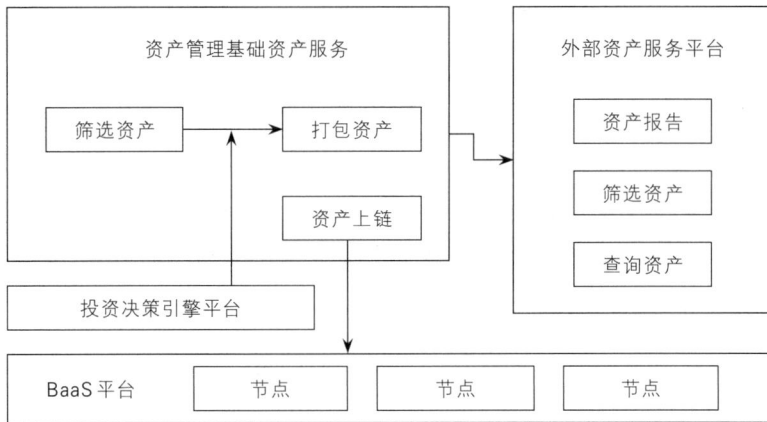

图2-29　资产数据上链业务流程

如图2-30所示，基于区块链技术的资产管理平台，能够确保消费金融服务公司底层资产数据的真实性，且不可篡改、可追溯，提高机构投资者信心，从而降低消费金融服务公司发行ABS的门槛和发行成本，同时还可以进行ABS全生命周期管理，及时识别和管控风险。

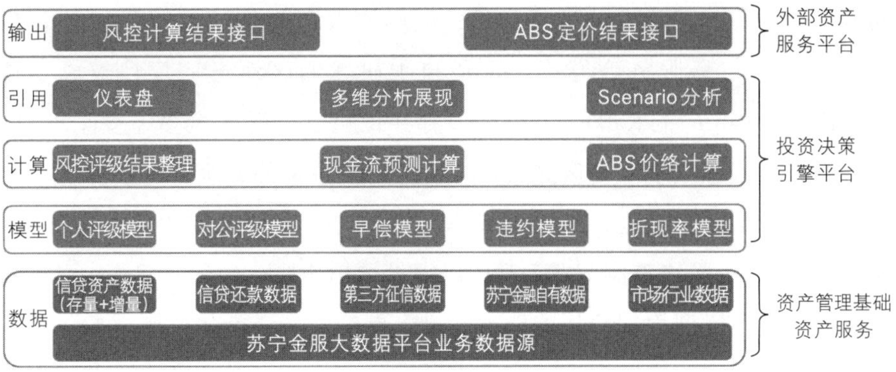

图 2-30 资产证券化上链产品架构

苏宁区块链资产管理平台的系统架构可大致分为五层：硬件设备层、基础理论层、核心技术层、BaaS服务层以及资产证券化应用层。各层级所包含的系统模块如图 2-31 所示。

图 2-31 区块链资产管理系统框架层级

具体使用技术如表 2-2 所示，硬件设备层主要包含系统部署所使用的物理机或者云平台；基础理论层则是由各种安全协议及算法组成，检测智能合约中存在的漏洞，利用激励机制调动各参与方的积极性，保障系统底层的网络安全，保护客户的数据隐私；核心技术层主要包括合约执行引擎、共识协议、安全服务等模块，形成自主研发的区块链底层协议，支持Hyperledger Fabric 的 Kafka、Raft 等多种共识机制，并结合多方安全计算、国密算法等核心技术来确保底层区块链上用户数据的安全；BaaS 服务层允许用户对底层区块链进行细致化管理，包含联盟管理、合约管理、节点管理、API接口、区块链浏览器等功能，提供给用户快速创建、部署、运维以及监控区块链资产管理应用的能力；最上层的资产证券化层则主要包括以消费金融资产、供应链资产、小微金融资产、不良金融资产作为基础资产的区块链资产证券化应用，为用户提供资产管理服务。

表2-2　　　　　　　　　区块链资产证券化平台技术简介

所用区块链平台的类型	联盟链
部署及运维	分布式部署，各节点自运维
底层平台及其自主情况	基于 Hyperledger Fabric 1.2 开源区块链框架优化
开发语言	Go、Java
共识机制及节点数量	支持 Kafka 共识机制、计划设置 3 个节点
系统性能	千级 TPS
扩容机制	采用多链架构
智能合约	支持智能合约，可实现对资产放款现金流、还款现金流的登记与查询功能
隐私及安全机制	通道机制、数据上传权限许可
专利情况	有，预计将申请 3 个专利
加密算法	未来计划支持国密算法

以苏宁金融任性贷 ABS 为例，业务侧各节点上链方案及节点功能如图2-32所示。

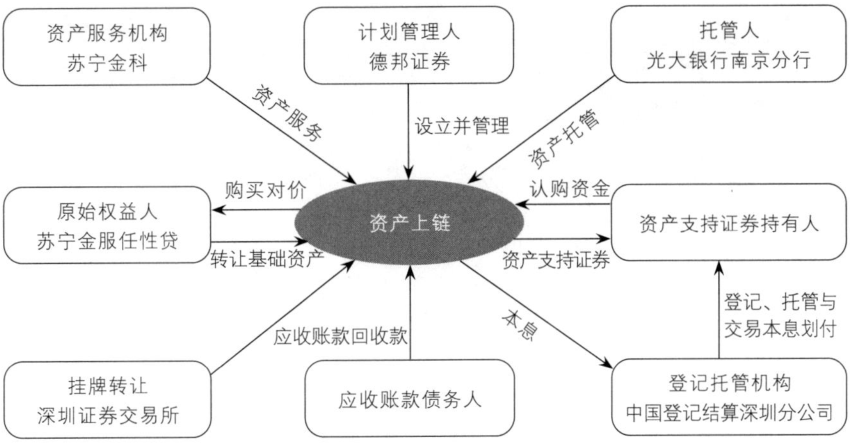

图 2-32 苏宁金融任性贷 ABS 上链案例

资产证券化全流程解决方案从提高收入、降低成本和提升效率三个维度体现价值：

（1）共识机制：所有参与者一致同意意味着交易在网络中通过验证；

（2）隐私保护：用私钥保证共享账本的适当可见性；

（3）智能合约：将商业规则内嵌在区块链系统中，以便在交易中执行；

（4）共享账本：在商业网络中共享数据库不可篡改。

平台致力于改善现金流管理，提高交易透明度，助力穿透式监管。对于投资方而言，降低资产证券产品底层资产的信用风险，丰富投资收益来源，减少投资后的管理成本；对于资产方而言，拓宽融资渠道，降低融资成本和风控运营成本，促进信贷业务管理流程标准化，缩短融资交易周期；对于服务方而言，降低投资后人力成本的投入，使资金分配流程高效运作。

区块链资产证券化服务平台对资产进行穿透式监管。如图 2-33 所示，第一种业务场景为放款现金流闭环写入区块链。平台建立 4 个节点，采用苏宁金融 BaaS 平台进行信贷资产穿透式监管。

如图 2-34 所示，第二种业务场景为还款现金流闭环写入区块链。平台建立 4 个节点，对信贷资产进行穿透式监管。

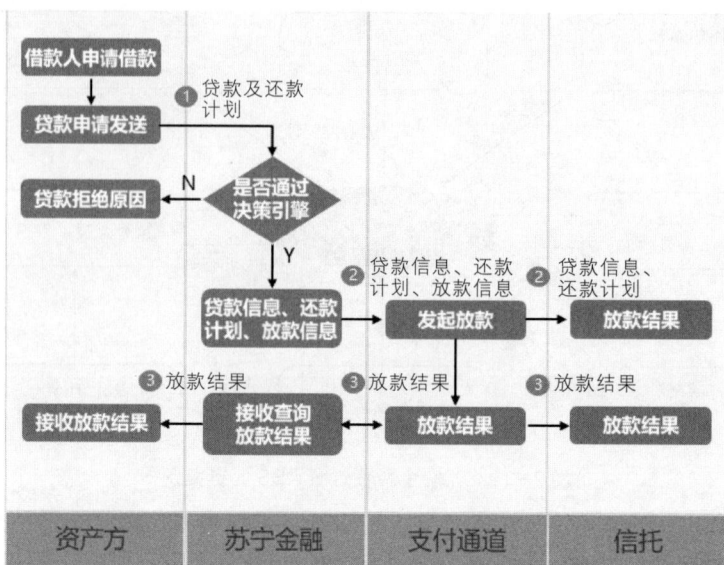

图 2-33　放款现金流闭环写入区块链

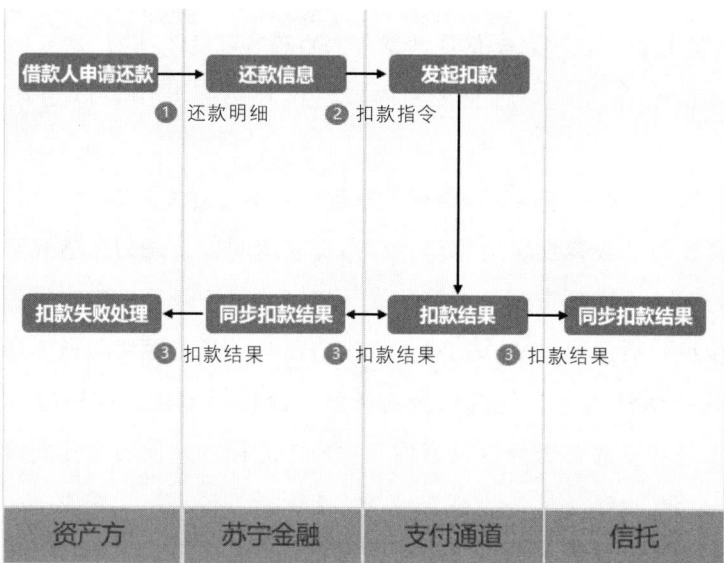

图 2-34　还款现金流闭环写入区块链

　　区块链资产证券化服务平台配合公开市场发行苏宁金融任性贷 ABS 资产储架 80 亿元，非公开资金信托计划资产累计 20 亿元。区块链资产证券化服务平台在实际推广过程中遇到了以下的困难：

①资产上链的困难在于资产的真实性、信用问题存疑等法律风险，需要政府部门及法律机构推动认可，以降低资产上链成本；

②当前上链的成本过高，无法衡量上链价值，需要政府及相关部门出面，提供一些激励方案，激发整个资产市场的活力；

③引入流动性较高且资产价值较高的资产进行上链，需要通过政府认可的强有力第三方信用评级机构进行前期的尽调工作以实现对资产增信。

3）区块链大数据风控联调平台

机构名称：苏宁银行

应用场景：区块链大数据风控联调平台

项目阶段：商业应用

目前，各金融机构业务的长期发展需要对信贷主体进行风险控制。各金融机构在征信审核时面临数据孤岛、信息不对称的问题，同时数据的获取成本、数据的真实性、数据的质量等问题也难以解决。这些问题明显制约了各金融机构的业务发展。具体而言，由于大多数机构的数据不对外公开，有信用问题的用户可在不同机构进行借贷而不会被及时发现，从而给金融机构带来难以避免的损失。而风控数据不属于官方征信数据，目前仅有一些民间机构进行了收集、整合，并高价出售，这种中心化的共享方式就导致了金融机构的风控成本过高，且数据更新不及时。此外，数据的安全性也严重依赖于中心化运营机构的安全防护措施。

除此之外，中心化的数据存储方式会导致数据被少数机构掌握，数据可以被任意篡改，无法保证数据质量。目前已有风控测试产品采用传统的数据库技术来实现。该技术通常需要一个中心化的运营机构来构建数据中心，并采用多重防火墙等高安全性措施来保护数据不被黑客攻击，其运营成本极高，一旦安全漏洞被突破，损失将难以估计，同时，需要耗费大量的人力实现对数据库的更新和维护，从而大大提高各机构获取数据的成本。

区块链可以解决大数据的安全性问题，保证数据的隐私性。区块链的可追溯特性使数据从采集、交易、流通到计算分析的每一步记录都可以留存在区块链上，使得数据的质量获得前所未有的强信任背书，也保证了数据分析结果的正确性和数据挖掘的效果，并且能够进一步规范数据的使用，明确授权范围，追溯数据使用情况，全面保障数据使用的安全合规。脱敏后的数据交易流通，有利于突破信息孤岛，建立数据横向流通机制，逐步推动形成基于全球化的数据交易、数据资产保护等全新的应用场景。

如图2-35所示，区块链大数据风控联调平台涵盖了原有区块链金融黑名单共享管理系统，并在此基础上提供了更多风控产品化服务。区块链大数据风控联调平台包括"3"系统+"1"服务+"1"平台，"3"系统涉及金融科技门户系统、金融科技门户后台管理系统及金融科技数邮箱服务系统，"1"服务为大数据风控接口应用侧服务，"1"平台为金融科技门户系统底层承载区块链服务的BaaS平台。对内和对外提供大数据风控解决方案，提供上传及接口测试，包括但不限于准入核验、反欺诈、信用评估、知识图谱等数据风控测试服务。平台提供并保障全链条的数据服务技术体系合法，保证数据来源合法、用户授权有效、数据使用明确。

采用区块链技术实现大数据风控测试具有以下优势：

（1）无须中心化的运营机构。各网络节点自动维护设备，显著降低了系统建设和运维成本，同时避免了中心节点带来的弊端，具有较长的生命周期。

（2）采用联盟链方式，成本低廉。区块链大数据风控联调平台采用联盟链的方式，布设成本低，同时联盟之间可共享数据，降低了数据的获取成本。

（3）关键数据加密存储，保护客户隐私和金融机构利益。链上所有的数据出处均为匿名，采用加密算法保证关键字段相关数据的隐私。

（4）运用智能合约实现自动计费。利用智能合约，可以实现自动消耗积分来查询风控测试数据的详细信息。

（5）数据可追溯。风控测试数据在所有联盟成员之间共享，数据可追溯，同时虚假数据可以追溯来源，保证了数据质量。

（6）数据实时同步。风控测试数据更新时效强，数据可用性高。

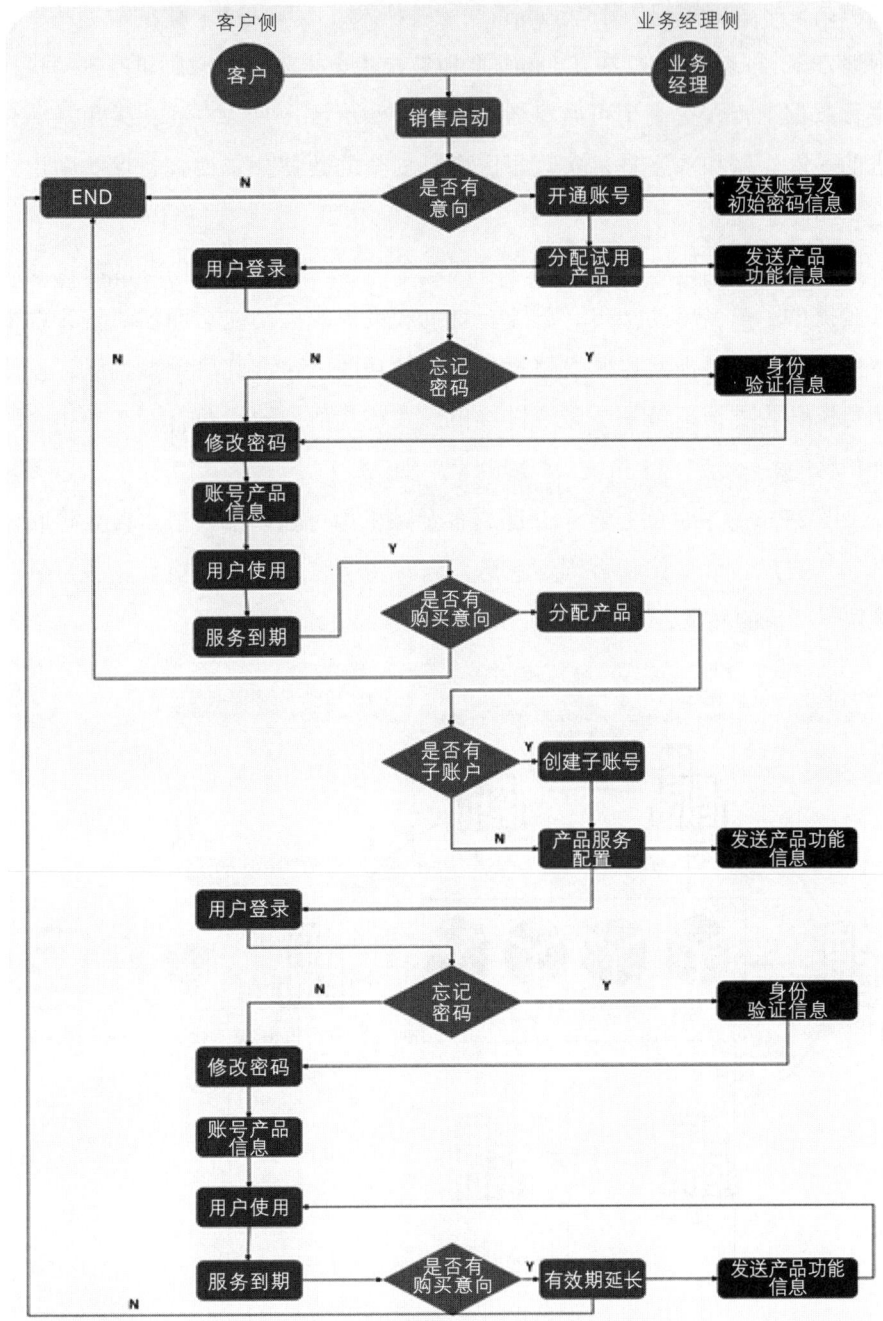

图 2-35　业务使用流程

这里对区块链金融黑名单共享管理系统进行重点阐述。苏宁区块链黑名单共享平台采用超级账本Fabric联盟链技术，实现去中心化的数据共享和存储方案。一方面，首次在Fabric联盟链技术上引入积分激励机制推动机构进行数据上传，提高了可共享数据的规模和价值；另一方面，采用国际先进的一次一密和加密技术实现了匿名且安全的数据分享模式，保护了用户隐私和商业机密。

该平台由区块链底层平台和管理平台两部分组成。其中，区块链底层平台提供了黑名单的上传、删除、查询和投诉四大功能。而区块链管理平台系统则负责展现底层区块链系统数据及功能，包含区块链数据统计及使用情况、收支地址维护、区块链接口形式等功能，同时包含对系统用户的维护功能。

图2-36为平台的方案示意图，各金融机构可独立部署节点接入该联盟链，开展黑名单上传和查询等业务，同时，引入代理实现银行业务系统和区块链节点的隔离，有效保护业务系统自身的安全。

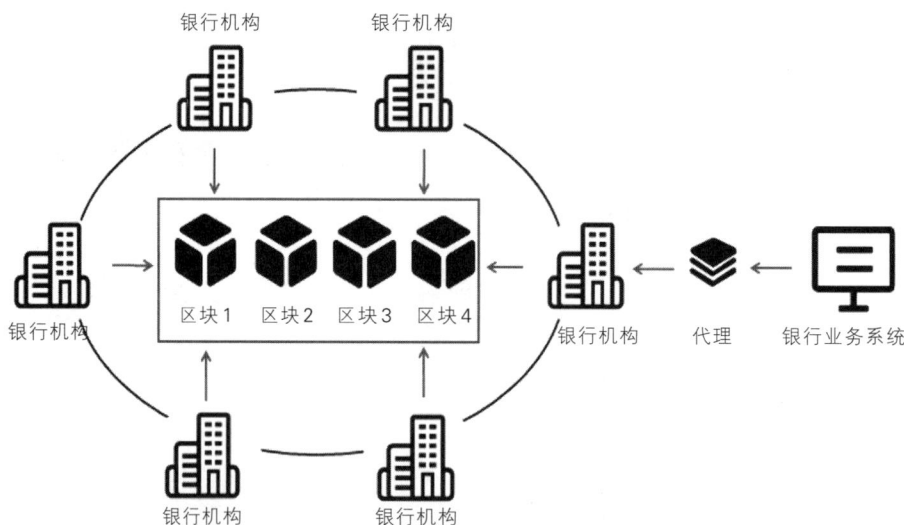

图2-36　节点数据流转平台示意图

如表2-3所示，区块链黑名单共享平台借助区块链技术实现黑名单数据

表 2-3   **区块链大数据风控联调平台技术简介**

所用区块链平台的类型	联盟链
部署及运维	分布式部署，各节点自运维
底层平台及其自主情况	基于 Hyperledger Fabric 1.2 开源区块链框架优化
开发语言	Go、Java
共识机制及节点数量	支持 Kafka 共识机制，目前有 7 家机构接入
系统性能	千级 TPS
扩容机制	采用多链架构
智能合约	支持智能合约，可实现数据共享、查询以及积分管理等功能
隐私及安全机制	采用国际先进的一次一密和加密技术，实现了匿名且安全的数据分享模式，并通过字符串扰乱和多重加密技术来实现匿名性
专利情况	有，已申请 5 个专利
加密算法	未来计划支持国密算法

加密匿名共享，并可持续溯源，以确保黑名单的真实性。通过 Fabric 实现了名单数据的存储和共享，并利用 ChainSQL 实现了对各机构积分的运营和管理。其中，API Server 组件作为中间件衔接管理系统与两大区块链平台。为解决黑名单共享的成本、时效、安全、监管等多个痛点问题提供了相应的技术方案，主要包括：

（1）针对敏感数据共享的高成本、数据时效性和安全性等问题，本系统利用了一种基于哈希脱敏处理的区块链敏感数据共享系统与方法。首先，去中心化运营的共享模式无须建设数据中心，降低了其运营和建设成本，从而降低敏感数据获取的成本。其次，各个金融机构都有随时上传、删除和获取相应数据的能力，为其他机构的数据分析奠定基础，从而实现各机构的互惠互利。最后，区块链能够做到：保证上传数据不被篡改；建立参与机构之间的数据信任；保护数据的安全。

（2）针对数据分享方法在激励机制、数据质量和成员监管等方面的问题，本系统利用了一种基于联盟链和积分激励的数据分享方法和系统。首先，通过联盟链技术来管理成员，根据联盟会员来实现对新老联盟成员读写权限的管理，从而支持联盟链成员的加入、投诉和屏蔽等功能；其次，通过引入积分奖励和消费机制，以积分获取来激励各机构进行数据上传，所得积分可被各机构用于数据查询，从而有效提高数据共享的规模；最后，通过智能合约技术同时实现了线上的积分交易和数据交换，保证了数据共享的效率，并有效保护数据提供方和获取方的利益。

（3）针对基于区块链的数据分享方法在成员监管和隐私保护等方面的问题，本系统利用一种基于联盟链和一次一密的数据匿名式分享方法和系统。首先，通过联盟链技术来搭建数据共享的底层区块链环境，实现对区块链数据读写权限的管理，提高共享数据的可信度和安全性；其次，通过一次一密技术，实现数据的匿名式上传和查询等功能，保护联盟成员的隐私；最后，通过字符串扰乱和多重加密技术，在匿名交易的场景下实现对成员恶意行为的问责和监管。

针对已有数据分享方法在激励机制、数据质量和成员监管等方面的问题，平台利用一种基于联盟链和积分激励的数据分享方法和系统。首先，通过联盟链技术来管理成员，根据联盟会员来实现对新老联盟成员读写权限的管理，从而支持对联盟链成员的加入、投诉和屏蔽等功能；其次，通过引入积分奖励和消费机制，以积分奖励来激励各机构进行数据上传，所得积分可被各机构用于数据查询，从而有效提高数据共享的规模；最后，通过智能合约技术同时实现了线上的积分交易和数据交换，保证了数据共享的效率，并有效保护数据提供方和获取方的利益。

此外，和已有产品所提供的征信服务不同，平台运营方以技术服务的方式来为联盟内成员提供运维和部署等服务。该平台的提出不仅有效解决了黑名单获取的数据不公开、不集中且获取成本高等关键问题，而且为金融用户数据的共享提供了一种全新的解决途径，还有效拓展了区块链技术的应用领域，对金融机构风控能力的提高以及区块链技术的创新发展具有十分重要的意义和价值。截至2020年年初，平台已覆盖逾期、失信、疑似黄牛、疑似欺诈、反洗钱、银联风险等共20余种黑名单类型，存储的数据已突破1 200万条。

区块链大数据风控联调平台的目标是吸纳更多的银行、消费金融企业、互联网金融平台等国内各类金融机构加盟，开展风控测试等服务上传和查询等业务，丰富风控测试数据，让链上客户画像更多元，完善区块链风控测试价值。同时打造多平台、跨行业的信用数据共享平台，助力整个行业反欺诈和风控水平的全面提升。但在实际应用和推广的过程中，区块链大数据风控联调平台也遇到了许多难点及挑战，当前对数据的利用已经贯通金融风控（贷前、贷中、贷后）的全部环节，风控中会使用很多和个人相关的敏感数据，这些数据在不同金融机构之间的共享需要更进一步规范和标准化。从风控领域整体健康发展而言，需要政府监管介入，用市场的手驱逐劣币，明确风控数据使用的规范，让大数据风控安全测试平台能够在合规的前提下进行能力输出。

4）基于区块链的私募股权基金监管平台

机构名称：南京可信区块链与算法经济研究院

应用场景：基于区块链的私募股权基金监管平台

项目阶段：商业应用

私募股权基金已成为经济发展的重要资本金，各级政府也越来越重视对私募股权基金的合理监管。2017年5月，中国人民银行成立金融科技委员会，首次明确提出强化监管科技。2018年4月，中国人民银行、银保监会、中国证监会、国家外汇管理局联合印发《关于规范金融机构资产管理业务的指导意见》，全面将私募基金纳入金融监管。

然而，如图2-37所示，传统的监管技术方法在时效性、穿透性方面存在一定不足，容易造成"事前准入制（牌照），事后救火员"的问题，监管成本高，且在被监管单位中心化的数据环境下，存在数据造假的可能性。

图 2-37　事前准入制（牌照）事后救火员

如图 2-38 所示，基于分布式账本的私募股权基金监管平台主要通过区块链打造技术驱动型和数据驱动型监管，优化监管架构和运作机制，提升监管机构的监管能力、效率和穿透效果，降低监管成本。

图 2-38　提升监管机构的监管能力

如图 2-39 所示的私募股权基金综合管理系统，通过区块链技术，各类交易、风险、监管等数据将被实时、永久、安全、完整地记录在分布式账本。监管机构追踪带有时间戳的数据链，可实现对私募金融业务活动及交易行为的全流程动态监测，精准了解每一笔资金流向。平台也采用了原创的共识机制和区块链底层架构，保证其更加高效、安全地运行。

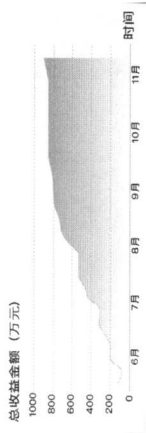
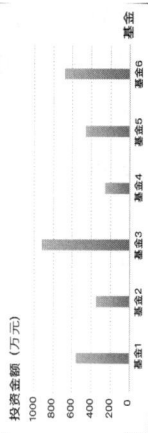
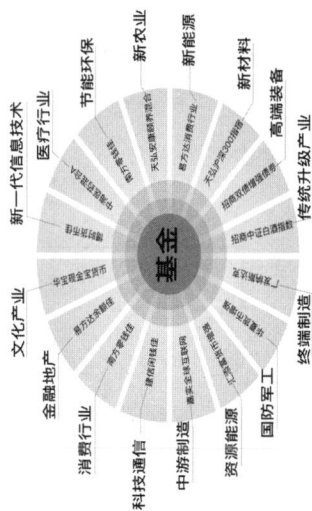

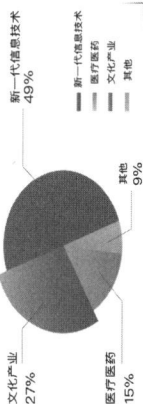
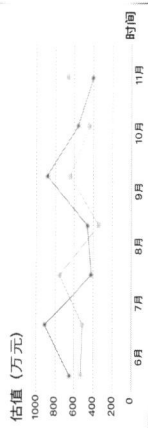

图2-39　私募股权基金综合管理系统

同时，平台将监管政策、制度及合规要求，转换为数字监管协议和智能合约，自动检测金融风险与合规隐患，帮助监管机构落实监管措施。

目前，平台已在江苏金雨茂物资本等大型私募基金部署运行，运行效果良好，显著提升了基金内部的管理效率；未来将进一步推广平台在各类基金管理企业使用，最终，推动私募基金行业的高质量发展。

5)"区块链+工业设计"版权交易平台

机构名称：南京可信区块链与算法经济研究院

应用场景："区块链+工业设计"版权交易平台

项目阶段：商业应用

"区块链+工业设计"版权交易管理平台（参见图2-40），将区块链技术与设计、版权管理相结合，实现版权凭证化，解决常规版权管理"确权成本高、确权速度慢，维权难，版权流动性不足"等诸多问题，为企业、设计师提供一个版权存证、交易、维权的一站式服务平台。

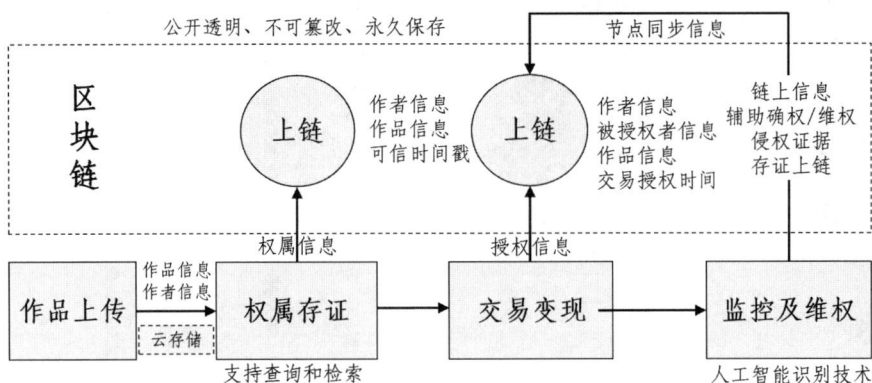

图2-40 "区块链+工业设计"版权交易管理平台工作流程

通过平台，设计师（企业）可方便地上传其设计作品。作品的图片、描述、作者资料、上传时间等信息都将被实时、永久地记录在区块链网络，且平台会为每份作品生成唯一的、带有区块链时间戳和哈希值的作品存证证书（参见图2-41），证书具有法律效力。同时，设计作品上传时，系统将通过自主设计的"查重算法"进行自动检测，确保作品不会被重复提交，查重准确率达98%以上。

设计版权上链存储后，可在设计师和平台用户之间自由交易，实现版权的流通和应用。目前，平台支持版权所有权和使用权的交易，还支持版权竞拍。版权交易过程支持法定货币结算和兑换，所有的交易记录均会上链存储，全程可追溯。

图2-41　存证证书

此外，版权交易平台（参见图2-42）与知识产权局、互联网法院等机构紧密合作，当设计版权被盗用侵权时，设计师可通过平台进行举报并申请维权，平台将协助提供维权服务，司法机构也可通过区块链浏览器进行定向查询和取证，帮助设计师维护自身的合法权益。

图 2-42　版权交易平台

"区块链+工业设计"版权交易平台在第七届中国电子信息博览会上获评CITE2019区块链应用创新八大优秀案例之一，并入选2019年数字政府服务能力暨第十八届中国政府网站评估区县级十大优秀创新案例。

目前，平台上线运行状态良好，现已入驻了近百家工业企业和设计公司，上传作品超过15万件。未来，平台将在不断丰富存证数量的基础上，积极拓展商业化运营，以产生更大的商业价值。

6) 基于区块链的中小企业融资服务平台

机构名称：南京可信区块链与算法经济研究院

应用场景：基于区块链的中小企业融资服务平台

项目阶段：商业应用

中小企业在我国经济运行中已发挥越来越重要的作用，国家也推出了一系列普惠金融政策。然而，由于信用成本等问题，中小企业的融资问题一直未能彻底妥善解决。中小企业融资服务平台（参见图2-43）基于区块链和人工智能技术打通"中小企业"、"政府"和"金融机构"之间的信息和信任桥梁，帮助中小企业便利地获得融资及相关政策服务，做到"贷前有评估，贷中有管理，违约有惩罚"。

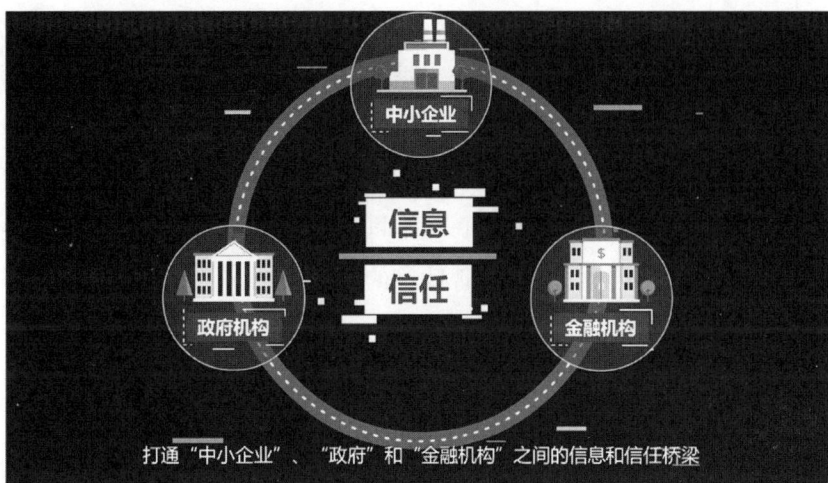

图 2-43　中小企业融资服务平台

通过平台，中小企业可以申请各类金融产品和扶持政策，平台会自动采集该企业在工商、税务、人社、司法、环保等各部门的数据，并存储在区块链分布式账本中，保证数据不被篡改和可追溯，提高政府数据使用的安全性；同时，平台通过自主研发的"中小企业成长力模型"（参加图2-44）进行 AI 计算，模型包含6个大的维度、近200个指标项，不同类型企业可定制不同版本；计算完成后，平台将自动生成《企业成长力发展报告》，并持续实时更新，实现企业成长档案的全生命周期管理，所有企业成长档案将在区块链网络永久保存。

图 2-44　《企业成长力发展报告》数据维度

金融机构可以一键获取《企业成长力发展报告》，极大地降低了企业信用调查的成本，进而方便金融机构根据其自身风控要求，迅速作出金融服务和贷款的决策；在信贷合约周期内，企业经营数据也将动态同步至金融机构，降低贷后管理成本。

此外，政府机构通过企业成长档案可迅速了解企业发展状态，制定并定向推送各类扶持政策，且可实现政策的复盘管理，从而提升企业服务的效率和效果。

如图2-45所示，目前平台上线运行状态良好，截至2020年3月10日，已累计采集企业信用数据超过400万条，发放贷款金额超过2 000万元，且在快速增长中。

图2-45　中小企业融资服务平台

2.4 金融 AI

2.4.1 金融 AI 的定义

金融是当今炙手可热的人工智能技术最可能落地开花的领域。"金融AI"是指金融+人工智能（Finance + AI），主要是通过人工智能的核心技术（机器学习、知识图谱、自然语言处理等）作为主要驱动力，为金融行业的各参与主体、各业务环节赋能，突出人工智能对于金融行业的产品创新和服务升级的重要作用。

人工智能前沿技术与金融行业相结合，得益于金融行业中具有丰富多样的应用场景需求。银行、证券和保险，以及众多的金融机构，在普惠金融和场景金融发展的需求下，需要借助新的技术提升金融业务的效率。

金融 AI 的发展一方面由于 AI 技术侧的原生发展动力，如计算能力更强的处理器、更高效的开发平台、海量的数据和更低的存储成本；另一方面来自金融行业业务侧的需求动力，如金融机构产品创新和场景升级的需求，以及监管合规的需求等。

从金融活动的各参与主体来看，AI 技术主要聚焦在：
- 以客户为核心的应用
- 以运营管理为核心的应用
- 金融市场交易和组合管理的应用
- 监管合规方面的应用

2.4.2 金融 AI 的应用场景

目前，金融 AI 已经在以下场景中得到成熟应用：智能客服、智能预警、智能监管、智慧银行。

1）智能客服

在客服领域，出现较多的是简单、重复的问题，而现阶段人工智能技术的发展，可以快速处理这类问题，大幅度提升效率。所以，人工智能技术与金融客服行业的结合能够推动传统客服的智能化转型，带来巨大的商业价值，智能客服、机器人客服也成为金融领域的一大热点。

金融企业智能客服系统现采用语音识别、自然语言处理及机器学习等技术，识别客户意图，并通过知识库构建客服机器人的理解和答复体系，使得智能客服具有知识构建和自学的能力，几乎支持所有的人机交互渠道，能够通过文本、语音、多媒体等方式与客户正常交流，现已广泛应用于金融客服领域。

（1）具体技术应用

① 智能在线客服机器人

目前，许多金融机构都积极建设线上智能客服系统，实现由线上系统自动理解客户问题并进行解答以及办理简单业务。其中涉及多轮对话、动态场景、意图理解、语义推理、意图推荐等技术。能够做到通过多次主动询问完成所需信息的获取，并自动判断场景中缺失的元素，通过反问的方式进行元素补充，结合上下文理解用户的意图。更进一步，可根据用户的语境和倾向，通过引擎进行分析后，推测出最接近用户的意图并主动进行相关推荐。

② 智能语音外呼

智能语音外呼机器人系统已经在电话营销、催收账款以及客户回访等领域展开应用。以电话营销为例，客服人员需要呼叫大量的用户来提升营销成功率，形成了大量重复外呼的工作。面对这个问题，智能外呼机器人系统可以根据电话营销的流程量身定制，通过在系统中预先设定外呼的流程，结合语音识别等技术高效完成用户身份确认、营销引导、营销信息确认等营销操作，极大地降低了运营成本，提升了营销效率。

③ 实体服务机器人

除了线上智能客服系统开发，金融企业也积极利用人工智能技术研发线下实体服务机器人，加快推进线下网点的智能化进程。实体服务机器人在感知层面，通过语音识别、声纹识别和图像识别等技术获取信息，如通过语音识别技术去获取用户的语音消息。通过人脸识别和声纹识别技术完成用户身份认证，进行核心业务的处理。通过自然语言处理和机器学习等技术理解并满足客户的需求，进而实现能听会说，精准问答，做到真正的智能化。

（2）智能客服的优势及展望

与传统客服相比，智能客服具有节省人工成本、提升客户体验的优势。现今，人口红利的消失对我国劳动要素成本和各行业的发展产生了重要影响，因此用智能客服对传统人工进行替代已成为一种趋势，各金融机构应加强人才储备，积极开展合作研发，实现智能化快速、可持续发展。同时，金融监管部门也应紧跟时代进程，加快建立符合金融信息化发展和金融客户需要的服务与监管体系。

2）智能预警

风险控制一直是金融领域的核心，越来越多的金融机构建立企业智能风险监控预警平台，提供智能辅助决策信息，将信贷审批人员从企业尽调、数据分析等烦琐的事务中解放出来，帮助他们提高授信审批效率和质量。

（1）具体技术应用

①企业背景调查

对企业的背景调查，无论是从信贷审批机构的角度，还是从个人投资者的角度，企业背景信息对于授信和投资决策都至关重要。在日趋复杂的金融市场环境下，仅凭官方监管平台网站上披露的公开信息，无法还原一个企业的真实情况，对企业的背景调查往往需要从广度上和深度上挖掘更多的信息。利用搜索引擎，结合文本处理技术，可以将与企业相关的隐藏信息、舆情信息从海量的互联网数据中提取出来，作为背景调查的一个数据维度，为进一步分析企业风险提供依据。另外，往往还需要通过图像识别技术对企业风险人员采集到的如企业营业执照等扫描件进行识别处理，作为企业信息确认的重要依据。

②企业图谱分析

通过对企业的基本信息、经营数据、财务数据、舆情公告等进行分析，通过语义分析、关系抽取、图数据库等技术，从企业结构化数据、半结构化数据以及非结构化数据中生成企业知识图谱，包括企业、法人、股东等实体，股东关系、投资关系、债权债务关系、法律诉讼关系、疑似控制关系等关联信息，得到企业关联关系网络。借助可视化技术，企业的关系脉络一目了然。

③企业搜索

通过建立企业垂直搜索引擎，对海量的企业工商数据、结构化数据、扩展数据、关联数据、非结构化数据统一创建索引，建立分布式的企业搜索引擎，提供高效便捷的企业信息查询功能。

④企业风险预警

与企业风险有关的维度有很多，有些维度的数据可以轻松获取，比如管理层的变化、现金流状况等，有些维度的数据则需要深层挖掘推理才能得到，比如实际控制人背后的经济政治背景变化、私人担保关系等。通过对企业多维度信息进行风险建模，设定预警策略和规则，对企业近一个月或三个月的风险信号进行统计分析，预测企业风险走势、风险概率等，可以有效地为投资决策提供辅助信息。

（2）智能预警的优势及展望

智能预警具备以下技术优势：

①提升数据处理效率。智能预警通过大数据挖掘、构建人工智能学习算法等手段，可以更好地对金融风险进行预测和感知，提高数据采集、处理的效率，对风险交易和违规行为做到有效监控，提升金融风险识别能力。

②降低信息不对称带来的负面影响。一方面大数据和机器学习技术给金融机构带来了技术创新，另一方面这些新技术的应用无形中增加了技术壁垒，给无法获得这些技术底层信息的风险监管机构带来了难度。由于信息不对称，风险监控将变得滞后而无力。因此，为减少这样的信息不对称，金融大数据与人工智能技术的结合应用就显得非常有必要。

③智能风险预警。应用人工智能技术，可以有效地对企业风险进行实时跟踪预警，可以从资产状况、现金流向、投资关系、股东变化等诸多维度进行实时信息汇总、分析、建模，形成企业风险评级体系，对企业风险进行预警。

目前江苏省的企查查、苏宁金融科技等多家企业信息查询平台基于数据和技术的优势能够提供比较全面的信息以及企业风险监控和信用报告等服务。未来智能预警技术还将结合金融监管框架，打通与金融监管的数据共享和流程协同，实现监管的智能化。

3）智能监管

近年来监管科技作为金融科技的一个重要分支正成为热门。一方面，2008年金融危机之后，金融监管越来越严格，导致企业的合规成本上升；另一方面，近年来金融科技带来了创新发展，人工智能、大数据等新兴技术在金融领域的应用越来越广，带来了效率的提升、成本的下降和场景的拓展，新兴技术在推动着金融行业变革的同时带来了新的风险和新的挑战。监管科技的概念最早由英国金融行为监管局（FCA）在2015年提出，意在利用新技术解决监管中面临的困难。

金融机构为了达到合规要求，发展监管科技，从最基本的将纸质监管流程报告进行电子化、无纸化，减少低端人力资源成本，到更高级的采用大数据、云计算、人工智能及区块链等新兴技术，将监管政策和指令智能化，与金融业务系统进行融合，可以做到实时感知和预警风险事件。

（1）具体技术应用

目前智能监管的应用主要集中在以下几个方面：

①监管报告智能化

监管越严，企业提交监管报告的成本越高。这主要是因为人工处理报告的工作效率低且容易出现误差；而且监管报告也会给监管部门本身带来很多挑战，不及时、不准确的报告数据会影响监管部门的监管效率，监管部门很难做到全流程监管，无法随时应对可能出现的风险，容易出现风险聚集的现象。

借助自然语言处理、大数据等AI技术，可以将监管报告的生成自动化，简化数据采集过程，确保监管报告的标准化，提高监管报告的实时性和准确性。

②身份识别

为了避免非客户本人操作的金融违规违法现象，比如信用卡盗刷、虚假开户等，金融机构需要在客户尽职调查（CDD）、客户身份识别（KYC）等方面符合监管要求。

采用生物特征识别技术，比如人脸识别、声纹识别、指纹识别、虹膜识别等，可以有效提升金融机构识别用户身份的能力。结合大数据分析技术，可以对客户的异常账户行为进行监控和拦截，通过多次验证进行风险控制。

随着英国在2015年提出"监管沙盒"概念以来，多个国家（新加坡、澳大利亚、美国、中国）均提出了各自的监管沙盒方案。监管沙盒旨在通过提供一个安全空间，让金融创新产品、创新模式在真实市场环境中进行迭代验证，去伪存真，实现用真实和宽松的环境给金融创新产品、服务和模式建立一个压力测试环境。

应用大数据、人工智能和云计算等技术来构建"监管沙盒"，在虚拟环境中模拟真实交易场景，测试金融机构系统的稳定性、安全性等指标。通过大数据、人工智能持续记录金融机构的运行数据，对众多数据变量进行分析，降低情景失真度，提高情景测试的准确度，实现压力测试的动态化，及时评估系统风险防控能力，帮助金融机构做到"自合规"。

③市场监控预警

对于金融市场中常见的洗钱、内部交易、黑产等违规违法行为，应用知识图谱、大数据、应用程序接口和机器学习技术，从庞大的交易行为中挖掘主体关系和深层信息，通过对关联交易数据的多维度、高频率、全动态实时分析，自动捕捉分析交易主体是否存在通过相关交易达到提升营业收入的目的或达成其他非法的目的，有效地识别并自动上报内部欺诈、集资、账号操纵等相关不法行为。还可以通过大数据和机器学习技术来识别资本市场高频交易、算法交易、大额交易中的异常行为，为司法介入提供决策支持，从而能够快速采取措施，减少市场影响。

④法律法规实时更新

金融行业日趋复杂，监管法规频繁更新，金融机构必须做到对最新监管法规的及时跟踪，对于法规的变化部分要做到实时了解，这是一项非常耗时的工作。

应用人工智能技术，通过快速识别和分析最新的金融监管法律法规，对比新旧文件的异同，及时提醒和降低金融机构的法律合规风险。对于跨国机构，通过人工智能技术可以更加方便地获取业务所在国的法律法规，及时进行风险测算，避免合规风险。

（2）智能监管的优势及展望

智能监管的优势主要体现在：

①提升监管效率，降低企业成本。借助监管报告智能化的应用，可以实现从金融机构到监管机构"端到端"数据报送机制，极大地提高监管的效率，也可以降低企业的人力成本支出。

②提高监管公开透明度。智能监管的数字化、智能化，促使监管在监管规则及信息共享方面作出变革，提高监管的公开透明度，促进监管的良性发展。

③促进风险管理变革。金融科技的发展给监管带来了挑战，同时也给监管带来了新的机遇，将推动金融风险管理领域的模式创新和技术变革。

智能监管目前还处在相对早期的发展阶段，未来将朝着更全面的监管、更安全的信息共享、更高效的监管协同、隐私保护增强等方向发展。

（i）全场景的智能监管融合

当前的智能监管的概念还局限在相对简单的场景中，未来将实现全场景金融的打通，实现智能监管与金融业务场景的无缝对接和深度融合。

（ii）更安全的信息共享

金融数据信息共享的安全性将是未来智能监管中亟待解决的问题，提高信息共享的标准化、规范化，实现实时合规和风险管理。

（iii）更高效的监管协同

智能监管须由智能监管技术提供方、金融机构及监管机构三方协同发展，共同打造智能监管融合的金融生态圈。

（iv）隐私保护增强

数据安全是金融业技术发展首先要考虑的问题，金融科技等新技术、新事物的出现，特别是人工智能算法存在"黑箱"问题，可解释性差和不透明，为金融行业监管以及相应法规的出台带来了很大的挑战。

因此，为了防范金融风险，一方面，金融监管将不断加大力度，从监管层面加强金融隐私保护、数据安全等，这是可以预见的行业监管趋势。比如，欧盟已经出台的《通用数据保护条例》（GDPR）中有几条关于隐私数据的保护原则。另一方面，提升技术的数据隐私保护能力也是非常重要的发展趋势，保护隐私的AI技术将逐渐成为主流。

4）智慧银行

银行业的发展经历了基于线下网点的传统银行到以互联网为核心的数字银行的转变，如今正跨入以金融科技为牵引的智慧银行（参见图2-46）时代。如今银行在科技的投入越来越多地聚焦在大数据、人工智能、云计算等新兴技术领域，商业银行智慧化转型已成为不可逆转的趋势。

智慧银行依托人工智能实现场景化金融服务能力的提升，从前台业务到后台的分析决策，直至公司运营，人工智能为银行在网点革新、服务升级、身份安全、风险管理、精准营销等方面带来智能化的突破，实现全方位的智能化运营支持。

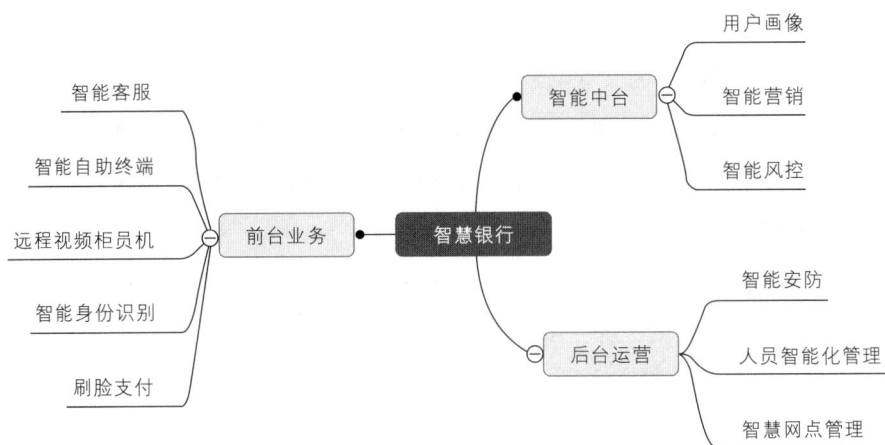

图2-46　智慧银行功能结构图

（1）具体技术应用

①前台业务

（i）智能客服

客服作为银行与客户沟通的直接通道，其响应效率直接影响了客户的服务体验。智能客服相对于人工客服具备高效、稳定、成本低等诸多优点，现在已成为金融业的标配。智慧银行不仅有在线智能客服，通过自然语言处理、知识库、语音识别和语义理解等技术，为用户提供自助在线服务，而且有的银行网点还提供实体服务机器人，通过语音识别、语义处理和生物特征识别等技术，为大堂经理分担服务工作，提供客户引导和银行业务介绍等服务。

（ii）智能自助终端

越来越多的银行网点设有智能化的自助终端，为客户提供方便快捷的服务，比如提供查询、转账、第三方存款、基金、缴费、卡密码修改、打印对账簿（单）及存折补登等多种金融服务。

（iii）远程视频柜员机

传统的 ATM（Automatic Teller Machine）将被 VTM（Video Teller Machine 或者 Virtual Teller Machine）取而代之。远程视频柜员机（VTM），也称虚拟柜员机，是一种通过远程视频方式来办理一些柜台业务的机电一体化设备，是 ATM 功能的延伸。VTM 不仅能够查询、存钱、取钱和转账，而且还能够进行发卡、销户、挂失、存款证明开具等传统的银行柜面业务。同时，用户通过 VTM 上的视频会议系统，能够和银行客服人员进行对话沟通。银行客服人员也能借此对用户的身份进行判定，并为用户提供贴身的一对一可视化服务。

（iv）智能身份识别

利用图像识别技术对客户进行身份确认，确保是本人在操作账户，避免欺诈和违法违规行为。

（v）刷脸支付

随着生物特征识别技术的日趋成熟，刷脸支付已经成为线上线下常见的支付方式。刷脸支付的安全性要求比身份识别的刷脸登录更高，对于银行的金融科技实力要求也更高。

②智能中台

（i）用户画像

用户画像是根据用户社会属性、生活习惯和消费行为等信息而抽象出的一个标签化用户模型，可以为银行及金融机构的智能客服和营销服务提供支撑，帮助业务场景寻找潜在产品的目标客户，利用客户画像数据为用户定制产品和服务。

（ii）智能营销

传统时代的营销以产品为核心，智能时代的营销以客户和场景为核心，智慧银行的智能营销以全面的客户画像为基础，通过大数据和机器学习技术进行精准的客群分类，构建全周期的场景服务流程，实现千人千面的智能化个性营销，全方位提升客户体验。

（iii）智能风控

金融科技的快速发展，以及普惠金融业务的激烈竞争，对银行风控能力提出了更高的要求。与传统风控相比，智能风控更强调数据的核心地位，可以融合政府、场景、第三方征信等各类数据，提高风控建模能力，在欺诈检测、风险评估、预警、催收等风控环节进行智能风控产品创新，全面提升风险管理能力。

③后台运营

（i）智能安防

智能安防主要依托生物特征识别设备，比如人脸识别、指纹识别、虹膜识别，对银行关键区域和关键人员进行安防认证管理和监控。

（ii）人员智能化管理

人员智能化管理主要结合图像识别技术，对员工的行为进行监控管理，确保符合合规要求，降低内部操作风险。

（iii）智慧网点管理

智慧网点管理基于大数据及机器学习技术，对银行网点进行布局优化和资源配置，智慧网点管理将科技创新融入人性化管理，提升客户服务效率和体验，增加网点产能。

（2）智慧银行的优势及展望

智慧银行是银行数字化转型的最高形式，在当今智能化的趋势下，智慧银行依托人工智能大数据等新兴技术实现了银行服务方式和业务模式的再造与升级，相比于传统银行，智慧银行具有以下明显优势：

①服务的智能化。传统银行依赖客户经理对历史数据进行分析，智慧

银行可以通过智能化的场景改造，对用户需求、偏好与情绪进行无感知采集，提升客户服务体验，实现场景应用的升级。

②信息与资源的互联。银行的智能化场景改变了银行的信息采集与交互方式，让传统银行中无法量化的信息有了可以计算和分析的维度，线上线下的融合以及多渠道信息的打通，为银行的资源配置和优化提供了决策依据。

当前智慧银行还处在概念的初级阶段，离真正的智能化场景改造以及前中后台智能协同的目标还有很大的距离，未来智慧银行的发展将聚焦以下几个方向：

（i）智能设备标准化

智慧银行的场景需求催生了大量的智能化设备，比如大厅机器人、智能终端等，一方面更高效地服务于客户，另一方面也更便于采集信息。智能设备的多式多样和大量使用给数据隐私安全和金融监管带来了难题，未来需要在设备智能化的方向上加强设备定义、数据采集以及使用流程的规范化和标准化，以便于金融监管和智能化的有序发展。

（ii）5G+智慧银行

5G技术将给整个金融业务和银行服务带来变革，结合边缘计算与人工智能技术，智慧银行将增加更强劲的引擎。依托5G技术，利用物联网边缘设备，人们在智慧银行的服务场景中将能看到VR直播，体验AR人脸识别技术、5G智能开卡等虚拟技术。

（iii）开放银行引领的金融AI生态圈

开放银行是一种平台化的商业模式，即银行与其商业生态圈共享数据、算法、交易、流程和其他业务功能，第三方机构、开发者有机会共享银行生态价值链，为客户创造更高的价值。开放银行的本质是数据共享，基于银行开放API技术，为第三方金融AI机构提供API，通过商业生态间接为客户提供各类金融服务，从而形成共享、开放的平台模型。这将发展为以开放银行平台为核心，AI技术为牵引的金融AI生态圈。

2.4.3 江苏省金融AI案例

1）华云金融云平台解决方案

（1）华云数据介绍

华云数据集团成立于2010年，专注于为企业级用户提供云计算服务，以帮助用户采用云计算提升IT能力。华云数据主要向用户提供定制化私有云、混合云解决方案，同时还可以提供大数据服务、超融合产品、公有云和IDC转云等服务。

（2）金融云平台市场现状

2019年8月，中国金融科技行业首个发展规划和顶层设计《金融科技（FinTech）发展规划（2019—2021年）》发布，提出要重点发展大数据、云计算、分布式数据库、人工智能、网络身份验证、区块链等技术和应用场景。完整的金融云市场包括公有云、私有云或混合云基础设施，以及面向金融行业的云平台、云应用解决方案（软件+服务）两大部分，IDC首次发布了《中国金融云解决方案市场跟踪研究，2019H1》报告。如图2-47所示，报告指出：2019年中国金融云解决方案市场约为9.3亿美元，市场预期同比增长40.1%，2019—2023年中国金融云解决方案市场复合增长40.2%，2023年市场规模预期达到35.9亿美元。

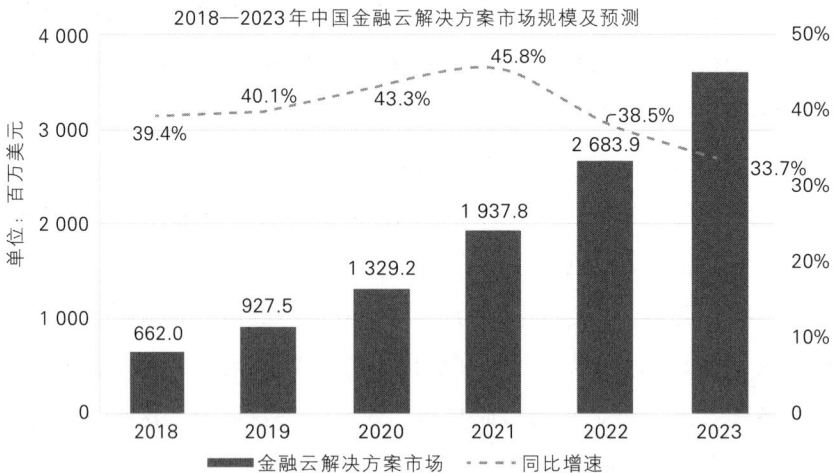

图2-47　中国金融云解决方案市场规模及预测

资料来源：IDC中国

（3）金融云平台解决方案

①支持双模IT及多云纳管

从银监会明确提出面向互联网场景的重要信息系统全部迁移至云计算架构平台，到央行提出金融领域云计算平台的技术架构规范和安全技术要求，再到金融科技发展规划发布，金融机构对云计算应用的顾虑正逐步消除。然而，严重依赖传统架构的金融机构一方面在短期内无法彻底抛弃原有的架构模式，另一方面也希望尝试最大程度地利用云计算的灵活性和敏捷性，因而双模IT成为不少银行尝试数字化转型的优先选择。

如图2-48所示，华云为金融客户提供一站式全方位混合云IT管理解决方案，是集公有云、私有云、灾备、大规模集群、秒级扩容、容器编排、面向应用优化、高性能虚拟化、多云管理、运维支撑、统计分析、大屏展示、自服务于一体的新一代企业级云平台。

图2-48　云服务管理平台

华云多云管理平台CloudUltra可对接包括华云私有云、VMware、FusionSphere和主流公有云服务在内的多种云形态以及非云物理裸机的纳管。获得对多种云形态及非云裸机的纳管、全局资源编排、快照克隆等诸多实用运维功能，能够有效提高IT运维效率。

企业管理、计量计费以及统计分析等功能可实现对各资源对象成本投入、各组织单位成本使用的精准控制，从而能够持续优化IT基础架构的总体拥有成本。

②支持高性能计算，保障业务高可用

金融业务面临的监管压力和经营压力倒推产业创新升级，云计算和分布式架构成为金融机构管理优化和业务敏捷化的不二选择。

如图2-49所示，华云安超OS 2020通用操作系统架构，通过软件定义数据中心的方式，将计算、存储、网络、安全等性能构成一个大的资源池，可以灵活快速地构建数据中心里的金融业务系统。安超OS 2020优化了I/O路径，以便在使用所有flash或混合磁盘配置的虚拟化环境中保持高性能。读写操作被指向具有高性能驱动器的资源层。通过使用基于日志的布局和用于将数据块映射到其存储位置的分布式元数据来加速随机读写操作。

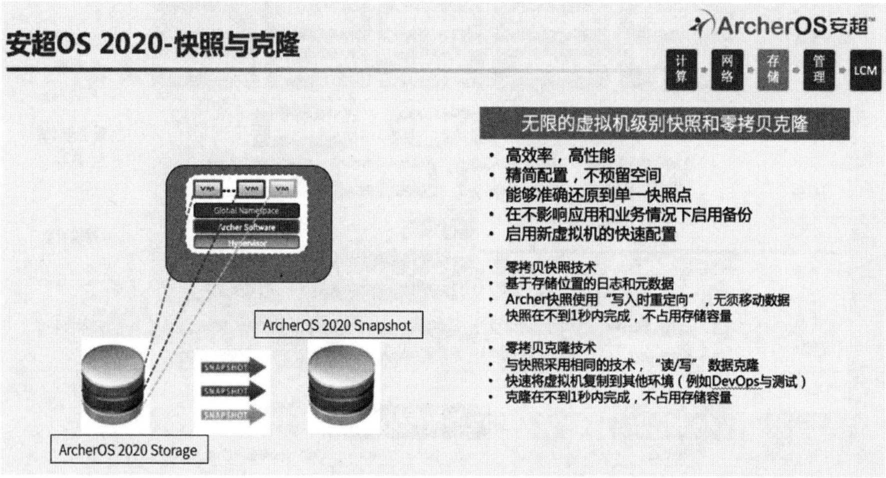

图2-49　安超OS 2020

华云安超OS 2020采用了多种技术来为业务系统提供可靠性方面的保障。比如虚拟机的热迁移技术、虚拟机的HA技术、虚拟机数据备份和恢复、存储的多副本技术。

安超 OS 2020 提供快照镜像安全功能。快照可以保留某个时间点上的云主机数据状态，达到对云主机所属的数据进行备份的效果。通过创建快照保留某一个时间点上一个云主机的数据拷贝，有计划地对云主机创建快照，可以有效地保证业务的连续性。

在架构上，安超 OS 2020 采用全容错架构设计（参见图 2-50），提供端到端的容错和容灾方案。通过数据检验、NFS IP 容错、SSD 容错、HDD 容错、Node 容错、RACK 容错、Site 容错，实现了对数据的多重保护。

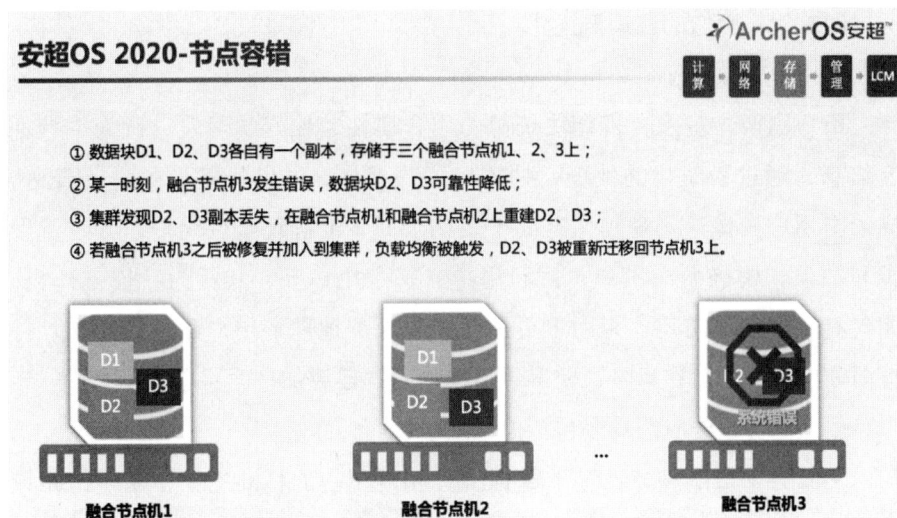

图 2-50　安超节点容错

③安全可信，灵活扩容

华云金融云解决方案中所有产品技术、专利、软件著作权、品牌都拥有国内自主权，符合国家相关安全自主可信的规范要求。所有源代码都通过了相关部门的安全检查，确保没有"后门"等漏洞，杜绝安全隐患。并且通过了由中国数据中心产业发展联盟、云计算开源产业联盟，中国信息通信研究院（工信部电信研究院）测试评估的可信云认证。已完成的相关国家级认证包括可信云开源解决方案、国家标准符合性测试、等保 2.0 三级、CNAS 实验室测试、云服务用户数据保护能力认证等。

2）焦点小贷之用户画像

（1）焦点小贷介绍

南京市焦点互联网科技小额贷款有限公司（下文简称"焦点小贷"）是焦点科技股份有限公司（股票代码：002315，下文简称焦点科技）旗下子公司，由焦点科技、焦点进出口服务有限公司以及江苏中企教育科技股份有限公司共同出资，联合发起成立，注册资本人民币5亿元，经江苏省金融办核准，于2016年8月开始营业，是江苏省首批正式成立的十家互联网科技小额贷款公司之一。

（2）用户画像的应用概述

①用户画像原理

用户画像，基于合规合法获得的用户属性、偏好、习惯、行为、特征等信息，通过系统化的处理，抽象出用户模型，并以标签形式进行表达，描绘出用户画像。用户画像有助于我们全面、准确地定位用户，并进行聚类和抽象，明确潜在用户、目标用户、恶意用户等，其行为特征是什么，如何有效识别和防范；有助于更加精准和深刻地理解用户和用户需求，并全面分析可能的潜在风险，使得风控模型的构建更加全面、有效。

用户画像主要应用场景包括但不限于：

• 服务于产品设计，基于数据统计和对用户的精准把握，使得产品设计更贴近用户需求；

• 服务于精准营销，基于数据挖掘，构建智能推荐系统，实现千人千面的个性化表达、个性化推荐；

• 服务于风险控制，基于对用户属性的精准识别，能够更好地制定相应的风控策略。

②用户画像的构建

随着互联网的发展，我们能获得的用户信息越来越丰富了，用户标签的维度也逐步丰富。在此基础上，应用也越来越广泛，企业通过标签来定位客群，投放广告，提升营销活动中的经济效益。

用户画像的核心是标签的建立。其中应用的算法包括但不限于文本挖掘算法（TF-IDF、VSM、TextRank、TopicModel等）、分类/聚类算法（KNN、

CNN等)、相似度计算(欧氏距离、皮尔逊相似度等)、推荐算法(Apriori、NBI二部图等)、机器学习(特征提取建模、特征选择建模等)、预测算法(时间序列、定价模型、产品扩散模型等)等。

在构建具体画像时,主要分为三步:

第一步,基础数据采集。

第二步,行为建模。主要的建模方式有文本挖掘、自然语言处理、机器学习、预测算法、聚类算法。

第三步,构建画像,描绘用户的基本属性、行为特征等。

构建完成后,便需要计算每个用户的标签信息,并实现系统的可视化。通常情况下,不同行业、不同类型的企业对用户画像的标签定义通常都有所不同,需要结合具体的企业战略目标、用户群体、企业资源、应用场景来定义。同时须注意聚焦和收敛,不要把没用的标签装进来,以降低系统的复杂性,避免无用信息干扰分析过程。

在具体实操中,我们将标签分为多层,首先定义底层标签,然后在底层标签上增加属性类别,并提取上层应用标签,具体可参考表2-4。

表2-4 标签属性示意图

标签维度	标签名称	标签逻辑	标签输出内容	标签输出字段名称	标签类型	标签说明
用户分类	用户类型	判断会员标签类型,是否为个人、团体或者企业用户	1.个人;2.团体或企业	TYPE	事实标签(固定)	直接输出
⋮	⋮					
会员分类	活跃度 ⋮					
用户基本信息	来源平台 ⋮					
浏览行为	旅游目的地					
购买行为	品牌选择 ⋮					
社交关系	⋮					
⋮	⋮					

把标签分成不同的层级和类别的好处在于方便管理数千个标签，让散乱的标签体系化；标签之间并不孤立，标签之间互有关联；同时可以为标签建模，提供标签子集，例如计算健康偏好度，主要使用健康分类的标签集合。梳理某类别的子分类时，尽可能地遵循相互独立、完全穷尽的原则，尤其是一些有关用户分类的，要能覆盖所有用户，但又不交叉。比如：按用户活跃度划分为核心用户、活跃用户、新用户、老用户、流失用户，按用户消费能力分为超强、强、中、弱，这样按照给定的规则每个用户都被分到不同的组里。

标签还可以按照处理过程、标签获取的方式进行划分，分为事实标签、模型标签、预测标签。不同类别的标签，其处理方式不一样。

• 事实标签：直接从原始数据中提取，例如性别、年龄、住址、上网时段等。

• 模型标签：需要建立模型进行计算，如美妆总体偏好度。

• 预测标签：通过预测算法挖掘潜在用户，例如试用了某产品后是否想买正品。

但是有些事实标签，如果用户没有填写的话，就需要建立模型来预测。例如数据库中的年龄字段为空，我们可以通过用户行为建立模型预测用户年龄。

（3）用户画像在焦点小贷的应用

①营销方向的应用

用户画像最常见也是最成熟的应用领域为营销领域。对于技术部门而言，用户画像系统可以代替人工写脚本，节约用户标记生产和维护的人力成本；有助于积累标签和用户画像资产，业务可按需随时设置和取用；也有助于统一化、标准化管理，进行量化追踪，提升对应标签质量。对业务部门而言，用户画像系统有助于帮助其完善用户行为过程特征，随着对用户行为过程标签的建立，能够建立起更为全面和真实的用户画像，搭建更为完善的精准营销体系；可以实时获取标签对应的人群范围，便于快速落地和实施营销方案，提高营销方案实施的精准性；与此同时也能够实现自主生产并维护标签，灵活制定相应的营销活动策略，根据效果情况进行活动迭代，推进营销方案朝着目标方向发展，最终帮助公司实现业务目标。

营销方向的应用可进一步细化为：

• 客户生命周期的精细管理，比如根据用户在平台的对应行为数据和状态特征，制定对应的客户生命周期模型，按照生命周期各个阶段状态实施精细化管理，进行精准控制，包括但不限于新客户的激活、活跃客户的维持、沉睡客户的唤醒、流失客户的召回等。

• 客户价值评定并设定分级策略，比如根据不同的要求，提取客户的年出口额、与平台的合作年限等标签要素，形成重点客户、跟进客户、普通客户等客户层级，针对不同类型的客户采取不同频次、不同营销重点的客户跟进方案。

• 个性化服务，比如根据客户的偏好、年龄等多维标签定义出某个具象化的用户角色，进行精准定位，分析其潜在的服务需求，进行针对性的营销推送，提升用户体验。

• 个性化推荐，比如针对提取的客户标签维度，结合用户兴趣和需求以及在平台的行为，实时计算适合的信息向客户呈现，提高客户的活跃度和转化率。

其他还包括挖掘客户剩余价值，进行不同产品的交叉营销等，均可有效通过用户画像增强用户体验，提高产出。

②风控方向的应用

用户画像在风控方向的应用也较为广泛。在风控领域中，用户画像能够给帮助我们了解恶意用户的行为特征，根据用户特征进行关联规则分析；便于我们针对不同类型的用户，采用针对性的风控规则，基于构建的用户角色，结合实际的风控规则，管控具体的用户请求事件；帮助我们识别风险，进行风险评价和风险定价，进行过程中的检测和贷后反馈。

基于用户相关数据，对数据进行清洗、过滤、去重等各项预处理后，将数据进行储存管理，并利用分类分析技术、聚类分析等相关技术，建立用户行为模型，构建用户画像，并结合风控规则进行应用。比如在风控过程中，通过制定对应的标签规则，按照相似特征对借款人进行分类，并按照细分类型，结合具体产品和场景反映特定类型下借款人的特征、属性、偏好、信用水平等，并结合模型计算出其逾期概率、逾期后的回款情况等。同样，我们也希望了解特定产品的逾期用户画像，获得这部分客户的特征情况，以帮助我们降低违约风险，规避由此带来的收益损失。

3）思必驰金融服务智能化解决方案

（1）思必驰介绍

2007年，思必驰成立于英国剑桥高新区，创始人均来自剑桥大学，2008年回国落户苏州。思必驰在中英文综合语音技术（语音识别、语音合成、自然语言理解、智能交互决策、声纹识别、情绪识别等）拥有自主知识产权。

智慧金融是思必驰的业务拓展方向之一，以会话精灵和智能呼叫中心为基础，思必驰已推出金融服务智能化解决方案，推动着AI语音技术在金融场景中的应用，持续完善金融服务生态。

①语音识别技术

如图2-51所示，思必驰基于目前行业领先的声学模型和语言模型建模技术，以及高速并行解码器技术构建语音识别引擎，在语音识别精度和速度性能方面达到了行业领先水平。新型解码框架PSD、时序连接分类模型（CTC），使整个搜索空间减少80%以上，大大提升语音识别的搜索速度，比最传统的系统累计提高7倍，内存下降一半以上。

目前思必驰识别系统（参见图2-52）在通用领域能达到95%以上的准确率，在各种专业领域，通过声学模型和语言模型的定向优化，识别率也能达到90%以上。

②知识图谱

如图2-53所示，知识图谱是AI的重要分支之一，是一种结构化的大型语义知识库，以符号形式描述客观世界中概念、实体及其关系。将信息与物理二元世界中的多源异构信息表达成更接近人类认知世界的形式，提供

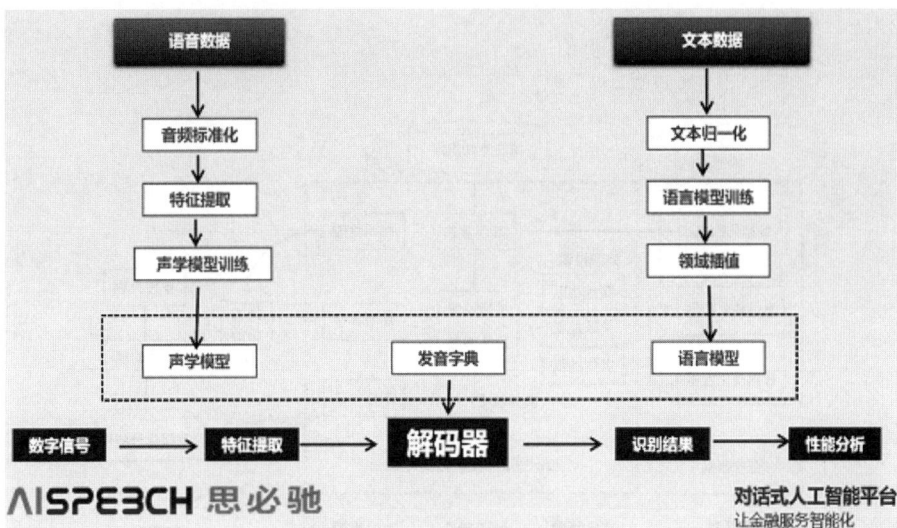

图 2-51　语音识别技术架构

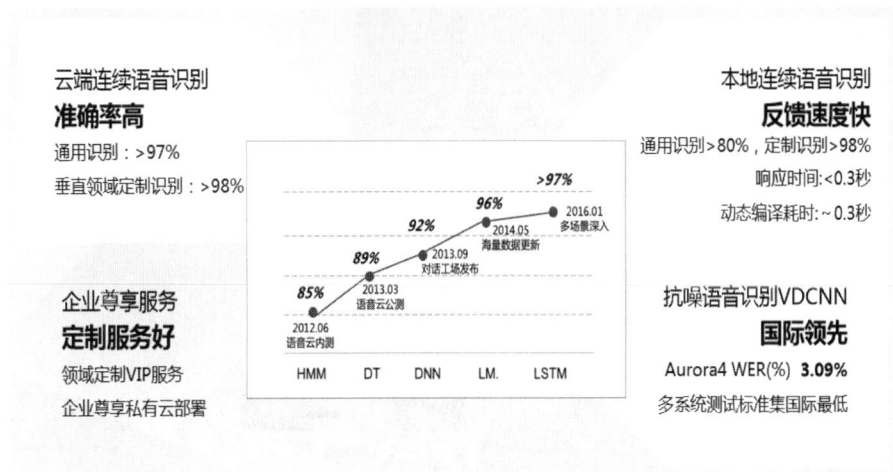

图 2-52　语音识别 ASR

了一种更好的组织、管理和理解互联网海量知识的能力。其基本组成单位是"实体-关系-实体"三元组,以及实体及其相关属性-值对,实体间通过关系相互链接,构成网状的知识结构。支持智能搜索、挖掘、推理和问答等应用需求。常见的垂直领域知识图谱包括金融知识图谱、法律知识图谱和医疗知识图谱。

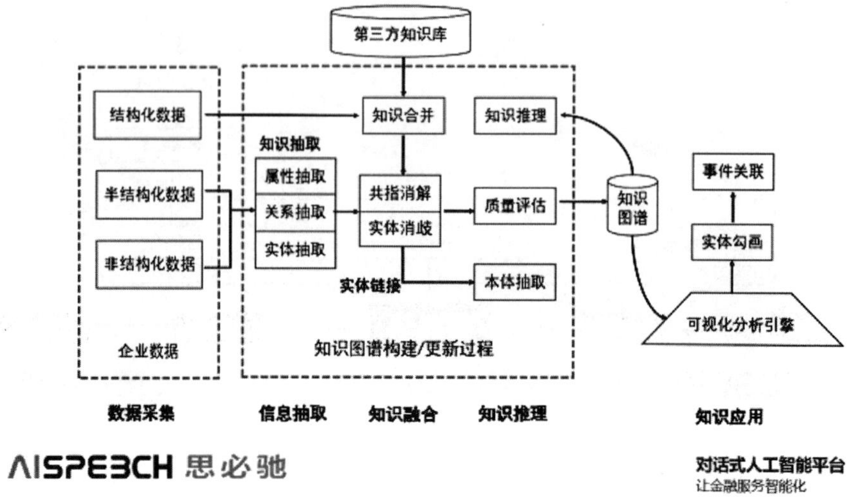

图2-53　知识图谱构建关键技术

③智能问答

自然语义处理技术问答系统（参见图2-54），需要解决两个核心问题：

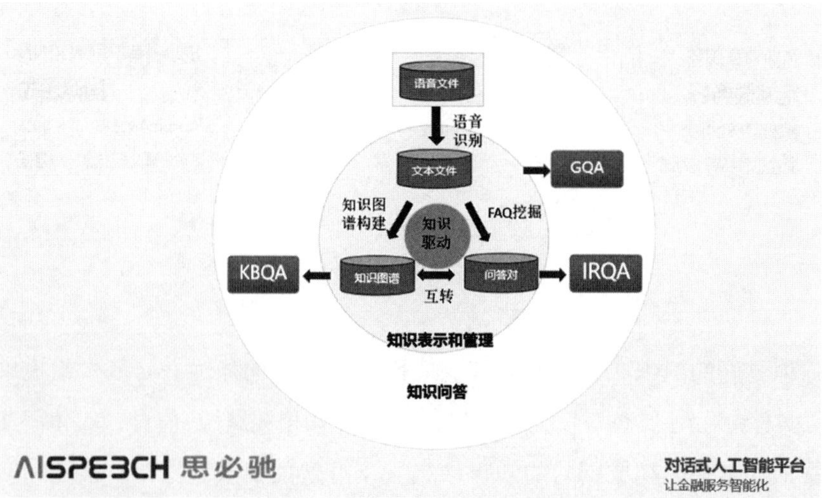

图2-54　知识驱动的对话与问答

（i）问题的理解和表示，如何理解问题语义，并用计算机可以接受的形式表达；

（ii）语义关联，如何将该问题表达关联到结构化查询中。

对话核心技术（参见图2-55）主要集中在语义理解方面，包括意图识别和槽位抽取，基础自然语言处理技术，如分词、词性分析、句法分析、实体识别、关键词抽取、主题模型、语言模型、语义消歧、文本相似度计算等。同时还有文本挖掘分析技术，比如舆情监控系统、情感分析系统、文本的分类和聚类。同时可以完成个性化的定制和模型的在线训练。

图2-55　对话核心技术架构

（2）方案介绍

智能客服产品为平台化的解决方案（参见图2-56），在平台上搭载各功能模块，具体介绍如下：

产品功能模块按产品流程主要有以下模块（参见图2-57）：

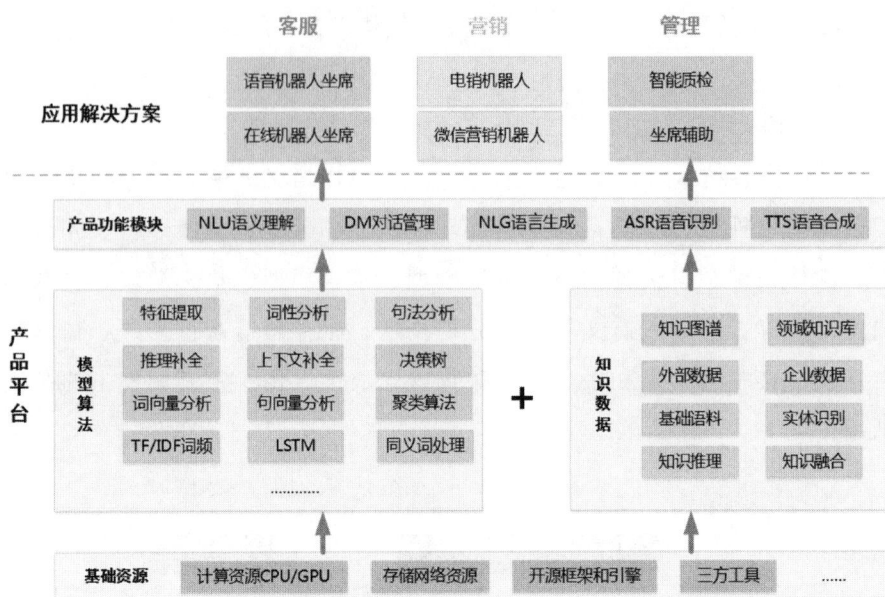

图 2-56　智能客服平台解决方案

语音识别引擎（ASR）：用于把客户和机器人的语音交流内容转换为文本，然后由语义理解模块进行后续处理。

意图识别引擎（NLU）：用以识别客户意图，明确客户意图后通过问答和任务型对话来完成客户意图。

对话管理（DM）：用于完成任务型对话，并且具有问候、澄清、反问、补充等对话能力，让对话流程更加亲切自然。

语言生成（NLG）：从知识库或逻辑形成等表述系统生成自然语言，即将机器语言转换成人类语言。

语音合成（TTS）：将用于应答客户的文本转换成音频，播报给客户。

智能客服解决方案采用多维度知识数据，各维度知识数据可根据不同使用场景灵活调用，以满足不同场景客户的需求。其具体包括知识图谱、领域知识库、外部数据、企业数据、基础语料、实体知识、知识推理及知识融合。

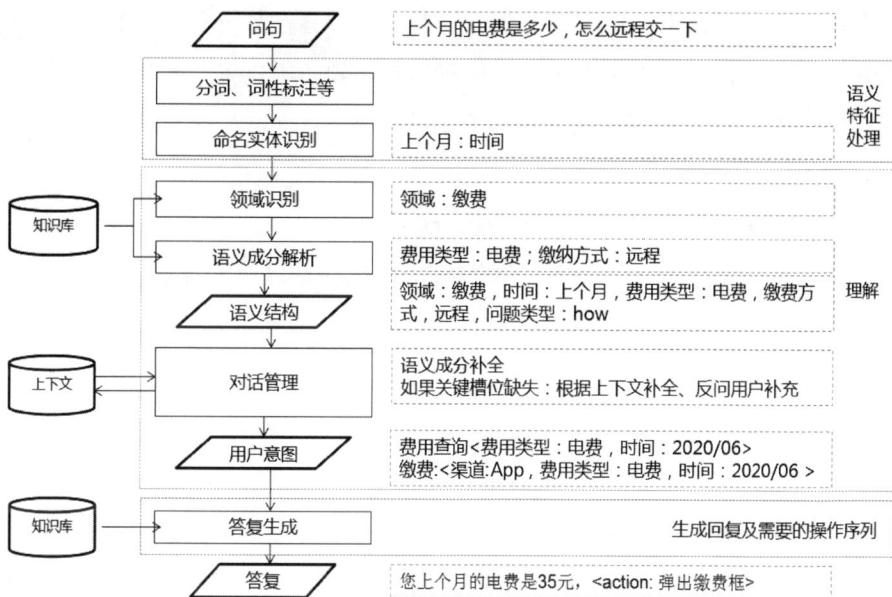

图 2-57　对话系统流程

（3）应用案例

①江苏盐城农村商业银行——智能外呼机器人

江苏盐城农村商业银行在面向三农市场、社区居民、中小微企业开展普惠金融业务过程中，在当地大量开展信用卡和小额低息贷款业务中，在进行还款提醒和催收时，主要采用短信群发和人工电话两种方式。但此类业务具有用户数量多、客单金额小、用户分散的特点，短信群发十分被动，也无法确定是否有效通知到用户本人，人工电话又十分低效，催欠覆盖率很低。

为解决以上难题，盐城农商行经过调研后，选择使用思必驰自主研发的智能外呼机器人解决方案。智能外呼机器人可以从CRM系统中获取待还款用户明细，自动拨打用户电话，通过语音交互的方式进行身份核实、还款提醒，收集用户还款意愿、计划还款金额、计划还款时间等信息。在交互的过程中，若用户表示无还款意愿或还款能力时，还会进行还款义务与责任提示，同时给出分期还款建议，从而提高用户的还款率。

呼叫完成后，系统还将自动生成详细的用户分类数据和总体数据报表，利用这些数据，可由人工跟进潜在坏账用户，预防不良资产的产生。同时，将用户交互数据纳入银行的风控体系，进一步完善风控系统，实现更精准的风险管理。

②江苏某商业银行——智能质检系统

针对目前坐席较多、质量监控难度大、人员职场分布比较分散不便于集中管理，人工质检耗时长、覆盖率低，检验范围不足等痛点，为实现系统自动化质检，减少质检人员投入，降低人工投入成本，根据质检分析明确客服能力标签，提高员工与客户的服务匹配度。智能质检系统还提供相关的质检案例供坐席人员培训学习，从而降低员工的培训成本。智能质检系统自上线以来，节约了50%的人力成本。

智能质检系统（参见图2-58）将呼叫中心获取的录音数据，以及IVR等系统的随路数据信息，通过语音识别引擎的转写服务与文本模块分析相结合，传输到智能质检平台，并提取质检系统中定义的质检规则，对语音数据进行质检处理。

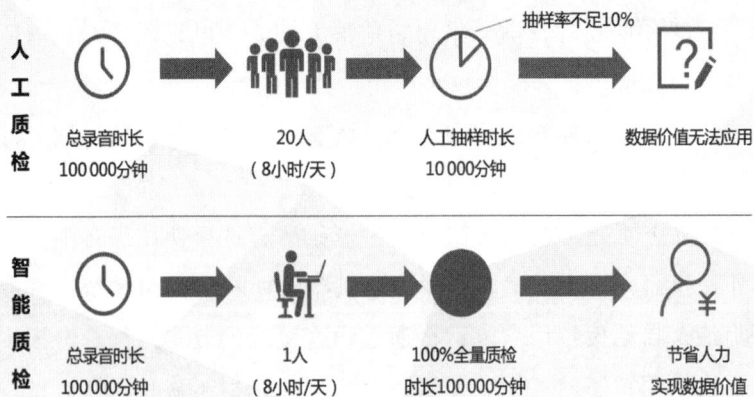

图2-58　人工质检与智能质检

核心功能如图2-59所示。

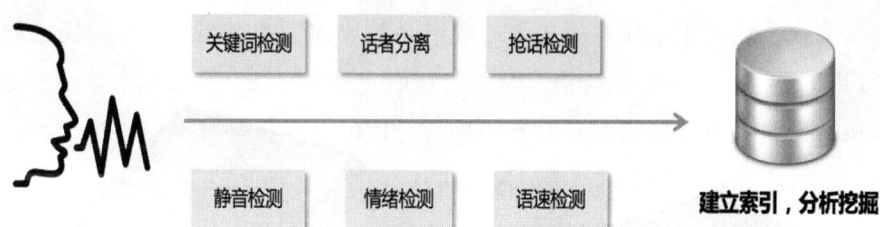

应用语音与语言核心技术，将录音对话过程转换为文本，使其成为可搜集、抽取、归类和索引的结构化信息，提高来话分析能力，准确提炼用户对产品和服务的深层次诉求。

图2-59 智能质检核心功能

4）南京银行大数据精准营销平台

（1）项目背景

随着移动互联网在中国的快速发展，以及互联网金融、金融科技的不断深化，对银行传统的业务模式、服务方式都提出新的挑战，针对互联网渠道的服务和营销已经成为银行业接触客户的重要渠道，在某些业务场景下甚至成为最重要的渠道。如何在客户所处的不同生命周期阶段，实施高效且有效的精准营销成为营销成败的关键，还必然要求整个营销闭环更加完整、更加精细。

当前，南京银行针对互联网客户的营销，大部分工作还停留在依靠手工和日常经验，营销策略知果不知因的阶段，业务的转化率受限，客户的体验、针对性的客户营销都还存在诸多不足。主要原因在于：①数据链路的打通不足，数据价值无法发挥；②缺少高效的营销工具，将机械化的人工工作系统化、流程化；③缺少互联网时代大数据营销以及多渠道触电管理的经验。

南京银行基于业务痛点，聚焦存量客户经营、新客获取两个方向的业务场景，搭建数据的营销闭环。通过该项目与阿里云的合作，打造涵盖互联网客户全链路生命周期，智慧化大数据驱动的精准营销管理平台。

（2）模式分析

金融企业的用户经营模式由"以产品为导向"的精准营销经营模式向"以用户为中心"的精准营销经营模式转型。最终目标是为金融企业创造更高价值，带来更多的盈利，对客户进行分层的差异化经营，围绕用户进行数字化改造升级，实现用户价值最大化。

精准营销的本质就是通过数据洞察找到目标人群、分析用户的特征偏好和产品偏好，在合适的时间对用户以最容易转化的渠道进行触达。金融企业需要搭建营销闭环来解决营销效率问题，提升用户的交易转化以及收入的增长。精准营销闭环可分为四个步骤：人群洞察、消费者互动、监测效果量化、分析优化，并且不断优化行程营销闭环。

在互联网金融平台方面，例如蚂蚁金服，通过人工智能赋能来实现从智能文案到千人千面的智能营销。蚂蚁金服的智能营销场景已经全面覆盖各个场景，包括支付宝钱包、蚂蚁财富、会员、口碑、网商银行、花呗、借呗、保险等几乎所有的场景。以借呗为例，营销场景包括了借呗营销投放、新户促支用、老户促余额、借呗拉新等。自动化营销期望借力人工智能实用方法搭建自动投放系统，在极少的人工参与下，选择最好的时机，通过最适当的渠道向用户推送文案或发放权益的方式，吸引用户使用借贷产品。在精准营销场景中，运营商会针对不同客群，如新客户、老客户、潜在流失客户等，设计不同的营销文案和优惠，通过短信、腰封、卡片灯等不同渠道向用户推送文案和优惠，达到刺激借贷的目的。不同的人对不同文案和优惠的敏感程度不同，不同时段对借贷的需求也不同，引入深度强化学习的方法进行智能文案选取、渠道决策和投放时间等多目标预测。

（3）技术支撑

该项目依托阿里云大数据产品，主要产品组件包括 DataWorks、DTBoost、RDS 等。DataWorks 是阿里巴巴集团推出的大数据领域平台级产品，提供一站式大数据开发、管理、分析、挖掘、共享、交换等端到端的解决方案，利用 MaxCompute（原开放数据处理服务，ODPS）可处理海量数据，无须关心集群的搭建和运维。DataWorks底层基于MaxCompute的集成开发环境，包括数据开发、数据管理、数据分析、数据挖掘和管理控制台。

阿里云DTBoost以标签中心为基础，建立跨多个云计算资源的统一逻辑模型，开发者可以在"标签"这种逻辑模型视图上结合画像分析、规则预警、文本挖掘、个性化推荐、关系网络等多个业务场景的数据服务模块，通过接口的方式进行快速的应用搭建。这种方式的好处在于：屏蔽掉应用开发人员对于下层多个计算存储资源的深入理解与复杂的系统对接工作；通过数据服务的形式开放也有助于IT部门管理数据，避免资源的重复和冗余。

（4）应用评估

该项目聚焦存量客户经营、新客获取两个方向的业务场景，搭建数据的营销闭环。项目依托阿里巴巴互联网营销的经验咨询系统，基于营销引擎产品，从客户端以及业务运营端打通互联网线上营销全链路。

项目上线后，通过客群筛选功能，筛选出有效提升转化率的变量，每周触达营销上万次，客群平均响应率比原先提升近3倍，累计促成客户交易上亿元。通过营销引擎的模块化设计，从触达准确率、触达内容效率、触达时间效率、触达覆盖率4个维度，优化营销执行，让营销人员知其然更知其所以然，且提升了业务转化率。

5）江苏银行智能集中授权业务系统

（1）行业痛点

随着操作风险管理要求的提高，以及信息技术的发展，银行业逐步将原有的柜面授权集中至后台处理，一方面通过对柜面流程的进一步改造，统一全行授权标准，提升业务风险管控能力；另一方面减轻柜面工作压力、加速网点轻型化运营，提升银行核心竞争力。传统的人工集中授权存在效率与质量不高、人工运营成本高企、不能有效防范操作风险和道德风险等问题。江苏银行于2018年7月正式启动了集中授权项目，并开始了人工智能集中授权业务的研究探索，并于2019年2月推广运行，是国内率先推出这一业务的银行。人工智能授权业务在我行的成功上线，有效提升了授权业务的效率，节约了人力，提升了我行运营业务的精细化、智能化水平。

①提升授权业务的效率及质量。首先，传统的人工授权每笔业务的时长为30~60秒，而转为人工智能授权后，平均每笔的授权时长降至10~20秒，大大提高了授权效率。其次，人工授权须由肉眼逐个比对纸质凭证和交易信息的一致性，有可能造成一定的差错，而人工智能授权通过OCR识别、规则判断、字段自动比对，在瞬间完成授权业务的同时，大大提高了准确率。日均可处理的授权量数倍于一名经验丰富的柜员。

②降低运营成本。依照目前江苏银行集中授权量，如单纯依赖人工授权，授权中心需要配备60~70名工作人员，考虑到业务高峰及节假日，可能需要更多。引入人工智能后，不到20人就能满足全行的授权业务需求。今后即使授权业务增加，也只需对人工智能系统进行升级，不需要更多的人员。

③防范操作风险和道德风险。授权业务是银行业操作风险的高发地带，引入人工智能授权后，授权业务由系统自动处理，去除了人工操作环节，可杜绝授权业务的前后台串通作案的可能性，有效降低操作风险案件发生率。

（2）解决方案

①系统整体架构

本系统基于行内柜面系统、影像平台、OCR等成熟的金融服务系统共同实现人工智能集中授权，业务功能主要使用授权柜面系统、中心柜面前端系统、中心柜面系统服务端、后台集中处理平台和流程管理平台。由网点柜员录入交易要素后，由柜面系统根据交易信息判断此交易为集中授权还是本地授权，若是集中授权，柜面系统自动调用授权柜面系统，弹出影像采集窗口，资料扫描完成后系统将图像信息提交给影像平台，并将交易信息发送至集中授权系统，由授权中心异地授权，授权结果经集中授权系统返回柜面系统。具体流程如图2-60所示。

授权柜面系统：界面（参见图2-61）主要分为影像采集和在线交流两个部分，柜员完成影像采集后，通过单击"申请授权"按钮，可将任务提交至授权中心处理。任务发起成功后，在线交流区会提示相应的信息，当授权中心审核人员接到任务后可建立实时的通信连接，双方可进行文字信息交流，柜员可依据授权岗的提示，进行影像的补拍等操作。

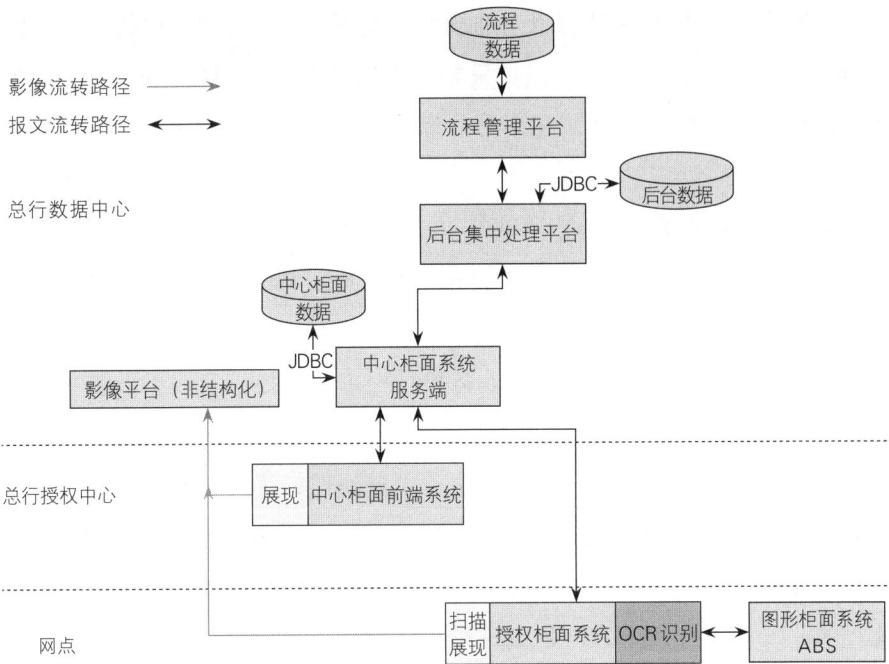

图2-60 人工智能集中授权整体架构

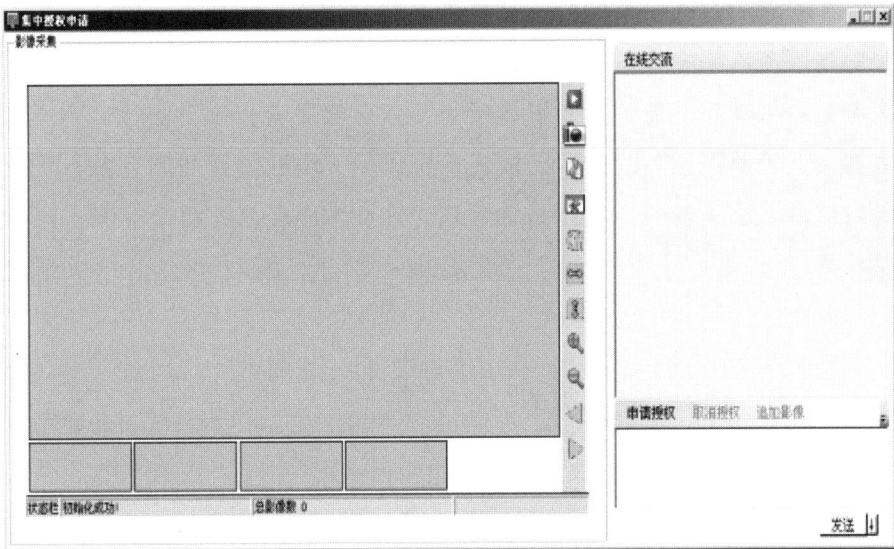

图2-61 授权柜面系统界面

OCR 识别：OCR 主要可以对身份证、业务凭证等影像资料进行识别，既可以识别影像类型，检查柜员采集的影像是否含申请授权所需的影像，也可以识别标准凭证内容，和交易信息进行比对，若比对不一致可及时提醒，减少业务差错。

中心柜面前端系统：基于 Microsoft.net 技术，实现展示的丰富化，服务采用基于 JAVA Spring 技术的 SOA 架构，实现应用池的功能，满足业务的易扩展和易调用要求。

中心柜面系统服务端：提供业务执行引擎，支持消息服务、数据库服务、通信服务等功能。

后台集中处理平台：负责具体业务逻辑处理，可进行服务调用、定时任务处理、日志处理封装、数据处理封装等，也可对外提供服务接口。

流程管理平台：负责业务流程的执行，任务的推送等功能，支持业务流程的开发和运行调度，具备流程设计、流程执行、流程发布、流程跟踪监控、表单设计、流程管理等功能。

②系统物理部署

本系统（参见图 2-62）支持集中式部署和分布式部署，集中式部署是前端服务器集中在总行部署，形成前端服务器集群。分布式部署是前端服务器可以部署在分行、支行或者网点，部署该分行、支行、网点的服务器只管属下相关的终端，或者也可以做成不同分行间的互备，优点是对流量要求比较低，缺点是部署和管理成本比较高。目前业务应用的是集中式部署，只有一个总行授权中心，分行授权中心正在计划建设中。

③系统应用架构

在本项目中，网点柜员做交易触发集中授权时，柜面系统自动调用授权柜面系统，弹出影像采集窗口，柜员影像采集完成后申请授权，系统将图像信息和交易信息发送至后台，集中授权系统根据影像批次号从影像平台下载影像，同时解析柜面上传的交易要素，若满足人工智能授权场景要求，系统自动授权通过，否则推至人工审核，由授权中心异地授权，授权

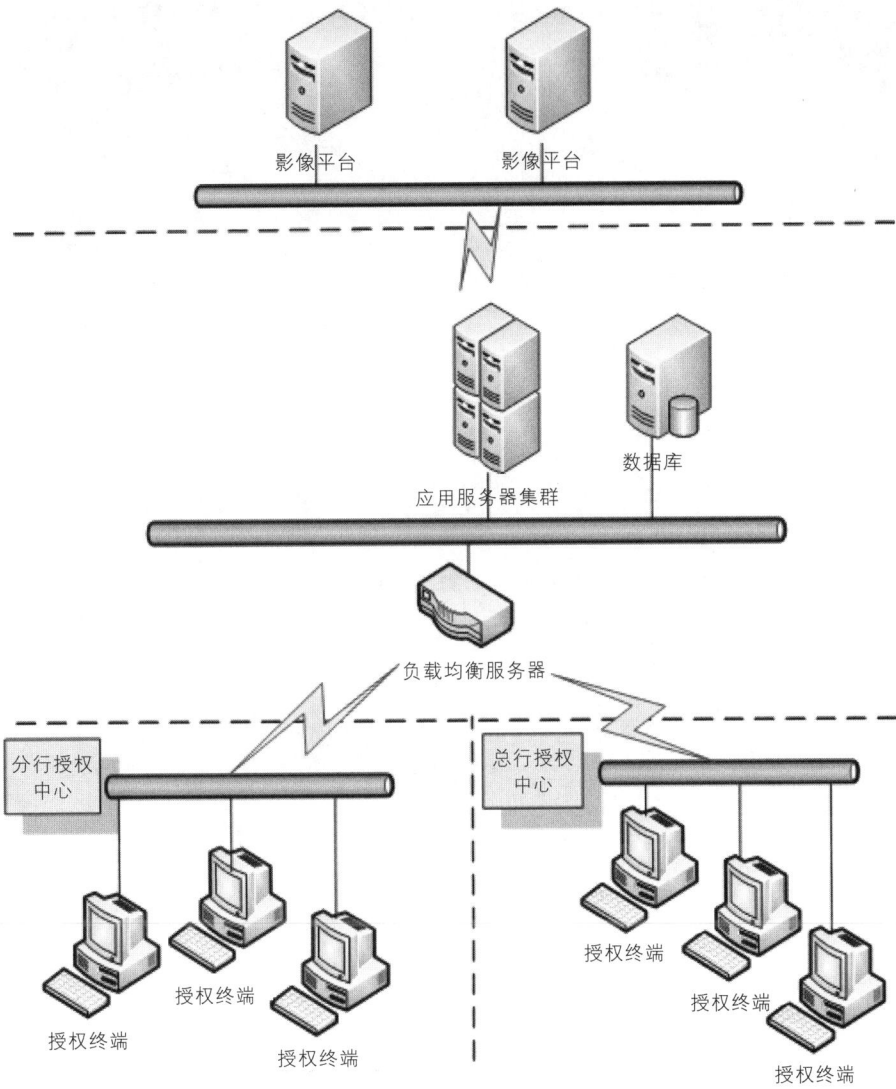

图 2-62　人工智能集中授权物理部署图

结果经集中授权系统返回柜面系统。详细应用架构如图 2-63 所示。

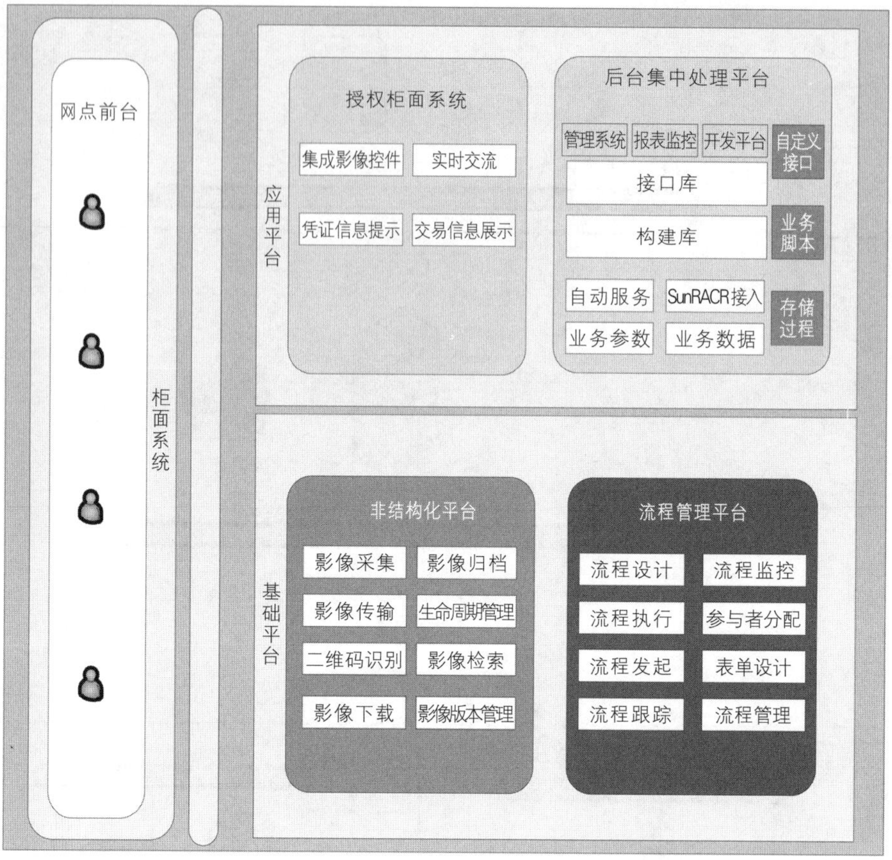

图 2-63　人工智能集中授权系统应用架构图

2.5　物联网金融

2.5.1　发展历程

从 1982 年，第一台可以联网的可口可乐自动售货机在美国卡耐基-梅隆大学被发明以来，物联网（Internet of Things，IOT）已经发展近 40 年。在这期间，物联网这项技术走过了若干里程碑式的历史时刻（参见图 2-64）。

● 1999 年，名词"IOT"被麻省理工学院 Auto-ID 中心联合创始人 Kevin Ashton 第一次提出，随后很快作为射频识别（RFID）技术的代名词被用于宝洁公司的供应链——产品追踪与管理。

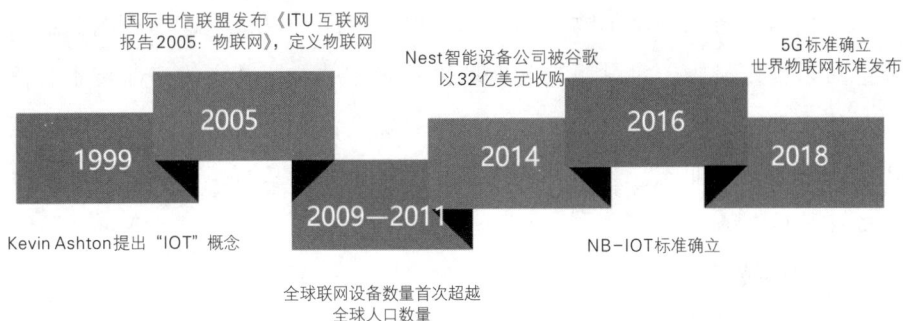

国际电信联盟发布《ITU互联网
报告2005：物联网》，定义物联网

Nest智能设备公司被谷歌
以32亿美元收购

5G标准确立
世界物联网标准发布

2005

1999

2009—2011

2014

2016

2018

Kevin Ashton提出"IOT"概念

NB-IOT标准确立

全球联网设备数量首次超越
全球人口数量

图 2-64　物联网发展历史回顾

● 2005 年，国际电信联盟（ITU）发布《ITU 互联网报告 2005：物联网》，从而定义了物联网的概念。

● 2009—2011 年，这段时期 IBM 提出了智慧地球的概念，涵盖电力、医疗、城市、交通、供应链、银行 6 大物联网应用领域；2010 年中国物联网正式列入国家"十二五发展规划"，成为国家战略产业；2011 年美国网络设备商 Cisco 发布报告称，全球设备连接数首次超越全球人口总数；同年，物联网技术被 Gartner 首次列入新兴技术名单。

● 2014 年，创办仅 4 年的 IOT 智能设备公司 Nest 被谷歌以 32 亿美元收购，使 IOT 智能硬件创业成为风潮。

● 2016 年，新低功耗广域网（LPWAN）协议 NB-IOT 标准正式确立。

● 2018 年，新一代蜂窝通信协议 5G 第一版正式确立；同年，国际标准化组织（ISO）与国际电工委员会（IEC）共同发布了 ISO / IEC 30141 国际标准，这是世界上第一个统一的物联网（IOT）参考体系结构。

物联网金融相对物联网技术本身是一个相对较新的概念，其定义在工业界和学术界并没有达成一致共识。国际上，物联网金融通常被称其为 IOT in Finance，是指物联网技术在金融行业的应用，是衍生和推动金融业用户触达、信息透明、商业模型创新的抓手；在国内，物联网金融的定义根据其强调主体的不同分为两种：一种强调"金融物联网"，认为是面向物联网的金融服务与创新；另一种认为物联网金融是基于"互联网+"的新变革，是互联网金融帕累托改进的结果。

综合国际与国内对于物联网、物联网金融的普遍认识，物联网金融的概念可以被定义为：金融机构和物联网技术相关企业利用传感器技术、信息与通信技术，将商流、物流、信息流、资金流有机整合，满足金融服务需求的新型金融业态。其中，技术是物联网金融的基石，金融是物联网金融的场景和市场。

2.5.2 核心技术

物联网不是单一技术，而是一组包含软硬件的技术集合。物联网技术栈从技术发展与演进路线来说，总体上属于多种分支技术并行发展和竞争，因此，在技术的深度和广度上十分庞大，同时，物联网技术又是多学科交汇与融合的技术，如涉及材料学、工业制造、微电子、信息技术、通信等多个领域。

虽然物联网技术多样，但是经过多年的市场沉淀，现代物联网已经形成了成熟的技术架构体系。参照国际标准化组织（ISO）1985年定义的开放式系统互联（Open System Interconnect，OSI）参考模型，以及2018年ISO发布的ISO / IEC 30141标准进一步确立的物联网架构参考体系，简要来说，一个完整的物联网系统是由端、管、边、云4层架构模型描述，如图2-65所示。

参照图2-65，物联网架构中的端侧、管侧技术一直是物联网发展的核心，近几年来分布式云计算、大数据等周边技术的发展推动了端侧、管侧、边侧、云侧等物联网技术的进步。

- 端侧

物联网端侧，又称感知层、物联网终端节点，既是物联网系统的边界，又是物联网与现实物理世界连接的桥梁。

物联网终端节点的核心职责之一是利用传感器感知现实世界，将关注的物理现象转换成电子信号，进而完成信号的采集。传感器是物联网采集数据的源头，物联网对传感器技术依赖较大。目前较为成熟的物联网传感器技术是射频识别、微机电系统（MEMS）传感技术。

人机交互传感器是一类较为特殊的传感器，因为此类传感器采集的数据需要占据较大的网络带宽用于传输，该类传感器技术近十年同样发生了

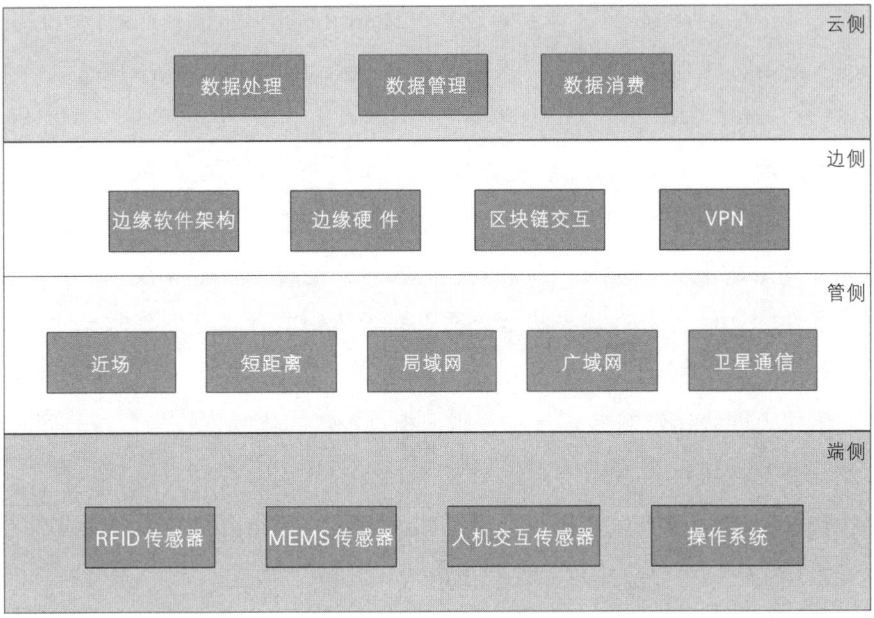

图 2-65　物联网架构图

巨大的变化。语音麦克风、全彩摄像头、红外摄像头随着人工智能技术的发展，越来越多地被应用在物联网终端设备上。

　　软件层面，物联网操作系统已逐渐成为物联网终端的重要组成部分。操作系统本质是屏蔽底层硬件多样化、碎片化的一种硬件抽象层（Hardware Abstraction Layer，HAL），便于应用程序设计者编程使用。除此之外，物联网操作系统专门针对物联网场景而设计，提供管侧传输协议支持、云端协议支持、安全与认证协议支持、远程固件更新（OTA）4 大重要功能。

　　• 管侧

　　物联网管侧技术，也称为传输技术、通信技术，一直是物联网技术发展的核心领域之一。随着 5G 时代的正式到来，管侧通信技术已经发展成可以覆盖绝大多数应用场景的技术协议族，不再是一个物联网项目实施的技术瓶颈。管侧通信技术、协议众多，通常根据传输距离、传输速度（带宽）、功耗、成本、生态系统 5 个维度筛选合适的技术。多数技术传输速度和功耗是可以动态配置和变化的，因此工业界和学术界一般以传输距离将其大致分成近场（Near-Field）通信、短距离（Short Range）通信、局域网（Local Area Network，LAN）通信、广域网（Wide Area Network，WAN）通信、卫星通信5大类。

- 边侧

物联网边侧技术指边缘计算，是物联网整体架构一个可选的组成部分。边缘计算是适用于高频次、高带宽、高实时性的设备传输和技术场景所使用的硬件和软件技术，解决此类数据不易于传输或远程处理延时无法满足需求的问题。边缘计算领域主要由云服务商、传统硬件厂商、安防企业、开源组织、网络运营商多方参与，属于相对较新的物联网技术领域。同时，边侧设备与区块链技术结合是一个较新的技术分支，数据由边侧设备上传区块链，保证数据传输可溯源、不可篡改，很好地结合了物联网采集数据客观性和区块链存储数据可靠性的优点。

- 云侧

物联网云侧技术是大数据、云计算、人工智能的综合体。物联网云侧系统在数据的处理、数据的管理以及数据的消费三个方面有自身的特点。

物联网的数据不同于互联网数据，无论是并发连接数、时间、带宽占用规律，还是数据的持续性、时序性或是数据多源性，均有不同。在数据处理上，物联网云侧是一种异构通信架构，采用多种形式的存储方式且支持分布式时序数据。

物联网云侧技术强调数据的管理，首先是安全认证，以保证端侧设备接入的合法性及云侧设备接收数据的合法性、完整性；其次是异构数据的关联，使不同设备采集的数据可以被同步和融合；最后是数据可用性，尤其是在工业和金融领域，业务对数据可用性的要求比消费级云服务高很多，因此物联网云侧技术的实现更加复杂。

数据的消费方面，物联网云侧通常提供面向设备、面向时间等数据的查询和读取功能。数据采用API、消息队列等形式对外开放，与第三方系统对接。物联网云侧同样有面向用户的可视化管理页面，此类可视化页面多为网页形式，也有支持手机App的混合应用。

2.5.3 江苏省发展现状

物联网本身作为一种通用型使能技术，在过去10年中，正从概念变为现实。物联网金融作为一种新型金融服务创新模式，利用物联网从实体经济领域采集客观数据，像水一样渗透到各个业态中，用更优惠、更有效、更透明的服务反哺实体经济，推动普惠金融。

物联网技术对金融业的影响主要是间接的，此影响被称为"Derivative Effect"。因此，国际上无论是商业界还是学术界，在研究物联网金融时，通常采取从传感器收集的数据类型为切入点，建立物联网技术层面与金融业务层面的交集与映射关系，进而分析物联网金融的发展情况，本书亦采用相同的方法梳理物联网金融的发展情况和典型应用案例。

根据 Harbor Research 的分析，目前物联网传感器采集的数据可以根据其物理意义分为若干类别，如图2-66所示。

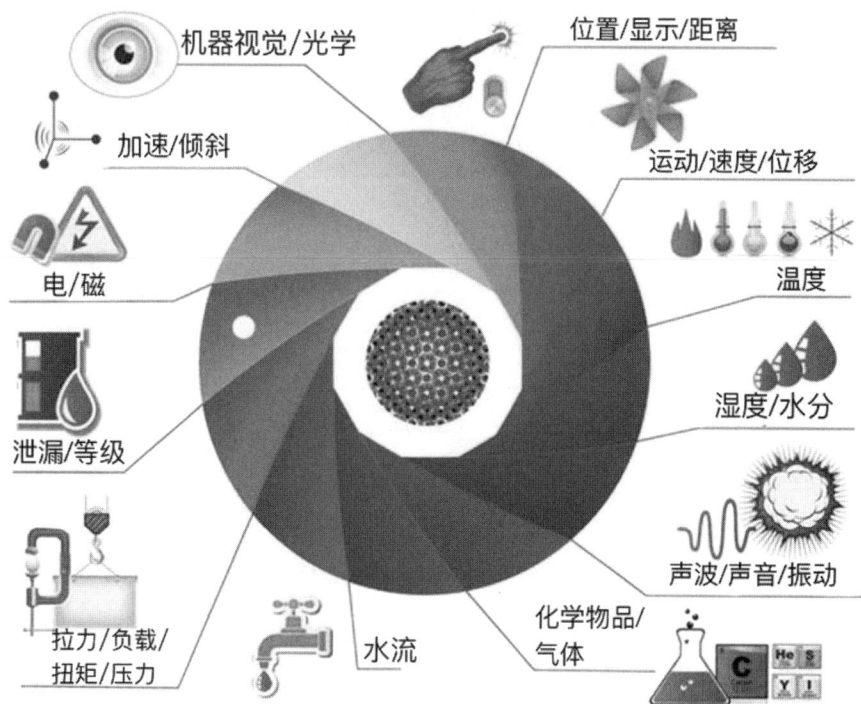

图 2-66　传感器数据类别

根据对国际上学术界的研究报告、商业智库报告、金融同业分析等产学研信息的综合分析，目前物联网金融在全球阶段的发展总体尚处于创新与实验阶段。其中，在直接涉及有形资产的金融业务领域，物联网金融发展较快，应用较多。较为典型的是银行业和保险业，这与物联网传感器在相关实体经济领域有较多的应用有关。其次是跨金融业务的基础性服务，如移动支付、运营、风险管理方面，由于智能手机、NFC银行卡等物联网终端的普及，这些领域同样得到了较快发展。此外，在诸如资本投研、股市期货等主要涉及无形资产的金融领域，相关物联网金融应用较少，仍处于早期发展阶段。

物联网金融科技领域在江苏的发展有着良好的基础和态势。事实上，江苏一直以"感知中国"为目标，积极落实我国"十二五"物联网发展规划，无锡市早在2009年已获批成为现有5个国家级传感网创新示范区之一。近年来，江苏继续以无锡为中心、南京和苏州为两翼，深耕物联网产学研一体化，加快布局和建设高速、移动、安全、泛在的新一代物联网基础设施，推动物联网在公共服务、工业、农业等实体经济领域的深入应用。在金融领域，江苏省内多家金融机构联合物联网技术企业，充分利用江苏物联网产业大发展的契机，将物联网技术与金融业务有机结合，实现了多种金融服务的突破与创新。

下面，我们结合物联网技术产业链、物联网金融应用，梳理和分析江苏物联网金融科技发展的现状。

1）技术产业链

对照图2-65，江苏有着较为完整的物联网技术栈覆盖，在端侧、管侧、边侧和云侧均有研发机构和企业落户。

（1）端侧

物联网端侧技术包括芯片、硬件终端设备及传感器，是物联网的核心和关键技术。江苏在此技术子领域的积累可追溯到20世纪60年代诸如南京国营772厂、无锡国营742厂、苏州半导体厂等一批具有代表性的半导体生产企业。

江苏物联网端侧技术的总体发展规模，可从江苏省集成电路产业的销售规模窥探一二。根据江苏省半导体行业协会的统计数据，2019年一季度，江苏省集成电路产业销售总收入为409.96亿元，同比增长1.73%。其中：集成电路设计业同比增长36.71%；集成电路晶圆业同比增长23.28%。

物联网端侧技术在江苏的产业链分布上较为完整，形成了EDA（电子设计自动化）与设计、制造、封装与测试、设备、软件等领域较完整的硬件集成电路产业链。

①在EDA与设计领域，江苏拥有华润矽科、无锡友达、展讯、晶门科技、东微半导体、奇景光电等众多知名企业，也有像南京大鱼半导体这样的初创企业。EDA企业如Cadence、华大九天等也在江苏南京落户。

②在制造领域，江苏近年来陆续引进了台积电、SK海力士等跨国企业，同时拥有华润微电子、和舰科技、江苏时代芯存、扬杰科技、紫光存储等国内知名企业。其中华虹半导体、紫光集团等承担的项目均为国内集成电路发展的重大项目，拥有较为显著的明星群聚效应。

③在封装与测试领域，江苏拥有江苏长电、通富微电、华天科技（昆山）等国内领头羊企业，还有苏州固锝、矽品（苏州）、英飞凌（无锡）等知名封测厂商。

④在设备领域，江苏吸引了如博世（南京）、霍尼韦尔、美新半导体等国际传感器领先企业，还有小米（南京）、苏州明皜传感、歌尔声学（南京）、南京高华科技、苏州敏芯、沃天科技、康森斯克电子科技（无锡）、慧闻纳米、华芯半导体、三宝科技、南京物联传感等明星传感器企业。

⑤在软件领域，江苏即有百敖软件等专业嵌入式软件企业，又有苏州思必驰、光图智能、云从科技（南京）、云创大数据（南京）、旷视科技（南京）、中国科学院自动化研究所南京人工智能创新研究院（简称AiRiA研究院）、南京图灵人工智能研究院等为CMOS图像传感器、语音麦克风传感器提供识别算法技术的企业与研发、咨询机构。

（2）管侧与边侧

物联网管侧与边侧技术在江苏的发展主要是依靠政府、通信设备商与通信运营商推动。一方面，除了传统国际通信设备商华为、中兴、诺基亚、爱立信均在江苏南京设有研发中心，研发内容包含授权与非授权频段通信、网络、车联网等技术，还有一些只专注于某一通信子领域技术的新型研发企业（如中兴克拉科技）；另一方面，政府与移动运营商在推动物联网基础设施建设、新型技术成果试点方面十分积极。例如，2017年，江苏电信完成了全省物联网NB-IOT的网络改造，实现信号覆盖率达97.5%以上，正式商用；2019年9月，江苏全省已建成5G基站5 423个，预计可在2020年底建成基站55 000个。

在物联网网络化指标层面，江苏的IPv6发展指数位于全国第三，省级政府门户网站对IPv6的支持率已达到99%，全国排名第一。

物联网管侧、边侧技术在江苏省的发展与逐渐普及，促进了网络流量边际成本的持续下降。根据江苏省通信管理局的统计，2019年上半年，江苏全省移动互联网接入流量接近400 000万G，同比增长180%，与此同时，移动网络平均资费年均降幅超过40%。

在终端用户层面，用户开始享受物联网发展带来的技术红利。2019年，江苏省家庭固定带宽平均接入速率达到128Mbps，其中省内物联网核心发展城市苏州、无锡、南京宽带平均速率突破130Mbps。

综上，江苏物联网管侧、边侧技术与基础设施建设的稳步发展，良好的网络通信覆盖度、网络速度、流量价格，将进一步促进物联网赋能实体经济，为智能化金融服务提供底层数据支撑。

（3）云侧

除去运营商全国范围的物联网云平台，总体来说，物联网云平台技术在江苏的发展侧重于应用型SaaS平台，而且江苏的物联网云平台以产业型物联网云为主、消费型物联网云相对较少。

从相关企业地域分布上分析，根据2019年江苏省首批公布的工业物联网示范企业名单，苏州入选的企业最多，达到194家；常州排名第二，共有173家企业入选；南京有110家企业入选。无锡、扬州以及镇江分别有91家、60家及55家企业入选，呈现出梯队分布趋势。

从产业物联网云平台技术研发方向角度分析，江苏产业物联网云平台发展目前主要围绕5个方面开展：①网络数字化改造；②定位溯源与追踪；③多数据集成；④安全；⑤5G+工业互联网的创新试点。其中，较有代表性的企业有徐工集团、南京南钢、南京擎天科技、观为监测技术、江苏亚威机床、博众精工科技、南京壹进制、诺得物流、中天钢铁、中国移动（江苏）、江苏金彭和中新赛克科技等，这些企业当中有很多入选了工信部2019年工业互联网试点示范项目名单。

2）金融应用案例

以上是江苏物联网技术发展的整体情况。江苏在金融领域的物联网垂直应用，近几年来开始起步，主要集中在银行业和保险业。这些金融应用当中，有一个共同的业务特征是这些商业应用在其价值链中均含有形的人或物品，物联网技术起到的作用主要是对这些有形资产的物理状态进行追踪、定位与监控。一个较为显著的技术特征是这些金融应用基本都使用了位置定位型传感器（GPS）或者射频标签型传感器（RFID），而这两类传感器也是物联网传感器技术发展较为成熟、普及率较高、成本较低的主要传感器类型之一；另一个技术特征是基于图像传感器的图像视觉技术正在物联网金融领域得到越来越多的应用，该技术是基于普及率较高的图像传感器，且技术核心主要基于软件算法，这有助于降低物联网金融项目的成本，便于项目落地，提升盈利水平。

下面具体介绍一下目前江苏在金融领域的物联网发展情况和有代表性的实践案例，包含银行业、保险业，以及金融通用领域的运营、风控管理。

（1）银行业

物联网金融在江苏省银行业最主要的实践是供应链金融业务。供应链金融本质是商业银行信贷业务的一个专业领域，是银行将某种商品供应链上的产、供、销、存的核心企业和上下游企业联系在一起提供灵活的金融产品和服务的一种融资模式，尤其是中小企业的一种融资渠道。

一般来说，一个特定商品的供应链从原材料采购，到制成中间品及最终产品，最后由销售网络把产品送到消费者手中，将供应商、制造商、分销商、零售商乃至最终用户连成一个整体。在这个供应链中，竞争力较强、规模较大的核心企业因其强势地位，往往在交货、价格、账期等贸易条件方面对上下游配套企业要求苛刻，从而给这些企业造成了巨大的压力。而上下游配套企业恰恰大多是中小企业，较难利用企业信用从银行融资，结果造成资金链十分紧张，整个供应链出现失衡。

针对这种情况，企业有一种融资的方式，就是将涉及的商品以质押的形式给银行，以此获得与商品价值相对应的银行贷款，这种融资方式称为动产质押融资。动产质押融资是供应链金融的重要组成部分，能解决中小企业抵押财产（不动产）不足的问题。在我国，动产共有70万亿元的规模，但动产融资只有5万亿元左右，因此我国动产质押融资业务的前景十分广阔。

然而，动产质押融资业务对于银行来说，增加了操作成本和风险。首先，银行需要有仓储才能存放质押物；其次质押物在质押期间需要监管；若企业无法还款，银行需要有质押物处置渠道，处置过程涉及质押物的交割与运输。在传统模式下，银行委托专业仓储监管企业对抵质押物进行监管，所以金融机构所掌握的质押物品信息的准确真实程度高度依赖于仓储监管企业的管理能力：一方面存在库管人员操作层面的道德风险；另一方面存在融资方主观欺诈，或监管企业监守自盗甚至串通作弊的风险。一旦发生风险事件，银行是最后知晓的一方，通常也是损失最严重的一方。2013年以来，部分区域集中爆发的相关风险事件，使得金融机构损失惨重，因此动产质押融资业务在很多商业银行被列为高风险业务，发展进入停滞状态。

物联网技术在此业务的使用，可有效消除银行的顾虑。将物联网传感设备与质押物绑定，通过设备对质押物的物理状态进行真实客观的数据采集，并通过物联网管侧、云侧技术实时将数据传输到银行，使银行从以前的被动监控转变为主动监控、低频巡库转变为自动化实时巡库，更重要的是解决了银行与仓储、融资人之间信息不对称、时效性差的核心问题，让银行能够对质押物实行穿透式的监控。

江苏金融机构在动产质押融资相关领域有若干实践，其中较为典型的是江苏银行和苏宁金控集团的应用案例。

➤ 江苏银行案例

江苏银行于2017年率先与无锡感知集团、徐州徐工集团、南钢集团、宝武集团、五矿等龙头企业合作，在动产融资、工程机械贷款等业务中引入物联网传感设备智能监管系统，实现对动产的识别、定位、追踪等智能化管理，赋予动产以不动产的属性；截至2019年末，实现物联网动产质押累计业务量过百亿元，服务企业近400户，有力支持了小微企业和地方实体经济的发展，受到当地政府和监管部门的认可。该项目荣获中国人民银行总行银行科技发展奖二等奖，以及江苏省首届金融创新奖。

江苏银行以此为基础，进一步深化物联网金融在此领域的应用，按照"物、流、产、链"的顺序探索和实践物联网在动产（物）、物流环节（流）以及加工生产环节（产）和全产业链（链）的监管，与企业联合解决信贷业务授信、申请、审批、放贷、监管、还贷全流程一揽子解决方案，缩短融资信贷流程，提高审批效率，适应实体经济快速动态的融资需求。截至2019年末江苏银行已使用物联网技术对近300家授信企业实现了生产状态不间断监测，监测包括企业用电、水、气、设备开工、人员进出、车辆、原材料、产成品、排污等多个维度，结合其他企业大数据，加强贷后风险管理。江苏银行表示，下一步将数据应用于企业授信决策及创新授信产品。

➢ 苏宁银行案例

苏宁银行在供应链金融动产质押融资类业务领域，按照质押物的品类，进行了若干物联网金融的尝试与探索。

● 大宗商品领域

2018年，苏宁银行联合海康威视、泰州靖江太和港开展了以煤炭作为质押物的动产质押金融业务。利用多摄像头从不同角度定点拍摄质押物（煤堆），实现了全天候物联网系统自动判定该煤堆是否有车辆或人员进出，通过滞留时间长短的规则判断，形成主动式监控告警。由于煤堆有自燃的可能，系统采用的红外摄像头可以远程自动测温，实现高温预警。在数据传输层面，为了进一步保护数据安全，该项目使用了区块链技术，使监控数据对银行、港口、融资人三方开放，且数据可留痕存证、可溯源。该项目入选当年的乌镇互联网大会金融创新案例并获得2018年中国银保监会优秀创新奖二等奖。

● 汽车领域

汽车库存融资，从以前的仓储监管依赖人工，到利用GPS定位、RFID标签等物联网技术进行辅助管理，已经实现了一大技术进步。但是，这些技术由于自身的局限，给业务场景施加了限制。例如，GPS定位必须是室外露天环境，在室内就无法使用。因此，苏宁金控2019年联合上游定位设备厂商大连云动力，设计了一套针对汽车库存融资业务的技术解决方案，该方案的核心技术是将超高频定位（UWB）与GPS进行模组级的整合，实现了同一设备支持室内室外的无缝定位。结合手机App出入库管理以及区块链传输系统，该解决方案进一步完善了物联网技术的功能和鲁棒性，从而更好地满足汽车库存融资的业务需求。该项目2019年获得第7届中国电子信息博览会（CITE 2019）应用创新优秀奖。

● 快消与3C领域

苏宁银行2019年6月推出的供应链金融产品"货易融2.0"针对的则是经营饮用水、数码3C等快消品的中小企业。苏宁金控持续升级自研的物联网动产质押系统，使企业可以一次授信，一年内有效，且授信期间只要存货保持一定的数量，企业可以根据实际需求随借随还，最快10分钟即可放款。在这种机制下，银行服务了数十家中小经销商，累计提供了3.07亿元的资金支持，满足了企业迫切的融资需求。该产品获得了2019年南京市金融创新二等奖。

（2）保险业

作为现代金融业的重要组成部分，保险业在保障社会财富、防范生活风险方面发挥着日益重要的作用，前景广阔，未来发展潜力巨大。在科技进步和金融服务紧密相关的金融科技时代，保险业通过利用金融科技手段可以更好地提高发展质量和服务水平，也可以更好地进行风险识别，回归保险的本源。物联网保险是物联网技术产品与保险深度融合，是综合运用大数据、人工智能、物联网等技术，形成以客观信用为基础、风控技术为手段、风险管理为支撑，全面实现对保险事故可控、可测、可预防的一种保险新业态。从其功能与发展前景来看，物联网保险至少有以下五大发展优势：

一是保险有形化。物联网保险实现无形产品到有形技术的转变，保险不再是单一的纸质文件，保险还包含技术设备及技术服务，使保险可见可感知可使用，真正让保险从无形向有形转变。

二是产品个性独特化。物联网具有广泛的、多维的、深入的感知能力，物联网保险可以提供更为精细化、个性化的产品和服务。物联网保险注重实体经济场景应用，根据行业不同，对保险产品及技术服务提供差异化风险解决方案，推出定制化、个性化产品，打破了产品同质化恶性竞争局面。

三是风控技术化。物联网保险以全程无遗漏感知，风险事故可测、可控、可预防的技术为手段，以风控技术深入被保险人的风险标的，实时监测风险因子变化，有效监控预警异常事件，以技术为核心，改变保险大数法则概率事件，转向可测、可控、可预防，实现从大数据服务到大事件服务。

四是防赔并重化。物联网保险将实现从事后理赔到事前预防、事中干预、事后补偿全过程管理转变，消除传统保险只注重事后理赔的弊端。物联网保险把防控放在优先地位，保险从"听天由命"变为"天人合一""人定胜天"，把"互助式"保险模式转变为"防控式"保险模式。

五是信用客观化。物联网保险是客观信用体系的有机组成部分，物联网信息是实体世界的客观反映，物联网保险让虚拟风险从时空两个维度全面感知实体风险行为，准确预测实体风险走向，全面解决保险信用和骗赔危机，改变整个金融核心信用体系。

江苏金融机构在物联网保险领域较为典型的应用案例是江苏天安财险的财产保险以及江苏人民保险公司的农业保险。

➤ 财产保险案例

2017年下半年，江苏天安财险联合物联网技术企业在无锡当地选取了一家印刷厂进行了试点。天安财险通过物联网企业对印刷厂安装智能消防维保设备，与印刷厂、物联网企业签订三方协议，为印刷厂提供财产保险。

物联网技术介入后，一是可以保证其消防设备的有效性、可靠性；二是可以改人工维保为计算机云平台自动巡检，可以节约部分人力成本；三是通过手机App，企业相关人员可以实时掌握自身消防设备现状；四是风险预警，通过在探头加装计算模块的方式，对风险预警的成功率达到90%以上，达成风险事前管理、出现苗头及时处置的目的。同时，保险公司可以利用消防维保设备采集的数据，更加客观有效地管理风险。

据天安财险透露，该项目运营情况良好。从2018年开始，为更好地做好此"物联网财产险创新保险项目"的服务工作，经慎重考虑，该项目转由天安财险江苏分公司直接管理，集中全省的技术力量及客户资源进行该项目的推动及推广。

➤ 农业保险案例

农业保险作为党和国家支农惠农强农政策的体现，在关系国计民生的粮食、主要农副产品和地方特色高效农业产品的保险保障上都给予相应的财政补贴。江苏积极推动和落实支农惠农政策，为农业保险提供政府支持。然而，近年来，全国农业保险司法案件时有发生，虚假承保、虚假理赔导致财政补贴资金流失，这与承保源头把关不严有很大关系。

江苏人保财险为保证财政补贴资金安全和国家支农惠农强农政策落到实处，确保农户合法权益，研发了农业保险V平台。其中，在线承保验标是此平台的重要功能。该平台在公司微信公众号的基础上，基于微信操作平台，结合GPS定位功能，由农业保险工作人员和广大农户协同使用，通过数字化技术手段，实现对农业保险承保验标、理赔查勘的实时审核、自动测绘和全流程管控，严把质量关，提高农业保险承保理赔的真实性。

通过V平台的GPS技术及相关应用软件，人保财险的农险业务人员可实现在线验标，将相关图片和位置等地理信息同步上转，特别是可对所承保的种植标的所在地块或养殖标的厂房直接绘制平面图并自动计算测绘面积，实现计算承保面积和位置的精准性。该项目获得2019年江苏省金融创新奖，跻身全省十大创新奖项目第4名，是其中唯一的保险类项目。

以上是物联网金融在银行、保险领域的垂直应用。除了垂直领域，江苏物联网金融近年来在运营、风险管理等通用金融基础能力方面同样有进展，下面来看实际案例。

（3）通用领域：运营

随着从银行1.0进化到银行4.0阶段，银行网点也从基于物理空间的服务站点，逐渐升级为嵌入人们生活的智能服务发起者。随着AI、AR、智能穿戴设备、5G的加持，有专家预言，未来的银行4.0可能没有现实意义上的形态，科技赋能的金融服务将变得无处不在。

➤ 智慧营业厅运营案例

零售业有"人货场"的概念，银行业亦是如此。随着银行业的变迁和网点的创新发展，银行运营与获客的优先级呈现出从"货场人"到"人场货"的变化。金融服务普遍匮乏的时代，是"货场人"的时代：只要能提供合适的金融产品及服务即可；随着各具特色的产品和服务增多，"场"开始占据核心，网点多、位置好的银行可以脱颖而出；而在开放式银行时代，主题是以人为本，让金融回归中介本质，像空气一样无限逼近用户内心需求。"人场货"中"人"的需求由数据得知。使客户产生愉悦体验的"共鸣式"服务需要以数据为核心驱动，因此对客户数据的掌握尤为关键，服务于银行网点的机器人可以在这个环节扮演重要角色，并延伸出更多、更好的服务。

在此背景下，一批商业银行开始推进智能营业厅，本质是为了提高零售网点的运营水平，以及利用更加便捷的服务，获取用户，提高用户黏性。其中，苏州科沃斯机器人作为这些商业银行的智能设备与服务供应商，以商业机器人为主要解决方案，率先在江苏乃至全国落地若干银行智慧营业厅。

另一个类似案例是中国工商银行苏州分行与科沃斯合作打造的5G营业网点。该网点是工行耗时近7个月构建的一个全部建立在5G网络之上的网点，深度集成了包括AI在内的多项金融科技，旨在为用户提供富有科技感和未来感的优质金融服务。其中，科沃斯银行服务机器人在其中提供迎宾引导、业务处理、二次营销等智能化金融服务。

除此之外，科沃斯作为物联网金融设备商，为中国建设银行北京分行落地了"5G+智能银行"项目。中国建设银行融合5G、物联网、AI、远程交互、生物识别等技术,打造智能、快捷、交互式的全新金融体验厅堂。科沃斯银行服务机器人嵌入项目,针对5G+智能网点的应用场景,提供迎宾接待、咨询引导、主动营销等功能。

在此项目中,科沃斯银行服务机器人值守在银行网点入口区域,主动向客户或者银行贵宾问候并进行引导式提问。在整合银行业务资料及网点内其他业务设备的位置信息后,科沃斯银行服务机器人建立起有针对性的语料库并实现为客户导航的功能,从而为客户提供业务咨询并通过自主研发的智能化运动功能引导客户前往指定位置。科沃斯银行服务机器人同时利用对话智能等技术,在与客户交流时挖掘其喜好和需求,并主动向其介绍银行的营销业务。

➢ 无纸化流程效率提升案例

物联网技术在这一领域同样有了一些具体应用,其中较为突出的是OCR文字文档识别应用。通过扫描仪、相机等物联网设备采集纸质文件样本,再通过文字识别技术提取文档内容,从而进一步完善银行流程线上化、无纸化进程。江苏在此领域有若干应用案例如下。

利安人寿

利安人寿2018年引入一款专为柜台设计的多功能智能设备,集成了立式拍摄仪、二代身份证读卡器、人脸识别、指纹识别、磁卡读写器、IC芯片读卡器等常用功能模块,可根据业务系统实际需求提供不同功能模块,从而简化柜面操作,简化接口连线,让业务窗口操作更加安全舒适、高效便捷。通过智能柜面项目的建设,实现了如下的业务创新:

√ 流程创新,采用前端受理、后端处理的方式,通过智能终端设备收集业务申请,在后端集中处理,提高工作效率。

√ 低碳环保,通过智能终端设备,进行客户信息及材料电子化处理,实现无纸化作业。

√ 资源复用,智能终端设备采集的客户影像资料,在系统内加密存储,同时客户可通过智能终端设备设置服务密码,在客户多次办理业务时,能够做到一次审核、多次复用的效果，缩短客户业务办理时间，提高客户满意度。

√ 作业标准化，通过智能终端设备进行客户头像及业务人员头像的双向采集，保证业务办理的安全性和规范性，达到服务监督的效果。

√ 加强服务评价，用户在办理完业务后，通过智能终端设备上的服务评价模块，可方便快捷地进行服务评价操作，从而加强了对业务人员的管理。

（4）通用领域：风险管理

物联网技术在金融风控管理得到了较为广泛的应用，主要基于图像传感器和语音传感器，再结合人工智能算法，在为用户提供便利的同时保证用户的信息与财产安全。以下是江苏在此领域的一些典型应用。

ATM智能化案例

为进一步提升客户体验，苏州银行手机银行全新推出了"刷脸取款"产品，取款用户无须携带银行卡，只要通过手机"刷脸"，即可在ATM完成取款，解决了很多人出门忘带卡、取不了钱的烦恼，更减少了吞卡情况，并降低了伪卡风险。苏州银行"刷脸取款"只要经过"扫码-刷脸-取款"三步即可轻松完成。这套刷脸流程，整个过程不到8秒钟，操作简单便捷；同时，该产品使用的人脸识别精准度达到99%，远远超过人眼识别水平，可以在复杂条件下实现精准识别。此功能目前已在苏州银行设在市区的数百台自助取款设备上开放使用。

金融反欺诈案例

华博互联网科贷携手运营商及资方银行共同推出了一款信用购机业务的消费金融产品。该业务模式采用"线上申请、线下办单"的模式，此业务模式催生了新的业务痛点：

第一，件均价格低，利润空间小

在华博互联网科贷和运营商合作的业务模式中，用户进件单笔平均价格在1 000元左右，分24期偿还；而为了满足更多客户普惠金融的需求，对客利率定价较低，远低于其他3C同行消费金融产品的对客定价。因此亟须在较低的进件成本下有效识别风险客户，保持足够高的通过率和较低的坏账率。

第二，审批实效性要求高，审批通过率要求高

由于该业务场景的特殊性，相当一部分客户是在门店营业员指点下现场办理授信申请，授信申请通过，再由营业员办单，因此市场和门店营业员对于审批实时性的要求就极为迫切。另外，如果审批通过率低，则会影响门店的办单积极性。鉴于该市场内部同业竞争较为激烈，运营商也有较多类似于华博互联网科贷的金融方案服务商可供选择，实时性和通过率都是运营商考核的重要指标。所以申请审批的实时性和通过率是该场景下运营过程中极关键的目标。

第三，客群结构复杂

因为该业务场景下沉到四五线城市，很多客户通过乡镇营业厅申请进件，这类客群相较于一般的消费金融场景的客群而言，其人员构成更加复杂，也给风控审批带来了一定的挑战。

综上，在此种模式下，用户在营业员的引导下完成申请授信之后在营业厅完成办单，但是由于营业厅大多属于社会加盟店，营业员和店主的道德风险不可控，容易出现客户拿到的手机产品价格虚高、以现金代替3C产品补贴客户甚至欺诈客户的情况，而客户由于年龄较大、未接触过消费金融产品等原因，直到还款提醒时才发现被欺骗。诸如此类的欺诈手段更隐蔽，对华博互联网科贷来说风险识别压力也更大。

为了解决上述问题，华博互联网科贷使用了物联网技术手段，主要为OCR、人脸识别与活体检测技术，以此提高风控能力，降低运营成本，提升线上效率，降低欺诈概率。

使用了物联网技术后，产品的反欺诈功能有明显提升：

√ 人脸比对精准度达到99.5%，远远超过人眼识别水平；可以在不同光照条件、跨年龄段、是否化妆、有无佩戴眼镜等复杂条件下实现精准识别。

√ 通过使用人脸关键点定位和人脸追踪等技术，确保当事人本人操作。采用端+云配合的方式，99.9%的高精准度判断已经阻止上千万次人脸攻击行为。

√ 身份证检测技术可以对用户拍摄身份证过程进行质量控制，并自动

完成截图操作，识别证件内容并自动输出。支持对少数民族证件的识别，支持生僻字识别，证件识别准确率高达99%。

2.6 支付科技

科技是第一生产力，这一著名论断已经体现在各个方面。近几年，随着互联网金融向金融科技演变，金融科技已成为金融发展的重要驱动力。支付领域自然也不例外，在支付领域，技术人才往往占到一半甚至2/3以上，这足以说明技术对支付的重要性。近年来，随着云计算、大数据、区块链、人工智能等各种新兴技术的出现和发展，支付行业受到极大的推动，支付的模式、流程，甚至基本理论和基础架构都将因技术的发展而发生变化。

2.6.1 生物识别技术

生物识别技术是一种将生物技术与信息技术结合起来的新型识别技术，它将人体所固有的生理特征或行为特征，通过计算机技术、光学、声学、生物传感器等手段进行数字化，对个人身份进行鉴定。

传统的身份鉴定方法包括身份标识物品（如钥匙、证件、卡等）和身份标识知识（如用户名和密码），但由于主要借助体外物，一旦证明身份的标识物品和标识知识被盗或遗忘，其身份就容易被他人冒充或取代。而生物识别技术依托的是生物特征，生物特征指个人特有的、独一无二的生理或行为特征，可用于身份识别或认证。

生物识别认证主要包括登记和验证两个环节。在登记环节，需要采集个体的生物特征数据，转换为特定数字编码格式，将生物特征数据化，保存至本地设备或上传至服务器统一管理。在验证环节，用户通过传感器或读取器提供个人生物特征数据，然后将采集的生物特征模板与预存的模板进行对比。如果匹配，即表示成功通过认证。随着生物识别系统日益成熟，准确度不断提升，识别误差率逐步下降，生物识别技术逐渐成为一项高效的身份认证手段，广泛应用于多种场景。

常用的生理特征包括指纹、虹膜、面部、视网膜、手掌、静脉心跳、耳型等，常用的行为特征包括语音、签名、步态、按键力度、键盘输入时长等，都已经被广泛应用于各个领域进行生物识别。

1）人脸识别

人脸识别是基于人的脸部特征信息进行身份识别的一种生物特征识别技术。在实际应用中，主要是3D人脸识别技术，其主要分为硬件以及算法两大部分，算法是实现人脸识别的基础，硬件是承载算法，让人脸识别得以实现的实体部件。算法和硬件缺一不可，只有两者相互协作，才能实现人脸识别。

（1）3D人脸识别硬件技术

目前的3D人脸识别硬件技术主要分为三类（参见图2-67）：

第一，结构光（Structured Light）：结构光投射特定的光信息到物体表面后，由摄像头采集。根据物体造成的光信号的变化来计算物体的深度信息，进而复原整个三维空间。

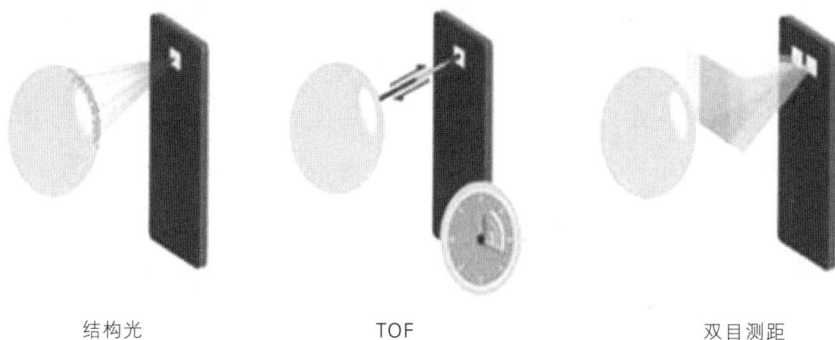

结构光　　　　　　　　TOF　　　　　　　　双目测距

图2-67　3D人脸识别的三种硬件技术

第二，TOF（Time of Flight）：TOF系统是一种光雷达系统，可从发射极向对象发射光脉冲，接收器则可通过计算光脉冲从发射器到对象，再以像素格式返回到接收器的运行时间来确定被测量对象的距离。

第三，双目测距（Stereo System）：利用双摄像头拍摄物体，再通过三角形原理计算物体距离。

表 2-5　　　　　　　　　　　3D人脸识别的三种硬件技术对比

技术名称	双目测距	结构光技术	TOF技术
基础原理	双相机与图像相关	单相机和投影条纹斑点编码	反射时间差
分辨率	中高	中	低
精度	中高	中	中
速度	慢	中	快
抗光照	高	低	中
模块大小	小	大	大
硬件成本	低	中	高
算法开发难度	高	中	低
总结	昏暗环境下不适用，特征不明显的环境不适用	容易受光照影响，强光照下不适用	整体性能好，但分辨率不高

如表2-5所示，三种技术当中只有双目测距不适合在昏暗环境下使用，也就是说智能手机在夜间无法实现人脸识别解锁。TOF技术具有响应时间更快，抗光照表现尚可，深度学习精确度高、识别距离远等优势，但是其也有着分辨率低、成本高、功耗高、模块大的劣势。而结构光技术优势则在于低光下表现良好，分辨率更高，成本、功耗适中，主要缺点是易受阳光影响，识别距离短，响应时间稍长。

（2）3D人脸识别技术算法

目前三维人脸识别算法有如下几种：

第一，基于图像特征的方法：采取从3D结构中分离出姿态的算法。首先匹配人脸整体的尺寸轮廓和三维空间方向；然后，在保持姿态固定的情况下，去做脸部不同特征点的局部匹配。

第二，基于模型可变参数的方法：将通用人脸模型的3D变形和基于距离映射的矩阵迭代最小相结合，去恢复头部姿态和3D人脸。随着模型变形的关联关系的改变，不断更新姿态参数，重复此过程直到最小化尺度达到要求。基于模型可变参数的方法与基于图像特征的方法的最大区别在于：后者在人脸姿态每变化一次后，需要重新搜索特征点的坐标，而前者只需调整3D变形模型的参数。

第三，基于深度学习的算法。利用3D结构光设备采集场景的彩色、红外、景深图片，获取3D人脸训练数据。

2）声纹信息识别

声纹一般是指人发出的携带言语信息的声波（语音信号）的频谱特征。声纹识别系统（参见图2-68）主要是由预处理、特征提取、建模、模式匹配及系统判别等构成。

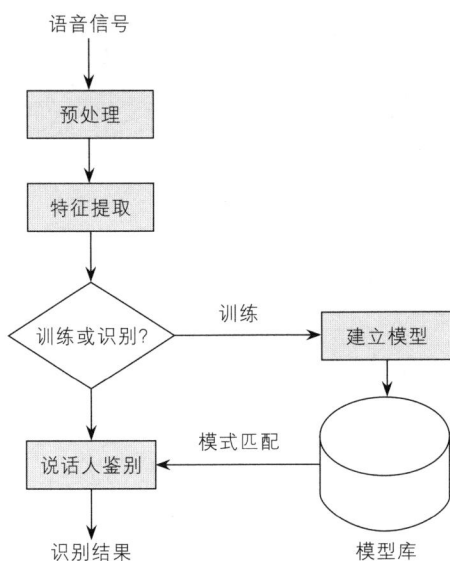

图2-68　声纹识别的处理流程

预处理：对语音信号进行采样之前，必须对语音信号进行预滤波，以防止输入信号过程中频率超过f/2的分量引起混叠和50Hz的电源工频干扰。对麦克风输入的语音信号进行量化和采样，经去噪处理后，将得到的干净信号进行预加重处理，从而提升高频部分的幅度，使得信号变得平坦，以便于频谱分析或是声道参数分析。

为了保持帧与帧之间的连贯性，经常采用交叠分段的方法。对于采样频率为8kHz的语音信号，通常采用32ms为帧长，而帧移通常在16ms~20ms

之间。为了从背景语音中提取语音信号的有声段，系统对每一帧采用了短时能量和短时过零率相结合的方法进行短点检测。

特征提取：目前主流的声纹特征参数有LPC以及基于Mel频率的倒谱系数（Mel-Frequency Cepstral Coefficients，简称MFCC）。在实验中证明，MFCC是目前声纹特征中识别率最高的一种。

基于高斯混合模型的声纹认证：高斯混合模型（Gaussian Mixture Model，简称GMM模型）是目前在声纹认证系统设计中广泛应用的识别方法。GMM是以统计学中的高斯随机概率分布为基础，用概率密度函数来表征每个人的声纹特征在特征空间的分布。目前在声纹识别中，GMM模型是识别率非常高的模型之一。

在高斯声纹识别系统中，每一个说话人的个性特征都是用GMM模型来描述的。通过这些特征来建立说话人的GMM模型，也就是重估GMM模型参数。

说话人鉴别：说话人鉴别是提取说话人语音的MFCC特征，根据后验概率算法把说话人模型与说话人的语音进行模型比对。如果有与说话人语音相匹配的模型，则接受，并把相匹配模型的语者（说话人）作为识别结果输出；反之，则拒绝。

3）虹膜识别

虹膜是指位于人眼表面黑色瞳孔和白色巩膜之间的圆环状区域，是人眼睛的一个组成器官。该区域在红外光下通常呈现由里到外的放射状结构，包含许多斑点、条纹、隐窝等形状的细微结构和纹理特征，这些丰富而各不相同的纹理信息，构成了虹膜识别（参见图2-69）的基础。生理学研究表明，虹膜纹理的细节特征具有唯一性，可用于确定人的身份。虹膜识别的主要步骤包括虹膜图像的获取、预处理、特征提取与编码以及分类。

虹膜图像获取是指使用特定的数字摄像器材对人的整个眼部进行拍摄，并将拍摄到的图像通过图像采集卡传输到计算机中存储。虹膜图像的获取是虹膜识别的第一步，同时也是比较困难的步骤，需要光、机、电技术的综合应用。

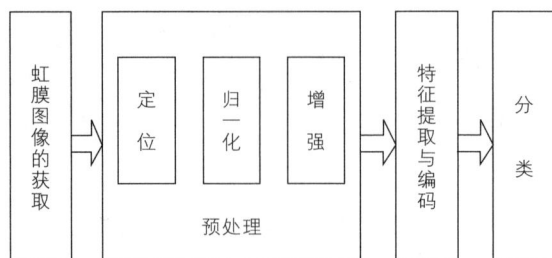

图 2-69 虹膜识别的主要流程

图像预处理是指由于拍摄到的眼部图像包括了很多多余的信息，并且在清晰度等方面不能满足要求，需要对其进行包括图像平滑、边缘检测、图像分离等预处理操作。预处理过程通常包括虹膜定位、虹膜图像归一化、图像增强三个部分。

虹膜定位是虹膜识别过程中运算时间最长的步骤之一。方法大致分为两类：一是边缘检测与霍夫变换相结合；二是基于边缘搜索的方法进行识别。

虹膜图像归一化的目的是将虹膜的大小调整到固定的尺寸。主要采用映射的方法对虹膜图像进行归一化。

图像增强的目的是解决由于人眼中呈现的图像光照不均匀造成归一化后图像对比度低的问题。

虹膜特征提取和识别方法可分为八大类，包含：

一是基于图像的方法，将虹膜图像看成是二维的数量场；二是基于相位的方法，在进行特征提取时舍弃反映光照强度和对比度的幅值信息；三是基于奇异点的方法，将虹膜图像中的奇异点分为过零点和极值点；四是基于多通道纹理滤波统计特征的方法，将虹膜图像看成是二维纹理；五是基于频域分解系数的方法，将图像看成是由很多不同频率和方向的基组成，通过分析图像在每个基投影值的大小分布可以深入认识图像中具有规律性的信息；六是基于虹膜信号形状特征的方法，对虹膜信号形状进行特征分析，呈现虹膜特征信息；七是基于方向特征的方法，对光照和对比度变化的鲁棒性较强，而且可以描述局部灰度特征；八是基于子空间的方法，在较大规模的训练数据集上找到若干个最优基，然后将原始图像在最优基上的投影系数作为降维的图像特征。

特征匹配是指根据当前采集的虹膜图像进行特征提取得到的特征编码与数据库中事先存储的虹膜图像特征编码进行比对、验证，从而达到识别的目的。

虹膜拥有丰富的纹理及随机的细节特征，相比其他生物识别方法，虹膜识别具有不可取代的生理优势。在一般情况下，虹膜形貌可以保持数十年没有多少变化。由于虹膜的外部有透明的角膜将其与外界相隔离，因此发育完全的虹膜不易受到外界的伤害而产生变化。同时，虹膜识别优于其他的生物特征识别技术，虹膜识别的错误识别率可能为1/1500 000，苹果公司的Touch ID的错误识别率可能为1/5 000，虹膜识别的准确率高达当前指纹方案的30倍，其错误率是各种生物特征识别中最低的。

4）指静脉识别

人体皮下分布着丰富的静脉血管和毛细血管，这些血管脉络包含大量的线形特征信息。静脉采集的原理是根据血液中的血红素有吸收红外线光的特质，将具有近红外线感应度的小型照相机对着手指进行摄影，就可以将手指皮下的血管图样拍摄下来。

随着生物特征识别技术的兴起，静脉识别技术（参见图2-70）越来越受到人们的重视。现有的静脉识别技术主要有指静脉识别和掌静脉识别。掌静脉识别由于保存及对比的静脉图像较多，因此识别速度较慢。指静脉识别由于其容量大、识别速度快、精确度高、活体识别等优势，越来越受到更多重要场合的青睐。但由于采集方式受自身特点的限制，产品难以小型化；采集设备有特殊要求，设计相对复杂，制造成本高，因此，市场运用率低。

2.6.2 基于区块链技术的支付

与传统支付体系相比，基于区块链技术的支付是直接在双方之间进行的，不涉及中间机构，即使部分网络瘫痪也不影响整个系统运行。它不但可以全天候支付、瞬间到账、提现容易并且没有隐性成本，也有助于降低跨境电商资金风险并满足跨境电商对支付清算服务的便捷性需求。

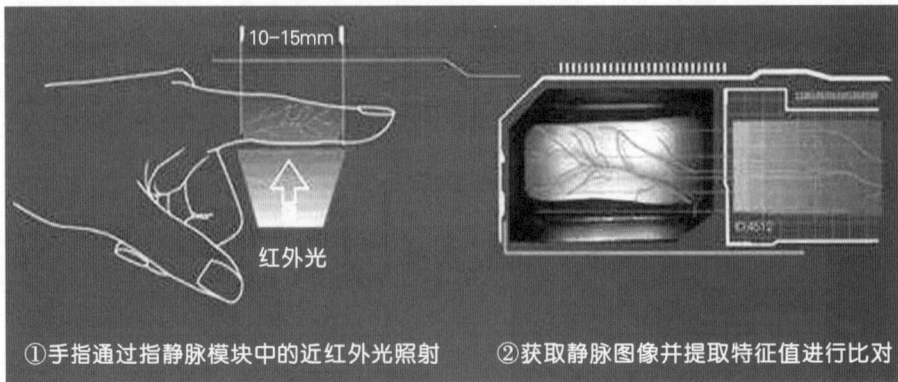

図2-70　指静脉识别技术原理

　　如果采用区块链技术，可以有不同的解决方案，一种方案是联盟链或私有链的模式，即对于同属一个集团的银行使用区块链来为支付行为生成总账。每一个银行都可能是一个私有区块链网络的参与者，并且能够完成交易，参与一致算法。采用了这个解决方案，就不再需要不同数据库之间的对账了，因为一致性算法已经达到了单一总账的权威状态。而且，支付可以不需要中间方，只在银行间进行结算，切实地减少了中间的费用。这种交易是实时的并且是点对点的，降低了交易对手的风险，而结算时间大大缩短，以毫秒计。在监管者看来，一个区块链是所有交易方共享的不可变总账本，所有的监管者和审计方都有权访问。

　　另一种方案是采用公有链模式，银行间支付采用活跃于特定网络的多重中央交易对手来为借贷双方结算。为了使交易对手的风险最小化，每一个银行必须为每一个支付网络设立储备金账户。在这种情况下，许可区块链（私有区块链）可以在属于不同集团的银行间实现。关键的优势在于跨界付可以摆脱关联银行的参与。这样，本来要给中间交易方的资本金就省下了，而分配给自身银行业务的资源就增多了。只需一个储备金账户，即可搭建支付的全网区块链平台结构。当大量银行参与到这个网络中时，这个解决方案就显得很有吸引力。

　　在实际操作中，基于区块链技术的智能支付解决方案在"弱中心化""低成本化""强安全性""可追溯性"等方面，均能较好地满足智能支付应用领域的需求。不仅能够有利于减少银行机构间的会计账目成本以及沟通成本,进而使得交易服务的响应时间大幅缩短,而且从可行性上来看,运用区块链技术能够从多个方面提升智能支付效率。

目前,全球已有众多金融科技企业致力于推进结合区块链技术的智能支付方案,各国政府和大银行对此也高度重视,展开理论和实践方面的研究。根据不同场景的技术方向,大概分为三类:基于代币的 Circle 模式(参见表2-6)、基于技术协议的 Ripple 模式和政府主导的数字货币模式。

表2-6   基于代币交易模式的场景实验

项目名称	项目主体	应用范围	主要特点
Oklink	Oklink	中国	运用自建代币 OKD 作为交易基础货币,与美元1:1挂钩
OPEN 平台	OPEN 平台	美国	开发处理任何区块链付款所需的基础架构应用程序,使开发人员能够以类似于应用程序运行的方式接受加密币,与此同时,OPEN 提供了 OPEN 平台的代币
Circle	Circle 公司	全球	致力于通过比特币后台网络的区块链技术,使国家货币之间的资金转移更加简单和便宜
区块链支付实验	国有开发银行	俄罗斯	试行一个新的基于区块链的支付系统

1)基于代币的 Circle 模式

Circle 模式的最初交易方式,可以理解为将比特币当作“数字黄金”,作为结算的基础货币。由于大多数地区均有基于本地区货币交易的 Bitcoin 交易所,Circle 根据这一现状,将这些场所进行连接,将共同使用的 Bitcoin 作为交易的基础货币。比如在跨境支付中需要将欧元转换为美元,首先通过欧洲的 Bitcoin 交易所,把欧元转换为 Bitcoin,随后到以美元进行交易的 Bitcoin 交易所兑换成美元。前提是在极短的时间内,Bitcoin 的币值变化极其微小。Circle 模式实际上使交易摆脱了复杂的 SWIFT 跨境支付交易系统,以一种最为简单直接的方式利用了区块链带来的新技术变革。

2）基于技术协议的 Ripple 模式

Ripple 模式比早先的 Circle 模式有了一定程度的优化，主要区别有三点：一是交易中介货币的范围更广，不局限于 Bitcoin；二是推出了自己的区块链代币"瑞波币"；三是推出了 Ripple 协议，能够实现不同现实货币以及虚拟货币的交易转换。

Ripple 协议下所有节点可以在数秒之内响应总账数据更新，同时完全不需要通过大型的中心化数据中心。目前，全球加入 Ripple 系统的国家和地区已经达到 200 个以上。值得一提的是，在 Ripple 的支付交易中，人民币交易的占比最大，约 34%，分别高于美国和日本的 27% 和 11%。许多政府和银行进行的区块链智能支付实验或软硬件系统建设，其本质上也是仿照 Ripple 模式进行的关于建立底层协议的探索。

3）政府主导的数字货币模式

不同国家对数字货币的态度不尽相同，欧洲多国对现有的数字货币持开放态度，荷兰等国在主权货币方面实验性推进十分积极；俄罗斯等国目前也已开始了小规模的尝试；中国则严格监管，并且坚定地以央行为主体推进主权数字货币实验。

2.6.3 智能终端

从 2007 年苹果推出第一代智能手机开始，智能设备开始进入人类视线，从根本上改变了人类社会的生活方式和商业结构。在支付领域，作为最前沿的工具，支付终端也开始逐步向智能化迁移和发展。

支付受理终端，处于整个行业的最前沿，直接决定了消费者的体验。支付受理终端既是支付业务的起点，同时又是支付业务的终点；既是支付指令的发起方，又是最终接收方。它作为支付类机构在市场终端的触角，把消费者、商户和发卡行、收单行等连接在一起，是支付业务的最直接体现和实现形式。因此，支付受理终端是什么样的，就决定了支付业务模式是什么样的；反过来，支付业务模式的变化是以支付受理终端作为支撑，并改变着支付受理终端。以往传统的线下银行卡支付时代，支付受理终端一般就是具有刷卡功能的 POS 机以及可以存取款的 ATM。到了移动互联网时代，手机端的支付宝、微信支付成了广大消费者越来越接受的支付方式，而银联联合各商业银行也力推云闪付，支付方式开始变得更加多样。消费者可以在线下扫码、在PC端扫码、在移动端扫码，流量来自多类人口；商业模式层出不穷，不断跨界、多种融合，所涉及的支付场景也随之发生了巨大的变化。这时，原有的支付模式也面临着巨大的挑战，跟当年的银行各自布放POS机，各自收单的状况非常类似，在支付手段日益多样的今天，各商家无法一一与各银行和支付机构对接，在场景需求上，商家需要为消费者提供全场景、全方式的支付收款服务。因此，需要有更加全能的支付方式来承载，这样就出现了"聚合支付"。

"聚合支付"要求有更加全面而智能的终端予以支撑，这就是智能终端。因此，智能支付受理终端是一种相对传统支付终端而言全新的产品，主要是随着移动技术的发展，为满足移动支付的适用范围和多样化支付形式，而兼容了二维码甚至光波、声波支付、刷脸支付等支付功能的新型终端，并提供支付以外的增值服务。

大约从2014年开始，随着移动支付的爆发，原来的传统POS机已经不能满足多样化支付的需要，B端硬件设备开始迎合满足市场这种需求，生产各类满足融合支付功能的智能支付终端。因此，智能支付终端开始取代传统支付受理终端。各商业银行作为支付受理终端的重要布放者，顺应市场需要，结合自身特点和业务，纷纷推出各自的智能支付终端产品。如中国农业银行研发推出智能支付终端"智付通"，在惠农通服务点全面推广使用，使"惠农通"工程互联网化升级取得重大进展。通过"智付通"的应用，农业银行惠农通服务点在互联网环境下可实现收付款、助农业务、惠农卡业务、充值缴费等金融服务。以智能支付终端为渠道，农业银行对原有传统POS机和转账电话产品进行升级，已在智能支付终端上成功加载了"贵州银社通""宁夏非税缴费""云南大理税控"等多个服务"三农"的分行特色应用，为有针对性地服务各地"三农"客户提供了终端工具，进一步提高了农业银行的"三农"服务能力。

再如，为了满足客户的支付需求，提高商户的收单便捷性，华夏银行一体化支付终端平台也推出了智能POS机终端。该终端是支持磁条卡、C卡接触式和非接触式业务受理的移动支付终端产品。除提供传统POS机收款、付款、微信二维码收付款、微信订单退货交易、小额脱机消费、电子现金余额查询、大小额转账交易、行内卡卡转账、行内对公转账、银行卡余额查询、银联云闪付与Apple Pay等功能外，该智能终端还设置了商户收银系统，商户可以在智能POS机上完成商品添加、商品查找、商品详情查看、商品编辑及商品出入库功能，明晰商品库存管理。其他商业银行也普遍推出各自的智能支付终端或智能综合金融服务终端。

支付机构作为支付领域的重要组成部分，也纷纷推出各自的智能支付受理终端，如拉卡拉支付公司自2015年率先推出智能POS机和云平台产品后，对智能支付受理终端投入大量资金，推出智能收银台和收钱宝盒、超级收款宝、支付手环等"重轻并举"的多层次产品。这些终端产生的大量消费数据通过拉卡拉云平台的处理将产生巨大商业价值，让生产企业、商户、金融机构、第三方支付平台和消费者之间不断衍生出新的交互场景，逐步形成一条支付产业链。

智能支付受理终端的发展，不仅仅是将各种支付手段进行整合，智能POS机终端可以说是"新零售"落地不可或缺的一环。以O2O餐饮行业为例，其承载的不仅是移动支付功能，还为商户提供了卡券营销、数据分析、客户营销等多方面服务。

展望未来，随着科技的发展，支付形式的日益多元化，支付工具的变化也将会越发多样化。不管如何，支付受理终端的发展趋势主要有几点：

一是更强的聚合性。无论哪种付款方式，都可以受理，让消费者感受到便捷。无论银行卡、NFC、二维码，还是各种手机Pay、可穿戴支付甚至未来的生物识别，都可以在一台机器上受理。

二是更广的可扩展性。为了适应支付市场快速变革，需要智能支付受理终端具有很好的可扩展性，每增加一种新的支付方式，通过接口或程序就可以进行拓展，从而大大降低机具成本。

三是更好的整合性。不仅仅是收款，而且能够和收银系统、会员系统对接，支持形成账务报表、流水统计等，甚至进行消费者偏好分析，对商户形成很好的经营决策帮助。此外，随着物联网的发展，支付受理终端有可能和商家的采购供应链系统对接，在商品出售的同时，可以实现自动化采购。

四是更深的智能性。借助云计算、大数据、人工智能等技术，能够自我学习、深度学习，更加聪明智能。

五是更完美的体验性。程序友好，操作简单，清晰易懂。在每一次支付的细微之处都能有完美的体验。

2.6.4 支付科技的应用案例

江苏省依托于其本地的经济发展优势，在金融科技的发展中，同样取得了不俗的成绩。而在支付科技方面，银行及非银行金融机构各自有不同的突破。如南京银行率先上线"指静脉识别存取款机"；苏州银行综合运用生物识别技术，推出"刷脸取款"功能；苏宁金融依托其生态优势，开发上线了"刷脸支付"，应用于苏宁旗下"无人 Biu 店"；江苏银行自主研发"e 融支付"全渠道二维码扫码支付，实现多码合一、聚合支付。

1）苏州银行刷脸取款

为进一步提升客户体验，苏州银行手机银行全新推出了"刷脸取款"产品（参见图 2-71），取款用户无须携带银行卡，只要通过手机"刷脸"，即可在 ATM 完成取款，解决了很多人出门忘带卡、取不了钱的烦恼，更减少了吞卡情况，并降低了伪卡风险。苏州银行"刷脸取款"只要"扫码-刷脸-取款"三步即可轻松完成。

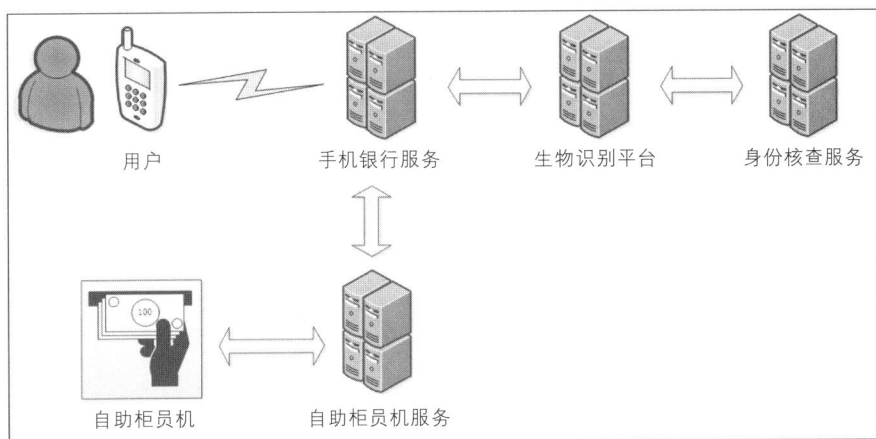

图 2-71 刷脸取款系统交互示意图

第一步，用户到自助柜员机选择"刷脸取款"，自助柜员机展示二维码，使用手机银行扫描取款二维码；第二步，在手机银行端进行"刷脸"认证；第三步，在自助柜员机完成取款。

苏州银行"刷脸取款"具备以下几个优势，一是更快、更简单，整个刷脸过程不到8秒钟，操作简单便捷；二是更准确可靠，人脸识别精准度达到99%，远远超过人眼识别水平，可以实现复杂条件下精准识别；三是更安全稳定，人脸识别具有唯一性、稳定性和难以复制等特点。

手机银行刷脸取款主要涉及如下系统：

第一，手机银行系统：用于扫描 ATM 的刷脸取款二维码，对用户进行活体检测以及用户认证；

第二，自助柜员机系统：处理用户在自助柜员机上进行的操作，包括交易密码验证、取款等；

第三，生物识别平台：手机银行系统客户端集成生物识别平台 SDK，提供用户活体识别、人脸比对功能；

第四，身份核查系统：对通过活体检测的用户照片进行身份核对，通过不同通道提供全天候服务。

用户打开手机银行扫描自助柜员机取款二维码，判断用户是否登录手机银行以及是否开启无卡取款权限，进入刷脸流程。手机银行调用生物识别平台对用户进行活体检测。检测成功后取活体检测过程中的一张用户图片和身份核查系统返回的用户图片进行人脸比对，若验证通过，手机银行进入取款设置页面。用户选择取款银行卡，输入取款金额，点击提交按钮后，自助柜员机向用户显示取款信息，用户输入交易密码后即可取款。

2）苏宁金融刷脸付

苏宁金融刷脸支付（参见图2-72）配合自助收银台设备，可应用于全国210家大型家乐福超市、5 000多家苏宁小店以及苏宁极物、苏宁红孩子、苏鲜生等苏宁生态圈内线下零售场景。

刷脸支付开通：用户须首先完成苏宁支付账户实名认证。再由苏宁支付 App 采集用户人脸信息并完成活体检测、公安网验证等一系列安全验证，最终刷脸支付开通成功后，用户人脸信息在苏宁人脸数据库加密存储。

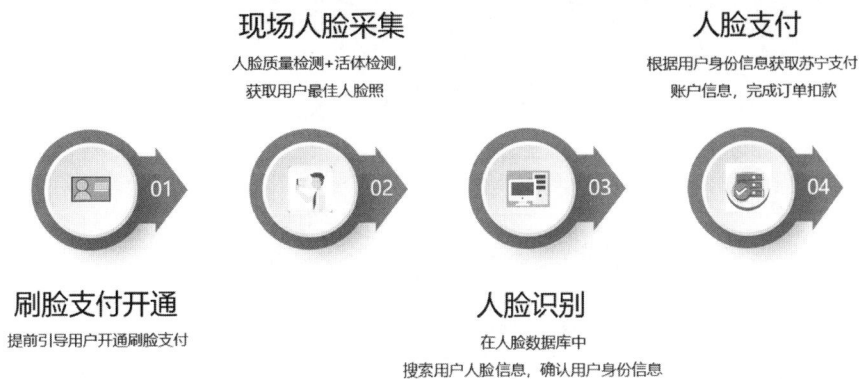

现场人脸采集
人脸质量检测+活体检测，获取用户最佳人脸照

人脸支付
根据用户身份信息获取苏宁支付账户信息，完成订单扣款

01 02 03 04

刷脸支付开通
提前引导用户开通刷脸支付

人脸识别
在人脸数据库中
搜索用户人脸信息，确认用户身份信息

图2-72　苏宁金融刷脸支付流程

现场人脸采集：用户线下使用刷脸支付结账时，由自助收银机现场采集用户人脸信息，完成人脸质量检测和活体检测后，获取用户最佳人脸照。

人脸识别：根据用户最佳人脸照在人脸数据库中比对识别，确认用户身份。

人脸支付：确认用户身份后，刷脸支付系统获取用户付款账户，用户确认付款账户无误后提交付款请求，完成交易。

在产品架构（参见图2-73）方面，分为前端的设备层，中后台的数据层、核心层、业务层及应用层。

（1）设备层：刷脸支付所需的硬件设备。主要有三种：

用户手机：刷脸支付需要用户打开苏宁金融App开通。

人脸POS机：人工收银台刷脸支付所需。

其他收银终端：比如商超内的自助收银机。

注：收银终端摄像头推荐使用3D结构光摄像头，以提高人脸检测和活体检测精度。

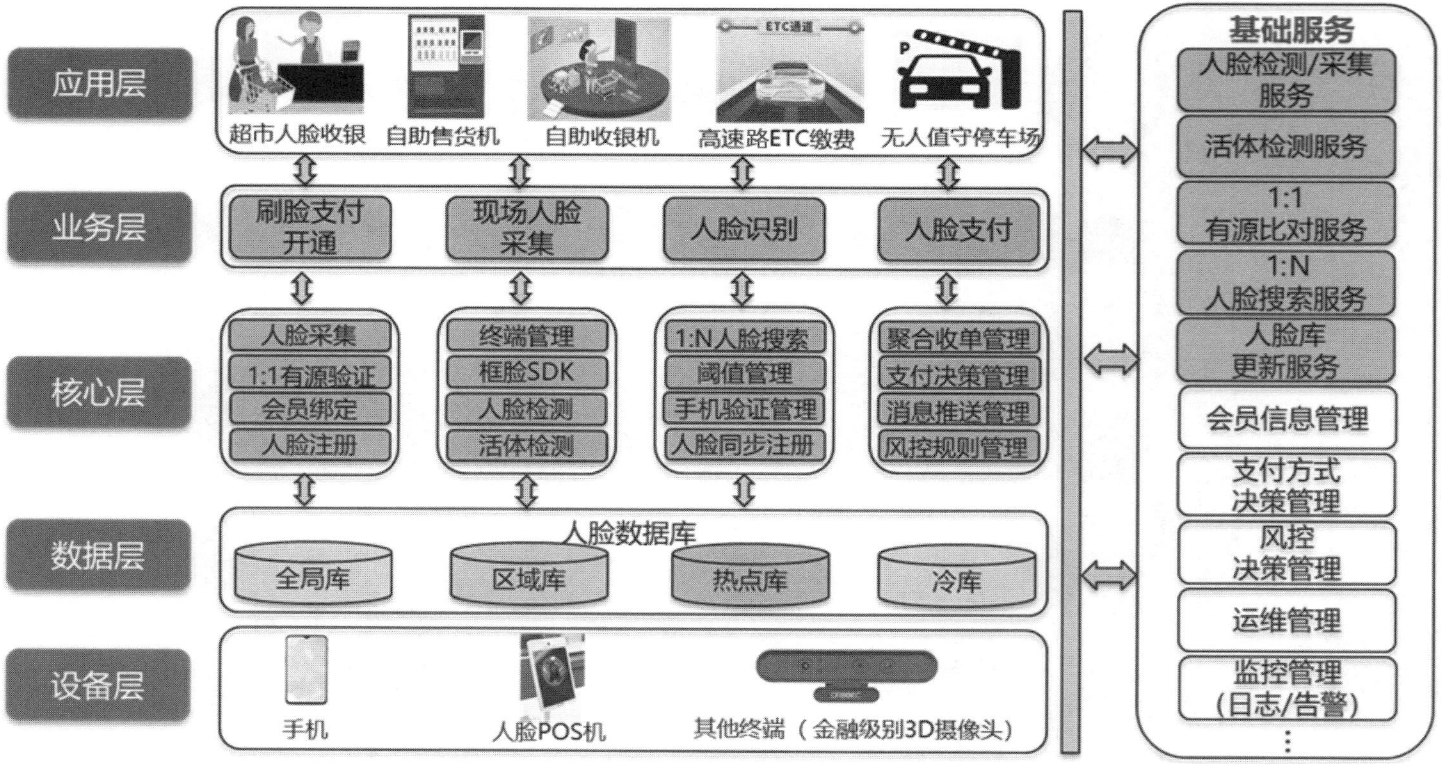

图 2-73 苏宁金融刷脸支付产品架构

（2）数据层：主要是人脸数据库，人脸识别所需的关键数据。人脸数据信息随着用户消费行为智能调配。其中：

全局库：苏宁金融人脸数据总库，包含所有开通苏宁金融刷脸支付的用户人脸数据。

区域库：针对用户近期在苏宁消费的信息建立的各个大区、城市甚至某个苏宁门店的用户人脸数据库，用于提升人脸识别精度。

热点库：针对使用刷脸支付频次较高的用户建立的人脸热点库，进一步提升人脸识别精度和效率。

冷库：针对使用刷脸支付频次很低的用户建立的人脸冷库，人脸识别优先级较低，辅助提升人脸识别效率。

（3）核心层：刷脸支付产品运行所需的核心功能模块，用于支持刷脸支付业务。基于产品对外提供的服务，划分为刷脸支付开通模块、现场人脸采集模块、人脸识别模块、人脸支付模块。

刷脸支付开通：这个功能主要在苏宁金融App中实现，要求用户开通刷脸支付功能。包含人脸采集、1∶1公安网有源比对、人脸信息注册、会员绑定等功能。

现场人脸采集：人脸POS机、自助收银机自助支付终端，采集人脸识别所需的用户人脸照，包含采集终端管理、框脸SDK、人脸检测、活体检测。

人脸识别：现场人脸采集的用户人脸照在苏宁人脸数据库中比对，找出用户身份信息。包含1∶N人脸搜索、人脸评分阈值管理、用户手机号二次验证管理、现场人脸同步注册等功能。

人脸支付：根据人脸识别结果获取用户苏宁支付账户，智能决策用户付款方式，完成订单扣款。包含线下聚合收单管理、支付决策管理、支付结果消息推送管理、风控规则管理等功能。

（4）业务层：为用户、商户提供的刷脸支付服务。包含刷脸支付开通、现场人脸采集、人脸识别、人脸支付服务。

（5）应用层：刷脸支付产品线下可应用的场景。当前主要可应用于超市收银人脸支付、自助售货机、超市自助收银机、高速路ETC缴费、无人值守停车场等业务场景。

3）苏宁一键付

一键付（参见图2-74）系苏宁支付为商家和用户打造的提供安全便捷的一键即完成扣款的解决方案，无收银台、无支付密码、无短信验证码，更没有任何中间步骤，一键开通后，付款只需1步、1秒。目前，一键付已经在苏宁金融App、苏宁易购App、苏宁小店App、苏宁无人货架等线上线下场景上线，为消费者提供更便捷、更安全的支付服务。

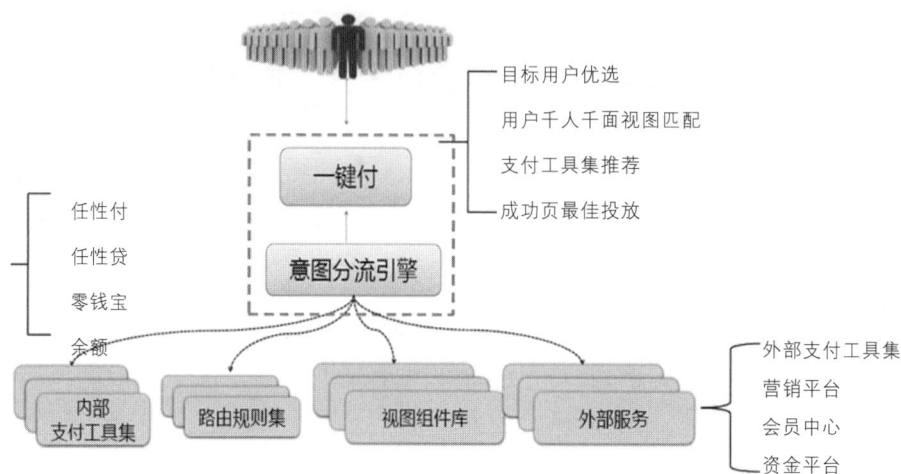

图2-74　苏宁一键付产品架构

依托苏宁金融研发的智能支付引擎，包括决策机器人、智能风控和云支付平台，通过百万次/秒深度模型决策，一键付让支付变得更快捷、更安全、更稳定。

自2017年11月在苏宁金融App上线以来，一键付一直在不断迭代更新，技术更趋完善，让订单支付成功率提升至90%以上，用户操作步骤从4步减少到了1步，支付时间从12秒缩短到1秒，极大提升了订单支付成功率、用户支付体验、支付交易额，让苏宁支付实现一键支付，具有引领行业变革的意义。

一键付产品在感知用户心智方面和保障交易安全方面，采用了人工智能技术。

金融科技是智慧零售的重要组成部分，一键付产品围绕用户心智和运营策略搭建了智能化支付营销体系，贯穿用户付前、付中、付后全流程。结合金融科技、大数据平台服务能力，通过人工智能技术和规则引擎技术，以苏宁易购App、苏宁小店App业务场景为目标，对用户进行智能化的支付营销推荐。在购物的支付全链路上触达每一个用户，实现千人千面的智能支付营销推荐策略。通过分析用户的会员属性特征、环境风险识别、历史支付行为数据、商品类型、营销费用预算消耗情况等综合因素实时计算最优惠的活动和最佳匹配，实现个性化、智能化的支付营销精准推荐。

（1）基于海量的用户支付历史行为数据的智能化支付营销推荐，可以精准地命中用户心思，实现"懂用户所想"，用户进入收银台结算无须多余操作，系统自动推荐最优的付款工具和匹配最优惠的支付营销活动，始终保证用户利益最大化、支付路径最短化。

（2）用户购物全流程可实时在当前场景下参加最优惠的支付营销活动，用户进入收银台结算前可提前感知本次使用一键付预计可参加的最优惠活动，实现一键付营销活动"所见即所得"的用户体验。

（3）智能营销推荐模型根据用户的属性、风险等级等，实现了"好人奖励、坏人惩罚、新人引导、老人鼓励"，保证每一个支付营销活动在特定的购物场景下触达每一位真实的用户，最大程度地将促销活动名额送给目标用户，将黄牛用户拦截在外。

一键付三大核心技术包含支付决策机器人、智能风控平台、云支付平台。

其中，支付决策机器人（参见图2-75）是基于整个用户的心智模型，依托苏宁生态圈积累的海量交易数据，再结合营销策略和用户的消费习惯，选择最优的付款方式命中消费者的心智。也就是说，可以根据具体用户具体订单，进行个性化最优展现和系统逻辑处理，达到千人千面，满足每一个用户的支付体验。现在，即便是用户在支付过程中遇到各种各样的异常情况，支付决策机器人也能自动帮忙轻松解决。

而智能风控平台（参见图2-76）从"极目"账户异常预警系统、"两仪"风控算法模型、"棱镜"反欺诈侦测引擎，到3 000条以上风控规则、5 000个以上专家模型，做到360度全方位保障交易安全，确保进行支付的人就是用户本人。

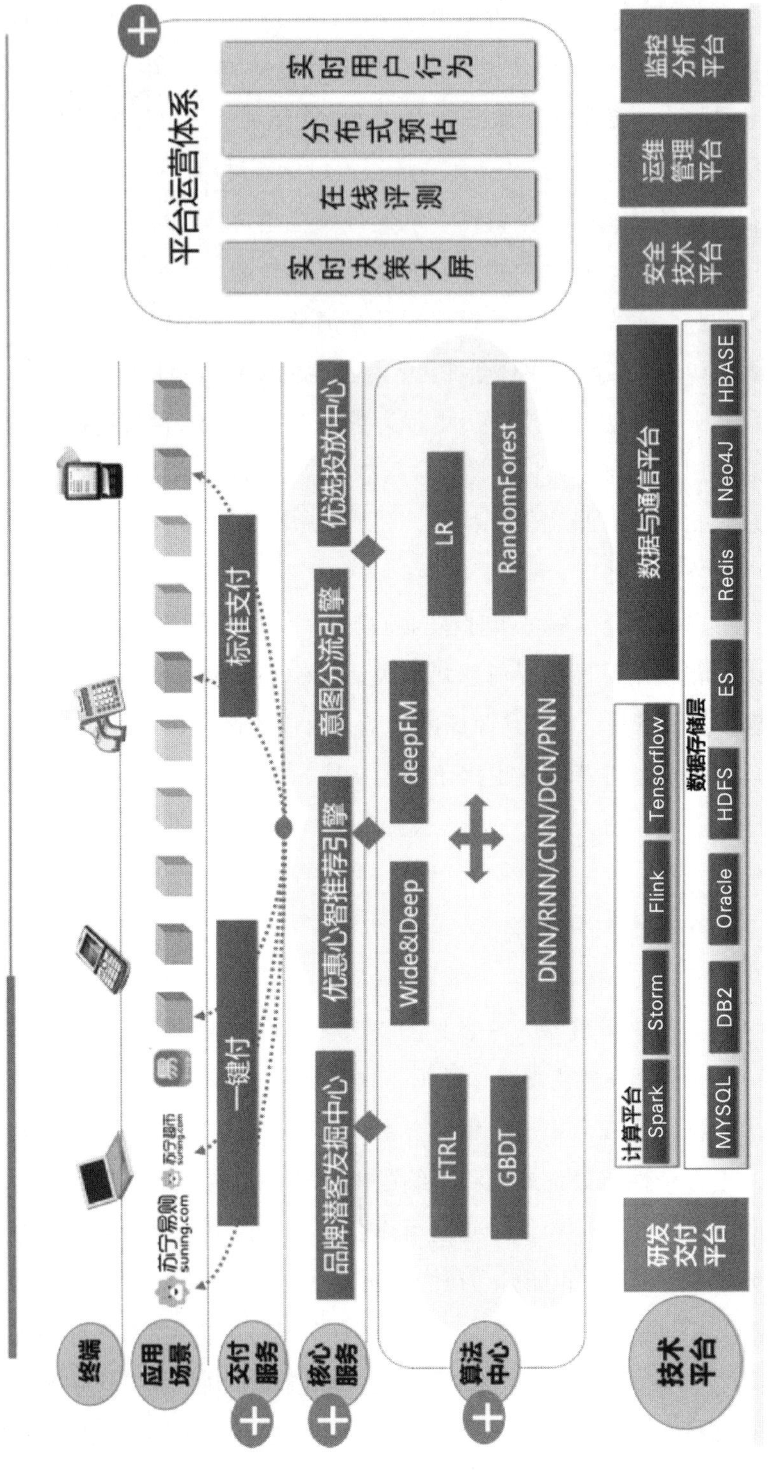

图2-75 支付决策机器人总体架构

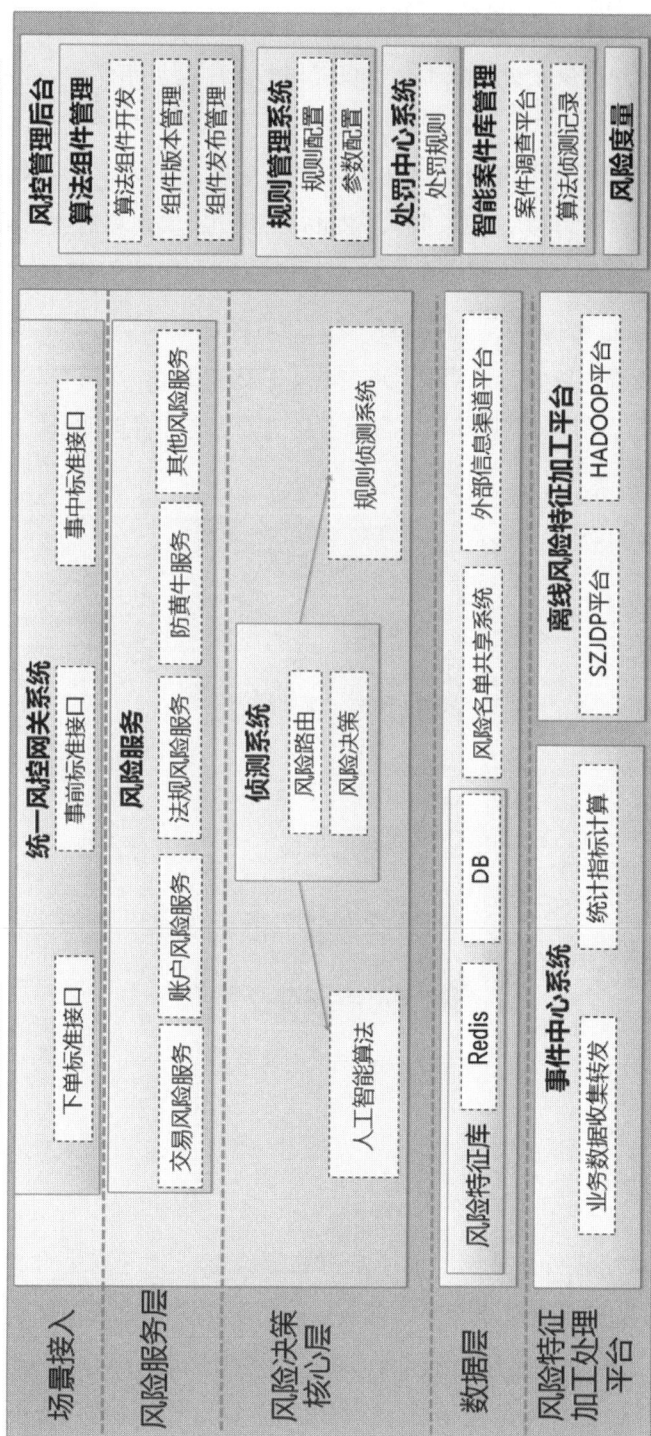

图 2-76　智能风控平台

云支付平台（参见图 2-77）每秒可以处理 20 万笔支付交易，支持 400 家以上的银行，并提供全天候服务，不仅能服务大中型城市用户，也能很好地服务于村镇用户。首先，云支付平台采用高可用、可伸缩性设计体系，通过动态一键扩容，可实现每秒处理 20 万笔支付交易。其次，按照 N+X 设计思路，云支付平台支付核心链路进行了 Failover 设计，实现多活数据中心建设，保证单一组件实例失效不影响业务正常运行（多活/热备）。最后，云支付平台还实现了全网弹性治理，每个组件做到自监控、自管理、自适应与自优化能力，可以随着业务量与访问模式的变化，以及其他内外部因素的改变，自动地对资源进行调度、调整策略，保障自身的稳定与服务的质量。

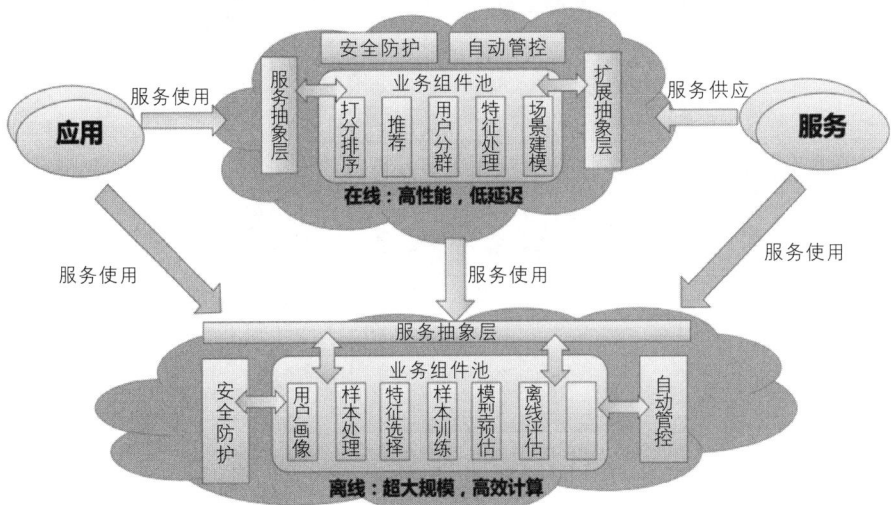

图 2-77　云支付平台

2.7　RPA 技术

RPA 技术使银行业能够以前所未有的方式整合业务流程的"最后一公里"。RPA 可以在原有系统无须任何改造的情况下，通过自动化、智能化技术来替代员工进行重复性、低价值、无须人力决策的固定性流程化操作，提升工作效率，减少错误，让银行摆脱烦琐重复的流程工作，降低成本。

2.7.1 背景

在人工智能、云计算、大数据等新兴技术和互联网理念赋能之下，金融科技发展在带来前所未有的历史机遇的同时，也使得各行业的工作流程与操作变得越来越复杂。为了应对劳动力成本上升和技术资源不足问题，金融企业在流程管理和信息化方面投入了大量资源。然而，传统企业信息系统的实现往往仍需大量的人力干预和变更管理。如何实现有效的人机管理成为金融行业关注的重点。

国务院在《新一代人工智能发展规划》中强调建设智能金融，积极开展智能金融产品和服务创新，鼓励金融新业态发展。然而作为国家经济血脉的金融、证券等行业，金融科技并不能违背传统金融的宗旨和安全原则。因此，金融企业所面临的现状是新业务、新系统不断增加，但传统运维流程短时间内不会改变。新旧并存的现实大大增加了金融企业运营工作的强度和难度。随着系统架构复杂度不断增加，不同系统间依赖性越来越强，知识分散和专业化分工程度高，流程步骤多且难以优化，增加了出错概率。运维人员很难通过人工方式全面准确地掌握IT基础设施的整体环境视图，在关键时刻影响问题的解决效率，存在隐性的巨大金融运营风险。

面对上述信息系统发展所带来的诸多问题，很多企业尝试进行系统集成，但架构复杂、难度巨大、成本高企、周期漫长等原因使得系统改造举步维艰，收效甚微，而由金融行业最先尝试的自动化技术则另辟蹊径，有效地避免了这些缺陷，逐步成为企业优化流程的首选工具。

2.7.2 自动化技术兴起

RPA（Robotic Process Automation）是一种新兴的信息自动化方法，它使用基于软件的机器人来执行原本需要人工处理的任务。这些软件机器人在不改变现有信息资源的基础上，通过模仿人类行为，自动执行跨多个业务应用程序的重复任务，从而提高业务办理效率及数据安全性。

根据Institute for Robotic Process Automation & Artificial Intelligence提出的定义，RPA是一种使用配置自动化机器人的信息技术，通过使用计算机捕获和解析待处理事务、管理数据和与其他软件通信的应用程序。

1）RPA的特征

RPA技术经过多年发展以及自动化实施过程的实践，使用RPA的最佳场景包含如下三个关键特征：基于信息界面软件以及相关数据的工作、基于规则或模板重复操作的工作和事务跨系统交互，如图2-78所示，具体特征有：

图2-78　RPA应用范围

（1）具有精准高效的工作能力。RPA机器人实现7天×24小时工作，并且时刻保持专注，能够始终处于高强度、高速度、高质量的工作中。另外强大的人工智能赋予它大数据处理、机器学习、决策分析的能力后，不仅能够替代人工处理强度大、时间紧、重复性高、机械性的工作，还能够对各种数据进行更深入的加工与处理，并辅助决策人员决策。

（2）可实现管理优化。RPA的实施是对企业执行工作数据、日志、管理配置信息的收集和管理的过程，可以通过RPA对企业流程进行进一步的分析和改进，使公司能够找出差距并部署措施以允许进一步优化。

（3）方便监管不易泄密。RPA的出现完全是按照金融机构的要求来设计的，工作流程完全可控，非常有利于机构对其工作的监督和管理。RPA还可以实现对所有流程数字留痕，实现对关键工作的追溯，排除人为干扰与道德风险。

（4）可降低操作错误和交付风险。RPA作为稳定运行的信息自动化处理工具，在正确稳定的执行后能够消除人工操作风险与处理错误，可以按预期实现既定的输出。

（5）可降低企业成本。RPA消除了传统冗余劳动力的需求，减少了多余员工成本的同时显著降低培训成本与跨系统沟通成本。

2）RPA应用现状

从RPA的特征可见，其可以应用的通用业务领域包括：IT基础支持、供应链管理、人力资源管理、财务与核算、销售与市场管理、运营与合规管理。

按行业垂直领域划分，以银行和保险为代表的金融行业的自动化流程市场份额最高，合计占到了市场总量的一半以上。接下来的是政府和公共服务业、制造业、电信业、零售业和交通物流行业。从全球市场来看，结果是类似的，大规模采用RPA机器人的行业同样是金融行业。随着RPA在更多行业的逐步推广应用，整个市场的蛋糕将以近61%的增长率被逐步做大。

根据德勤2018年的调研，各企业认为RPA替代20%的全职人力、平均一年左右的回报周期十分有吸引力。在此背景下，到2020年预计将有72%的企业实施RPA，这意味着RPA将成为接近全球性的应用。

目前市场存在三种RPA产品形态：第一种是企业定制化的独立RPA软件，打开电脑点击即可使用；第二种是应用于财会、金融等行业场景的平台化RPA产品，客户端包括图形化设计器、执行环境（机器人），云端控制台则是基础的AI服务和结算系统；第三种则是支持开发者二次开发的RPA平台，提供第二种所有功能的同时还提供对应的开发接口，以便进行定制化设计，目前处于国际领先地位的公司产品有UiPath、Blue Prism、Automation Anywhere等。

3）RPA到IPA发展

随着人工智能技术的不断发展，与之融合的RPA技术形态也在快速演变。根据智能化程度的不同，流程自动化主要分为三个阶段，如图2-79所示。

第一层级：规则基础自动化，重点是自动化依赖于结构化数据的任务，规则基础自动化的实施和管理的应用范围越来越广。

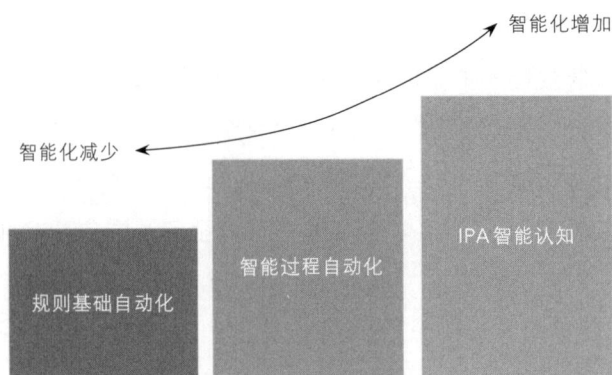

智能化增加

智能化减少

规则基础自动化

智能过程自动化

IPA智能认知

图 2-79　RPA发展阶段

第二层级：智能过程自动化，支持非结构化数据作为输入，可以从经验中学习并应用知识来处理不同的需求，能够理解客户的查询并执行之前需要人工干预的任务。

第三层级：IPA智能认知。结合基础流程重设计、机器人流程自动化以及机器学习等新技术实现机器自主认知和智能的任务处理。

随着RPA智能化水平的逐步提高，随之带来的效率提升也非常显著。如表2-7所示，从基于宏使用、抓屏的基本流程自动化到AI认知时代的IPA，成本节约程度可以从10%提高到60%以上。而作为流程自动化发展进程中最先进技术形态的IPA应至少具备以下五种核心技术：

表2-7　　　　　　　　　　RPA各阶段成本节约

等级	RPA技术种类	描述	预估节约成本
第一等级	规则基础自动化	展现层中的宏指令，屏幕抓取以及业务工作流技术；不能集成到IT系统中	10%~20%
第二等级	智能过程自动化	使用自然语言处理技术；能理解非结构化数据并应用于自动化进程	35%~50%
第三等级	IPA智能认知	认证运算系统本质上是像人一样，通过吸取经验和学习来尝试解决问题	>60%

（1）机器人流程自动化（RPA）：作为RPA技术的演进形态，IPA应具

备早期 RPA 的所有技术特征及理念。

（2）智能工作流（smart workflow）：一种流程管理的软件工具，它集成了由人和机器团队执行的工作，允许用户实时启动和跟踪端到端流程的状态；该软件将管理不同组之间的切换，包括机器人和人类用户之间的切换，并提供瓶颈阶段的统计数据。

（3）机器学习/高级分析：一种通过"监督"或者"无监督"学习来识别结构化数据中模式的算法。监督算法在根据新输入作出预测之前，通过已有的结构化数据集的输入和输出进行学习。无监督算法观察结构化的数据，直接识别出模式。

（4）自然语言生成（natural-language generation，NLG）：一种在人类和系统之间创建的无缝交互引擎，它遵循规则将从数据中观察到的信息转换成文字。广播公司使用自然语言生成来自动地、快速地撰写关于比赛的文章。结构化的性能数据可以通过管道传输到自然语言引擎中，并自动编写成内部和外部的管理报告。金融机构已经使用 NLG 来复制其每周的管理报告。

（5）认知智能体（cognitive agents）：一种结合了机器学习和自然语言生成的技术，它可以作为一个完全虚拟的劳动力，并有能力完成工作、交流，从数据集中学习，甚至基于"情感检测"作出判断等任务。认知智能体可以通过电话或者交谈来帮助员工和客户，例如在员工服务中心。一个使用认知技术的英国汽车保险公司的转化率提高了 22%，验证错误率降低了 40%，整体投资回报率为 330%。

因此，IPA 作为 RPA 发展的最高阶技术实现，可以让流程自动化更具智能化，通过学习、总结、推理，提前预判新的应用场景，让组织流程自动运行。在未来，如果 IPA 接管了日常经营管理工作，员工就可以从繁冗操作性工作中解放出来，专注于思考如何实现业务目标和服务于客户。

2.7.3 金融行业 RPA 技术建设情况

对银行业而言，RPA 技术代表了一种全新技术，它可以提高生产率，同时最大限度地减少传统的重复性、劳动密集型的业务流程。银行 RPA 即通过使用机器人流程自动化软件/平台来部署桌面和最终用户设备级软件机器人（或人工智能助手），帮助银行处理大量重复性的业务。

1）RPA技术在银行业中具备的优势

（1）不影响原有系统。RPA机器人部署无须改造现有系统或升级银行内部核心IT基础架构，而是以"外挂"的形式存在于银行当前安装的应用程序的外部。

（2）没有编程要求。RPA平台不需要编程经验。其模块资源库里会预先设有常用的模块，员工直接调用即可，无须自己编程。

（3）实施快速。RPA机器人可以在短周期迭代中进行测试，几周便可完成部署与实施。

（4）更新便捷。当银行业务流程发生变化时，可在不到一周的时间内安装或更新RPA机器人。

（5）需要最少的IT干预。一线员工可以接受培训，以维护和"管理"自己的RPA机器人。

（6）提升员工满意度。与流行观点相反，RPA机器人通过代替人工手动操作，可以有效减少大量枯燥无聊的数据录入工作给员工造成的负担。

（7）不需要休息。RPA机器人可以全天候工作，极大地降低了银行人工成本。

2）RPA技术在银行业中典型应用场景

场景一：监管报送

银行每月需定期在统一报表系统等业务系统中下载原始数据，并整合手工台账数据，按照监管要求制作数十张监管报表，并向属地监管机构提交报表。工作中的监管报表数量多，计算规则复杂，人工制作非常耗时，容易出错。运用RPA机器人可以实现监管报表自动计算、自动生成和校验。

场景二：贷后资金监管

银行需定期排查贷款流向，用于检查贷款用途的真实性，并对可疑贷款提前结清，以遵守合规要求。目前存在贷款流向数据庞大、筛选规则复杂、筛选耗时较长并且容易遗漏等问题。运用RPA机器人可以自动筛选流水数据、生成可疑账户，以待进一步排查。

场景三：洗黑钱监管

银行需全天候侦测用户是否存在违规行为，如发现不利于银行的风险信息，需及时发出危险信息警示。运用RPA机器人可以收集有关交易的信息，并根据特定的验证规则分析这些交易的质量，避免一些不法分子进行洗黑钱等活动。如发现风险性交易，RPA机器人会立即将此信息发送给相关部门进行人工处理。同时会标记此项交易，避免以后出现类似问题。

3）RPA技术建设情况

（1）南京银行

以南京银行为例，自2018年引入流程机器人技术后，截至目前，RPA技术已陆续实现了近30个业务流程自动化，如图2-80所示，主要运用在运营管理部、集中营运部、网络金融部、交易银行部等部门，在节省大量人力基础上，提高业务效率、遵守风险合规要求、提高客户满意度。

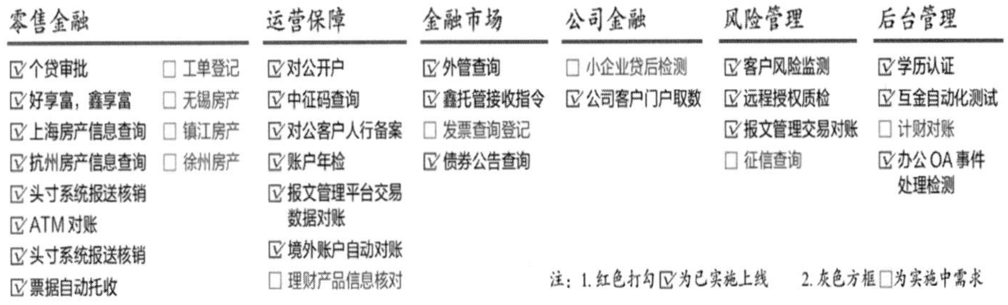

零售金融	运营保障	金融市场	公司金融	风险管理	后台管理
☑个贷审批 ☐工单登记	☑对公开户	☑外管查询	☐小企业贷后检测	☑客户风险监测	☑学历认证
☑好享富，鑫享富 ☐无锡房产	☑中征码查询	☑鑫托管接收指令	☐公司客户门户取数	☑远程授权质检	☑互金自动化测试
☑上海房产信息查询 ☐镇江房产	☑对公客户人行备案	☐发票查询登记		☑报文管理交易对账	☐计财对账
☑杭州房产信息查询 ☐徐州房产	☑账户年检	☐债券公告查询		☐征信查询	☑办公OA事件处理检测
☑头寸系统报送核销	☑报文管理平台交易数据对账				
☑ATM对账	☑境外账户自动对账				
☑头寸系统报送核销	☐理财产品信息核对				
☑票据自动托收					

注：1.红色打勾为已实施上线　2.灰色方框为实施中需求

图2-80　RPA技术在南京银行的应用场景

典型应用场景包括以下四方面：

一是对公开户机器人。此前网点对公开户流程如下：审核客户资料→比对工商系统、人行、本行核心系统企业信息→客户填写申请单，柜员审核→柜员致电法人企业进行核实。完成以上操作后，在核心系统中快速开户。2019年初，人行要求对公开户需当天备案，开户完成后，柜员需当天在人行系统中录入客户信息备案。以上事项均由柜员独自完成，且需在网点不同区域操作，对公开户备案时间较长。经调研统计，全行平均对公开户时间近1个小时。在引进RPA机器人后，由机器人在后台查询鑫航标、人行、本行核心系统客户信息，生成对比报表，由柜员确认后，机器人生成打印申请书等套打凭证，客户只需签字确认即可；在此基础之上，同时将电话核实工作由各网点上传到集中作业后台统一处理，开户成功后由机器人进行人行备案。总体耗时由原先的1个小时缩减到低于30分钟，全行每天平均100笔业务，每天节省50小时，共节省6人/年。

二是反洗钱客户风险监测。针对反洗钱客户业务，需对客户信息进行进一步详细查询，如客户基本信息、客户交易记录、风险提示、司法、舆情等。工作人员只需将需要查询的客户号、客户类别（对公或对私）发送给机器人，机器人即可自动查询、统一生成报表，业务人员可下班前发布任务到机器人，机器人夜间查询生成报表。据统计，现已节省3人/年。

三是互金平台自动化测试。互金平台在每次换版升级前需针对整个平台进行回归测试，由于功能环节较多，回归测试会浪费大量人力。现可通过RPA模拟百度、360、借呗、万达、平安等渠道各场景进行放款还款操作，并记录操作过程，校验整个流程的期供、利息等数据。RPA在夜间运行测试，可提高测试效率，节省回归测试1人/年。

四是抵押贷款房产信息查询。RPA技术对个人抵押贷款房产信息进行查询，服务于总行渠道与客户服务部放款审查和贷后监测环节，用于实时查询抵押物状态。RPA技术可强化个人抵押贷款业务房产状态有效性和真实性核查，提升贷后监控预警效率。

（2）南京迪普思

近些年来，迪普思（DepthsData）科技一直专注于商业银行账户管理场景的深耕细作，积累了丰富的流程智能优化经验，具备完善的定制化全生命周期管理解决方案，在业内颇具知名度和影响力。

为积极适应监管部门对企业银行账户全生命周期监管规范新的要求，江苏省多家商业银行高度重视并积极创新引入"数字员工"进行先行先试，以协助单位结算账户管理的相关人行系统自动化填报工作，以提升企业开户效率，以期实现便捷化、高效化、智能化的智慧运营模式。以常熟农商银行创新实践为例，该行已积极引入由迪普思科技定制设计的"数字员工小能人"，实现对人行单位结算账户管理系统中基本存款账户、临时存款账户、预算单位专用存款账户的自动填报。同时，"数字员工小能人"亦可实现市场监督管理登记系统、人民银行账户管理系统和银行核心系统信息的自动比对、智能填单等，取代了传统耗时耗力的人工手动操作，优化了该行资料传递流程，大大降低了人力成本和时间成本，保证了业务的准确性和高效性，同时提升了账管服务体验，得到企业的一致好评。

截至目前，公司已为多家大中小型商业银行量身定制了"数字员工小能人"，为商业银行账管系统全生命周期管理提供了一套完整的解决方案：搭建账户全生命周期管理模型，数字员工全天候工作，优化账户监管备案流程，实现执行任务自动化、跨系统查询与判断以及风险预警，全面提升商业银行账管的安全性和合规性。

南京迪普思科技研发的企业财务管理系统智能化流程再造解决方案（参见表2-8），通过智能读取财务科目信息，跨系统查询、比对和核验财务信息，解决企业财务管理过程中账户信息繁杂、内外网切换频繁、科目众多且精确度要求高等业务痛点问题，自动生成财务报表，全面提升企业财务管理效率。以下是该方案在财务管理流程的具体应用示范。

表2-8　　　　江苏"数字员工小能人"在财务管理实践中的应用

条目	流程名称	说明
1	发票开具机器人	通过读取发票明细信息表，自动登录金税系统，进行增值税普通发票、增值税专用发票开具、红字增值税专用发票的开具
2	发票查询机器人	通过OCR识别纸质发票信息，并自动登录第三方通道，获取增票四要素、普票五要素信息，进行发票信息比对核验
3	发票验真机器人	自动登录国税查证网或底账库验证通道，验证发票信息的真伪
4	回单下载机器人	自动下载商业银行网银回执单，发送给财务人员
5	流水下载机器人	实现商业银行网银每天交易流水的自动下载，发送给财务人员的功能
6	报表编制机器人	将两部分数据（人工输入的外部数据和会计分录，以及通过系统生成的报表）进行整合汇总，生成财务报表
7	发票认证与审核机器人	通过机器人对发票进行勾选认证、支付处理，取代了传统耗时耗力的手动操作，实现了人机操作自动化，大大降低了人力成本和时间成本，保证了业务的准确性和高效性
8	税务机器人	通过邮件接收税金资料，登录税务网站填写申报表，截图保存并发送至复核人复核

目前国内金融行业的 RPA 市场还处于早期阶段，不管是从定义、技术形态还是未来发展来看，RPA 产品都尚未完全成熟。同时 AI 各类技术的研究与落地也需要不断探索，各家金融机构将会在既定智能流程自动化框架下，按自身实际需求，不断完善流程自动化执行能力，在安全、稳定、准确的前提下，提升各方面工作效率，挖掘公司业务潜力。总体而言，广泛应用 RPA 技术只是商业银行开展数字化转型的第一步。伴随 RPA 技术的飞速发展，未来 RPA 与人工智能技术的"世纪组合"，将会在更多的领域掀起智能化变革的新浪潮。

第3章

金融科技应用

　　本章以丰富的第一手的案例阐述了江苏省金融机构是如何在消费金融、小微金融、农村金融、供应链金融、保险、证券等业务中深入地应用金融科技的，也阐述了在应用金融科技的过程中打造的有特色的金融科技产品。图3-1是江苏省金融机构应用金融科技的总体视图，如图所示，银行机构较多地将风控、物联网、人工智能应用于贷款业务，保险机构较多地将智能营销、人工智能、大数据应用于营销外拓，证券机构则较多地应用了云计算、人工智能和大数据产品。

小微金融科技	苏宁金融	"星象"客户画像系统
		"千寻"智能催收
		"天衡"小微审批模型
	江苏银行	筋斗云平台
		电 e 贷
		物联网智能贷后监控预警平台
	南京银行	小企业大数据平台
		POS 贷
		风控合作开发
	紫金农商行	紫金云掌柜
		税信贷
	苏州银行	起点银行
		物联网智能贷后监控预警平台
	江苏平安产险	平安乐业福
	君纵达数据科技	慧声语音机器人

农村金融科技	江苏省农信	大数据用户画像、准入规则、贷后预警规则、申请评分指标、授信额度测算模型、网贷系统、电子合同网签系统、信贷系统、手机银行、直销银行、微信小程序、网上银行、核心系统、数据接入平台
	江南农商行	金融科技实验室
	江苏银行	互联网+场景+银行
		e融支付
	张家港农商行&腾讯	新一代分布式核心系统
消费金融科技	苏宁金融	O2O全流程解决方案
	南京银行&蚂蚁金服	"鑫云+"互联网金融开放平台（简称"鑫云+"平台）
	车300	汽车大数据、汽车金融风控（贷前反欺诈图谱、贷中贷后资产实时监控、逾期分析、资产包穿透扫描、资产评分、风险预定）、用户画像、联合建模
	华博网贷	人脸识别、活体检测、电子合同、用户画像、数据风控、申请评分模型、反欺诈图谱、社群算法、自动审批、智能语音客服
供应链金融科技	苏宁银行	区块链应收账款–聚宝链
		区块链存货质押融资–北京蜂鸟
		区块链国内信用证及福费廷
	江苏银行	税e融
		物联网动产质押
	开鑫金服	金融智能、大数据、金融安全、风控技术、开发框架、区块链、X-LINE供应链金融系统、鑫云大数据系统、灵析风控系统
	同城票据网	区块链+物联网+人工智能
		大数据风控（会员信用评级、票据行情预警）
证券科技	南京证券	宁证云
		智能账户服务–大数据平台
		客户信用风险评估、基于人工智能的券商客户流失预警&综合财务状况和网络负面舆情对上市公司股价波动影响研究

证券科技	苏宁金融	客户画像、资产配置、投资组合构建、业绩归因、动态平衡、多维度大数据、量化研究、机器学习、智能调仓等
	华泰证券	交易全栈解决方案
		FOF/MOM投研一体化管理平台 LENS
		专业机构服务平台 INCOS
		机构交易平台 MATIC、智能投研平台 ISEE
保险科技	东吴人寿	智能画像
	天安财险	小额贷款保证保险、监管人责任保险、消防物联网保险
	紫金财险	数字营销平台
	利安人寿	智能客服+智能回访
		智能柜面+智能电销

图3-1　江苏省金融科技应用案例概览

3.1　消费金融科技

消费金融已成为移动支付外，金融科技应用最为广泛的领域之一。一方面，互联网平台及科技企业的大量涌入为行业带来科技创新的活力；另一方面，用户消费方式的线上化转变也驱动了消费金融服务模式的创新。基于此，金融机构对于金融科技的重视程度日趋增强，金融科技也被视为消费金融未来发展的最重要的驱动力量之一。

3.1.1　金融科技在消费金融领域的应用

金融科技已被广泛应用于消费金融业务环节。大数据、人工智能、云计算、区块链、物联网等技术的组合应用，共同推动了消费金融展业模式革新，实现了客群覆盖的扩大、服务效率的提升和运营成本的降低。

1）消费金融行业概述

消费已成为中国经济增长的重要引擎，国家统计局数据显示，2019年最终消费支出对中国国内生产总值增长的贡献率已达到57.8%。而消费金融作为促进消费增长的重要工具，近年来也快速发展，"36氪"（一家科技创新创业综合服务集团）的数据显示，中国的消费金融市场规模在2020年有望达到 12 万亿人民币。

消费金融的亮眼表现离不开互联网平台的发展和金融科技的加持。两者不仅推动消费金融业务规模持续增长，还带来了消费金融在展业模式、参与主体、服务范围等方面的变革。

在展业模式方面，居民生活消费行为的逐步线上化为消费金融融入线上消费场景提供可能，将消费金融业务的线下被动式获客模式转变为线上主动式客户触达，在用户进行消费的同时即可提供服务，并且借助大数据、人工智能等金融科技手段，实现对用户的精准营销、智能服务，在提升用户转化效率及服务体验的同时降低服务成本。而除获客环节外，风控、贷后管理等全流程消费金融服务目前借助技术手段均可实现线上化。

在参与主体方面，电商、互联网平台、科技企业等各类非金融机构，借助自身在流量、场景、数据、技术等方面的资源及能力优势，广泛地参与到消费金融服务中来；信托等机构基于自身的资金优势也加入消费金融的产业链条中；更有消费金融公司、网络小额贷款公司凭借灵活的产品及展业形式，探索长尾客群服务与银行差异化发展；还有融资租赁等机构借助对细分领域的深耕经验，着重拓展汽车金融等细分消费场景；另有保险、融资担保公司，基于信贷风险及风控要求，与持牌金融机构合作提供消费金融信贷保险服务；还有第三方支付平台等为消费金融展业主体提供线上资金清结算等服务。

在服务范围方面，目前消费金融服务已覆盖居民生活消费的方方面面，如汽车金融、3C 分期、教育分期、医美分期、家装分期等；在产品类型方面，消费金融服务包括免息信用付（如花呗）、基于实际消费的分期产品、现金贷等多种形式；而在覆盖客群方面，消费金融服务借助科技力量更是实现了对无征信记录的"白户"及长尾客群的覆盖。互联网平台及金融科技推动消费金融行业革新是必然趋势。相信随着技术的持续发展，消费金融服务与居民的日常生活消费将有更紧密的融合，用户对消费金融的接受度、参与度也将进一步提升（尤其是在年轻客群中）。

2）大数据技术

大数据技术发展相对成熟，其最主要的应用领域涉及：

（1）用户洞察：基于多维度数据形成用户画像，深挖用户偏好及需求，作用于提高营销获客效果、优化产品设计、提升用户服务体验等方面。

（2）风控反欺诈：用多维度大数据补充传统征信数据不足，以此作为消费金融风控的重要依据，进而支持针对不同场景、不同客群、不同消费金融产品的风控、反欺诈、风险预警等，并成为风控相关模型持续优化迭代的基础。

（3）决策依据：大数据技术对消费金融业务的全流程覆盖，支持数据实时收集呈现，并能配合外部数据支持市场决策、提升运营效率等。

3）人工智能技术

人工智能在消费金融科技转型中发挥了核心作用，其主要的应用领域涉及：

（1）智能识别：将人脸、声纹等生物智能识别技术，以及证照、银行卡等智能识别技术应用于贷前用户身份识别、信息收集等领域，提升服务效率及用户体验。

（2）智能决策：依托大数据等基础资源输入，基于不同需要，构建并持续优化各类智能决策模型，将其广泛应用于智能营销、智能风控等环节。相较人工决策，智能决策在输入信息的处理规模、处理效率、决策模型精度等方面有明显优势。

（3）智能处理：将RPA机器人等技术应用于智能催收、智能客服等环节，减少人工成本，提升处理效率，实现全天候处理服务。

4）云计算技术

云计算技术是消费金融行业重要的后台支撑力量，其主要应用领域涉及：

（1）云存储及云数据库：实现了存储容量的可伸缩性、数据迁移的灵活性，降低部署成本、设备购置成本及灾备成本。

（2）开放平台：基于云技术搭建底层平台，以API（Application Programming Interface，应用程序接口）等方式接入金融、生活服务等各类场景，集成人工智能等技术模块，打造金融服务生态圈。

（3）云架构IT系统：越来越多的金融机构采取云架构部署IT系统，

其具有部署成本低、时间短、扩展性强等优势，还可保障业务升级不中断。

5）物联网技术

物联网技术在场景消费金融、汽车金融业务中有广阔的应用前景，主要应用领域涉及：

（1）数据采集、联结：在用户授权前提下，利用物联网设备对用户、资产的必要数据进行采集及汇总，扩充数据来源维度。

（2）用户及资产追踪：通过移动设备、传感器、定位设备等物联网技术对用户及车辆等抵、质押资产进行实时跟踪和监测，助力风险预警系统搭建。

6）区块链技术

区块链技术在消费金融领域的应用处于快速探索阶段，主要应用领域涉及：

（1）风控反欺诈：基于区块链去中心、不易篡改的信息记录特点，搭建黑/白名单等用户身份识别区块链系统。

（2）动产抵押确权与追踪：基于区块链技术实现对汽车等抵押物的溯源、记录及追踪，解决抵押物被转移、毁损、重复抵押等问题。

3.1.2　江苏省消费金融科技特色案例

金融科技在消费金融领域的应用不断深入，已有一批金融机构在此领域积累了丰富的实践经验，下文将介绍江苏省几家领先的金融机构的特色实践案例，为读者提供借鉴。

1）消费金融开放展业平台——南京银行"鑫云+"

"鑫云+"平台（如图3-2所示）由南京银行与阿里云、蚂蚁金融服务集团（以下简称"蚂蚁金服"）合作搭建，资金投入达到1亿元人民币。平台创立了"1+2+3N"的合作模式，"1"代表南京银行，"2"代表阿里云、蚂蚁金服，"3N"分别代表了N家中小银行、N个生活服务场景（如医、食、住、教、产、销等）、N个行业平台（如旅游、电商、快递等）。"鑫云+"平台一方面联通多方资源，另一方面通过SDK、API、H5等方式将消费金融、账户服务、聚合支付、财富管理等多领域金融服务能力整合

为一体，打造合作展业生态圈，其中消费金融是最早上线，也是发展最为
成熟的业务模块。

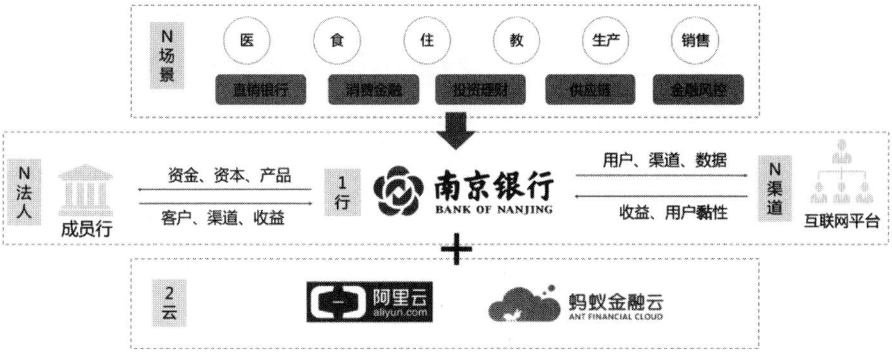

图3-2 "鑫云+"平台合作模式

（1）平台建设历程

消费金融线上化进程快速推进，南京银行的线上消费金融贷款需求也
快速增长——由2016年年初的每日2万笔左右，增至2016年年中的每日20
万笔左右，这对南京银行核心系统在结算、审核、监管数据报送等方面的
支撑能力提出了挑战，影响了其系统稳定性。基于此，南京银行开始推进
新的核心系统建设工作。

阶段一：系统调研、选型、验证

2016年年底，南京银行开始对网商银行、微众银行等互联网展业银行
进行系统考察，同时与腾讯、阿里等领先的金融科技输出企业沟通，经过6
个月的论证沟通，完成了选型、POC测试，最终确定了"阿里云+基于
OceanBase"的网商银行核心系统方案。

阶段二：底层云系统、应用系统搭建

2017年6月，南京银行与阿里云、蚂蚁金服签署战略合作协议，同年7
月，该项目组进场。项目团队共200人，其中，南京银行团队主要是基于新
平台制定各类应用标准及规范，如数据库应用标准、交易服务标准、日志
打印标准等；阿里云及蚂蚁金服团队则基于阿里云底层虚拟化技术、蚂蚁

金融云的分布式中间件和数据库技术搭建底层云系统；此外，还有各类软件应用厂商、测试厂商团队，基于云平台搭建应用系统、进行微服务改造和功能测试等。2017年9月，核心系统私有云环境搭建完成。

阶段三：系统测试及演练

如图3-3所示，2017年9月，项目组开始进行系统的生产环境性能压测，项目组分为两队，24小时不间断地进行测试工作。一队夜间进行性能压测工作，发现系统问题及瑕疵；另一队白天根据前一日的性能压测结果做应用改造，及时解决压测中出现的问题，保证第二日的系统调优效率。系统测试工作结束后，2017年10月—11月，项目组进一步完成了针对系统的三轮投产演练。

图3-3 "鑫云+"平台技术方案阶段三：系统测试及演练

阶段四：系统运行、日常技术保障

2017年11月18日，"鑫云+"平台一期正式上线运行，随后陆续接入中小银行机构，参与行通过1~2周的技术对接即可在平台开展联合贷款业务，平台为这些参与银行输出风控、运营等各类技术能力。此外，平台引入生活服务场景、行业平台，拓展金融服务合作生态圈。南京银行为"鑫云+"平台配置了100人的日常技术保障团队，该团队由南京银行信息技术部人员、阿里云及蚂蚁金服合作团队、神州数码等外部软件应用厂商及测试厂商构成。

（2）平台基于技术创新解决痛点问题

"鑫云+"平台依托金融科技上线后，助力南京银行消费信贷业务模式的变革升级，解决了南京银行及其合作参与方在消费金融展业过程中遇到的痛点问题。

解决痛点一：支撑大规模、高并发、智能化线上展业

"鑫云+"平台使用阿里云IaaS平台和蚂蚁金服的PaaS平台，基于X86服务器搭建分布式基础平台，实现去IOE架构。该套平台架构可根据业务规模灵活扩容和回收，使用分布式微服务框架，实现微服务的统一注册和管控，支持限流、熔断、降级。同时，平台采用国产分布式数据库OceanBase（如图3-4所示）、消息队列MQ、批量调度DDS、分布式缓存OCS、分布式存储OSS、分布式事务DTX、分布式负载均衡等技术，使得系统能适应线上消费金融业务的大规模、高并发、实时性等特点。

基于消费金融线上展业需要，平台运用大数据、云计算、人工智能等创新金融科技，打造了人脸识别、智能客服、大数据反欺诈、分布式信贷风控引擎、智能催收、大数据分析等应用模块，实现了业务全流程自动化处理、智能化决策、秒级审批；同时搭建了贷前、贷中、贷后各环节数据指标监控及分析体系，支撑业务环节优化。

解决痛点二：自动化运维监控及快速迭代

平台集成了数据化运营组件，实现对分布式系统每一个组件和服务的精细化监控与跟踪。技术人员可基于数据化运营组件，根据业务需求自定义业务和运维的可视化指标监控体系，提升运维效率。云平台虚拟化、

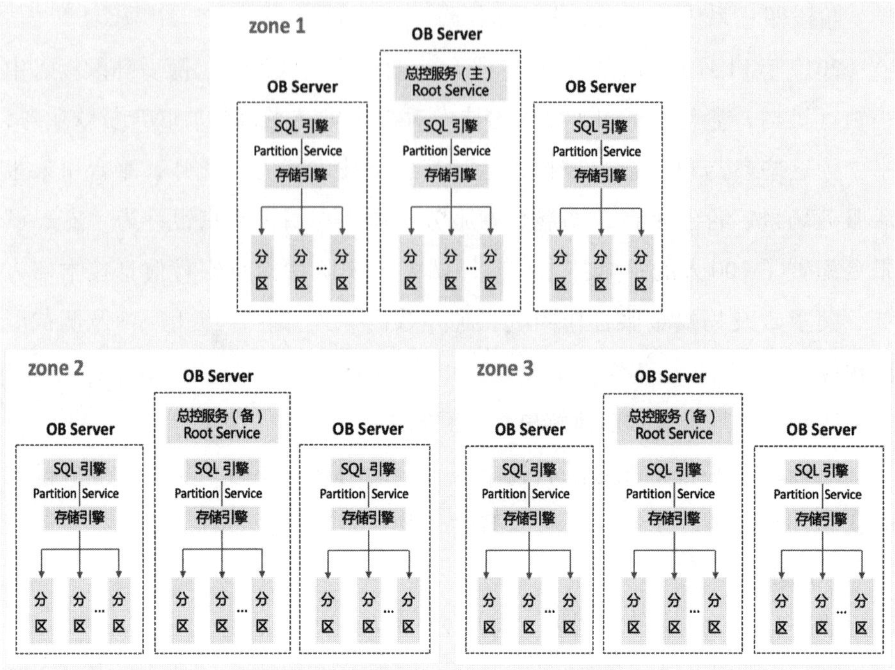

图 3-4　金融级数据库 OceanBase

高可用、自动化的特性，使日常操作管理及灾备切换能够实现集中化和自动化。

平台同时构建了 DevOps 工具栈，具备开发、测试、发布的一体化能力和自动化持续交付能力，可进行项目的快速迭代开发、多发布环境的隔离，以及多个应用的自动化发布与升级，将项目的更新迭代周期由原系统的月升级到天，实现持续交付的自动化。

解决痛点三：支撑缺乏资源的中小银行开展消费金融创新业务

"鑫云＋"平台的搭建需要投入大量资源——1 亿元人民币的资金支持、阿里云及蚂蚁金服等头部金融科技企业的合作、200 人的项目团队、100 人的运维保障团队等，单一中小银行很难在短时间内实现。"鑫云＋"平台的开放共享属性，为中小银行提供了一种低成本接入可能。

平台共为中小银行提供四种接入模式，分别是直销银行全托管模式、平台用户导流模式、风险管控及资产管理能力共享模式、联合贷款及理财产品合作模式，参与行通过1~2周的技术对接即可上线开展业务。平台为参与行提供几类技术支撑：首先，为参与行输出线上风控、反欺诈、大数据分析、智能客服等核心技术，帮助参与行快速开展线上消费金融业务；其次，为参与行提供全套的业务托管解决方案，缓解其线上业务运营的压力；最后，与参与行合作开展联合贷款等业务，通过技术支撑实现资金、利润、放款、还款等环节的有效分配及行动统筹，帮助参与行提升业务规模。

解决痛点四：开拓展业场景，触达更多用户

中小银行线上展业往往会面临缺少获客场景等问题，使得业务增长得较慢，若逐一接入外部场景，所需的谈判成本、系统对接成本高，且耗时较长。如图3-5所示，"鑫云+"平台广泛对接与用户日常生活、娱乐关联密切的互联网平台、行业平台。依托"鑫云+"平台，众多中小银行在资金、产品等领域发挥了整合优势，在与流量平台的谈判中拥有更多的吸引力及更强的议价能力，能够实现与头部平台的对接合作，免去中小银行外接场景的各类成本，且对接"鑫云+"一个平台即可实现对平台上众多互联网、行业合作机构的对接，避免了中小银行的系统重复建设等问题。

解决痛点五：降低展业成本

银行传统核心系统通常采用集中式架构，集中式Oracle数据库架构不仅难以应对大规模网上交易带来的系统扩展需求，而且将所有数据集中于一个数据库中，需要依靠大型高端设备来提供较强的处理能力和扩展性，极大提升了中小银行的展业成本。

"鑫云+"平台改变传统集中式系统架构，依托创新金融科技部署分布式基础架构。在此架构下，平台可运用X86服务器代替IBM高端服务器，实现轻资产模式展业。这使得平台单账户的管理成本减少到集中式系统架构下管理成本的10%~20%。

此外，平台借助智能客服、智能风控、自动化流程处理等技术，有效降低了展业过程中的人力投入成本，而基于智能数据监控、自动化数据分析等功能模块，平台运维成本也较传统银行核心系统有显著降低，"鑫云+"平台的运维团队规模仅为传统银行核心系统运维团队规模的1/5左右。

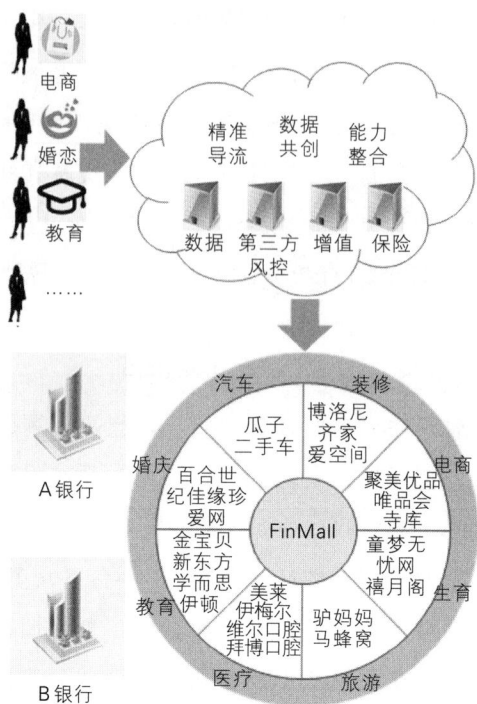

图3-5 "鑫云+"平台场景合作

（3）平台实施效果

"鑫云+"项目一期的设计容量支持千万级用户、亿级账户及日均百万级的贷款交易，交易TPS超过4 000。目前"鑫云+"平台共搭载核心账户、网贷系统、对账核算、产品管理、客户管理等60余个应用模块，支持30余款线上贷款产品的运营（含联合贷等产品），可实现秒级放款。

截至2019年5月，"鑫云+"平台累计服务用户1 500余万，为用户累计放款1 432.5亿元，贷款余额达到475亿元，未结清贷款账户超过2 000万户。平台高峰期每天约处理250万笔贷款放还款交易，交易对应借据量超过2 000万笔，这2 000万笔贷款借据的计提时间压缩在半小时之内完成。

目前，南京银行"鑫云+"平台已与唐山银行、日照银行、柳州银行、宁夏银行、鞍山银行、石嘴山银行、肥西农商行、延边农商行、济宁银行、东营银行、建湖农商行、长春朝阳和润村镇银行、雄县丰源村镇银行、唐山农商等10余家银行签署战略合作协议。截至2019年5月，该平台已与日照银行、延边农商行、长春朝阳和润村镇银行、雄县丰源村镇银行等9家中小银行完成了业务系统对接，实现消费信贷放款，累计放款166.2万笔，放款金额为52.2亿元，贷款余额为27.4亿元。

此外，平台广泛外接互联网平台、行业平台，已与蚂蚁金服、腾讯、百度、小米、360、万达、今日头条、理财通等20余个互联网及行业平台对接，通过多场景引流获客，营造消费金融服务生态圈。

2）O2O立体场景展业——苏宁金融的消费金融全流程解决方案

场景嵌入是消费金融业务模式的重要创新，苏宁金融借助集团生态圈内O2O的多种服务场景及与外部合作伙伴对接的立体化场景渠道（如图3-6所示），将旗下消费金融产品"任性贷""任性付"嵌入展业，取得亮眼成绩。针对场景展业模式下消费金融营销获客、风控审核、贷后管理等环节的新需求、新挑战，苏宁金融有针对性地构建了覆盖消费金融业务贷前、贷中、贷后共12个环节的全流程金融科技解决方案。

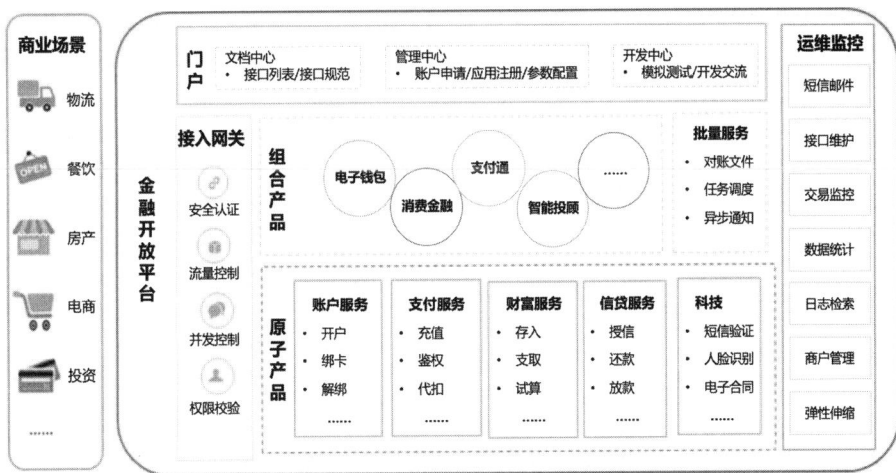

图3-6 苏宁消费金融场景嵌入模式

（1）方案建设历程

苏宁金融的消费金融全流程解决方案以自有团队研发为主，基于场景消费金融展业特点及各环节需求痛点搭建。在方案实际落地过程中，先从核心功能入手，逐步完善全流程技术模块，并随着嵌入场景的不断增加，持续扩充场景针对性模型，渐次构建起完整方案体系及模型迭代机制，见表3-1。

表3-1　　　　　苏宁消费金融业务全流程解决方案概览

序号	业务环节	金融科技解决方案
1	获客	"知心"智能营销、"星象"智能客户画像、"云析"营销分析系统
2	注册	"识器"欺诈设备识别、"寻迹"位置画像系统
3	客户运营/服务	"星象"智能客户画像、"小V"智能客服机器人
4	优惠转化	"极目"黄牛识别系统
5	贷款申请	"可信"白名单识别系统、区块链金融黑名单、"寻踪"共债分析系统、"风声"黑产监控系统、个贷资料造假预测模型、套现地址相似性模型
6	授信准入	"扬清"资金饥渴度模型、"伽利略"信用风险矩阵、"透镜"信贷风控决策引擎、苏宁信用分、行为评分模型
7	贷款账户保护	"晓身"防盗账户模型
8	促进用信	"知心"营销决策引擎
9	场景用信	"石出"消费贷评分系统、商户套现分析系统、生态圈"购物贷"可信模型、电商行为模型
10	实际放款	CSI、风控安全大脑、"幻识"反欺诈关系图谱
11	贷中监控	"幻识"反欺诈关系图谱、苏宁信用分
12	催收	"千寻"智能催收系统、"幻识"反欺诈关系图谱

阶段一：嵌入生态圈内自有场景，解决核心功能问题

苏宁金融在消费金融业务展业初期，先从自有场景入手，将首款消费金融产品"任性贷"嵌入苏宁金融App。该场景下客户申请目的性明确，流程较为简明清晰，展业关键在于线上风控系统的有效性、服务的时效性，以及对产品小额、高频操作特性的系统支撑能力。

基于此，苏宁金融从风控模型入手，由业务部门及金融科技部门组成联合项目组，针对苏宁金融App场景下的客群特征，梳理用户数据维度及来源，构建自动化风控审批模型、黑产监控系统、资金饥渴度分析模型、"透镜"信贷风控决策引擎等，有效提升风控效果及审批时效。在小额、高频操作的系统支撑方面，苏宁金融基于自主建设，完成了涵盖前、中、后台服务层、外联网关层、数据服务层、基础服务层等6层的共145套应用系统，有效满足了业务需求。

阶段二：业务规模扩大，业务功能模块陆续完善

业务规模扩大后，如何提升业务拓展效率、降低展业成本、提高用户满意度成为提升竞争力的关键。基于此，苏宁金融的科技部门与业务部门开展合作，将场景嵌入模式下的消费金融展业流程分解为12个环节，搭建技术解决方案架构，并针对每个环节进行功能模块规划，基于需求的紧迫性程度，陆续推动功能模块研发落地。苏宁金融从营销获客环节的"知心"智能营销（如图3-7所示）、"星象"智能客户画像、"云析"营销分析系统，到风控授信环节的"幻识"反欺诈关系图谱、苏宁分，再到"晓身"防盗账户模型等，逐步形成12个环节的功能模块体系，并基于业务创新发展需求持续补充。

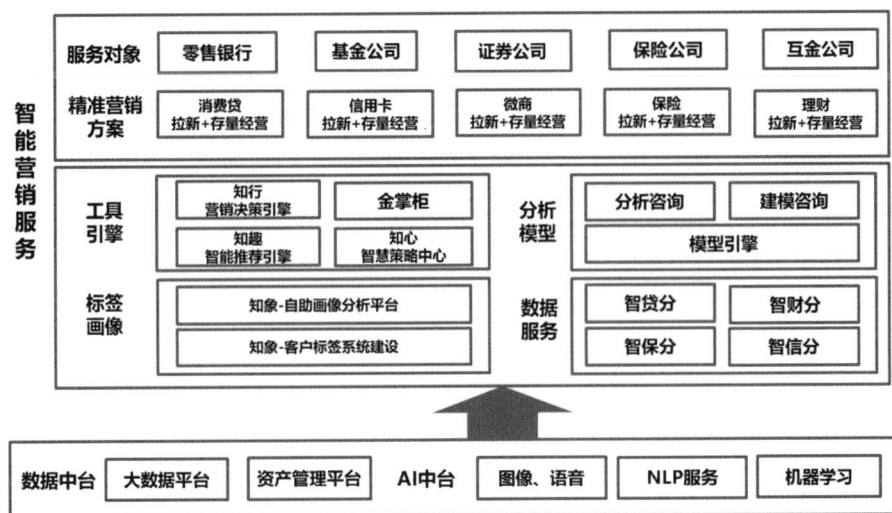

图3-7 "知心"智能营销系统

阶段三：嵌入场景复杂化，打造模型矩阵，建立规范化开发机制

苏宁金融的消费金融业务接入场景逐渐增多，包括从生态圈内的苏宁易购、苏宁小店等线上、线下服务场景，到华为钱包、电信分期购机等外部合作方场景平台。不同场景下的客群类型、客户需求不同，消费金融业务的产品嵌入方式、服务模式、申请流程等也不同，风控数据维度及来源也有差异。基于此，苏宁金融有针对性地对不同场景进行各环节模型开发，形成功能模型矩阵，如"伽利略"信用风险矩阵（如图3-8所示），同时搭建适应多模型数据输入、运算的决策引擎系统，塑造更具针对性的系统支撑能力。

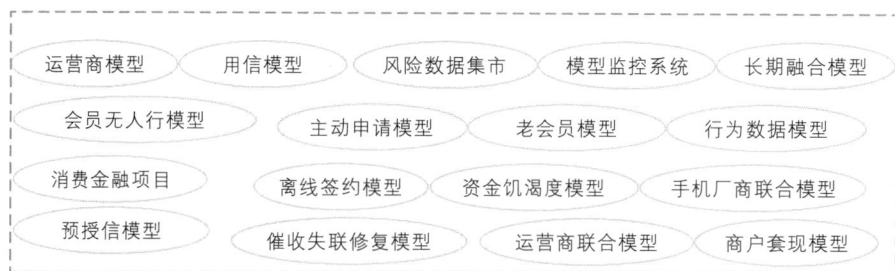

运营商模型	用信模型	风险数据集市	模型监控系统	长期融合模型
会员无人行模型	主动申请模型	老会员模型	行为数据模型	
消费金融项目	离线签约模型	资金饥渴度模型	手机厂商联合模型	
预授信模型	催收失联修复模型	运营商联合模型	商户套现模型	

图3-8　"伽利略"信用风险模型矩阵

为避免模型扩充工作变得零散、低效，苏宁金融搭建了模型规范化开发机制，建立模型开发迭代的标准流程，提高从场景研究、系统研发、功能评估到接入落地的流程效率，保证功能模块扩充工作高效、持续地推进。

阶段四：功能模块成熟，推动技术输出

苏宁金融针对场景化消费金融业务搭建的全流程解决方案已在自营业务中实现了大规模、长时间的运营，功能模块的有效性得到了验证。基于此，苏宁金融开始推进技术能力对外输出。得益于苏宁金融自身消费金融业务场景的多元性，其技术解决方案能够满足金融机构在多种业务场景、数据维度下的消费金融展业需求。同时，苏宁金融构建的针对不同场景的功能模块迭代扩充机制也能根据用户个性化需求快速构建解决方案。

（2）方案基于技术创新解决痛点问题

方案基于消费金融多场景展业的创新需求而构建，面对场景、客群、金融需求的多样性、复杂性，苏宁金融依托金融科技手段，解决展业全流程中出现的痛点问题。

解决痛点一：智能营销体系，实现低成本精准营销

在流量成本逐步提升的大背景下，苏宁金融搭建了包含"星象"智能客户画像、"知心"智能营销、"云析"营销分析（如图3-9所示）三大功能模块在内的智能营销体系，以提高精准营销能力、降低单位获客成本。

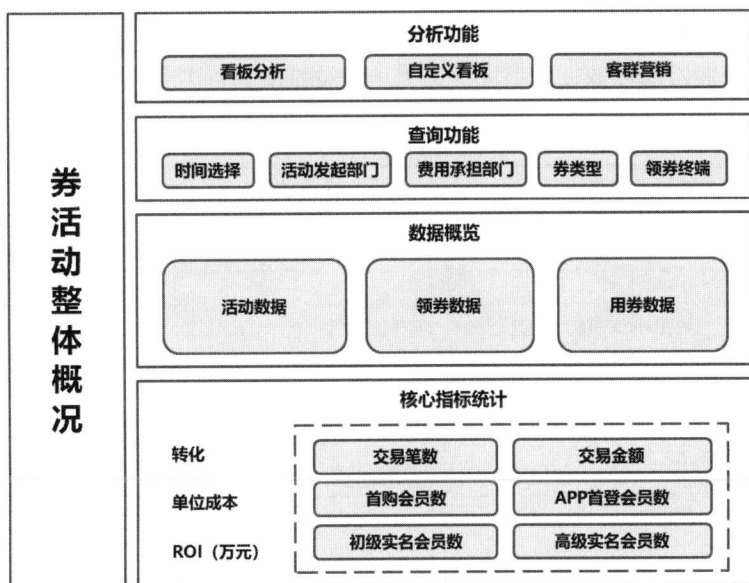

图3-9　"云析"营销分析系统在优惠券活动中的功能

其中，"星象"智能客户画像基于事实类、规则类、预测类标签，实现对各类人群的洞察与分析，快速圈定目标人群，挖掘潜力客户，建立个性化的用户细分和精准营销策略；"知心"智能营销结合用户生命周期需求进行自动化营销，规划用户成长路径，并对营销全流程进行数字化监控，展现各环节的投入产出效果，实现营销费用和流量的精准投放；"云析"营销分析基于全链路用户行为数据，打造自定义事件分析，构筑用户行为路径，

分析渠道质量与用户质量，实现流量精准运营，提升运营效果。另有"极目"黄牛识别系统能够识别垃圾注册账户、行为异常账户、设备异常账户、黄牛账户、高危风险账户等，有效节省优惠转化费用。

解决痛点二：风险模型矩阵及反欺诈系统，支持多业务场景

苏宁金融从内外部PB规模数据中提炼、衍生出1 500多个关键特征，结合XGBoost、随机森林等先进的机器学习技术构建了支撑多业务场景的大数据风控体系（如图3-10所示），实时评估用户的信用风险和欺诈风险；同时为监控模型的稳定性，加速模型和策略的构建、开发、部署，打造了风险数据集市、模型监控体系、基于关系图谱的关联修复、规范化模型开发流程四大基础设施。再加上2018年3月上线的苏宁信用分，苏宁金融整合了苏宁生态圈内闭环数据，形成了上千个变量维度。

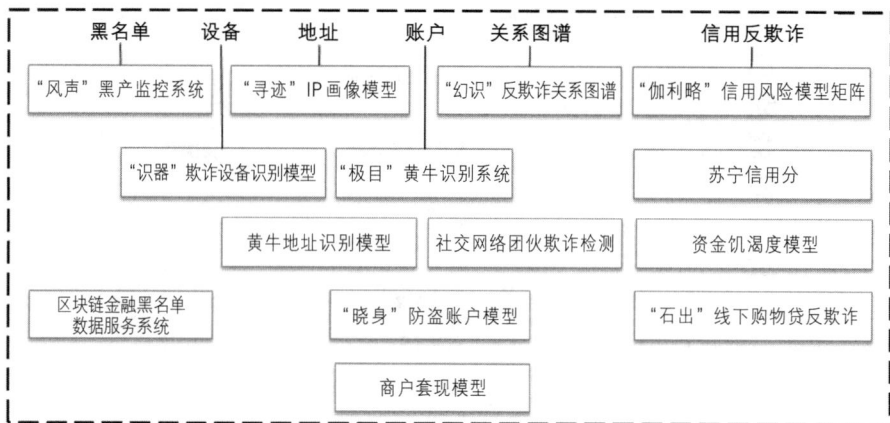

图3-10 苏宁金融全维度大数据风控体系

在信贷反欺诈领域，苏宁上线了CSI金融反欺诈引擎，从"身份、设备、位置、行为、关系、习惯"六个维度覆盖事前、事中、事后，实现全方位实时的风险监控；同时开发了"识器"欺诈设备检测系统和"寻迹"IP画像模型，根据用户信息、设备信息、购物记录、行为模式四大类数据，识别群体性欺诈团伙，并通过区块链金融黑名单、"风声"黑产舆情监控系统，实时监控互联网上出现的灰黑产业从业人员及其客群信息；另有"幻

识"反欺诈情报图谱系统、"笛卡尔"贷款中介拦截系统，基于亿级通讯录号码构建用户社交网络，识别黑中介、黄牛手机号及其关联申请人，实现实时拦截。

针对消费场景信贷可能出现的套现欺诈行为，苏宁金融上线了"石出"消费贷反欺诈模型（如图3-11所示），基于苏宁生态圈积累及接入的场景数据，聚焦于对用户还款意愿、团体欺诈、个人异常行为、个人稳定性、消费能力等维度的研究，识别造假骗贷、行为异常用户，预测用户还款行为。

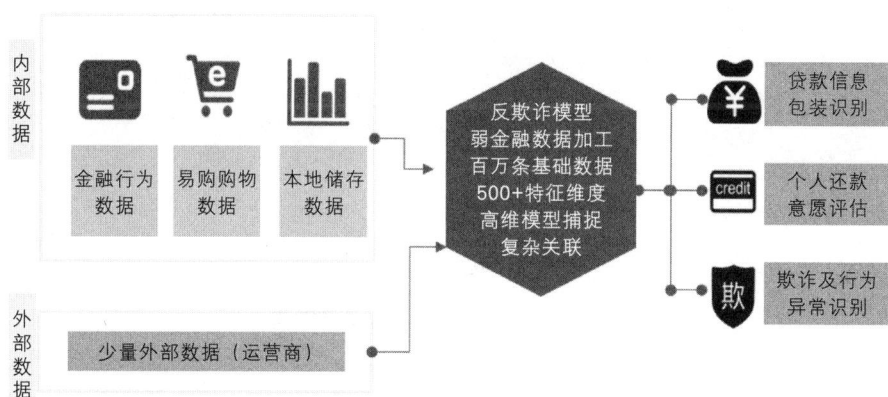

图3-11　"石出"消费贷反欺诈模型

解决痛点三：催收失联修复及智能催收系统提升催收效率

苏宁金融自主研发的"千寻"智能催收系统，基于语音识别、对话管理、知识库、智能分案、智能报表技术，根据催收标的类型，依托大数据算法，自动化制订催收计划和催收策略，并可根据催收状态实时对策略进行调整，在一个周期结束时，返回催收报告。该系统可为内催与电催管理、委外、法催、核销、质检稽核提供全流程化的系统支持，实现催收工作的自动化、科技化、智能化，集成呼叫中心可为不同的业务场景提供多种外拨方式，利用高并发过滤无效的外拨动作，提高催收工作效率。

同时，苏宁基于"幻识"反欺诈关系图谱（如图3-12所示）的50亿级规模图谱数据，实现了失联借款人的多渠道联系方式修复，修复号码可自动输出，并对接至催收系统，实现全流程自动化、智能化运行。

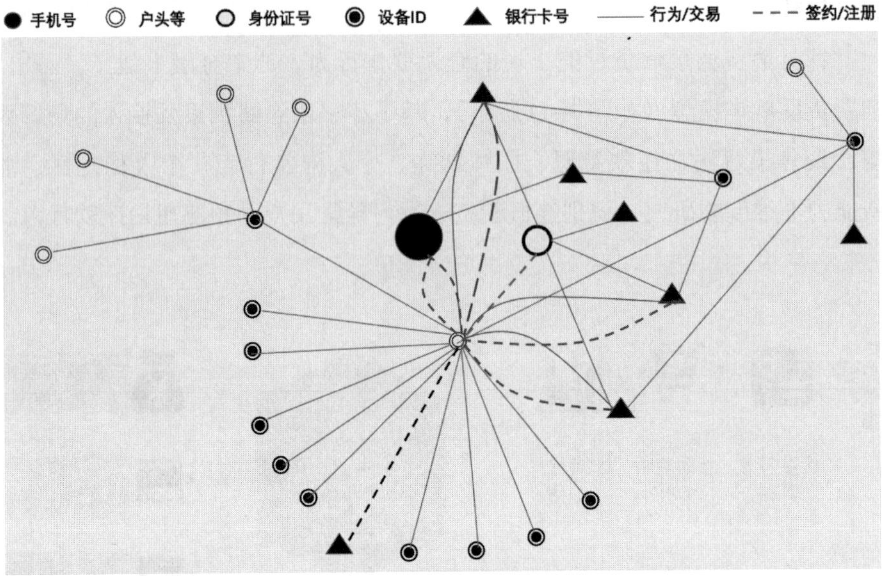

图3-12　"幻识"反欺诈关系图谱

解决痛点四：客户账户信息、财产安全

消费金融线上、线下多场景的展业模式，对于客户的账户信息、财产安全保护提出了更高的要求。监管部门也十分关注金融从业机构在相关领域对金融消费者的保护工作。基于此，苏宁金融开发了"晓身"防盗账户模型，从用户身份、设备环境、高危节点、消费习惯、行为轨迹、关系网络六大维度深度挖掘盗用、欺诈特征，充分解决盗用账户标签数量不平衡问题。该模型广泛适用于账户风险管理系统及支付反盗用、反欺诈场景，能有效识别不法分子通过撞库、木马、钓鱼、破解、社会工程学诈骗、利用银行系统漏洞等手段获得账户使用权限的行为，有效保障客户的账户信息、财产安全。

（3）方案实施效果

苏宁金融的消费金融全流程解决方案已覆盖苏宁金融线上、线下300余个消费金融服务场景，累计服务超过2 000万用户。该方案覆盖场景消费金融业务全流程的12个展业环节，构筑针对不同场景的个性化模型矩阵，适应多样化模型数据输入运算的决策引擎，并针对新场景的模型快速开发迭代机制。

苏宁金融高度聚焦数据风控和金融AI领域，打造了一批高含金量的应用系统：在数据风控领域，构建了信用风险防控及欺诈风险防控体系，打造了"透镜"信贷风控决策系统、CSI金融反欺诈系统及"伽利略"信用风险矩阵等；在金融AI领域，研发了"知心"精准营销系统、"小V"智能客服机器人、"千寻"智能催收系统等，提升环节运营效率，降低环节运营成本。此外，苏宁金融持续关注区块链等前瞻性技术的研发及应用，上线了区块链金融黑名单共享平台、区块链即服务BaaS平台等。

目前，苏宁金融的消费金融全流程解决方案已实现对外输出，在智能营销、智能风控、智能客服、智能催收等领域与股份制商行、城商行、消费金融公司等金融结构对接合作。

3）消费金融多方参与合作——华博互联网科技小额贷款有限公司

金融科技的发展推动了消费金融展业模式的变革，多方机构跨界合作展业逐步增多。南京市华博互联网科技小额贷款有限公司（以下简称"华博互联网科贷"）联合中国移动和各家银行合作开展的信用购机分期业务就是典型案例之一。在展业合作中，参与各方利用自身在不同领域的资源、能力优势，共同推进业务拓展。

（1）方案建设历程

华博互联网科贷作为项目平台方连接流量渠道和资金渠道：一方面针对运营商和门店的业务设计最合适的金融产品方案，为运营商和客户提供普惠金融服务支持；另一方面，以华博互联网科贷自身储备的金融科技能力、在运营商场景的经验积累，以及对客户更深的理解，为合作银行构建合规的客户鉴权服务和完善的风控策略体系，打通资金流和信息流传输链条，实现多方合作共赢。

阶段一：业务合作模式确立

客户在运营商App的入口提交信用购机申请，在完成必要的客户资质鉴权之后，华博互联网科贷会根据客户资质秒级返回审批结果及建议额度，客户可用额度在1 000~5 000元之间。通过授信审批的客户可在任意一家运营商营业门店通过营业员的协助在额度范围内办理套餐和购机业务（如图3-13所示），即可享受购机直降分期优惠。

在此种业务模式下，客户每个月的还款可通过运营商的话费补贴实现。客户在24个月内按照承诺套餐正常消费，运营商会通过话费返还的方式将补贴发放到客户的账户，每个月的话费补贴可足额覆盖每月还款额。这种业务模式有助于拓展下沉市场客群。

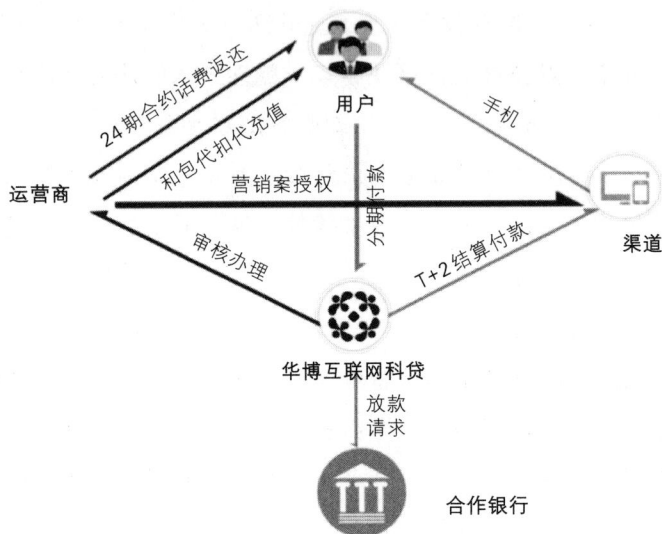

图3-13　华博分期购机业务办理流程图

阶段二：功能需求关键点剖析

首先，用户进件的单笔件均价格在1 000元左右，分24期偿还，而为了满足更多客户的普惠金融需求，该方案对客利率定价远低于其他3C同行的消费金融产品，因此亟须在较低的进件成本下有效识别风险客户，保持足够高的通过率和较低的坏账金额。

其次，由于业务场景的特殊性，相当一部分客户是在门店营业员指导下现场办理授信申请的，授信申请通过后再由营业员办单，因此市场和门店营业员对于审批实时性有迫切要求。另外，较低的审批通过率则会影响门店的办单积极性。

再次，由于业务场景较为下沉，大批客户处于四五线城市及以下，客群结构较一般消费金融业务场景更为复杂，"金融白户""移动互联网白户"客群比例高，给风控审批带来了一定的挑战。

最后，该模式下，用户需在营业员引导下申请授信、在营业厅完成办单，由于营业厅大多属于社会加盟店，营业员及店主的道德风险不可控，容易出现手机价格虚高、以现金代替3C产品补贴客户，甚至欺诈客户的场景。

阶段三：针对业务功能关键点搭建解决方案

基于业务模式及功能需求，华博互联网科贷构建了一套全流程的线上购机分期解决方案。

第一，申请环节：华博互联网科贷通过与国内具备人脸识别技术的厂商百度、Face++（旷视科技）进行技术整合，引入完善的身份证OCR扫描和活体检测等技术，加强对用户的真假甄别。此外，在用户申请过程中，实时与银联、运营商交互，对客户申请信息的资质进行鉴权，保证客户是在本人知情的情况下利用本人手机号/银行卡完成授信申请，减少发生欺诈的风险，满足监管"KYC"的合规要求。

第二，线上签约环节：华博互联网科贷与电子合同服务商对接，实现完整的在线签约流程，并整合线上电子合同流程，去掉线下涉及纸质合同的冗余环节，大大提升了进件效率。

第三，风控环节：华博互联网科贷在自动化审批引擎中，打造了基于高维多角度数据的数据模型，在用户生命周期全流程开发过程中实施了多套风险控制模型，包括多个版本的用户申请模型、额度模型、行为模型、还款模型等。

在数据端，华博互联网科贷除了使用常见的征信数据外，还与"阿里系"、"京东系"、银联等多家机构进行合作，尽可能从更多的数据维度作出较为全面的客户画像。

在模型端，华博互联网科贷先后使用低维算法、高维算法进行模型探察，最终在机器学习模型方法中确定了梯度下降方法中的集成学习模型方法。在选择整个算法的周期历程上，华博互联网科贷从经典的逻辑回归着手建立手机分期业务的申请评分模型（表现期为3个月，如图3-14

所示），同时利用Chaid决策树提取易于沟通和执行的规则实施于业务前端；当客户还款与违约数据积累至足够体量时引入GBDT梯度提升算法，通过大数据技术增强计算能力，实现对2 000多个维度（含原始与衍生维度）进行同步运算，进一步提升了评分模型对于违约客户的辨识能力。华博互联网科贷基于机器学习数理原理建立了100分决策标准，同时对模型进行固有化，实现风控模型的高可用性、高可实施性。客户申请分期产品时，模型决策实现秒级反馈。除使用申请信用模型来量化用户信用资质外，华博互联网科贷还通过构建模型的方式来量化评价用户信用行为、还款行为的高危程度、还款意愿等，以此来指导业务运营，进一步提高运营效率。

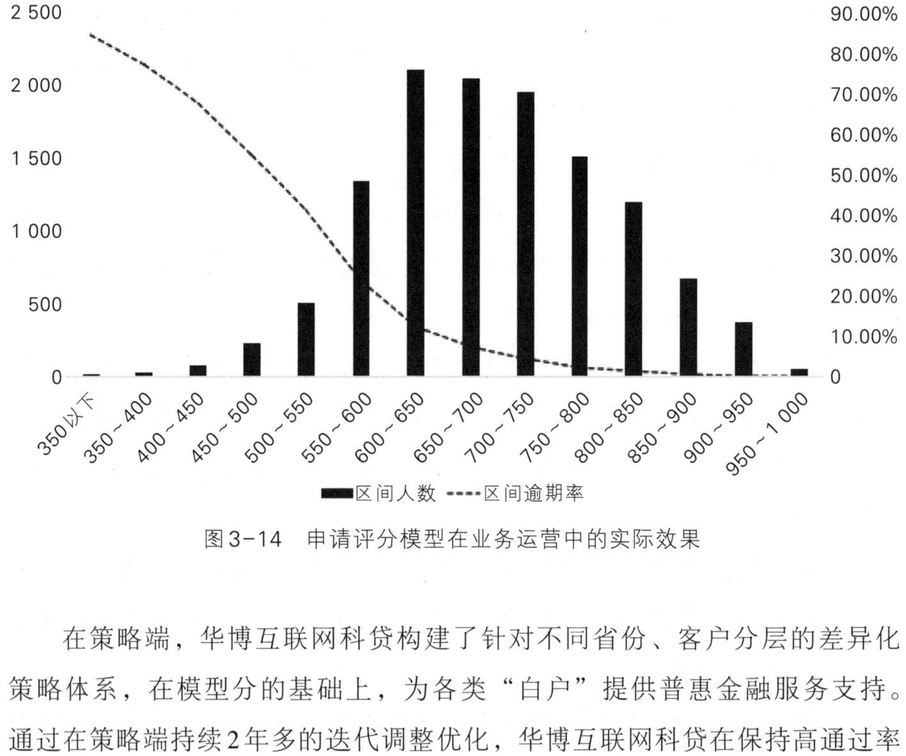

图3-14　申请评分模型在业务运营中的实际效果

在策略端，华博互联网科贷构建了针对不同省份、客户分层的差异化策略体系，在模型分的基础上，为各类"白户"提供普惠金融服务支持。通过在策略端持续2年多的迭代调整优化，华博互联网科贷在保持高通过率和高资产质量二者之间形成了微平衡方案。

第四，反欺诈环节：华博互联网科贷构建了一套较为成熟的关系图谱方案（如图3-15所示），打通"申请人-营业厅-营业员"的B侧关系网络及"申请人-紧急联系人-家庭地址"的C侧关系网络。目前，华博互联网科贷内部已实现了数亿个节点连接，可以轻松实现某个节点外的四度以上的关系探查与展示。在关系图谱的基础上，华博互联网科贷进一步引入了社群算法，针对关系图谱拓展出的数十万，甚至上百万关联节点，寻找其所在的真实团体，进行团体分析，在实践中还综合了"社群逾期占比"及"节点逾期连接度"两项指标来做可疑节点识别。

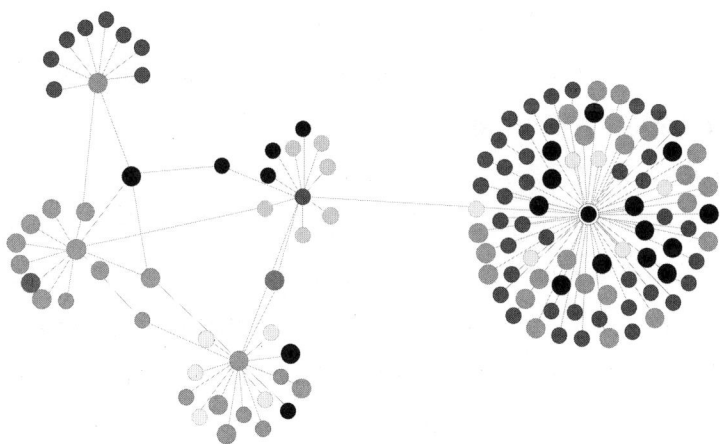

图3-15　原始图谱信息

第五，客户服务环节：华博互联网科贷与第三方智能语音服务商和短信服务商合作，优化拨打策略，提高客户贷款知情率，可有效减少商户欺诈行为的发生。在客户完成订单后，系统对办单客户进行定向智能语音回访。

（2）方案基于技术创新解决痛点问题

在该消费金融展业合作项目中，参与各方优势互补，为购机消费者提供了便捷灵活的分期购机解决方案。

解决痛点一：提升审批效率，降低运营成本

该方案采用OCR、人脸识别与活体检测技术，其中人脸比对精准度达到99.5%，远远超过人眼识别水平；活体检测采用"端+云"配合的方式，实现99.9%的高精准度判断；身份证检测技术对用户拍摄身份证的过程进行质量控制，证件识别准确率高达99%。这些技术手段有效提升了审批效率，减少了人工运营成本。

解决痛点二：高效触达用户

智能语音客服系统可以同时发出多笔回访订单，对目标客户实现100%回访。目前，该方案的智能语音接通率超过70%，是传统人工回访的2倍。同时，该套客服系统后台设置了20余条问答，可以应对客户提出的各类业务问题，并通过NLP（Natural Language Processing，自然语言处理）和深度学习，对语料库进行持续精修，定期复盘不同话术的数据表现，优化话术和智能拨打策略，提高识别准确性、交流流畅度。

解决痛点三：提升客户识别精度，降低欺诈概率

华博互联网科贷针对客群的复杂程度，获取多维度数据，构建基于高维多角度数据的多套风控数据模型。在模型表现方面，早期的逻辑回归模型将检验集Gini系数优化至0.73左右，最新的GBDT梯度提升决策树算法已将检验集Gini系数提升至0.81~0.83的水平，实现对客户的高效分辨。出于模型成本、效果、使用环节、稳定性的诸多考量，线上目前同步并行多个版本的申请模型，在策略应用环节根据实际需求调用。

如图3-16所示，在反欺诈方面，方案中的关系图谱技术除了在申请时的实时策略引擎中被用来拦截欺诈团伙外，同时也提供了API接口给模型调用。关系图谱产品也同步应用在贷中回访和贷后监控管理中，一方面帮助审批员有效识别多层次之间关系，发现可疑团伙，及时管控预警；另一方面也可以用人工核实结果来反馈、填充图谱，让关系图谱的内容更加丰富精准。

（3）方案实施效果

经过在信用购机领域2年多的持续耕耘，华博互联网科贷完成了多个版本的信用购机产品升级，与运营商形成了紧密的合作关系。通过运营商及各省公司的招投标流程，目前华博互联网科贷已经在全国31个省份（除港澳台地区）开展了运营商的信用购机业务。

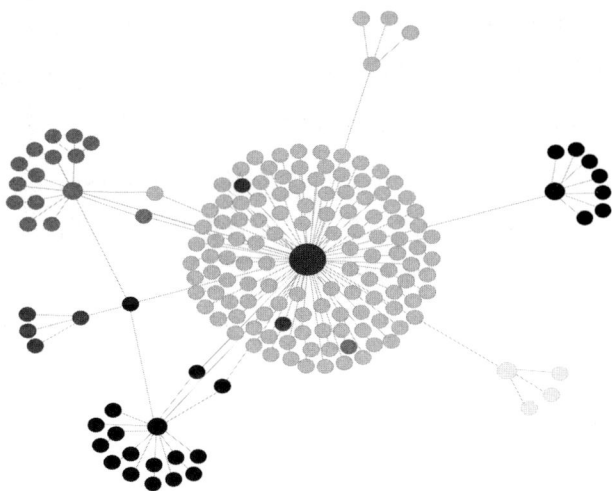

图 3-16　社群划分

　　另外，在业务规模上，华博互联网科贷在运营商场景下也保持着领先地位。2020年，华博互联网科贷表示会在业务规模上持续发力，在该业务场景下继续保持领先的市场份额，每年为数以百万计的客户提供便捷的运营商场景的分期金融服务。

　　经过近3年的合作打磨，华博互联网科贷与运营商已经形成了非常密切的合作关系，双方持续保持技术合作、业务对接，在价值观认知上同样保持着高度认同。对于信用购机的场景，华博互联网科贷已经沉淀了自己的特色经验，形成了一套可复制的运营商消费金融场景下的"华博方案"。

　　基于这套"华博方案"及双方互信、合作程度的加深，在2020年，华博互联网科贷与运营商也在深度洽谈合作一些新的金融产品，包括"永不停机""贴息购机"等信用产品，立足运营商场景，为更多客户提供便捷的普惠金融服务。

3.1.3　消费金融科技能力提升建议

　　金融科技在消费金融领域全流程落地，推动了率先布局的机构的业务快速发展。基于此，越来越多的金融机构将金融科技作为重要发展领域。但不可否认的是，现阶段部分中小机构受限于内外部环境、资源等，在金融科技领域的推进步伐落后，也存在部分机构金融科技布局方向不准等问题。它们可基于行业领先者的成功经验，提升其消费金融科技能力。

1）抓准获客、风控、贷后管理核心环节，有计划、分步骤地推进

金融科技的推进并不是一蹴而就的，需要基于外部市场环境、内部资源实力等情况综合考量、有序推进。现阶段，消费金融展业过程中较为重要的环节集中在获客转化、风险控制、贷后管理等几方面。其中，在获客转化环节上，大部分金融机构缺少互联网平台的流量优势，在尚未建立自有大流量渠道时，需外接流量平台，在实际导流过程中存在客户转化率低、客户资质不达标、流量成本高等问题。这需要借助金融科技手段提升对渠道流量的用户识别、分层，以及精准营销能力，但许多机构在此环节布局较弱，流量筛选效果较差，提升了获客成本，也为后续风控、客户服务等环节带来压力。风险控制环节，是消费金融业务的核心，随着客群维度、展业场景等的扩充，难度逐步升级，再加上要满足用户对时效、便捷度等的需求，需进行持续的科技投入，不断迭代升级。在贷后管理环节，全流程贷后监测、预警等能力是大批量、小规模消费金融业务的难点，以金融科技实现自动化、智能化贷后管理是消费金融展业的前提。

2）重视数据挖掘能力建设，强化数据保护

数据是消费金融科技发展的基础要素，多维度大数据的使用范围广泛，是实现用户分析、智能决策的重要依据。除征信数据外，个人消费、投资，甚至娱乐、社交等数据均对用户画像、需求分析、风险评估、反欺诈等环节有重要作用。现阶段，除部分互联网平台对自身数据挖掘较为深入外，许多金融机构的数据外接维度有限，有的仅限于对成型信用分等数据的直接取用，即使是接入多方数据源的机构也存在数据挖掘深度不足、使用效率不高等问题，需要进一步提升数据分析使用能力。同时，在数据保护层面，国家对于金融消费者权益保护的重视程度日益加强，金融机构需规范以往粗放式的数据使用模式，这在一定程度上加大了数据挖掘的难度。在有限的可用数据范畴内，如何提高数据挖掘效果，需要金融机构投入更多关注。

3）加强生态系统、开放平台的接入能力

金融科技的发展推动了消费金融展业模式的变革，消费金融产品嵌

入各类生活服务场景的做法已屡见不鲜。生态系统、开放平台的接入与简单的流量接入不同，需要通过API等方式在平台内集成产品的信用评估、账户、支付等众多功能，需要金融机构能够快速组织足够的IT力量投入，且要保障上线时效。现阶段线上服务平台众多，衣食住行均有涉及，随着未来消费金融生态嵌入模式的愈发常态化，金融机构对这些平台的接入需求也会逐步增多，需要重视相关能力建设、团队组建及灵活的组织机制。

4）金融科技的长期投入与自有能力构建

中小金融机构在推动消费金融业务创新的初期由于人才等资源和能力的限制，往往采取外购系统和与科技企业合作等方式提升金融科技能力，此种模式在快速推动业务转型升级、降低初期投入成本等方面有较好效果。但随着创新消费金融业务规模逐步扩大，对于展业各环节的技术支撑需求也逐步加强，仅仅依赖外部科技合作机构，在痛点理解深度、问题解决时效等方面均存在不足。而且现阶段，金融科技实力已成为推动消费金融未来发展的重要力量，属于消费金融业务的核心资源，应掌握在金融机构自己手中。故中小金融机构还需长期投入，逐步构建自有金融科技力量，打造技术核心竞争力。

3.2 小微金融科技

安永全球有限公司（EY）发布的《2019年全球金融科技应用指数》报告显示，中国中小企业金融科技应用率居世界第一。我国中小企业对金融科技的应用率达到61%，而美国中小企业的应用率为23%，位居第二。新兴市场的中小企业是银行和支付服务的重度用户，63%的新兴市场中小企业使用这类服务。在中国，这一比例是92%。这份报告的数据来自对美国、英国、中国、墨西哥及南非27个国家和地区的1 000家中小企业的在线调查。

多年来，国内金融业和银行业一直将普惠金融作为目标，但成效不太显著。这两年，外有真金白银的国家财税金融政策的扶持，内有金融科技的催化，小微金融服务有了明显进步。到2019年年末，普惠型小微企业贷款余额为11.6万亿元，同比增长25%，有贷款余额户数为2 100多万，较年初增加380万，新发放普惠型小微企业贷款的平均利率较2018年平均水平下降0.64个百分点。

小微企业金融科技，包括小微企业信贷、小微企业理财、小微企业智能投顾、小微企业反欺诈、商户聚合支付、小微企业保险等，是移动互联网、大数据、云计算、机器人、数据中台、机器学习、区块链、物联网等前沿科技在小微企业金融领域的运用。

数据是金融科技解决小微信贷问题的核心，由于小微企业及互联网微商具有"人企合一"的经营特性，当前支持小微信贷应用的数据有企业数据和个人数据两大类。企业数据，包括工商、司法、税务、发票、进销存、征信、收支流水等数据；个人数据，包括征信历史、借贷行为、社交行为、消费行为等数据。金融机构可以构建对小微企业第一还款来源的信用评价体系，利用人工智能技术建立小微企业的智能风控模型，实现小微企业无抵押、无担保、无人工审批的"秒批秒贷"的信用贷款模式。

当前，金融科技在小微企业信贷方面的应用还处在初级阶段，正不断演变进化，派生出更多的模式和应用场景，包括智能营销、智能审批、智能预警、智能处置等全流程、闭环式的技术体系。

3.2.1 江苏省综合金融服务平台介绍

建设江苏省综合金融服务平台，是江苏省委、省政府贯彻落实党的十九大和第五次全国金融工作会议精神，推动供给侧改革，大力提升金融服务实体经济能力，有效缓解中小微企业"融资难、融资贵"问题的重要举措。平台自2018年5月8日上线试运营以来，取得了良好的社会效益。

1）江苏省综合金融服务平台建设背景

党的十九大报告指出，要深化金融体制改革，增强金融服务实体经济能力。第五次全国金融工作会议指出，金融服务实体经济不到位，社会信用基础较为薄弱，全社会融资结构不合理，中小微企业等薄弱环节融资难、融资贵问题仍较突出，必须引起高度重视。2018年7月31日召开的中共中央政治局会议指出，要深入推进供给侧结构性改革，打好"三大攻坚战"；要把防范化解金融风险和服务实体经济更好地结合起来，通过机制创新，提高金融服务实体经济的能力和意愿。江苏省委、省政府一直高度重视企业融资难、融资贵问题，近年来出台了一系列政策文件，推动破解中小微企业融资难题。

为贯彻落实党的十九大和第五次全国金融工作会议精神，大力提升金融服务实体经济的能力，2017年江苏省金融工作会议明确提出："加快搭建省级综合金融服务平台，实现全省银企融资需求的匹配对接，让企业多走'网路'、少跑'马路'。"江苏省综合金融服务平台的建设作为江苏省深化金融改革的一项重大决策部署，被列入2018年江苏省委常委会工作要点、省委深改组重点改革任务和省政府年度工作任务。

省综合金融服务平台的建设，将立足"公益平台、共享服务"的定位，致力于推动金融更好服务实体经济，努力实现"四个有利于"。其中，"四个有利于"是指：（1）有利于破解融资难、融资贵问题。平台将整合企业信贷信用信息和社会信用信息，大大缓解银企之间信息不对称这一关键问题，真正让金融机构"贷得放心"。（2）有利于实现高效融资对接。平台连接融资服务的两端——中小微企业和金融机构，融资服务的高效表现为企业融资需求"实时发布"和金融机构"抢单对接"。（3）有利于创新政银企合作方式。平台的建设和运行充分体现了"政府搭台、企业（金融机构）唱戏、市场化运作"的原则，实现了政银企三方合作共赢。（4）有利于加快企业诚信体系建设。平台的建设与发展，使企业真正感受到"信用换贷款、信用换成本"的好处，促进广大企业守法诚信经营，逐步形成"守信者处处受益，失信者寸步难行"的信用氛围。

2）江苏省综合金融服务平台建设进程

根据江苏省委省政府的有关部署，江苏省金融局会同江苏省国资委、中国人民银行南京分行、江苏银监局等部门，在推进平台建设方面做了大量工作。

——2016年10月，江苏省政府下发《关于金融支持制造业发展的若干意见》，明确提出探索建立省级层面的综合金融服务平台。

——2016年12月，江苏省金融局、人民银行南京分行组织课题组赴苏州调研，形成课题报告《建设省级综合金融服务平台提升金融服务实体经济效率——苏州建设综合金融服务平台的经验与启示》。

——2017年6月，江苏省金融局会同有关部门完成《平台建设方案》。

——2017年7月，江苏省政府召开省长办公会，研究《平台建设方案（审议稿）》，并形成《省长办公会议纪要》。

——2017年12月，江苏省金融局组织江苏银行、苏州银行成立江苏省综合金融服务平台技术团队，用3个月时间顺利完成平台系统的开发工作。

——2018年3月，江苏省金融局会同省国资委成立江苏省综合金融服务平台筹建组，抽调江苏银行、苏州征信（苏州征信信用管理有限公司）、江苏金农公司的技术人员集中办公，启动平台筹建工作。

——2018年4月，江苏省金融办、人民银行南京分行、江苏银监局联合出台《金融机构接入江苏省综合金融服务平台管理办法（银行版）》，试点启动金融机构接入平台工作。

——2018年5月，江苏省综合金融服务平台上线试运行。

3）江苏省综合金融服务平台建设框架

江苏省综合金融服务平台采用"母子平台、双层架构"模式，省级层面建立"母平台"，13个设区市建立"子平台"，县（市、区）接入所在设区市的"子平台"。省级"母平台"主要功能为系统开发建设、统计监测，将省级有关信息源部门、省级金融机构和征信公司信贷信用信息、公共征信信息、融资服务供给、融资支持政策等统一接入平台。各设区市"子平台"主要功能为融资政策对接、企业注册使用，以及统计分析、风险监测等，县（市、区）在设区市指导下统一使用"子平台"。"母子平台"面向全省符合条件的中小企业、金融机构开放，后台对接"三大支撑"，即金融机构"中小企业金融支持中心"、省级征信机构的企业征信服务、各级政府的中小企业融资扶持政策。

江苏省综合金融服务平台建设坚持"三个基本原则"。一是坚持政府推动：综合金融服务平台建设是一项系统性工程，需要各级政府加强宏观指导，充分发挥组织协调、部门联动作用，整合地方支持中小企业融资的政策，支持更多中小企业通过平台实现融资对接。二是坚持问题导向：围绕中小企业融资服务需求，有效对接金融产品、征信服务、扶持政策等信息，切实解决企业信息不对称、融资渠道不畅通、金融服务不充分等难题，切实提高中小企业融资的可得性。三是坚持资源整合：平台建设充分体现金融服务的综合性，有效整合银行、证券、保险、租赁、担保等金融产品，有效整合各级政府中小企业融资扶持政策，有效整合企业信用信息和省级征信机构征信产品，有效提高中小企业"一站式"金融服务的效率。

4）江苏省综合金融服务平台特色优势

相较各类政策性融资支持平台，江苏省综合金融服务平台积极运用大数据、互联网技术，通过整合全省金融机构融资产品（服务）、融资扶持政策、企业征信服务等各类资源，形成五方面特色优势：

（1）"一张网"覆盖全省中小微企业。平台依托互联网技术，建设形成由1个省级"母平台"、13个设区市"子平台"组成的双层架构，面向全省具有融资需求的所有中小微企业提供融资服务。省级"母平台"整合全省中小微企业信贷信用信息、公共信用信息，将融资需求、融资产品、融资支持政策等统一接入；各设区市"子平台"实现企业注册登录、融资需求发布，以及统计分析、风险监测等功能。

（2）"一键式"实现融资供需对接。平台将发挥政策性优势，有效统筹江苏省银行业金融机构，塑造适应中小企业融资需求的业务流程。符合条件、具有融资需求的中小企业，均可注册使用平台，一键发布融资需求，与所有接入平台的银行机构实现"无缝"对接。

（3）"一站式"提供综合金融服务。除融资撮合外，平台还将向中小企业提供丰富的金融服务，主要包括保险、融资性担保、融资租赁、股权投资、在线路演等，有效满足中小企业个性化、综合性金融需求。

（4）"一次性"查询企业征信信息。综合金融服务平台对接省级征信公司服务。上线金融机构可经企业授权，通过平台查询该企业税务、工商、环保等公共信用信息，助力金融机构进一步挖掘优质诚信的中小企业客户，有效降低银行风险控制对抵（质）押、担保等措施的依赖。

（5）"全方位"享受融资扶持政策。将省、市、县（市、区）政府性信用保证基金、中小企业融资风险补偿、政府性融资担保等类政策整合嵌入银行的成熟信贷产品，符合条件的中小微企业只需"一键购买"即可直接享受相应政策扶持，使中小微企业拥有公平享受政策性支持的权利。

5）江苏省综合金融服务平台上线以来取得的成效

截至 2019 年 12 月 31 日，江苏省综合金融服务平台注册授信企业超过 293 500 家，入驻的各类金融机构有 200 多家——既包括中农工建交邮储六大国有银行，招行、浦发、中信、光大等全国主要股份制银行，江苏银行、南京银行等地方大行，紫金农商行、江南农商行等地方农商行，还包括中国人民保险、中国人寿保险、江苏金租等主要保险机构和租赁机构，同时还入驻了江苏农担、江苏再担保、江苏信保等一大批省内主要担保、小贷和基金机构，可以为中小微企业提供全方位的金融服务。平台上线金融产品 1 420 个，发布融资需求金额近 9 000 亿元，撮合融资需求金额近 8 400 亿元。

平台已经形成了有效整合地方政府各类专项扶持政策、企业融资需求、企业征信服务、金融机构融资产品等相关资源的独特优势。2019 年以来，江苏省多个部门依托该平台开发特色功能平台，并推出一系列政策性金融产品，如：省委组织部、省财政厅开发了江苏人才线上金融服务平台，并推出"人才贷、人才投、人才保"系列产品；省财政厅、大区人行及省人社厅开发了富民创业担保平台，并推出"富民创业贷"产品；省农业农村厅、省财政厅开发了乡村振兴金融平台，并推出"苏农担、小微抵押贷"等产品；省生态环境厅、省财政厅开发了江苏省生态环境金融服务平台，并开展了"环保贷"业务。平台发布的政策性金融产品帮助企业拿到低息、贴息贷款，实现风险补偿或分担。同时，省综合金融服务平台与国家发改委牵头推进的"全国中小企业融资综合信用平台"（全国"信易贷"平台）成功对接，实现全国平台与地方平台信用信息的互联互通。

2020 年 2 月初，抗击新型冠状病毒感染肺炎疫情的战斗正处于关键时刻。为贯彻落实中国人民银行等五部委发布的《关于进一步强化金融支持防控新型冠状病毒感染肺炎疫情的通知》和江苏省委、省政府的有关工作要求，全力支持重点保障企业复工、复产，全力服务受新冠肺炎疫情影响的小微企业，切实满足小微企业的融资需求，江苏省金融局、江苏省财政厅、中国人民银行南京分行和江苏省银保监局4部门联合行动，共同在省综合金融服务平台设立了为期6个月的受疫情影响小微企业融资绿色通道（以下简称"绿色通道"），并于2020年2月20日正式上线。

"绿色通道"聚焦疫情期间部分小微企业出现的中短期流动资金困难，着力帮助企业延长贷款期限、降低融资综合成本。在延长贷款期限方面，平台组织银行机构在"绿色通道"内发放期限超过一年的中期流动资金贷款，同时辅以无还本续贷、转贷、政府性融资担保、精准帮扶等手段，缓解企业资金周转压力。在降低融资综合成本方面，"绿色通道"内提供的中期流动资金贷款的综合融资成本比上年度同期、同类企业综合融资成本下降0.5个百分点。同时，江苏省财政厅、中国人民银行南京分行分别运用风险分担和再贷款、再贴现等政策工具，对"绿色通道"内发放中期流动资金贷款的金融机构给予相应支持，推动其将相关措施落地落细。上线首日，"绿色通道"遴选了12家银行机构、63家政府性融资担保公司和27家转贷服务公司（基金）入驻，组织上线金融产品45项，累计撮合获批授信1 041笔，涉及金额34.2亿元，惠及受疫情影响的小微企业988户。

6）江苏省综合金融服务平台的下一步建设目标

江苏省综合金融服务平台的建设和发展是一项系统性工程，需要政府部门、金融机构和广大中小微企业的关心和支持。江苏省联合征信公司将在省委、省政府的坚强领导下，在省国资委、省金融监管局、人民银行南京分行的具体指导下，在各地各有关部门的支持配合下，继续做好平台建设和运行推广工作，积极引导金融更好服务实体经济，有效缓解中小微企业"融资难、融资贵"矛盾，更好地推动普惠金融创新发展，力争建成全国一流的省级综合金融服务平台，着力打造具有江苏特色、永不落幕的"一站式"在线融资对接会。江苏省综合金融服务平台的下一步建设目标如下：

（1）推动企业注册扩面提质。目前平台的注册企业数量已近30万户。下一步，平台将进一步扩大覆盖面，增加企业数量，提升企业质量。

（2）优化平台功能，提升体验。平台的服务功能已经初步具备，下一步，综合金融服务平台将针对中小微企业特征及需求加快平台功能升级，设计开发综合金融服务平台2.0版本，提升中小微企业的活跃度。

3.2.2 江苏省小微金融科技之信贷产品

1）苏宁金融——乐业贷

"乐业贷"是为零售云加盟商量身定制的小微企业贷款产品，分为信用贷和抵押贷两种。其中，信用贷是依托零售云平台的交易流、物流、资金流、数据流，精准定位加盟商的融资需求，为其提供样机采购、日常经营备货的资金支持，具有纯信用、低费率、随借随还等特点，无须进行固定资产抵押，最高可贷100万元；抵押贷则是以零售云平台加盟店的法定代表人为目标客群，以房产抵押为征信，为其提供资金支持，其额度较高，最高可抵押3套房产，授信1 500万元，最快3天下款，而且支持无手续费续贷。在风险控制上，苏宁金融依托苏宁大数据系统，可以在线上对上下游小微企业的交易数据、经营情况等信息进行详细、动态的了解，并在这些信息的基础上对企业的盈利能力和还款能力进行综合判断，保证资金的安全性。这样既能大大降低征信成本，也使企业能够更容易获得贷款。苏宁金融将依托优势资源和金融科技能力，将强化零售云作为县镇市场核心产品的战略定位。苏宁金融"乐业贷"也将坚持"助力小微，催化梦想"的服务宗旨，助力智慧零售大开发，为零售云店的开疆拓土提供资金支持，为其持续"输血"，为构建全场景的智慧零售生态系统贡献力量，并持续聚焦供应链金融、消费金融等核心业务，为零售云加盟商提供10亿元贷款额度，赋能合作伙伴，全面助力零售云商户创富未来。

如图3-17所示，"乐业贷"可以通过"零售云"App在线申请并获取授信额度，操作便捷，整个流程仅需10分钟。

2）江苏银行——电e贷

江苏银行与国网江苏电力、国网电商合作，为小微企业打造了一款以企业的用电数据及电费缴纳情况为依据，纯信用、全线上的信贷产品——"电e贷"。"电e贷"具有以下六大特点：

（1）"易办理"：在线申请、在线签约、在线用款，操作便捷；

（2）"免担保"：以企业历史用电、缴费记录作为贷款依据，无须办理抵押或提供其他担保；

图 3-17 "乐业贷"业务申请界面

（3）"审批快"：贷款申请由系统自动审批，大数据秒级处理；

（4）"额度高"：贷款额度最高可达200万元，能够较好地满足小微企业缴纳电费的临时资金需求；

（5）"期限长"：小微企业一次申请即可获得最长12个月的循环贷款额度，可随时在线提款；

（6）"费率省"：该产品按日计息，随借随还，不再收取任何费用。

据统计，无锡地区有13 000余家月均用电量在1万~100万千瓦时的实体经济企业，江苏银行"电e贷"以这些真实有效的电力数据为重要参考依据，更有针对性地为企业提供服务，使原本沉睡的数据发挥作用。"电e贷"产品于2017年8月初正式上线，截至2017年年末，无锡地区受理逾400笔业务，成功支持近160家企业，审批通过金额近5 000万元。

如图3-18、图3-19所示，申请"电e贷"业务要先登录国网商城的系统，随后在"电费网银"页面的"电费金融"专区可以看到"电e贷"的主页面。

图 3-18　"电 e 贷"业务申请流程（一）

图 3-19　"电 e 贷"业务申请流程（二）

3）紫金农商银行——税信贷

紫金农商银行始终围绕"服务三农、服务中小、服务城乡"的市场定位，发挥互联思维，以不断提升客户体验为宗旨，帮助小微企业解决担保难的现实问题。紫金农商银行推出的"税信贷"是以小微企业纳税数据为基础，依托大数据风控模型和系统自动研判等技术手段，给予小微企业最高100万元额度的纯信用产品。企业通过线上提交贷款申请，由系统自动完成审核，银行经办人员现场核验、收集基础资料后进行授信。自"税信贷"产品立项以后，仅用不到两个月时间就完成了系统开发、产品设计、人员培训、测试运行，正式上线3个月后已向小微企业授信35笔，授信金额达2 400多万元，用信30笔，用信金额达1 900万元。紫金农商银行将纳税大数据引入融资领域，有效简化贷款手续，提高贷款审批效率，提升客户体验，培养大众依法纳税的良好习惯，积极发挥纳税信用的增值效应，使诚信纳税获得实惠，同时致力于将"税信贷"打造成业内拳头产品，践行"金融回归本源，回归服务实体经济"的主旨。

如图3-20所示，办理"税信贷"需通过江苏紫金农村商业银行股份有限公司的官网进入申请页面，在"个人业务"页面下点击"个人经营贷款及小微企业贷款"，之后可以看到"税信贷"的申请入口。

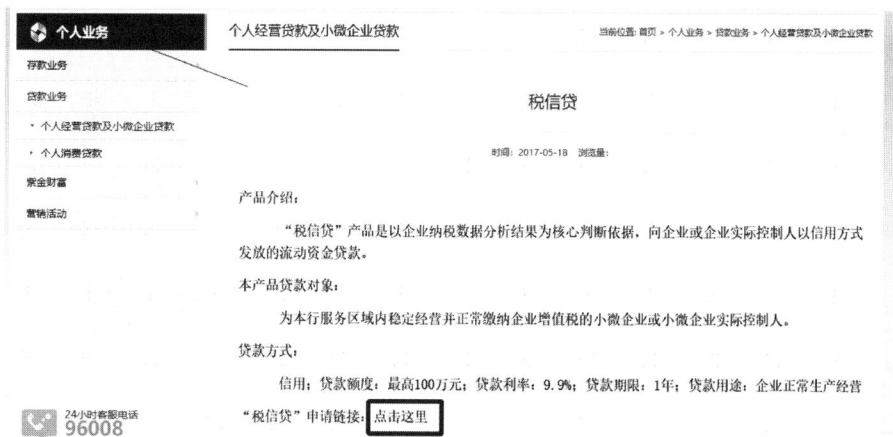

图3-20   "税信贷"业务申请流程（一）

点击链接后，跳转到“诚税融”页面，通过该系统企业可申请此业务，如图3-21、图3-22所示。

图3-21 “税信贷”业务申请流程（二）

产品详情

1、本产品授信采用信用方式，以企业申请时需追加企业实际控制人连带责任担保。借款人应当具备以下基本条件：
①成立且实际经营2年（含）以上；
②连续正常缴纳增值税18个月以上；
③企业及实际控制个人家庭无不良信用记录；
2、贷款对象为本行服务区域内（含异地分行）稳定经营并正常缴纳企业增值税的小微企业或小微企业实际控制人
3、授信额度最高100万，贷款利率9.90%
4、采用一次性归还本金、按月结息的还款方式，鼓励采用等额本息或等额本金方式按月归还贷款本息

申请资料

1、企业主体
①营业执照,公司章程；
②组织机构代码证、税务登记证、外汇登记证（如有）；
③法定代表人（或负责人）及实际经营者的身份证明；
④贷款卡或中征码；
⑤验资报告与章程（如有）；
2、法定代表人身份证明、个人征信查询授权书；
3、实际控制人（及配偶）身份证明、婚姻证明、户籍证明材料、本地自有房产证明材料；
4、经营主体的营业场地产权证明或租赁合同；

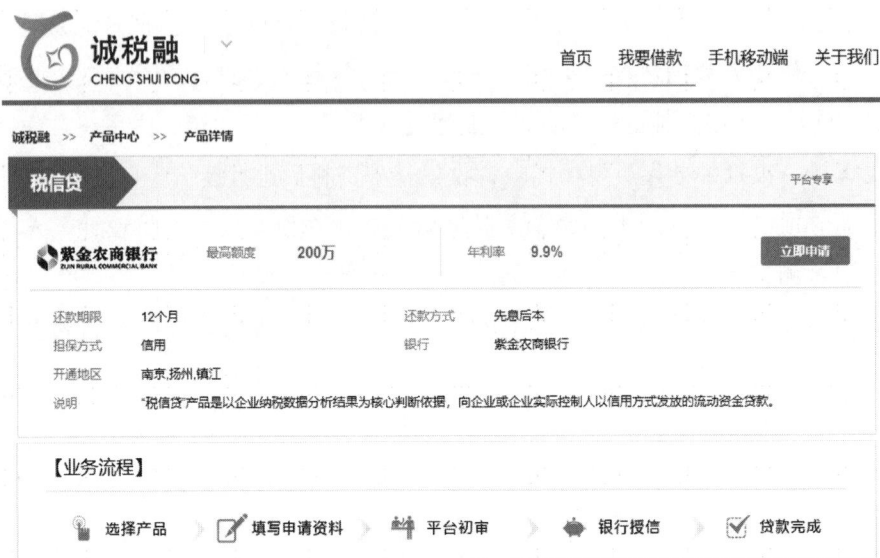

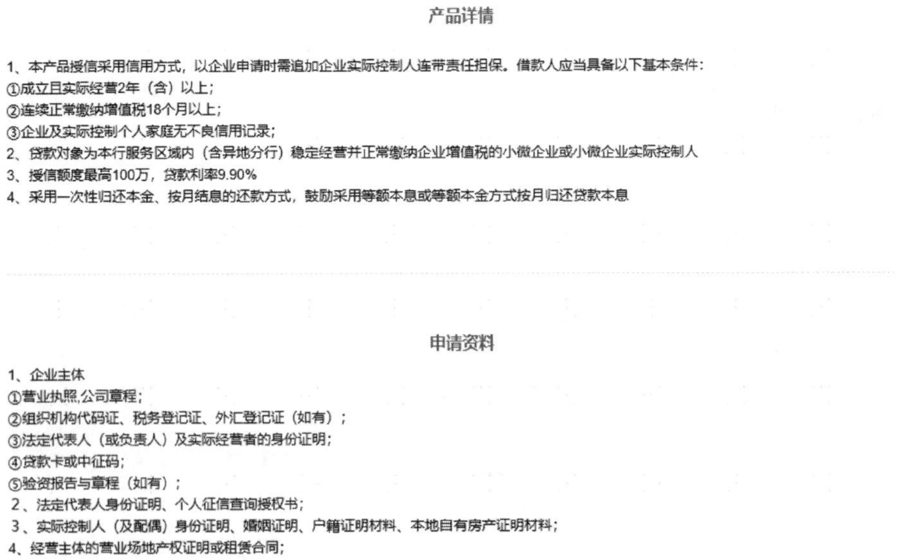

图3-22 “税信贷”业务申请流程（三）

4）南京银行——POS贷

南京银行与银联商务有限公司签订全方位战略合作协议，并先行推出面向POS商户的新型贷款产品——"POS贷"（如图3-23所示），借助互联网金融的运行模式，进一步提升对小微企业的金融服务能力。"POS贷"是南京银行专为商户提供的信用贷款产品，作为一项创新业务，该产品运用全新的电子信息化流程，实现一站式自动化操作，更加方便、快捷。与传统贷款产品相比，南京银行"POS贷"无担保、无抵押，银行根据用户POS机的刷卡交易流水来测算、评估小微客户的经营规模、运行能力、资金需求。"POS贷"最大的特点是"一次授信，可以多次使用"，银行根据不同的商户性质，为其量身定制相应的额度和期限，企业只需要跟南京银行一次性签订合同，就可以在贷款额度与期限内，随时提款，循环使用。近年来，商业银行集体向小微金融业务倾斜，行业同质化竞争加剧，银行必须不断开发新的模式，通过平台化、自动化、批量化的操作来降低成本、提高效率。银联商务作为国内最大的第三方支付机构，市场网络覆盖全国337个地级以上城市，维护POS终端314万台，为超过231万家商户提供服务。其专业的技术和海量的信息将为南京银行锁定目标客户，并为创新服务客户的渠道和形式提供强有力的支持。未来，线下加线上的配套服务，不仅能极大地提高企业的融资效率，解决融资难的问题，也会让企业主有更多精力专注于自身的经营，为企业的发展与成长提供"加速度"。此次与银联商务的合作，正是南京银行加快互联网金融建设，切实解决小微企业"贷款难、融资难"问题的积极实践。

3.2.3　江苏省小微金融科技之智能营销

1）苏宁金融——"星象"精准营销系统

苏宁金融利用苏宁零售云、苏宁物流、苏宁云台、美团、狮桥等内外部场景，为微商贷进行场景获客、客户画像、营销执行和效果评估。该平台专注于传统存量客户转化、流量公司客群拓展和城/农/村镇的本土潜在客户推广，实行潜客识别、营销分析、执行落地和评估优化的精准营销闭环管理。目前该系统的运营范围涵盖苏宁体系会员、贷款、保险、理财、储值卡业务线，年累计开展约200个算法模型建设，月均推进几十个专题，

图3-23 "POS贷"业务申请流程

面向苏宁体系内外的金融机构同步开展营销引流及合作运营项目，目前已经积累了丰富的分析洞察和营销运营实践经验。江苏省内已打造了省级综合金融服务平台，已有超十万家企业在平台上进行登记。苏州、扬州、无锡等也在搭建各自的市级平台。"星象"精准营销系统将对江苏省内的客群进行深入挖掘，为各类金融机构的业务拓展提供强大坚实的科技能力支撑。

2）江苏银行——"筋斗云"智能营销平台

江苏银行自主研发的"筋斗云"智能营销平台针对对公客户经营的痛点，依托大数据技术，实现精准筛选客户、精准挖掘需求、精准定制服务三个精准服务目标。该产品一方面通过分析挖掘内外部数据，从存量客户和新增客户中筛选客户，利用企业上下游的关联关系，挖掘潜在的更大客户群，然后直接将小微企业的有效信息分配给分、支行，客户经理按图索骥、开展名单制服务；另一方面像网站导流一样从源头上获客，使江苏银行在很多没有开始运营的新兴企业注册时，就抓取到客户信息，为进一步分析客户需求打下基础。

3）南京银行——"小企业大数据平台"

南京银行基于海致的知识图谱平台（Atlas）及商业智能平台（BDP），构建"小企业大数据平台"，该平台实现了大数据对南京银行小企业业务发展的支撑作用，能够支持管理层看到小企业业务的整体运营情况，帮助业务经办人和客户经理深化对单个客户的认知；完成了对小企业客户贡献度的评价，利于提升小企业客户的综合回报，为南京银行小企业业务差异化定价管理和精准化营销，以及提升整个小企业条线综合贡献度提供了强大的数据支持。

3.2.4 江苏省小微金融科技之智能审批

1）智能风控技术

智能风控技术以数据为核心，挖掘数据价值，构建全生命周期闭环的反欺诈体系——包括事前数据采集和准备、事中风险判断，以及事后风险识别和处置，支持微商多场景化建模。从技术层面来看，大数据"实时+离线"双通道的技术架构为智能风控领域的发展提供了有效的支撑。

微商智能风控技术的两大利器包括知识图谱平台和决策引擎平台。

（1）知识图谱平台

知识图谱平台以知识图谱技术为核心，通过模式构建，针对企业、个人建立多维度的风控监控模型，实现智能风控。知识图谱平台提供从知识建模、知识存储、知识计算、知识融合，到知识图谱的认知、理解、应用等全流程的知识构建。知识图谱平台可以用于数字化微商风控场景，其主要分析维度包括用户画像、用户社交关系网络、交易风险行为特性模型。微商风控以企业为基本概念，以企业信息基本属性、企业行为作为对象属性，构建"实体-关系-实体"的可视化知识网络，充分利用知识图谱的图计算能力，并结合知识推理、挖掘、标注分析的交互能力，提供在线查询

（节点搜索、多条查询、最短路径分析）及离线计算（PageRank、社区发现、相似度计算、团伙欺诈、模糊子图查询）等算法封装，攻克海量营销场景关联图数据存储的难点，打造数字化智能风控"智库"，解决用户的关联分析、精准运营、风险监控等微商风控业务场景痛点，为上层业务应用系统提供智力服务。

知识图谱平台主要包括以下四大子模块，具体如下：

数据清洗子模块：基于底层爬虫技术及外部数据接入技术，实时构建金融企业的结构化数据和非结构化数据，拓源多维企业数据源信息，丰富企业数据画像信息。

模式构建子模块：构建全局子图模式，查询企业实体、企业间的关系输出，包括但不限于企业关系图谱、企业风险图谱、企业投资图谱、股权结构图谱、疑似实际控制人图谱及传导关系的股权分析子图。

特征提取子模块：基于语义分析技术，提取可用于监控企业风险的各项特征参数，将信息——包括企业舆情及行业智库信息（大宗商品行业走势和均值信息、房地产行业信息、宏观经济信息）——输出给决策引擎平台。

算法服务子模块：利用知识共指解析、实体消歧技术基础，构建知识加工融合服务，基于下游的特征同步提取加工策略，输出模型监控策略信息。

（2）决策引擎平台

决策引擎平台运用数据、规则、模型，结合机器学习与业务专家的经验，提供羊毛党分析、刷单识别、恶意交易攻击识别、反爬、IP画像、关联分析、信息核验等数据工具服务，形成风险管理闭环，同时利用黑灰名单、可信名单、规则引擎、有监督学习及无监督聚类分析等数据的沉淀能力，根据业务及客户特点定制风控规则、审核策略，建立了一套全链路的智能风险管理体系。它将专家经验规则与智能算法相结合，从而对信贷风险作出准确评估和结果输出，升级智能风控服务的手段。

决策引擎平台包括三个模块，具体如下：

①AI算法服务模块：支持算法执行环境的一键部署和度量分析模型效

果，涉及信贷、支付反欺诈及相关模型，可支持算法机器学习中的决策树、随机森林、逻辑回归、XGBoost，以及深度学习中的神经网络算法模型，同步支持Pmml、Pb、Python开发的模型和Java语言开发的模型等。

②决策事件模块：包括规则（规则集、规则表、规则树）、评分卡、序列、函数、决策等参数模块，具体涉及：

i.规则是由一系列单个普通规则组成的集合，每个规则均由"如果…那么…"格式的业务规则构成，一个规则集内放置处理逻辑相近的若干规则，利用数据库记录大于、小于、等于等判断规则，接收到风险事件后将获取的流量值和规则进行比较，得到最终的风险判断。

ii.评分卡主要针对的是大数据风控通用流程，对贷前、贷中、贷后全信贷生命周期的风控评分是对个人相关信息进行分析之后的一种数值表达。评分结果通常用于个人风险管理与评估。评分卡使用二维表形式展示目标对象的各个属性，针对不同属性设置不同区段的条件，每个区段条件对应不同的分值，运行时引擎会根据定义的区段条件自动计算目标对象的评分。评分卡主要有三类：A卡——申请评分卡；B卡——行为评分卡；C卡——催收评分卡。

iii.序列是为了提高规则复用性，当规则管理中存在以通用的顺序执行的组件时，可使用序列集进行配置，序列集会顺序执行引用的所有组件。

iv.函数是决策引擎中的内置函数及相应的自定义函数。其中，内置函数包含日期函数、文本函数、数学函数等；自定义函数支持类自然语言配置和脚本配置，能够提高决策引擎系统的可用性。

v.决策包括决策流、决策树、决策表。决策流类似于工作流，用来对已有的规则集、决策表、序列集、决策树、评分卡或其他决策流的执行顺序进行编排，以一种清晰直观的方式运行一个庞大且复杂的业务规则。部分决策流会采用决策树的形式来表现，决策树是一种以一棵躺倒的树形结构来表现规则、构建规则的工具，它可以更加形象地表现某些类型的业务规则。决策管理中有大量判断条件，需要根据组合条件进行参数估计，如进行规则阈值、调额等级、利率等参数估计。这就需要根据风险计算的要求，使用决策表进行配置，决策表会在命中首个匹配的条件时进行赋值操作，并跳出该决策表,继续执行后续组件。

③风控策略体系:支持离线度量、在线回溯,并支持自定义测试、文件导入测试、历史进件测试等形式,可以对风险业务的策略、模型、变量进行度量分析,从而便于进行风险策略的迭代调整、风险变量的开发验证等。

微商智能风控框架基于知识图谱平台和决策引擎平台,对外提供统一的风控模型管理、风控服务管理、风控数据管理,以针对瞬息万变的微商交易风险实时提供"智库"服务。

2)智能审批体系

在技术加持下,智能风控不再像传统风控一样依赖人民银行征信系统等单一查询入口。大数据技术的深入发展,极大地丰富了银行对于客户资信情况的判断维度:从人工核查人民银行征信报告的形式,转变为结合企业、个人、社会、网络征信情况的多元数据综合评估模式,再结合多种风险评估模型、授信风控系统,通过智能计算对客户进行信用评判。另外,智能风控体系还具备机器学习功能,在信用审查过程中,不断优化自身的信用评价体系,提升审批效率和准确度。

(1)苏宁金融——"天衡"小微审批模型体系

苏宁金融将金融科技应用于全业务、全流程,高度聚焦数据风控和金融AI。苏宁金融研发的"天衡"小微审批模型体系,能够智能化地处理数据输入、测算及输出的贷前审批全流程,建立通用的和基于场景的大数据风控模型,处理用户行为数据,综合海量风控变量,得到客户的征信画像。苏宁金融的小微贷审批模型体系,以企业主征信、企业征信、行业数据、场景数据、增信数据五个维度,在搭建的决策引擎智能风险操作中心和智能规则部署平台上,实现秒级审批;结合欺诈风险防控系统、信用风险防控系统,实现小微金融风险穿透式监控。苏宁金融的欺诈风险防控系统包括:"风声"黑产监控系统、区块链金融黑名单等自建黑名单库;IP位置画像系统、黄牛地址识别模型、人民银行地址模型等地址定位监控系统;商户交易监控模型、签约实时模型、贷款中介识别等账户监控系统;催收失联修复模型、苏宁信用分、高价值客群社交筛选等关系图谱监控系统。苏宁金融的信用风险防控系统包括"石出"购物贷反欺诈模型、"天衡"小微金融风控体系、资金饥渴度模型、个贷资料造假预测模型、生态圈购物贷可信模型等。苏宁金融以金融科技为内核的信贷风控决策系统，已支持100多款贷款产品的策略部署，累计完成贷款审批3 000多万笔，支持2 300个风险因子，单日授信、用信决策超过10万次。

（2）江苏银行——"黄金眼"小微智能应用平台

江苏银行遵循整合银行内部所有资源、推动经营管理全域智慧化的发展思路，除了在智慧营销、智慧管理、智慧营运等方面以大数据技术给予支持，在智慧风控方面，持续探索构建"传统风控+大数据"的新型风控模式，将内外部数据整合到自主研发的"融创智库"大数据技术平台上，开发了十多个风控系统，提升了风险管理的精准性。江苏银行开发的"黄金眼"小微智能应用平台，根据模型有效评估小微信贷风险，提升风险溢价；利用结构化数据整合分析、反欺诈检测等开展尽职调查，提升风控有效性。门槛高、风险高和成本高一直都是小微企业的融资痛点。江苏银行突出"三线上、三智能"，发力线上、线下相融合，提高小微服务水平。到2018年年末，江苏银行小微企业贷款客户总计33 134户，贷款余额达到3 635亿元，授信1 000万元以内的普惠小微企业贷款余额近546亿元，小微企业贷款总量持续保持江苏省同业第一，实现了"两增两控"。

传统银行与科技公司的深入合作也是金融科技赋能金融产品的一种体现方式。

（3）南京银行

在智能风控领域，南京银行通过"鑫梦享"计划，展开了与互联网龙头企业深入合作的互联网金融联营业务模式。南京银行在结合多渠道征信、反欺诈、黑名单数据库等技术的基础上，利用大数据风控技术进行线上放贷，打造出一种合作共赢的新生态（如图3-24所示）。"鑫云+"平台通过连接行业平台和中小银行，构建中小银行线上金融生态体系，是中小型商业银行科技转型的典型案例。在"鑫云+"平台的人工智能和云计算技术的加持下，南京银行平均每个客户的放款时间仅为1秒，日处理订单量可达到100万笔，是原来的10倍。此外，南京银行的客户维护成本也降为原来的1/10。基于自身秉持的开放发展的态度，南京银行通过技术输出的方式，将风控体系输出给鑫合金融家俱乐部（鑫合金融家俱乐部成立于2013年10月31日，是在银行间市场资金联合投资项目进行了十余年合作的基础上，由中小银行类金融机构遵循一定规则组成的交流与合作平台，成员为法人单位，包括城市商业银行、农村商业银行、民营银行等银行类金融机构，南京银行为主席行）的其他成员，目前其技术输出合作银行已达22家，地域范围覆盖全国13个省、68个城市。随着审批流程不断优化，南京银行的贷后管理系统与智能催收机器人有序上线，未来能够全面提升风控水平。南京银行在智能风控系统方面的合作伙伴包括阿里云、蚂蚁金服、度小满金融、乐信、邦盛科技等公司。

公司	合作标签
阿里云，蚂蚁金服	生物识别，智能客服，智能投顾，智能营销，智能风控
度小满金融	智能风控，智能催收
乐信	智能风控
品钛科技	智能投顾
邦盛科技	智能风控

图3-24 南京银行与金融科技公司的合作情况

以南京银行和度小满金融的合作为例，2017年以来，双方在消费信贷领域展开了深度合作，涉及业务、技术、获客等方面，短短一年多就服务了150万用户，合作金额达到200亿元。在此基础上，度小满金融和南京银行开展了全面战略合作，覆盖支付结算、普惠金融、金融科技等9大领域。

2019年，南京银行与邦盛科技合作，基于邦盛科技的可控流式大数据实时分析技术"流立方",采用实时监控模式建设风控平台系统,将实现全渠道可疑欺诈交易完成前的实时侦测拦截,将事后防范变为事中拦截,前移防线;以客户、账户、设备、网络环境等特征为维度,借助外部大数据资源,根据南京银行业务流程内的行为信息,实时识别并防范互联网账户体系在注册、绑卡、登录、支付等场景下面临的欺诈风险。

3.2.5 江苏省小微金融科技之智能贷后

1)苏宁金融——"多普勒"风险预警系统

苏宁金融通过智能化贷后管理,实现通过模型审查客户的贷款支用情况及回款情况、客户征信自主监控、实时自动预警、系统自动冻结、系统自动解冻等功能;以科技化手段,实现实时管理、数据化审核、系统化控制,减少人工成本和人工干预的不稳定性。苏宁金融建立的"多普勒"小微金融风险监控预警平台(如图3-25所示),支持企业信息查询、关联风险挖掘、企业舆情预警、风险引擎决策、风险信号闭环处置、数据化权限管理等多项贷后管理工作。

图3-25 "多普勒"风险预警系统

2)江苏银行——物联网智能贷后监控预警平台

江苏银行自主设计开发的"物联网智能贷后监控预警平台",依托自主研发的区块链平台"苏银链",将物联网工控信号数据同步至贷后监控预警平台,监控平台对仓储监控数据进行实时分析、核对,及时发现质押物的异常出入库行为,产生有效预警信息,方便了人对物及物对物的识别、管理和控制,为业务开展保驾护航。此外,江苏银行还进一步深化物联网应用场景,基于移动端实时查询区块链上的信息,从仓库位置、仓储信息和质押物详情三个维度立体地向客户经理展示质押物的实时情况,有效减少了动产融资过程中的信息不对称问题,帮助客户经理实时掌控信息、足不出户地完成贷后管理,减轻了盘库的工作量,提高了工作效率。

3.2.6 江苏省小微金融科技之智能催收

2019年的央视"3·15"晚会已经过去了近一年时间,曾经火热一时的"714高炮"话题已逐渐冷却,然而,催收人和借款人的关系正在逐渐失衡。媒体的参与、各个部门的严格执法,在保护了大部分消费者的合法权益的同时,也被某些心怀鬼胎的职业老赖所利用。如今,大部分催收公司彻底沦为了"弱势群体"。应如何更好地面对监管,是当下催收行业必须面对的一次大考,而金融科技,就是江苏的企业们交出的一份完美答卷。

1)苏宁金融——"千寻"智能催收服务系统

"千寻"智能催收服务系统是苏宁金融旗下的一款应用于对私贷款和小微贷款贷后催收的智能金融科技产品。该系统依据催收案件类型、被催收人画像、行为学理论和相关合规要求等,通过大数据模型算法确定催收策略;利用NLP技术,使催收机器人实施自动化催收,实时根据被催收人的反馈信息调整催收话术,并记录催收结果,为催收策略提供新的决策依据。"千寻"能够应用于资产保全、智能决策、自动外呼与应答三大贷后场景。其功能有:支持方案录入、数据清洗整合、不良资产评估分类、法催案件梳理;能够在入催前对客户进行评分分类,给出最为合理的催收策略,并根据实际情况及时调整策略,支持规则定义和模型变量加工;提供自动外呼机器人,提高催收覆盖率;实时分析对话内容,理解对话意图,准确返回最佳应答,充分模拟真人催收情景,并自动记录和分析反馈结果,提升自身话术质量。该系统基于智能化催收人群分类,进行人机协作催收,利用深度学习、自然语言处理等技术,实现"千人千面"的智能催收,工作效率达到纯人工的20倍，7×24小时工作，全年无休。

2）和君纵达数据科技有限公司——"慧声"语音机器人

为了解决催收行业处罚程度大、离职人数多和人力成本高的三大痛点，成立于江苏省的和君纵达数据科技有限公司旗下的望潮智能在2018年10月18日推出了"慧声"语音催收机器人。该产品能够利用人工智能技术，提高催收效率、降低成本、增加收益。

（1）合规催收，降低投诉率

"慧声"语音机器人拥有专业话术，严格遵循合规合法的催收术语，不会出现被投诉后情绪激动或者因工作状态等因素影响催收的状况。"慧声"语音机器人能严格把控呼叫时间、呼叫频次，案件分配合理，外呼行为规范统一，极大降低了投诉率；同时全程记录，实现对话文字存储和通话录音存储，让伪造通话记录的投诉不能得逞。

（2）智能催收，减轻催收员压力

"慧声"语音机器人提供数据分析功能，能够通过用户的账龄长短、贷款平台数、还款表现等多个维度，判断哪些用户容易催、值得催；能够选择合适的催收方式，如短信提醒；能够标记用户信息，使催收员可以集中精力应对老赖；能够面对不同身份、年龄的客户，自主选择话术。

（3）策略催收，提升回款率

"慧声"语音机器人可以自定义催收策略，选择不同的时间段拨打催收名单中客户本人的号码和第三方联系人的号码，保证接通率最优。其每次拨打的数据可视化，为新的策略制定提供了数据基础，使其能够建立数据分析平台，整合拨打数据、用户数据，给出建议策略。

3.2.7 金融机构在小微业务中融入金融科技的优化建议

1）积极应用各方面数据，促进小微企业画像

小微企业经营情况的刻画比较难。从数据上说，能体现小微企业经营情况的数据有：企业的进货数据；企业的财务数据；企业的销售数据；企业的报税数据等。下面简单做个说明。

（1）企业的进货数据：各大电商或产业链核心企业有下游经销商或微商的实时进货数据，ERP软件商也有企业的实时进货数据。拥有这样数据的

电商或核心企业有阿里、苏宁易购、茅台集团等。ERP软件商有神州数码、E店宝等。

（2）企业的财务数据：财务软件提供商如用友、金蝶等公司，有企业的财务数据。市场监督管理局也有企业的财务数据，但有时候会不准，其数据的分析价值会打折扣。

（3）企业的销售数据：各大电商或产业链核心企业有上游供应商的实时供货数据，这些供货数据就是上游供应的商销售数据；提供支付服务的公司，特别是提供二维码支付服务工具的公司能整理出企业通过二维码支付的销售数据；提供清算服务的清算服务公司能整理出企业的销售数据；通过发票也能整理出企业的销售数据。拥有这些数据的电商、二维码支付服务企业或核心企业有阿里、腾讯、苏宁和茅台等；提供清算服务的公司有银联、网联等；提供发票服务的公司有航信、百望、中润四方等。

（4）企业的报税数据：各省的税务局有企业的报税数据，为税务局提供服务的公司也能够接触到这些数据。这样的公司有方欣、税友、微众税银等。

这些数据要么由国家拥有，要么由私人公司拥有。现在要把所有的数据统一起来比较困难，但只要拥有其中一部分，就能针对相应的客户群体提供金融服务。

2）加强线上小微金融服务和风险预警平台建设

金融机构需要密切关注小微金融科技发展的几个重要趋势：

（1）银行加紧建设全在线、无纸化、综合化的小微金融产品。

（2）非现场的企业风险排查和预警将获得高度重视，提升非现场贷后管理效率。

（3）小微金融综合平台（如图3-26所示）将出现，保险公司、征信公司、担保公司等多方可以共同搭建这个平台，为小微金融增信，并建立立体的信用约束机制；为小微金融建立档案和信用评分，促进资金进入小微金融市场。

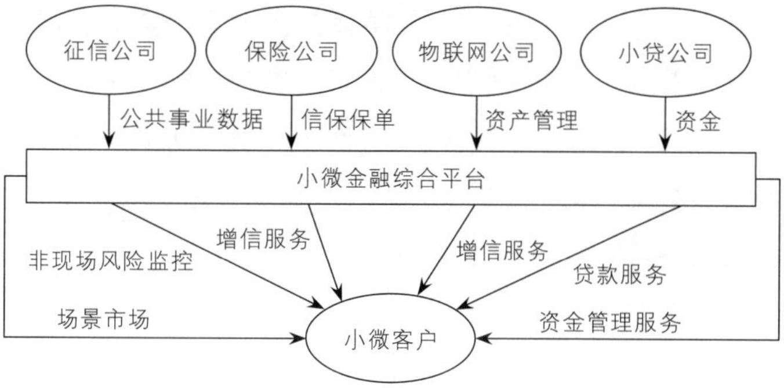

图 3-26　可为小微企业增信的小微金融综合平台

3.3　农村金融科技

3.3.1　金融科技在农村金融领域的应用

1）农村金融科技定义与应用方向

长期以来，三农金融始终是我国金融服务的薄弱环节，三农金融服务的发展远未充分，距离实现乡村振兴战略的目标尚有差距。相对于城镇居民，我国农民基数大、受教育程度偏低，对于金融知识的了解较为缺乏，因此农村金融科技应运而生：通过大数据、人工智能、云计算等技术手段助力金融机构更方便、更全面地接触农村客户，同时更好地协助客户了解金融产品，根据自身需求选择合适的金融服务。

农村金融科技帮助金融机构增强了在广大农村的拓客能力。农村市场具有面积广、密度小、地区差异大等特点，传统金融的拓客手段对农村市场而言效率较低，且成本较高。借助农村金融科技，金融机构将原先的线下拓客转为线上拓客，基于高效率的互联网传播手段，可以轻松覆盖广大农村市场，不再受时间、空间的局限，从而降低金融机构在拓客方面的成本。

农村金融科技帮助金融机构优化业务流程、提高服务效率。随着以大数据、云计算、人工智能、区块链为代表的现代信息科技不断地与金融业融合，以科技为驱动力的新一轮金融创新步伐不断加快，创新型金融业态、创新型金融产品层出不穷，金融业务由线下向线上、由有人向无人逐步转移，部分业务可以做到全流程线上申请、线上审批，无须业务人员线下办理，提升了金融机构对农村客户的服务效率。

农村金融科技帮助农村客户更好地接受金融服务。各金融机构的互联网化不仅为拓客提供了新的渠道，也为农村客户了解金融产品、学习金融知识提供了新的方式。金融产品的线上展示、线上讲解，能够帮助农村客户对产品概念、金融理念形成认识，进一步降低农村金融发展的壁垒。

2）农村金融科技发展的背景分析

（1）三农金融发展水平需进一步提高。根据人民银行发布的《中国农村金融服务报告》，全部金融机构涉农贷款余额累计增长534.4%，11年间平均年增速为16.5%，涉农贷款余额从2007年年末的6.1万亿元增加至2018年年末的32.7万亿元，但2010年以来全口径农业新增贷款占新增贷款比重不断下降（如图3-27所示），农村金融供需矛盾依然突出。对照乡村振兴战略和金融供给侧结构性改革的要求，农村金融服务改革创新的任务仍然艰巨。金融机构应聚焦重点领域，强化金融产品和服务创新，并充分依靠数字技术，形成优势互补的良好态势，同时加强数字普惠金融知识的宣传普及，提升消费者的数字金融素养和防风险能力。

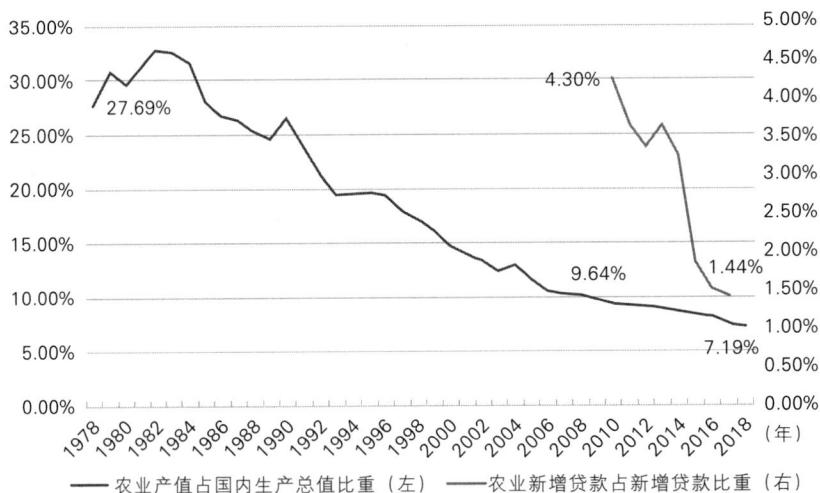

图3-27　我国农业产值占国内生产总值比重与农业新增贷款占新增贷款比重

（2）三农金融客户群体年龄较高，受教育水平相对较低。根据《江苏统计年鉴（2018）》的数据，如图3-28所示，江苏省乡村人口峰值年龄段为

45~69周岁，而江苏省城镇人口峰值年龄段为25~59周岁。如图3-29所示，江苏省乡村人口大学专科以下学历占比为95.27%，而江苏省城镇人口大学专科以下学历占比为78.62%。国家教育科学"十五"规划课题《我国高等教育公平问题的研究》的研究结果表明，农村人口中低学历人口的比例远远高于城市，城市人口中高学历人口的比例明显高于农村。在城市，高中、中专、大专、本科、研究生学历人口的比例分别是农村的3.5倍、16.5倍、55.5倍、281.55倍、323倍。因此，相较于城镇居民，我国农村居民受教育程度相对偏低，对金融知识不够了解。他们一方面难以理解金融产品的原理，另一方面容易轻信他人诱惑，成为非法金融活动的受害者。

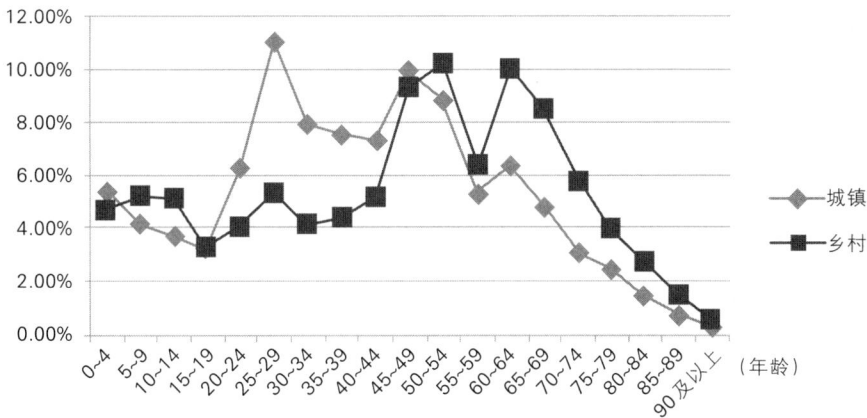

图3-28 江苏省人口年龄分布（2018）

资料来源：江苏统计年鉴（2018）。

（3）发展三农金融成本较高。农村市场具有面积广、密度小、地区差异大等特点，金融基础设施建设及普惠金融的发展都受到了制约。在发展贷款业务时，金融机构将花费更大的成本进行拓客、面核及数据获取，且农村客户在征信方面的数据缺失给业务发展也带了较大的难度。

（4）新兴技术为农村金融科技的发展带了新的机遇。大数据、区块链、云计算、人工智能等新兴前沿技术的发展给金融机构带来了发展农村金融的新方式。科技与金融的融合，在增强金融服务可获得性、提升金融服务效率、降低金融服务成本等方面起到积极作用，这些痛点也是农村金融发

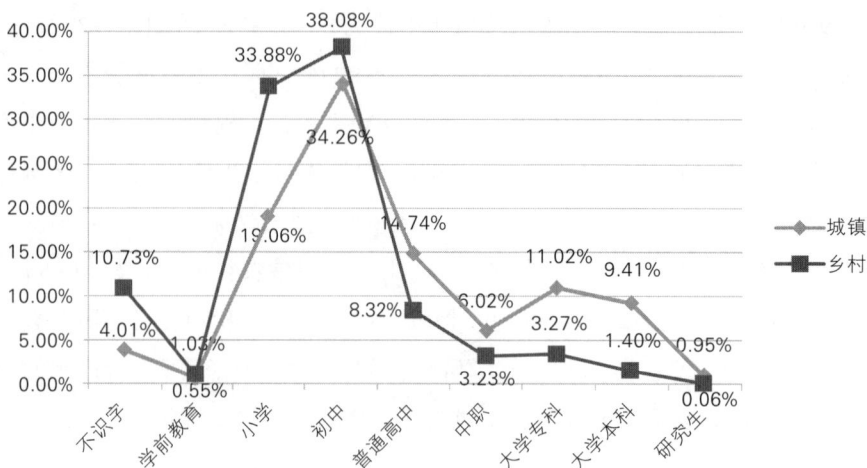

图3-29 江苏省人口受教育程度分布（2018）

资料来源：江苏统计年鉴（2018）。

展急需解决的问题。

3）江苏农村金融及农村金融科技概况

根据《江苏省乡村振兴战略实施规划（2018—2022年）》的数据，以城镇化率口径统计，2017年江苏省乡村人口数为2 508.4万人，占全省总人口数的比重为31.2%，比1990年下降了47.3个百分点；但以农业普查口径统计，2017年江苏省乡村人口数为4 775.1万人，占全省总人口数的比重为59.5%，比2013年下降了1.4个百分点；全省农村居民人均可支配收入提高较快，2017年为19 158元，比上年增长8.8%，增速比城镇居民高0.2个百分点。自2010年以来，农村居民人均可支配收入增速就持续高于城镇居民，城乡居民收入差距不断缩小，2017年城乡居民人均可支配收入差距为2.28倍。由此可见，农村人口仍在江苏省占较大比例，农村金融市场前景依然广阔。

根据《江苏统计年鉴（2019）》的数据，如图3-30所示，2014—2018年江苏省金融机构涉农贷款年末余额呈V字形发展，从2014年的1 500.84亿元，到2016年的1 482.38亿元，再到2018年的1 974.23亿元，5年间涨幅为31.54%；而2014—2018年间，江苏省全行业贷款余额由69 262.46亿元增长到112 748.81亿元，涨幅为62.78%。由此可见，江苏省农业金融的发展速度目前落后于整体发展速度，仍需进一步发掘农村金融的潜力。

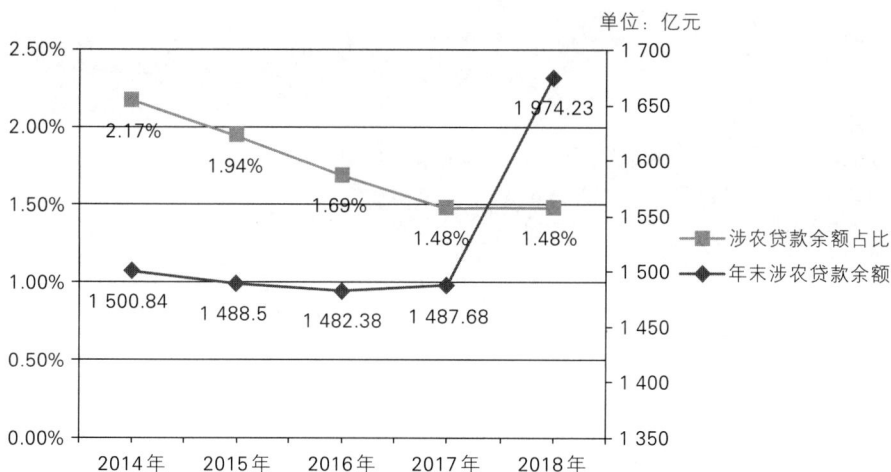

图3-30　2013—2018年江苏省涉农贷款余额变化

资料来源：江苏统计年鉴（2018）。

如图3-31所示，省内各城市农村金融发展状况差异性大。从总额方面看，苏州市涉农贷款余额最高，达到491.74亿元；淮安市最低，为23.8亿元。如图3-32所示，从占比方面看，无锡市涉农贷款余额占总贷款余额比例最高，达到3.75%；南京市涉农贷款余额占总贷款余额比例最低，为0.55%。

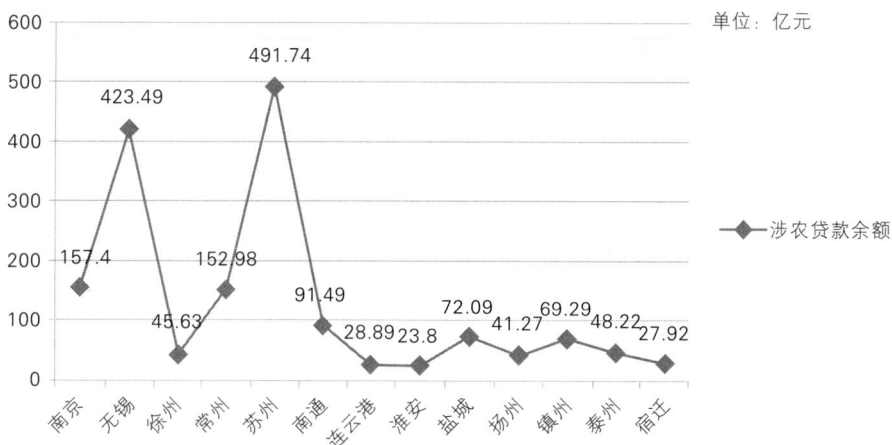

图3-31　江苏省各市年末涉农贷款余额（2018年）

资料来源：江苏统计年鉴（2018）。

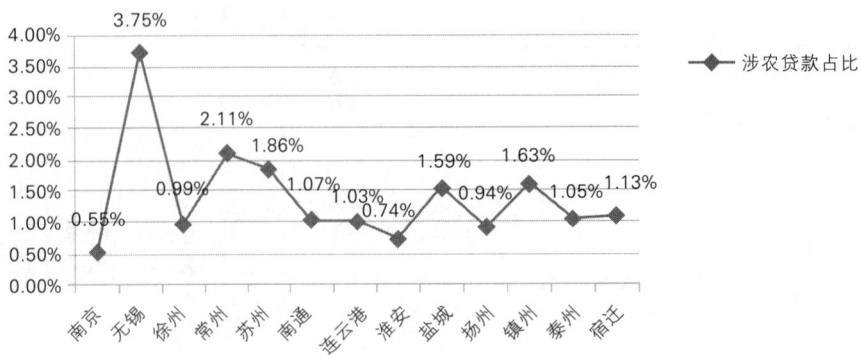

图3-32　江苏省各市年末贷款余额中涉农贷款比例（2018年）

资料来源：江苏统计年鉴（2018）。

如图3-33所示，我们比较了涉农贷款余额占比与第一产业在地区生产总值中占比的差距。其中，苏南地区涉农贷款余额占比与第一产业占比相近。例如，苏州市涉农贷款余额占比1.86%，第一产业占比1.15%；常州市涉农贷款余额占比2.11%，第一产业占比2.22%。苏北地区则差异较大。例如，连云港市涉农贷款余额占比1.03%，第一产业占比11.75%；徐州市涉农贷款余额占比0.99%，第一产业占比9.35%。由此可以看出，江苏省农村信贷金融发展呈现南强北弱的局面，且与地区发展水平存在一定关系。

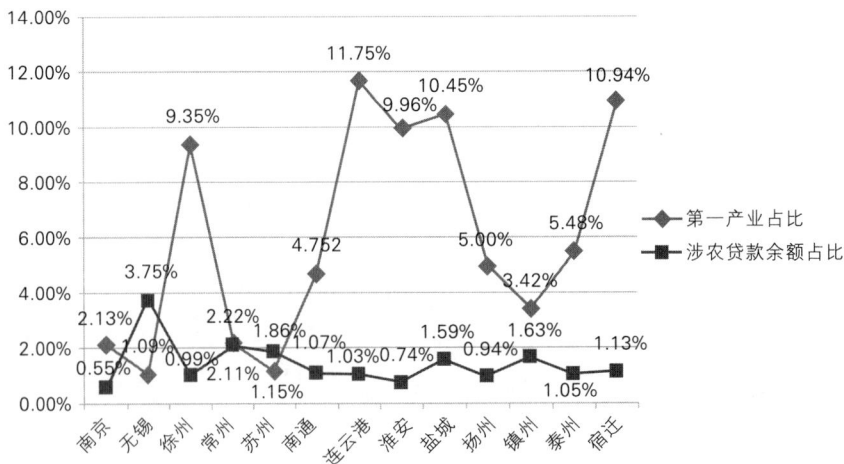

图3-33　江苏省各市第一产业占比与涉农贷款余额占比的对比

资料来源：江苏统计年鉴（2018）。

如表 3-2 所示，江苏省内各地区农村发展水平差异较大，农业发展水平、人均可支配收入差异较大。江苏省内农村常住人口人均可支配收入最高的县市为江阴市——33 136 元，最低的为灌南县——14 826 元，最高与最低值间差距超过一倍。

表 3-2　　　江苏省各县市乡村人口人均可支配收入（2018）

位次	县(市)名称	绝对数(元)	位次	县(市)名称	绝对数(元)
1	江阴市	33 136	22	宝应县	20 119
2	昆山市	32 916	23	兴化市	20 066
3	常熟市	32 820	24	射阳县	19 653
4	张家港市	32 664	25	沛县	18 799
5	太仓市	32 458	26	金湖县	18 718
6	扬中市	28 199	27	阜宁县	18 282
7	宜兴市	27 860	28	邳州市	18 207
8	溧阳市	25 908	29	滨海县	17 746
9	丹阳市	25 633	30	新沂市	17 325
10	海门市	24 654	31	东海县	17 291
11	启东市	23 687	32	盱眙县	17 206
12	东台市	23 317	33	响水县	17 020
13	靖江市	23 220	34	沭阳县	16 877
14	句容市	22 313	35	丰县	16 725
15	海安市	21 473	36	泗阳县	16 648
16	泰兴市	21 268	37	睢宁县	16 546
17	仪征市	20 688	38	泗洪县	16 274
18	如东县	20 387	39	涟水县	15 939
19	建湖县	20 184	40	灌云县	15 493
20	如皋市	20 166	41	灌南县	14 826
21	高邮市	20 140			

如图 3-34 所示，农村金融从业人数逐年增加。2014—2018 年，在江苏省乡村人口数量逐年下降的情况下，金融业从业人员数量逐年攀升——从 2014 年的 10.72 万人增长至 2018 年的 12.99 万人，增长速度是所有行业中最高的，金融业在农村市场中的地位逐步提高。

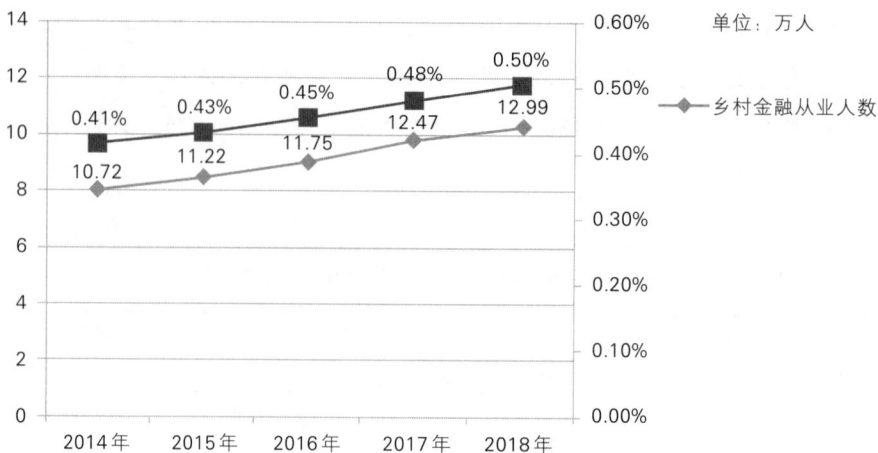

图 3-34　江苏省乡村金融从业人员数量及比例（2018年）

资料来源：江苏统计年鉴（2018）。

4）江苏省农村金融科技应用情况

自2016年国家发改委印发《全国农村经济发展"十三五"规划》，提出加快建设健全的农村金融体系等三项具体措施以来，江苏省各相关机构积极配合，主动在农村金融领域作出技术革新。从形式上看，目前的实践可以分为以下几种方式：

（1）互联网巨头与农商行合作的模式

以阿里巴巴、腾讯为代表的互联网巨头利用其流量优势、平台优势和技术优势，与农商行、城商行开展合作，将便捷支付、小额信贷、投资理财等金融服务嵌入电商消费场景中，同时为农商行、城商行建设技术平台，进一步加强中小银行的技术能力，并以此填补大量农村金融服务的空白。

2018年，腾讯分别与江苏张家港农村商业银行、江苏江南农村商业银行达成战略合作，联合相关各方成立金融科技实验室，基于腾讯在金融科技领域的技术积累和应用经验，共同打造更快、更好、更全面的产品和服务，助力新农村金融业务的升级。双方将在新农村金融科技领域的先进技术、产品和服务方面，开展多维度、多层级、多角度的深入合作。腾讯将在新农村金融科技领域最大化输出自身的创新能力，主攻金融业务及科技产品服务、全方位金融智能技术服务、金融创新业务联合拓展三大方向，助力两家农商行新农村金融业务的不断丰富和高效化。

（2）以江苏省农村信用社联合社为代表的农商行合作模式

作为全国第一家省级信用社联合社，江苏省农村信用社联合社（以下简称"江苏省联社"）成立于2001年9月，对全辖62家农商行履行行业管理职能，目前共有营业网点3 257个，员工50 067人，是江苏省银行业中网点覆盖面最广、从业人员数量最多、资产负债规模最大的金融机构。为不断推进转型升级，建立以客户为中心，人性化、智能化的管理体系，江苏省联社立足于银行业务与技术创新的融合，先后研发了移动金融业务平台、零售网络信贷系统、统一生物认证平台等项目，用技术引领业务变革。这些新系统的推广使用，大大提升了各地农商行服务"三农"的水平。

（3）互联网主体部署农村金融

由于参与农村金融市场的主体不断丰富，除了传统银行信用贷款外，市场上农村金融产品和农村金融服务的种类在逐步增多。目前，多类互联网主体及其他一些新兴主体均已开始重视并布局农村金融。

蚂蚁金服借助阿里巴巴旗下的零售平台（淘宝、天猫、聚划算）、农村淘宝、菜鸟裹裹提供的服务和便利，积极在江苏省开拓农村金融服务市场。2016年年初，蚂蚁金服成立农村金融事业部，启动"千县万亿"计划，旨在整合各类内外部资源，向三农用户提供包括信贷、支付、保险、理财在内的综合金融服务。

农分期则专注农业种植领域，其金融服务针对的主要是有农机、农资、土地流转需求的规模化经营者，主要服务我国土地集中、易于开展规模化经营的农业大省，其目标区域明确且集中，即长江中下游平原、华北平原、东北平原等平原地区省份，目前覆盖范围包括江苏、安徽、江西、河南、山东、湖北、河北等粮食种植大省。

（4）商业银行的自主探索

当前，传统商业银行开始从以物理网点经营为主的1.0重资产模式，向"线下网点+在线金融服务平台"联动的2.0线下线上联动模式转型，并通过移动金融、电商金融和网络小贷全面推进。它们一方面以移动金融为依托，改善农民支付环境；另一方面以涉农电商平台为依托，开展在线涉农综合金融服务。

江苏银行借助金融科技优势，打造了电商扶贫场景化模式——"惠农频道"。其依托江苏银行"串串盈"的平台流量、社交化场景等优势，推进贫困地区龙头扶贫企业、优质农业企业入驻平台，拓宽特色农副产品销售渠道；在支付方式上，采用"互联网+场景+银行"的新模式，依托"e融支付"平台强大的支付受理能力，支持全流程线上商品下单、付款、订单查询等操作，并支持现金支付、苏银豆支付等多种支付形式，不仅解决了农户的农产品销售难题，也让市民足不出户就能畅享绿色健康生活。

5）研究与实践

在国家实施"乡村振兴"战略的背景下，央行等五部委要求"进一步强化金融产品和服务方式的创新，推动新技术在农村金融领域的应用推广"，农村金融科技也迎来新的发展期。人民银行在《中国农村金融服务报告（2018）》中指出，要充分依靠数字技术，形成优势互补的良好态势；鼓励商业银行统筹实体和数字两种方式的下沉服务，以适当的物理网点弥补"数字鸿沟"的不足；加强数字普惠金融领域的金融标准建设。另外，清华大学金融科技研究院在《关于我国农村金融体系改革和发展的若干问题》的报告中指出，必须正确处理好传统业务模式和互联网金融的关系，农村金融科技的发展使银行大大地延伸了服务领域，提升了服务效率，但也面临着空前的竞争压力与新的风险。

作为服务农信机构的资金清算组织，农信银资金清算中心对于农业金融科技的探索走在前列，在技术支持服务方面，推行"一个银行"的实施策略。全国农信机构法人众多，各自"圈养"客户，各自面对市场竞争，各自开发同质化的系统，"资产规模超过工商银行，挣钱不如招商银行"。农信银以共享赋能为突破口，以云计算为基础，降低农信机构的重复科技投入，进一步推动其形成"一致对外"的市场竞争力：（1）开展异地灾备服务，为15家省级农信机构的33个系统提供异地灾备服务，并提供 IaaS（基础设施即服务）、PaaS（平台即服务）等技术支持，成为农信机构数据中心的"大后方"。（2）打造面向全国的互联网核心业务系统。农信银已建设网上银行、微信银行、手机银行、线下收单、票据交易等10多个支付类系统、信息类系统，2019—2020年将完成整合与优化，形成一个界面和前端在农信银、后台和数据在农信机构的系统，作为农信银提供SaaS（软件即服务）的载体。农信银利用网络将分布式技术架构转化为分布式业务系统的做法，将立竿见影地提高农信机构的整体技术水平。同时，农信银资金清算中心还设立了《农村金融科技创新优秀案例》榜单，每年表彰优秀的农村金融科技案例，为农村科技的创新注入了新的活力。

各金融机构也在积极开展农村金融科技的试点工作。中国农业银行重庆分行围绕"助力打赢打好脱贫攻坚战、全面服务乡村振兴"的战略，依托互联网技术打造智慧金融服务场景，通过"惠农e通"平台、移动金融服务车、惠农通服务点及线上化的金融产品，着力解决农村基础金融服务的"最后一公里"难题。

中国建设银行与江西省农业农村厅合作，推出了"地押云贷"产品。"地押云贷"是以农村土地经营权为抵押，基于涉农大数据信息，运用互联网和大数据技术，向农业经营主体提供线上办理随借随还的"快速贷款"的服务。其贷款年利率为5%，额度高达300万元，实现了从客户申请、业务准入、额度测算、贷款审批、合同签约、贷款支用到贷款归还的全流程线上办理。

3.3.2 江苏农村金融科技优秀案例——江苏农信线上贷款平台

1）江苏农信线上贷款平台建设的背景

随着互联网金融的深入发展，金融渠道脱媒加速，传统银行的中介角色不断弱化，余额宝、P2P等新型金融服务形式的出现也促使大量客户群体从线下向线上迁移。为更好地适应新经济时代多元化的客户需求，银行业逐步开始依托互联网技术进行经营转型。总体来看，银行系互联网金融呈快速发展态势，从早期与互联网企业合作逐步转向自建平台，在业务领域上，也从最初的个别业务尝试性创新转向全业务领域全面创新。2015年，陆续有10余家银行上线直销银行就是一个鲜明例证。

为适应江苏农信零售业务的发展及创新，更好地应对快速变化的市场环境和同业竞争，要通过提升客户获客能力，不断改善客户服务体验，增强客户经营能力，从而提升江苏农信市场竞争力，塑造自身服务品牌和销售能力。江苏农信参考国内外同业先进理念、做法，引入外部大数据，结合行内积累的历史数据，打造功能齐全的线上贷款平台，实现互联网融资服务及营销功能的加载与整合，为深入践行普惠金融提供有力的科技支撑。

2）技术实现方案

（1）总体方案

本系统充分依托大数据分析原理，探索提炼零售网络信贷业务的共性与特性，通过分析征信、税务、公积金、司法执行记录、省信息中心等的外部大数据，结合江苏农信积累的历史表现数据，精准绘制客户"肖像"。本项目共提炼落地45条准入规则、8大类100多条贷后预警规则、21个申请评分指标，以及6个授信额度测算模型，实现授信申请、受理、审批、放款、回收全流程的线上管理，大幅提升零售信贷业务的处理效率。

项目的建设，包含网贷系统、电子合同网签系统、信贷系统、手机银行、直销银行、微信小程序、网上银行、核心系统、数据接入平台等系统的建设和改造。其中，网贷系统和电子合同网签系统为此次新建系统，其他系统配合改造。网贷系统主要实现贷款申请的批量处理、自动授信决策，以及网贷业务和参数的后台配置管理等功能。电子合同网签系统主要实现电子协议和合同的电子签名、证书发放、时间戳设置、第三方司法存证等功能。

系统设计原则如下：

稳定性。网贷系统应具有较高的可靠性和持续使用能力，保证7×24小时稳定运行，具有强大的并发响应能力，控制故障处理和系统中断时间，保证系统正常的运行计划和运行方式，能够及时准确地处理故障。同时，网贷系统必须具有相应的故障检测和恢复机制，最大限度地减少故障带来的损失和危害。

安全性。网贷系统在设计中要满足交易处理的通信过程和交易数据完整性方面的安全要求，保证系统安全可靠运行；同时，系统必须具有严谨周密的安全体系，能够提供有效、全方位、多层次的安全机制，并且在运行安全、网络安全、客户端安全和应用系统安全等方面有合理可靠的策略。

标准化和开放性。网贷系统的各类软件、硬件均应符合相关的国际、国内及业内标准，保证与相关各系统有效对接，信息数据实时交换和共享；提供规范数据接口满足未来其他法人的接入需求；代码采用标准化体系，代码管理、文档管理都采用规范化管理。

可审计性。网贷系统记录所有数据操作和访问的准确、可再现的痕迹，重视日志记录。

（2）系统架构

图3-35是江苏农信的线上贷款平台总体架构图。客户在手机银行等电子银行渠道的线上相关产品菜单中进行额度申请，由网银渠道整合平台通过ESB（Enterprise Service Bus，指的是传统中间件技术与XML、Web服务等技术结合的产物）进入网贷系统，进行评分、额度的测算及风险探测。在客户准入环节会查询客户的征信报告，查询数据接入平台提供的汇法网、税务、公积金等接口。客户合同签署操作从电子银行渠道端发起，与信贷、核心、电子合同网签等系统进行交互，实现电子合同的签名及第三方司法存证。客户借还款及相关查询操作从手机银行自助发起，与信贷、核心等系统交互。贷后预警信号由个人风险预警系统每日批量产生，推送至各使用系统。该系统的具体功能架构图如图3-36所示。

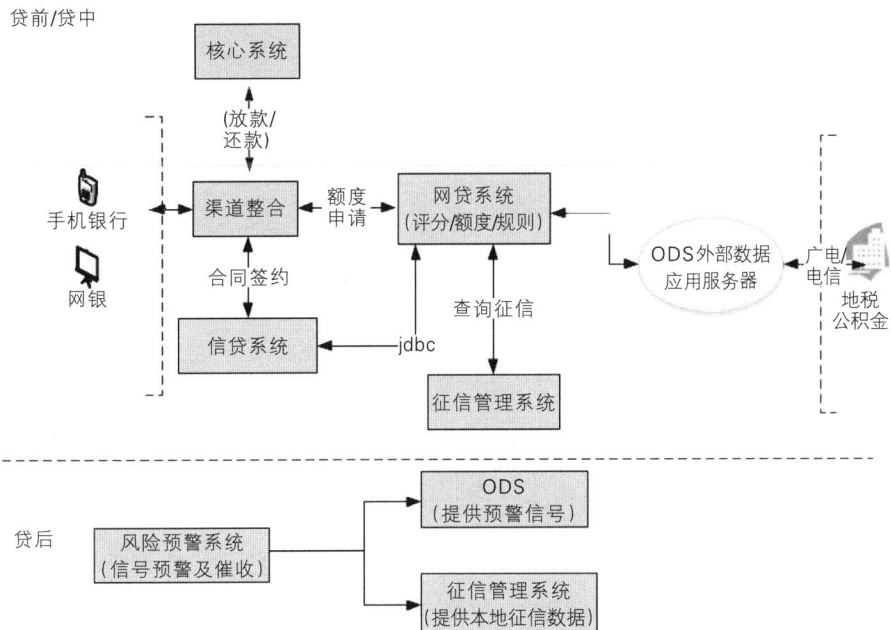

图3-35 江苏农信线上贷款平台总体架构

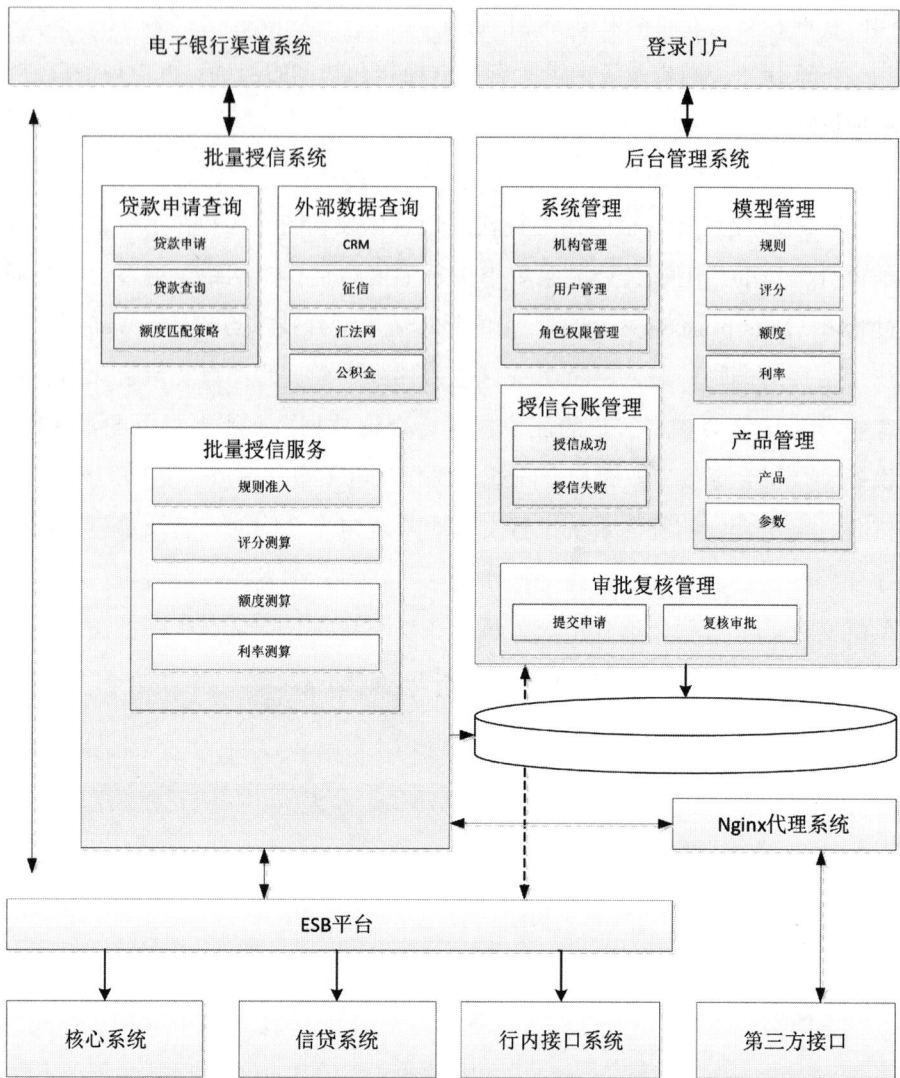

图 3-36   江苏农信线上贷款平台功能架构

电子合同网签系统,如图 3-37 所示,以 PKI/CA 技术为基础,通过国家授权的第三方电子认证机构的认证;采用网签服务器,实现电子合同网签功能;证书和电子合同的存储可根据具体情况而定,银行证书存储在服务端,个人证书存储在移动 App;自建 RA 证书注册审批系统,实现证书生命周期管理,同时可以为其他系统复用;当发生纠纷时,后期可为用户提供电子取证服务，可出具第三方取证报告。

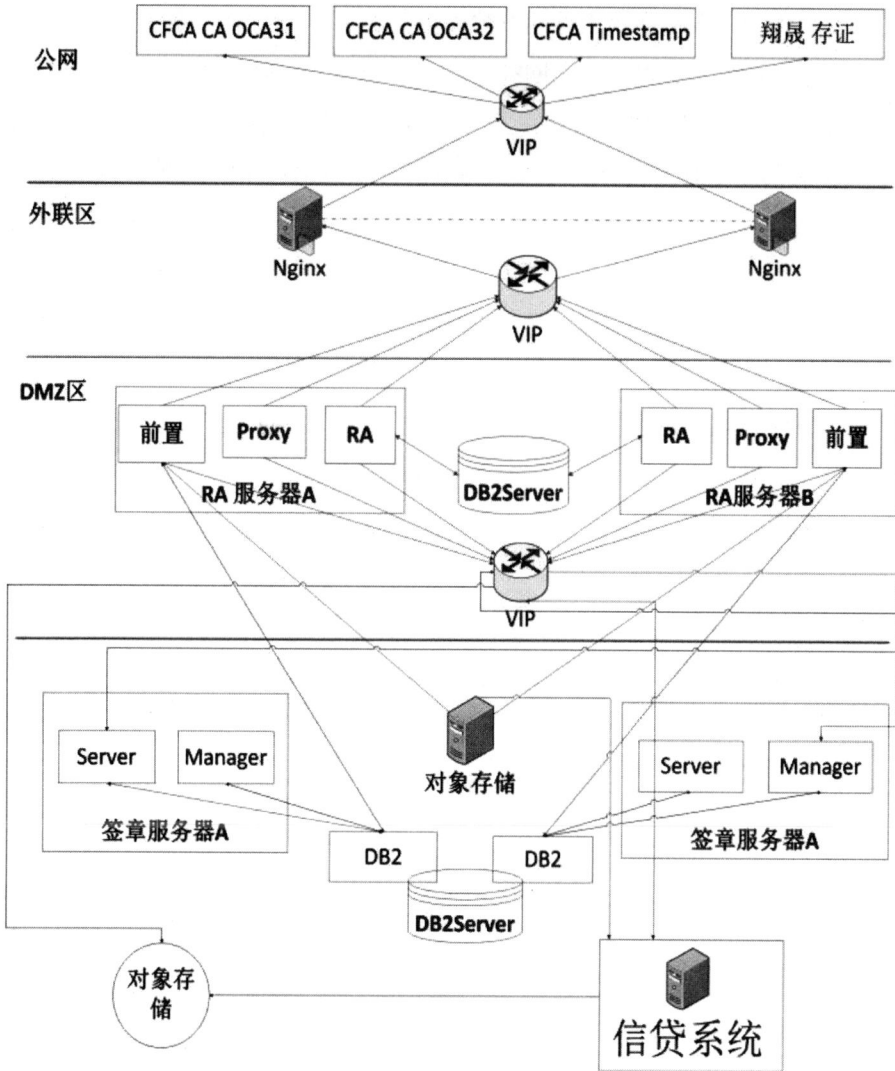

图3-37　电子合同网签系统总体架构

电子合同网签服务器，即生成和管理电子合同的系统，可提供多种格式文档的电子签名组件，如PDF、Web等。电子合同网签服务器部署在江苏农信本地机房，由科技部运维团队管理。

从证书安全性上考虑，该线上贷款平台采用硬证书。为了不影响实际业务流程，建议证书及电子合同存储方式如下：

终端用户：存储在个人移动终端App中。

江苏农信平台：电子合同网签平台的电子合同存储在服务器中。

时间戳：时间戳服务器对外提供精确可信的时间戳服务，以确认系统处理数据在某一时间（之前）的存在性和相关操作的相对时间顺序，为实现系统数据处理的抗抵赖性提供基础。时间戳服务器为目标数据加上可信时间源提供的时间标记，并用数字签名来保证时间标记的完整性与真实性。同时，由江苏农信线上贷款平台远程访问时间戳服务，以确保操作痕迹记录均采用了相同的时间基准。

（3）客户开户及证书应用流程综述

客户从开户到签署电子合同的整个业务流程综述如图3-38所示。

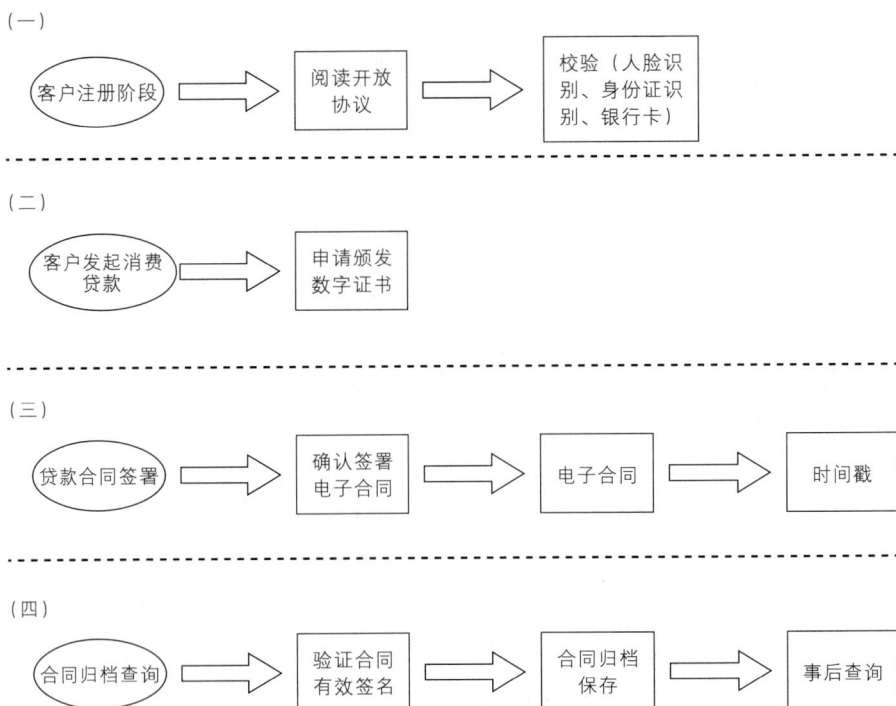

图3-38 业务流程

说明:

客户关键的业务穿行过程可归纳为上图所述的几个阶段:

①客户注册阶段:在该阶段,客户主要完成互联网线上的自助注册,客户阅读开户协议书,通过人脸识别等现有手段识别客户身份、设置账户名及密码,完成基本账户的注册。

②客户绑卡后可以发起消费贷款业务,当进入该业务主界面时要立即检查客户手机App端是否存在数字证书,如果没有则启动App内的数字证书申请流程。

③当客户编辑好消费贷款基本信息并提交后,进入合同签署阶段,在该阶段,客户通过移动App进行数字签名,将签名结果信息连同业务基本报文数据上传到电子合同网签系统中,对贷款合同进行网签。

④当双方就贷款合同签署完毕后,贷款合同被保存在文件存储服务器中,便于后续查询浏览。

3)实施应用情况

江苏农信于2017年启动大数据线上贷款平台项目的建设,项目采取"分步实施、加载产品"的策略。

(1)阶段一:搭建线上贷款平台,打通电子银行系统、信贷系统、核心系统等行内各系统,与江苏省税务局(原江苏省地税局)合作,引入全省个人客户纳税数据,结合征信、司法执行记录、省信息中心等的外部大数据,开发"税易通"线上贷款产品。"税易通"于2017年10月上线运行,采取"线上授信,转线下签署合同"的模式。

(2)阶段二:搭建电子合同网签系统,实现客户贷款电子合同的线上签署及第三方司法存证等功能,实现线上贷款产品的全流程自助办理。电子合同网签系统于2018年3月投产上线。

(3)阶段三:依托已建成的线上贷款平台,快速设计、开发、加载贷款产品,并逐步增加贷后自动预警信号。在此期间,线上贷款平台引入了盐城市、扬州市、徐州市、淮安市、无锡市的公积金数据,连云港、宜兴、句容等地的社保数据,以及各地区的不动产数据,积累江苏农信内部代发工资、存款、按揭及ETC等数据,结合阳光授信数据,开发上线"金易通"

"阳光E贷""快E贷""社保贷"等产品，满足各种客户群体的贷款需求。

在这一阶段，江苏农信将"税易通""金易通"等线上贷款产品整合，统一建立申请入口，增加微信小程序申请渠道，打造"农商E贷"系列线上贷款产品；开发上线"阳光E贷"产品，实现保证人、共同借款人的线上风险规则准入、线上自助签约等功能；开发上线"存E贷"产品，实现个人客户存款质押贷款业务的自助办理；开发上线"税企通"产品，引入税务数据，实现小微企业主经营类贷款的线上自助办理；开发"房抵贷"产品，与泰兴市不动产部门和省自然资源厅对接合作，实现个人房产抵押贷款的全流程在线办理。

4）系统特点、创新性、实用性

大数据线上信贷平台实现的网贷业务特点如下：

（1）挖掘信用大数据：运用征信、税务、公积金、社保、房产、司法执行记录、省信息中心等的外部大数据，结合江苏农信内部历史表现，精准绘制客户"肖像"。

（2）实现业务流程网络化：通过信息接口对接，实现授信申请、受理、审批、放款、回收全流程的线上管理，大幅提升业务处理效率。

（3）实现以非现场管理为核心的贷后管理模式：通过系统设置风险预警指标，自动监测、判断客户的风险状况。对出现预警信号的客户自动推送预警信息，方便快捷地通知贷后管理人员落地检查并采取相应措施，提高贷后管理工作的技术替代率和作业效率。

（4）实现各类业务规则灵活配置管理：客户准入规则、统一授信规则、反欺诈规则、放款审核规则等，以先进的决策机制规则引擎为基础。

大数据线上信贷平台的创新性如下：

（1）基于数据与模型的自助贷款全面打通：充分依托大数据分析原理，探索提炼零售网络信贷业务的共性与特性，通过分析征信、税务、公积金、社保、房产、司法执行记录、省信息中心等的外部大数据，结合江苏农信内部积累的历史表现数据，精准绘制客户"肖像"。提炼并落地准入规则、贷后预警规则、申请评分指标，以及授信额度测算模型，实现授信申请、受理、审批、放款、回收全流程的线上管理。

（2）可差异化支持法人单位基于不同数据模型进行产品定制和创新：通过落地智能化IT，建成功能强大的产品配置平台。该项目支持各法人单位灵活配置网络贷款业务的产品要素、评分模型、风险规则、额度模型、管理权限等参数。在此基础上，各法人单位可通过引入第三方风险数据、增加评分指标及风险规则、调整产品要素等方式，进行网络贷款业务的包装和创新，为开展以产品为中心、以客户为中心的零售网贷业务提供支撑。

（3）构建完善的电子认证服务设施：该项目打造了先进完善的电子认证服务系统，满足江苏农信线上消费金融业务的安全需求，为业务应用提供安全支撑——提供身份认证、签发数字证书、实现业务过程中的可靠电子签名、实现电子合同的网签等功能，是一个完善、全面、强大的安全基础设施。

大数据线上信贷平台的实用性如下：

该项目利用大数据技术实现了贷款申请、受理、审批、放款、回收全流程的线上管理；同时，建成功能强大的产品配置平台，支持辖内各单位灵活配置线上贷款的产品要素、评分模型、风险规则等参数；另外，各金融机构也可以互相交流借鉴大数据线上贷款产品的设计开发经验，不断提升金融科技水平。因此，该项目具有较强的实用性和可推广性。

5）应用成果

（1）线上贷款产品品种丰富，实现对公对私、担保信用的全覆盖。

江苏农信线上贷款平台接入江苏省税务局个人纳税数据，扬州、盐城、徐州、淮安、无锡等市的公积金数据，以及宜兴、句容、连云港等地的社保数据，开发上线"税易通""金易通""社保贷"等信用消费贷款产品，不断优化升级操作流程和风险控制；拓展"阳光E贷""快易贷"等产品内涵，支持经营性用途，实现个人经营贷款的线上自助办理；开发上线"存E贷"产品，实现个人客户存款质押贷款业务的自助办理。

（2）线上贷款需求响应迅速，实现法人自建产品的快速开发上线。

截至2019年年末，江苏农信线上贷款平台与地方公积金部门合作开发的"金易通"产品共有25家法人机构开发上线使用；法人个性化产品"靖银E贷""江洲E贷""荷都E贷"等共有26家法人机构上线使用。江苏农信线上贷款平台通过主动对接法人和地方政府部门，分析数据接口，共同设计授信规则和额度模型，推动产品的快速开发上线，确保法人的迫切需求得到及时响应，助力法人用更优质的信贷产品占领市场。

（3）线上贷款用户体验优良，实现多渠道贷款产品入口的统一。

江苏农信线上贷款平台实现线上贷款产品的多渠道发布运行，支持个人手机银行、直销银行、企业手机银行，以及微信小程序渠道的申贷办贷，江苏农信的注册用户和非注册用户都可以随时随地享受信贷服务；支持微信渠道的二维码分享和推广，实现线上贷款业务裂变式营销；实现"阳光E贷"产品首次签约、首次用信客户的抽奖功能，助力农商行线上贷款业务的营销拓展。

江苏农信线上贷款平台为线上贷款产品打造统一入口，入口名称默认为"农商E贷"，同时支持法人个性化设置，如"古徐E贷""靖银E贷""容E贷"等。由法人根据本行实际业务情况增减相应产品，如仅上线一种产品，则只显示相应的贷款产品，如果同时上线多种产品，可由贷款行自行拟定贷款产品名称，实现产品入口的统一。该入口同时拥有"税易通""金易通""快易贷"等多种准入、额度及利率模型，为客户自动匹配可获得的产品及额度，极大地改善了客户体验。

（4）项目经济效益良好，节省系统建设资金，助力信贷业务转型。

项目满足了农商行信贷营销升级和模式转型的需求，是金融科技赋能普惠金融的成功实践。江苏农信的统一开发实施节省了法人行大量的系统建设资金，目前，法人自建线上贷款相关系统的资金投入基本都是百万级。

截至2020年1月5日，"税易通"产品授信24 464笔，授信金额为37.01亿元，用信金额为26.04亿元；"金易通"产品授信26 762笔，授信金额为44.34亿元，用信金额为27.92亿元；"社保贷"产品授信1 441笔，授信金额为8 816.2万元，用信金额为668.1万元；"古徐E贷""靖银E贷"等个性化产品授信76 404笔，授信金额为39.03亿元，用信金额为9.9亿元；"阳光E贷"产品授信147 400笔，授信金额为102.99亿元，用信金额为66.85亿元；"税企通"产品正在试点运行，选择部分客户申办以验证模型的准确性，共授信94笔，授信金额为5 125.9万元；"存E贷"产品正在试点运行，共成功办理70笔，金额为450.63万元。各类产品合计授信27 6635笔，授信金额达224.81亿元。

6）案例介绍

（1）"税易通"

①产品介绍

"税易通"是以客户在税务部门的税收申报数据作为主要依据，采用系统自动审批的方式，给予客户一定的授信额度和期限的用于个人及家庭消费的个人信用贷款。

②产品功能特点

"税易通"运用互联网和大数据技术，以税务数据、人民银行征信、第三方平台数据为参考依据，通过对客户各类数据的挖掘和分析，建立数据模型，自动审核、审批，为客户提供授信额度不超过30万元的个人线上贷款，采用人脸识别、数字签名等电子合同网签存证技术，确保借款人的借款意愿及身份真实，规避欺诈行为，能较好地满足客户需求。

"税易通"强化了产品的特定控制规则，加强了准入、评级、授信、贷后等环节的关键要素管理，明确了准入规则、额度审批与风险控制模型，确保了从严的风控需求。第一，"税易通"加强了客户准入管理。江苏农信对"税易通"客户的年龄、收入、纳税申报、征信等方面明确了准入条件，确定了客户标准化的准入要求。第二，"税易通"规范了额度测算模型。"税易通"的授信额度是根据客户的年收入总额、纳税期限等基本情况，通过年收入水平层级系数、纳税期限调整系数等多个维度确定的，并将逐步增加年龄系数、职业系数等参数供各农商行进行选配。其通过设置一定的规则，实现了额度产生的标准化和规范化。第三，"税易通"加强了客户的统一授信管理，对获得"税易通"授信的存量客户，将同步扣减其在农商行系统内拥有的非按揭授信额度；同时加强了多头授信及额度管理，系统自动控制"税易通"客户不得在5家（含）以上金融机构有未结清贷款，客户所有非按揭贷款余额不得大于300万元。

"税易通"实现了两级法人灵活多样与审慎从严的有机结合。为适应各农商行的风险防控需要，"税易通"的系统客户准入、额度控制、风险预警等各个环节的风险模型都可以由各农商行申请增加参数,在系统中实现更为严格的个性化风险控制。"税易通"根据办理流程的不同,支持线上全流程以及线上、线下相结合两种办理方式,农商行可以根据风险偏好,设定在一定额度内办理纯线上业务,超过该额度则采取线上、线下相结合的方式办理业务,亦可根据贷款规模、业务发展需要随时开通或关闭"税易通"业务办理渠道,从而实现对贷款总规模及产品规模的有效把控,满足各农商行自己的业务发展与风控管理需要。

"税易通"能满足法人机构快审、快贷的现实需求。该产品上线后,农商行能通过本产品实现贷款申请、审核及审批、合同签订、贷款发放等业务操作全流程线上办理。客户无须递交纸质材料及经过烦琐的审批流程,可自行按照操作提示通过手机银行、网上银行等电子渠道在线办理业务申请、合同签订、贷款发放等手续,一般几分钟内即可实现从申请到放款的全流程,且一次办理、授信两年、随用随贷、循环使用,极大地方便了客户。同时,依据税务数据,网内农商行获得了辖内所有纳税客户的收入、工作单位等重要信息,为各农商行主动获客、主动营销提供了数据支撑。

③相关做法及成效

i.高度重视,积极稳妥推动业务开展:江苏农信督促各农商行按照工作部署,加强组织领导,明确工作措施,群策群力,不断总结完善,在依法合规、风险可控的前提下,积极稳妥地做好业务推广工作。

ii.加强宣传引导,努力增量扩面:充分依托办税服务厅、银行网点、服务热线、门户网站、微信、媒体等不同渠道,对"税易通"产品进行全方位宣传,提高社会公众对"税易通"的知晓度、参与度和活跃度。针对区域内公职人员、优质企业客户开展主动精准营销,拓展"税易通"业务的客群范围。营造良好的外部营销环境,扩大"税易通"的影响力与竞争力,促进贷款规模的持续增长。

iii.科学制订计划,优化考核机制:积极发挥自身优势,加强调研,结合实际,科学制定"税易通"的推进工作规划,制定科学合理的考核激励办法,合理分配营销任务,调动全员的营销积极性,进一步抢占信贷市场。

iv.加强沟通协调，不断优化总结：加强"税易通"的业务管理，明确否决贷款的原因分析与二次营销，及时总结准入条件及额度的合理性，合理配置"一年内征信查询次数""连续纳税期限要求"等业务准入规则。针对部分客户通过率不高的问题，江苏农信不断分析总结，通过实施企业名单制管理，有效解决当地优质上市企业、私立医院、学校等单位员工由于纳税不稳定而被拒的问题；同时优化征信准入、纳税准入的可配置管理，为基层结合地区实际、及时调整优化模型提供了便利。通过模型优化，在控制风险的前提下，"税易通"贷款的实际通过率达23.8%，较原来提高9.4个百分点。

（2）"阳光E贷"

①产品简介

"阳光E贷"是指通过线下走访，对符合条件的阳光信贷优质客户进行预授信，让预授信客户通过手机银行使用个人线上信贷产品，完成自助申请、签订合同、发放贷款的流程。该产品具有"线上申请、在线签约、自助用信、余额控制、随用随贷"的特点，进一步提高了客户融资的可获得性和便利性。

②相关做法及成效

i.立足基层需求，做好产品研发：为最大限度运用多年来的阳光信贷成果，结合基层业务实际，江苏农信于2018年2月启动了"阳光E贷"业务研发工作，2018年9月完成研发。为检验产品功能，江苏农信先后组织扬州、大丰、高邮、如皋、盐城等地的5家农商行对"阳光E贷"的流程、参数、业务管理等系统功能进行测试。在项目前期功能测试及后续试点过程中，"阳光E贷"产品的主要功能和特点得到充分的测试和验证，参与测试、试点的农商行均提出了功能优化意见。江苏农信从系统功能、准入规则、风控管理等多个维度分析和梳理试点单位提交的需求方案，在充分论证的基础上进行系统功能的优化，为下一步推广工作积累了宝贵经验。

ii.进一步夯实基础，提质升级阳光信贷工程：江苏省农商行多年来一直坚守"支农支小"定位，通过阳光信贷走访，将符合条件的农户、城镇居民、小微企业、新型农业经营主体等纳入阳光信贷范围；结合地方数据、通过背靠背评议、外部系统支撑等方式对阳光信贷客户进行预授信；强化阳光信贷年（季）检，加强对阳光信贷的动态管理，剔除不宜贷款客户，及时更新和完善客户信息，确保存量预授信数据的质量，为下一步全面推广"阳光E贷"打下基础。至2018年年末，全省已完成农户普惠建档1 189.3万户，通过"阳光E贷"对431.8万个城乡居民家庭授信5 020.3亿元，其中对404.9万个农民家庭授信3 417.3亿元，对6.2万家小微企业授信5 245.8亿元，实现阳光信贷农户100%建档。

iii.优化方式方法，提升工作质量：合理明确授信主体，引导各农商行认真筛选，强化家庭户籍管理，将同一户籍的成年子女全部纳入阳光信贷平台，并以家庭为单位进行预授信，尽量选择年轻家庭成员作为授信主体，结合客户需求，提高用信转化效率；做好外出务工人员的授信工作，在阳光信贷走访及网格化营销工作中，将外出务工人员作为预授信的重点对象，根据其父母亲友的介绍、民主评议小组的综合评价，结合务工人员的所在城市、经营项目、业务状况、资信状况等，综合确定务工人员的预授信额度。

iv.强化内控管理，做好业务保障：一是完善制度流程。为规范业务开展，江苏农信拟定了"阳光E贷"产品的相关制度，在充分讨论并征求基层农商行意见的基础上，对《江苏省农村商业银行"阳光E贷"业务指引（试行）》进行了多次修订，对业务办理原则、授信对象及条件、业务管理规定、业务操作流程、风险管理等方面进行了详细阐述和明确规定。二是加强学习培训。江苏农信组织开展业务培训，确保所有信贷人员熟悉掌握"阳光E贷"的特点及办理流程，对符合条件的客户，尽量给予客户预授信，让客户通过手机银行在线自助办理贷款，有效解放客户经理。三是加大业务宣传。江苏农信宣传"阳光E贷"高效、快捷、不见面审批等特点，提升了社会公众对线上产品的知晓度、参与度和活跃度，扩大了产品影响力与竞争力，实现贷款规模的持续增长。

v.加强监控，持续做好产品优化：持续做好"阳光E贷"产品的业务监控，监测分析各类线上产品的违约情况及存在问题，及时采取措施管控风险；做好总结交流，及时收集基层问题建议，结合基层需求做好产品优化，分步上线"阳光E贷-消费贷""阳光E贷-经营贷""阳光E贷-保证贷"等功能，进一步做好信贷服务。

3.3.3　金融机构将金融科技融入业务的优化建议

1）强化基础系统建设，尤其是大数据存储和处理的系统能力

在功能方面，大数据技术主要有数据接入、数据存储、数据计算、数据分析四个层面，以及资源管理功能，而金融机构的业务要求大数据平台具有实时计算的能力。目前，金融机构最常使用的大数据应用场景包括智慧营销、实时风控、交易预警和反欺诈等，这些业务都需要实时计算能力的支撑。在数据存储方面，线上业务的开展会带来海量数据的存储需求，同时数据规模有持续增长的趋势，需要引入分布式存储系统来满足可靠性和可扩展性需求，同时保证成本可控。在数据计算方面，需要具备数据的分析和处理能力。线上业务的开展涉及账户、业务、清结算等多个环节，需要有支撑这些场景需求的分析系统。在数据分析方面，业务分析的数据范围横跨实时数据和历史数据，既需要低延迟的实时数据分析，也需要对PB级的历史数据进行探索性的数据分析。

2）强化新技术在业务中的应用

人工智能、物联网等新技术逐渐兴起，它们在大数据处理平台上有了新的应用。人工智能用机器代替人类实现认知、识别、分析、决策等功能，它在金融领域的应用主要涉及五个关键技术：机器学习、生物识别、自然语言处理、语音技术及知识图谱。金融行业沉淀了大量的金融数据，主要涉及金融交易、个人信息、市场行情、风险控制、投资顾问等，其海量数据能够有效支撑机器学习，不断完善机器的认知能力，尤其在金融交易与风险管理这类复杂数据的处理方面，人工智能的应用将大幅降低人力成本。通过对大数据进行筛选分析，人们能更高效地制定决策，提升金融风控及业务处理能力。物联网的深度应用将彻底打破传统金融的主观信用体系，助力风控，解决信息孤岛及逆向选择等一系列问题：物与物、人与物的信息、资金、实物交互，避免了主观判断的影响，实现了智能识别感知、定位、跟踪、监控及管理，并能实时掌握企业销售情况、运营情况，动态调整信用评级结构；推动金融业务流程逐步智能化、便捷化、透明

化，帮助金融机构及时发现风险、提前预警，大幅降低金融机构的信用风险和运作成本，实现服务效率最大化；农业发展也逐步从人工走向智能化，通过数据采集、远程监控，打破数据流通交互问题，实现种植、养殖的可感知。

3）转变业务发展思路，以线下拓客为主转向以线上推广为主

由于农村市场具有面积广、密度小、地区差异大等特点，金融基础设施建设及普惠金融的发展都受到了制约，农村客户在征信方面的数据缺失给业务发展带了较大的难度，同时面核、发放实体卡等线下业务受限较大。因此，我们要充分依靠数字技术，形成优势互补的良好态势，鼓励商业银行统筹实体和数字两种方式的下沉服务，以适当的物理网点弥补"数字鸿沟"的不足，同时加强数字普惠金融领域的金融标准建设。

3.4 供应链金融科技

随着互联网技术与金融的不断融合，传统供应链金融模式已经发展为智慧供应链金融。金融科技（Fintech）作为供应链金融创新的驱动力，一方面，能够从底层构建供应链基础能力，对供应链金融资产的产生、流转、管理发挥重要作用；另一方面，可以在资产和资金中间发挥桥梁作用，解决信贷双方的信息不对称问题，创造新的价值。

3.4.1 金融科技在供应链金融领域的应用

从"IT+金融"到"互联网+金融"，再到现在方兴未艾的金融科技，以人工智能、区块链、云计算、大数据、物联网等为代表的创新技术，随着商业模式的创新、业务流程的优化，正广泛应用于金融创新，如图3-39所示。金融科技已逐渐成为金融转型升级的新引擎，将推动传统商业银行及金融机构改进业务流程，推进风险控制、流动性管理、收益模式的不断变革。

（1）供应链基础服务层。

云计算能够提供线上的SaaS服务系统，为供应链条上的企业（尤其是参与线上B2B和B2C交易的企业）提供标准化的平台服务，具体包括：CRM、商品管理、订单管理、结算、分析报表等。

人工智能AI

智能算法、深度学习，最大程度地模拟和代替人的经验，并不断精确可靠，广泛应用于智能营销、智能推荐、知识图谱、智能客服等。

物联网IoT

万物皆可联，通过智能硬件与互联网的结合，主要应用于：
- 仓单质押、动产融资等方面，实现对仓库商品的实时在线监测；
- 货源追溯，物品识别感知、位置定位和跟踪监控等。

ABCD+I 赋能供应链金融

区块链Block Chain

智能合约、分布式账本
- 业务上链，数据更可信；线上操作，业务更高效；
- 凭证/信用流转：解决多级供应商融资难及资金短缺问题；
- 仓单金融：链上电子仓单凭证避免了纸质仓单造假风险；
- 供应链金融ABS最大化实现穿透式监管。

大数据Big Data
- 智能营销：根据多种策略分析，得出符合条件的客户，做精准营销；
- 用户画像：多维度的数据通过分析建模为用户做画像；
- 智能风控：包括反欺诈、黑名单排污、身份识别、评级、风险定价、贷后监控、智能催收。

云计算Cloud
- 云计算提供从基础设施IaaS，到DaaS，PaaS，SaaS层，几乎贯穿供应链基础业务和金融服务层；
- 云计算技术可以大幅降低各种市场主体的数据化运营成本，方便云端平台收集聚合数据，这是大数据技术的前提。

图3-39　ABCD+I赋能供应链金融

物联网技术广泛应用于供应链交易过程中的仓储物流环节，通过互联网连接智能化设备的各个节点，实时采集各节点的数据，并自动同步到统一系统，又能够向各节点发出指令、进行控制，以实现对物品的智能化识别、定位、跟踪、监控和管理。

（2）金融业务核心层。

金融的核心是风控，通过将大数据、人工智能、区块链、物联网技术进行深度融合，能够让数据化风控、智能风控、联盟互动型风控发挥作用。

基于大数据进行的智能营销，还能在风控的各个环节，如客户初筛、客户实名验证、人脸识别、客户准入、评级评分、智能定价、贷中自动化审批、贷后监控、智能催收等方面发挥作用，大幅提升工作效率及准确度，降低操作成本及业务风险。基于区块链的智能合约和分布式账本，可以在供应链交易环节中，将链条上交易主体的交易数据"上链"，做到链上数据防篡改及数据加密，极大程度地确保贸易背景的真实性。

（3）面向客户服务层。

随着电商平台、移动支付等行业的迅速发展和企业信息化程度的不断提升，供应链信息结构化程度逐步提高，业务模式逐渐向线上发展，借助人工智能和大数据技术的结合，实现批量化、线上化获客和全流程的智能AI机器人对客服务，大幅降低了获客成本及操作成本，使得数字化供应链金融更具有可操作性。

总之，一切信息、行为都可以数据化，多方数据的整合、提炼、交叉校验、标准化形成大数据集中；供应链金融生态体系中各参与方通过互联互通、区块链、物联网等技术可实现数据传输、共享；在改变传统的数据系统孤立、数据维度广度不够、数据准确性不高方面，发挥多边数据的价值。

1）大数据

金融的核心是风控，风控的基础是数据。大数据风控能够在用户画像、反欺诈、信用评级等方面大大提高金融机构的审批效率和风控能力，是金融企业发展过程中必须结合的一项科技手段。

在供应链金融作业流程中，大数据覆盖信贷领域全流程，其主要应用于获客、授信环节及贷中、贷后环节，如图3-40所示。

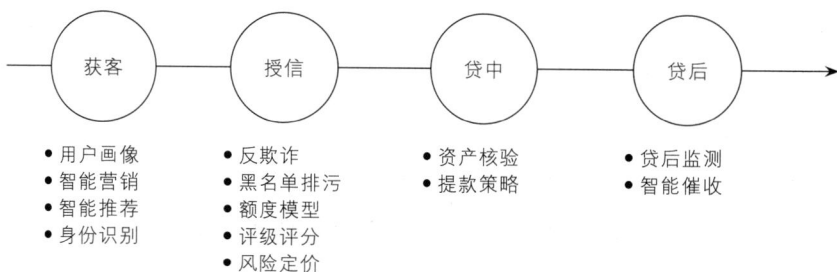

图3-40　大数据在信贷全流程的应用

（1）获客环节：大数据与人工智能AI技术相结合进行主动获客，能够较精准地分析出目标客户并向其智能推介金融产品；建立用户画像，跟踪用户的完整生命周期；通过身份验证、活体识别等技术实现对申请人是否为本人的验证。

（2）授信环节：汇聚多方数据源，运用模型和策略算法对客户进行智能筛选、黑名单排污、金融反欺诈、评级评分、额度测算、风险定价等。

（3）贷中、贷后环节：主要是排查异常客户，及时监测企业的经营情况、工商司法舆情及法人信息报警。在催收环节，大数据技术能够结合人工智能做到自动化语音催收，以及逾期客户失联修复等。

在供应链金融业务中，除了来自交易场景中的供应链交易数据，即合同、订单、发货、收货、物流单、结算单、发票、付款记录等数据，还有以下各类数据：

（1）央行征信报告。

企业：基本信息展示企业的身份信息、主要出资人信息和高管人员信息等；借贷信息展示企业在金融机构的当前负债和已还清债务信息，是信用报告的核心部分；公共信息展示企业在社会管理方面的信息，如欠税信息、行政处罚信息、法院判决和执行信息等；声明信息展示企业项下的报数机构说明、征信中心标注和信息主体声明等。

（2）工商信息：工商基本信息、股东信息、对外投资信息等。

（3）司法信息：最高人民法院及省市各级法院的最新公布名单，包括执行法院、立案时间、执行案号、执行标的、案件状态、执行依据、执行机构、生效法律文书确定的义务、被执行人的履行情况、失信被执行人的行为等信息。

（4）舆情：上市公司公告、各主流媒体的新闻信息，以及各行业协会信息、地方媒体信息等。

企业法人类信息有如下维度：

（1）公安信息：覆盖公安系统涉案、在逃和有案底人员信息。

（2）银行卡信息：银行储蓄卡/信用卡支出、收入、逾期等信息。

（3）航旅信息：过去一年中每个季度的飞行城市、飞行次数、座位层次等数据。

（4）社交信息：社交账号匹配类型，以及电商数据等。

（5）运营商信息：核查运营商账户在网时长、在网状态、消费档次、经留所在地及时长等信息。

（6）网贷黑名单：根据个人姓名和身份证号码验证是否有网贷逾期、是否进入黑名单。

2）人工智能

借助人工智能技术实现金融场景创新是行业普遍关注的课题。当前，人工智能技术在金融业各细分领域的应用方向已初见端倪，但整体来看尚不成熟。传统金融机构、大型互联网公司和人工智能公司纷纷布局，各自具有相对优势，行业发展潜力巨大。人工智能一般分为计算智能、感知智能和认知智能三个层次。从目前人工智能在金融领域的应用趋势来看，计算智能通过与大数据技术的结合应用，已经覆盖营销、风控、支付、投顾、投研、客服等金融应用场景。

人工智能在供应链金融领域的应用主要有：基于生物识别的身份识别、基于语音识别的智能催收和智能客服、基于自然语言处理的要素识别和基于机器学习的客户评级等，如图3-41所示。

图3-41　人工智能技术的主要应用

（1）自然语言处理：自然语言处理技术可以显著提升金融行业获取、清洗、加工和分析数据的效率。实际场景中存在大量分散、零碎的来自各种渠道的新闻舆情、上市公司公开报告、研究报告、社交媒体等图像、文本信息，自然语言处理就是将这些信息形成结构数据，应用在贷后监测、预警环节。

（2）语音识别：语音识别主要应用于电话客服、各类智能终端的语音导航、业务咨询等场景。金融行业带有明显的客户服务属性，有完整而庞大的业务数据积累，因此语音技术应用广泛。

（3）机器学习：机器学习是金融行业应用最为广泛的人工智能技术之一。在供应链交易环节中，不同区域、品类、商品、时期的交易数据规律不同，可以通过机器深度学习，建立模型分析，找出特征差异。机器学习可应用于客户评级、客户成长性分析预测。

（4）生物识别：指纹识别、人脸识别、虹膜识别等技术应用于客户身份认证、远程开户、反欺诈、线上电子签约等金融服务环节。

3）物联网

物联网的优势在于能够打通线上、线下的各类数据，将虚拟经济和实体经济连接，实现完全客观的信用评价体系，提高风险管控的可靠性和效率。

在供应链金融的融资租赁和动产质押的金融业务中，对于"物"的管理和实时监测，存在确权难、评估难、监管难、处置难等痛点，一直以来是困扰各资金方的难题。在库存质押融资中还存在一物多押、以次充好、以假乱真等风险事件。物联网技术的崛起比较好地解决了这一难题。利用物联网技术，金融机构可以获得抵、质押物大量有效、直接的客观物理信息，进行全程无遗漏的监管，可以从时间、空间、物理量等各个维度全面感知和监管质押动产的存续状态与变化，让动产具备不动产的属性，从而有效实现抵质押管控，确保资产安全。

物联网在供应链金融业务中的应用优势有：首先银行无须将动产质押物运送至指定仓库进行第三方监管，动产的动态信息可实时接入银行系统；其次，银行可从时间、空间、物理状态等维度全面感知和监控质押动产的存续状态和变化，提高风控精细化水平；最后，对质押动产的任何未经许可的操作，银行可以及时获得预警信息，从而通知相关人员及时采取干预行动，降低可能的损失。物联网技术在供应链金融领域的主要应用如图3-42所示。

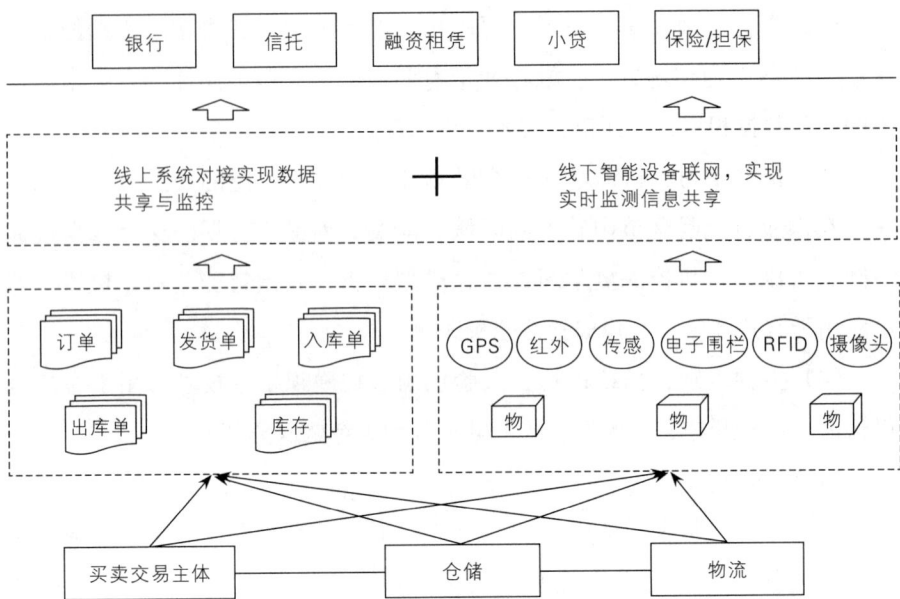

图 3-42　物联网技术在供应链金融领域的主要应用

物联网技术推动供应链产业金融向数字化、智能化转型，利用传感器、标签、生物识别、DLP、条形码、摄像头、GPS等技术手段，收集上下游企业的生产、运输、销售等众多数据，实现货物实时监控，全面掌握经营情况，有效控制物流、信息流、资金流。在此基础上，物联网技术为上下游企业提供融资、保险、租赁、资产管理等金融服务，可以有效规避信用风险、操作风险等，有助于提升金融机构服务中小企业的广度和深度。

4）云计算

云计算技术的发展已经进入成熟期，金融云的应用也正在向更加核心和关键的"深水区"迈进。

纵观全球，国外很多大型金融机构如高盛、瑞银等很早就对IT架构进行了全面升级，"上云"许久。毫无疑问，它们是云计算的忠实拥趸，同时也是金融机构"上云"的先驱者。一方面，金融机构原有IT架构无论是从逻辑，还是从能力上看，都已经很难适用于新场景的数据和生态控制；另一方面，金融业环境变化迅速，IT架构的创新需要有足够的时间基础。

云计算不仅为金融机构提供底层的基础服务，同时也为供应链链条企业及电商商户提供云服务，如为很多供应链软件厂商（包括用友、金蝶等老牌ERP软件厂商）提供在线SaaS云服务平台。一方面，在线的标准化云服务极大地提升了企业的管理水平；另一方面，较低的年服务费用，也降低了企业后续的运维成本。

2019年，中国工商银行和阿里巴巴集团达成全面合作。双方将在目前合作的基础上，继续深化在多领域的合作内容：第一，形成"互为场景、互为生态、互为客户"的新型合作伙伴关系；第二，在金融业务和包括云计算、人工智能、区块链在内的科技领域，进行共同探索和创新。

2019年5月，由金山云、小米金融、扬子国投、南京数字金融研究院、南京江北新区联合发布运营的"数字金融一体化服务平台"，就是一个云服务与产业和生态融合的典型样本。"数字金融一体化服务平台"涵盖金融科技系统、数字可视化平台、区块链系统、大数据平台、云基础设施建设五大系统。其中，金融科技系统、区块链系统在规划建设上从整体规模、技术手段应用上都处于国际领先水平。

5）区块链

在供应链金融实际场景中现存以下问题：第一，供应链上企业之间的ERP系统不能互通，信息数据存在不对称及时间差；第二，核心企业的信用不能逐级传递；第三，供应链上各交易主体之间的支付结算的合同契约精神和履约意愿缺乏保障。

区块链技术具有数字加密、分布式账本、多方协同共识算法等特点，具有不可篡改、链上数据可溯源的特性，其在供应链金融业务中的应用有较突出的技术优势：

（1）数据来源可靠、数据不可篡改。

（2）传递核心企业信用，可以在链条上多级流转、拆分，作为结算的依据。

（3）智能合约的运用，促使供应链交易环节各方能够如约履行义务，金融机构方可以对交易环节各个关键节点的履约情况作出风险分析。

区块链在供应链交易和供应链金融方面的应用如图3-43所示。

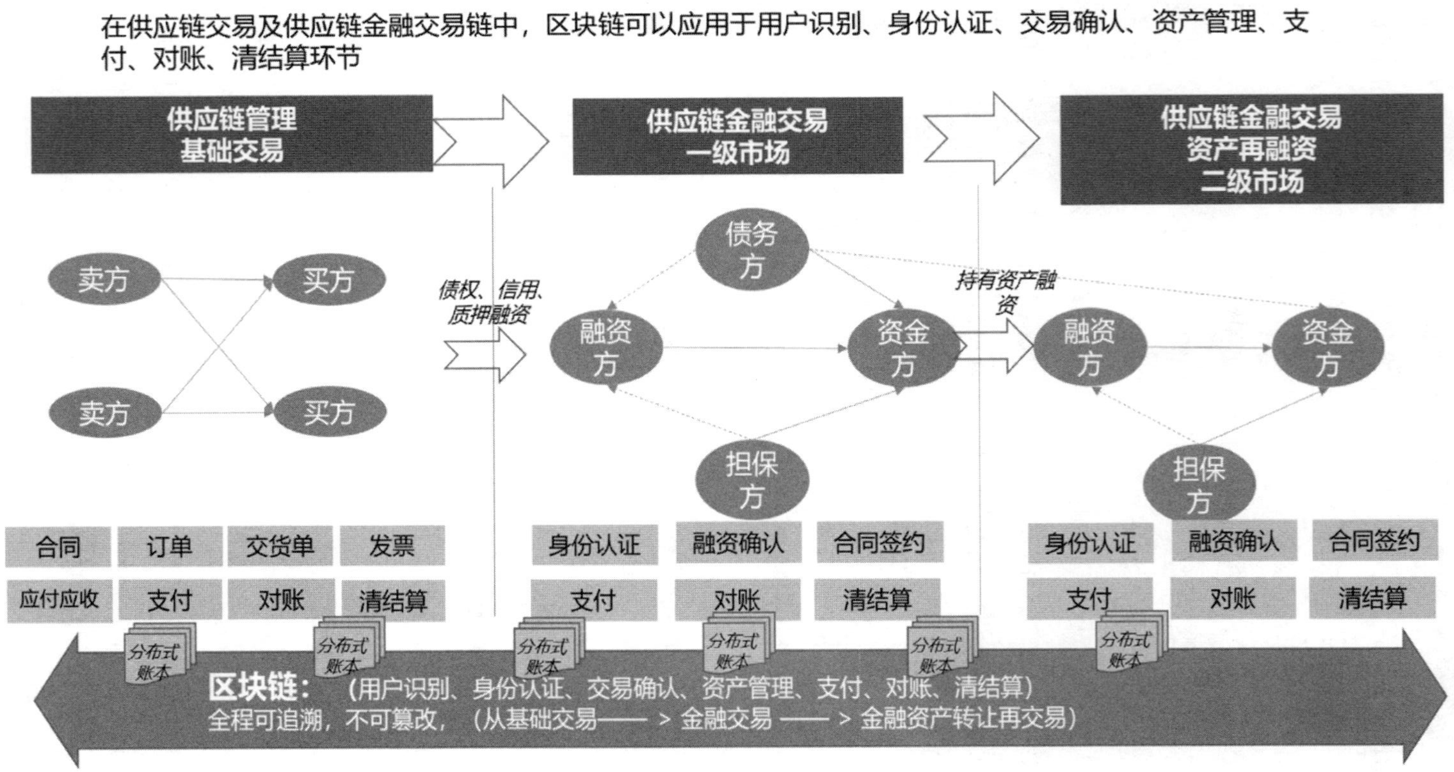

图 3-43　区块链在供应链交易和供应链金融方面的应用

3.4.2 江苏省供应链金融科技特色案例

1）苏宁银行——"货易融"：区块链+物联网技术的存货质押

苏宁银行以寻找供应链金融市场的缝隙业务为定位，打造了基于存货质押融资的"货易融"产品，并将其升级到2.0版本，是解决中小企业融资难题的重要尝试。"货易融"以供应链上下游真实的贸易行为中产生的多种库存商品为质押，为中小企业提供多种融资服务。该项目获得南京市金融创新二等奖，并入选电子商务创新推进联盟"数字化产融协同典型案例"。

（1）打造"控货"的核心能力

苏宁银行的"货易融"产品，通过运用物联网和区块链等金融科技打造"控货"核心能力。在货物的控制上，"货易融"优先选择核心品牌商，商品直接送至指定仓储监管机构；商品入库过程由摄像头全程录像，指定仓位由摄像头实时监控、及时发出预警信息；货物的进出库数据与仓储机构实时同步，通过区块链传输到"货易融"系统，确保数据及时、准确，押品可控，从而在动态估值、动态监管的要求下，确保融资效率和货物的周转效率；最后通过与主流电商平台保持密切联动，打通货物处置渠道。

（2）解决中小企业的融资难题

"货易融"产品主要从以下三方面着力解决中小企业的融资难题：一是依托股东行业生态，以企业多品类的库存商品为质押办理融资，帮助企业提升销售周转率，实现运营效率最优化；二是实现货物的逐批质押、动态估值、随借随还等，实现财务费用的最小化；三是实现系统的互联互通，通过电商平台、仓储监管平台和资金管理平台，实现供应链信息流、物流、资金流和商流的四流合一，将苏宁银行的融资服务嵌入供应链的动态过程。同时，"货易融"运用金融科技加强对货物的控制能力，通过物联网将主观信用转化为客观信用，规避仓储监管机构的道德风险；运用区块链技术，确保供应链上的交易信息真实、可追溯和不可篡改。

（3）操作简便，全流程线上办理

"货易融"提供操作简便的全流程线上服务：一是额度灵活，小到几十万元，大到上亿元，充分满足中小客户的融资需求，解决库存货物资金占用问题；二是在线核库，通过系统对接和金融科技的运用，实现货物的在线核库和巡库，对优质客户、合格押品实现见货即贷；三是在线质押，企业通过"货易融"平台，在线实时掌握库存货物情况，优选商品，线上发起质押申请；四是在线放款，极大提高放款效率，在资料、手续齐全的情况下，最快可以10分钟放款；五是在线赎货，可以打款赎货，也可以货换货，灵活方便；六是在线还款，线上操作，无须多次往返银行，不需要纸质文件交互。

苏宁银行深耕供应链金融业务领域，在3C数码、家用电器、家居/建材、母婴快消和能源钢铁等领域已经积累了一定的行业经验和优质的合作伙伴。

2）江苏银行——物联网动产质押

在无锡银保监分局的牵头组织下，江苏银行、无锡农商行、江阴农商行和无锡物联网产业研究院共同组成了无锡银行业物联网创新工作组，依托无锡地区物联网科技研发与孵化高地的优势，精准定位当地发达的不锈钢生产与流通行业，推出全线上的物联网动产质押产品。该产品是银行以企业采购的货物动产为质押物，通过物联网技术对质押物进行自动监管，为其发放的短期授信融资业务，从而满足企业在生产、销售领域的短期流动资金需求。

与传统动产融资业务对比，物联网动产质押融资具有以下几个创新点：

（1）以闭环操作实现质押物所有权确认。质押物所有权确认是动产质押业务操作中的重要控制环节，江苏银行推出通过借款人与电商平台签署《销售合同》并开具增值税发票的业务，从而实现货物所有权转移的操作方案，以此确保质押物权属清晰无争议，所有环节实现"闭环操作"。

（2）运用快速处置通道节约业务成本。银行委托专业第三方，在借款人无法按期归还借款，或质押物贬值导致质押价值不足等可能影响银行信贷资金安全的情况下，通过专业销货渠道快速处理质押物，保障贷款本息的收回，节约银行的人力、物力成本。

（3）以全流程线上化促进业务的便捷办理。银企双方联手打造全新的线上业务系统，通过设置借贷、质押、风险预警等模块，提升线上化融资透明度，参与度更高，协作性更好，增强了企业办理业务的便捷性，提高了银行放贷的效率。

（4）以区块链技术提升风控效能。为更好地发展物联网动产质押业务，加强对物联网数据真实性、可靠性的验证，银行运用了区块链技术，将货物所有的流通、交易、运输、管理信息都刻在区块链上，不仅可以更好地解放人力，还有效解决了各方的信任问题。

（5）采用固定的、标准化的定向专用仓库。江苏银行与合作方打造专属监管仓库，从而加大融资信息透明化、公开化，增进彼此互信，有效预防重复质押造成的违约风险。

（6）建立全方位、可视化监管系统。江苏银行借助物联网信息管理系统，可对质押物所在库区库位精准定位，核查物联网信息管理系统中质押物明细和监管区实物详细信息，真正做到24小时不间断监管，质押物的风险监控能力大大提高。

2018年，在无锡银保监分局的推动下，通过无锡感知集团的物联网动产监管平台，江苏银行、无锡农商银行、江阴农商银行三家金融机构与207家企业建立了授信合作关系，其中，民营企业206家，小微企业204家，授信总额达132 140万元。

2017年，江苏银行作为国内首家与无锡感知集团、徐州徐工集团、南钢集团、宝武集团、五矿集团等龙头企业合作的金融机构，在动产融资、工程机械贷款等业务中引入物联网传感设备智能监管系统，实现对动产的识别、定位、追踪等智能化管理，赋予动产不动产的属性。截至2019年年末，江苏银行实现物联网动产质押累计业务量过百亿，服务企业近400户，有力支持了小微企业和地方实体经济的发展，受到当地政府和监管部门的认可。该项目荣获了中国人民银行银行科技发展奖二等奖，及江苏省首届金融创新奖。

3）南京银行——"鑫云+"互联网金融开放平台

南京银行在 2016 年年末，确立了构建"鑫云+"互联网金融开放平台的构想。该平台于 2017 年 11 月 18 日正式上线并对外投产运行。该平台旨在做中小银行和行业平台的连接者，构建了"1+2+3N"的业务合作模式："1"代表南京银行；"2"代表阿里云和蚂蚁金融云；"3N"分别代表医、食、住、教、产、销等 N 个场景，旅游、电商、快递等 N 个行业平台，以及以"鑫合金融家俱乐部"成员行为主的 N 家中小银行。

目前该平台支持的产品有消费贷款、小微融资贷款、资产证券化、结构性存款、二三类账户开立、互联网理财、聚合支付等。

在小微融资贷款方面，该平台通过六大基本功能模块，即智能获客、智能审批、智能签约、智能贷后、智能客服、智能运营，解决了中小银行中小微客户经理在发展业务中的遇到的诸多痛点，如客户难找、贷款难办、贷后难管、数据难用等问题，是商业银行提升中小企业金融服务水平的一揽子解决方案。

截至 2019 年 12 月，该平台已稳定运行超过 2 年。在业务增长方面，2019 年平台总客户增长到 2 286 万，日贷款放还款交易峰值达到 250 万笔，合作的中小银行达到 24 家。

除了贷款产品，"鑫云+"平台还在不断丰富和完善其产品体系，包括理财、支付、资产证券化、电子账户、结构性存款、供应链融资、资金监管等产品，平台对接了近 100 家互联网公司、企业、政府、医院、校园等单位。

南京银行"鑫云+"互联网金融平台上线以来，受到了业内的广泛关注。"鑫云+"平台取得了良好的社会效益，其获得了阿里巴巴 2017 年度云栖奖，并且是获得该奖项的唯一金融机构；《金融电子化》杂志 2017 年度颁发的金融科技和服务创新奖——互联网创新中小银行；《零售银行》杂志评选的 2017 年中国零售银行创新·实践大奖——最佳互联网金融平台创新奖；IDC 2018 年度中国金融创新奖；金融城和新金融联盟评选的第三届金融科技创新案例奖；银保监会科技风险管理课题一类成果奖；南京市金融创新奖一等奖；中国人民银行银行科技发展奖三等奖。

2018 年下半年，南京银行开始探索区块链技术在供应链金融方面的应用。南京银行的交易银行部已经使用区块链技术与江苏伊斯特维尔国际贸易有限公司的上下游供应链企业对接，为链上的服务对象提供订单融资和反向保理业务。

4）开鑫金服——X-LINE供应链金融系统

目前，开鑫金服运用大数据挖掘、线上化运营、定制化服务等金融科技手段，围绕物流、医药等产业，研发出包括金融智能、大数据、金融安全、风控技术、开发框架、区块链六大类别的百余套系统的金融科技产品集群，并形成了以 X-LINE 供应链金融系统、鑫云大数据系统、灵析风控系统为主的供应链金融行业解决方案，把金融和产业黏合起来，疏通中小微企业融资路上的堵点，为企业"降本增效"注入活力。开鑫金服金融科技系统集群如图 3-44 所示。

开鑫金服金融科技六大系统集群

金融智能 一站式智能金融服务应用平台

智能资产管理平台	智能交易平台
智能营销平台	智能客服平台
智能舆情监测平台	智能报表分析系统

大数据 满足海量数据存储及处理需求

Talos全链路调用监测系统	Argus分布式通用监控系统
跨平台用户行为追踪分析	多媒体客户统一服务平台
大数据平台	金融智能决策平台

金融安全 全方位、立体化、多层次金融安全保障体系

RC业务审计	FEB资金审计
电子签章	SOC风险预警
反洗钱系统	

风控技术 自适应、多场景、高响应甄别风险、辅助决策

智能决策树	基于人脸生物技术的身份识别
大数据预警	

开发框架 自主研发、量身定制，高可用、高并发基础组件及系统

EDA消息引擎	微服务平台
移动统一开发方案	跨平台Hybrid-APP引擎

区块链 企业级联盟链技术应用

区块链

图3-44 开鑫金服金融科技系统集群

凭借在供应链金融领域的扎实实践，2019年10月，开鑫金服入选由江苏省商务厅、江苏省工业和信息化厅、江苏省生态环境厅、江苏省住房城乡建设厅、江苏省农业农村厅、江苏省地方金融监管局等6部门联合发布的江苏省首批供应链创新与应用重点培育企业。

在金融科技2.0阶段，开鑫金服的金融科技服务以供应链金融庞大的市场需求为契机，围绕数据驱动资产定价、优化资产端用户体验，开展以资产端为主的创新变革。

供应链金融的主要参与主体分为核心企业、资金方（如银行、保理等）、融资方（如中小企业），各方开展供应链金融存在以下痛点：

（1）核心企业：信用不对称、缺少科技能力和金融经验。

（2）资金方：资产小额繁杂、操作线下化、信息不对称。

（3）融资方：融资难、线下申请烦琐、放款慢。

现阶段，供应链金融模式以应收账款融资、库存融资及预付款项融资三种模式为主。X-LINE供应链金融系统在设计开发之初，就将三种模式全部考虑在内，分阶段逐步推进，目前已实现应收类账款融资，正在推动库存融资功能的研发。

X-LINE供应链金融系统实现了供应链融资的在线化、数据化、自动化、平台化，打造产业链上的普惠金融。其具体特点如下：

（1）组件化结构平台，全流程信息化跟踪

在传统的线下供应链金融处理方式中，通常要处理的数据量极大、耗时长、易出错、效率低；贸易信息没有闭环，无法信息化登记；底层资产存在重复质押、转让的风险。

X-LINE供应链金融系统有完备的组件化结构平台，其包括外部数据体系、会计体系、文件体系、项目体系、产品体系、组织结构体系等。因此，供应链金融全流程的所有材料都可以线上化，大大提升了运营审核效率，实现了全流程信息化跟踪。

（2）多方数据接入，实时监控预警

业务评审部门为每类产品都设计了完善的风控体系，包括严格的准入机制、授信的总额控制、足额的质押担保、银行核验与保管、引入第三方担保。

X-LINE供应链金融系统可接入核心企业、物流企业、监管企业、交易平台、支付平台等多方数据，然后根据风控模型和业务数据自动确定授信额度。该系统的贷后管理通过跟踪ERP系统数据，深度挖掘核心企业与上下游中小微企业之间的交易订单、采购合同、仓储运输等真实数据，自动设置风控预警，实现后期实时监控和额度终止。此外，在客户管理方面，该系统在注册阶段设置了"客户邀请码"管理，避免出现无效重复的客户信息；在贷后阶段，配合额度管理设置了"黑名单管理"，将出现过的逾期还款的借款人纳入"黑名单"。

（3）合同线上化签订，核心企业在线确权

在所有的金融业务中，一个焦点及难点是合同的签订问题。X-LINE供应链金融系统实现了合同的线上化签订——在线签订应收账款确认书/债权支付确认函，保证应收账款/基础资产债权的真实性、有效性，该功能得到了中国金融认证中心（CFCA）的权威认证。

（4）全范围覆盖供应链产品，多样贷款计算方法

X-LINE供应链金融系统在设计开发之初，就将应收账款融资、库存融资及预付款项融资三种供应链金融模式全部考虑在内，分阶段逐步推进。在贷款计算方法上，线上供应链金融服务系统提供了按不同间隔、不同方式的计算方法。

开鑫金服通过输出金融科技系统，帮助不同层级（如AAA级、AA级、AA级以下）的企业满足对接不同价格模式资金渠道（如银行、保理、金交中心）的需求。在信用不对称的融资情况下，核心企业信用无法传递至中小企业，两者融资成本相差悬殊，中小企业融资成本在18%以上，核心企业银行授信成本低于7%。系统优化的前后对比如图3-45所示。两者间的差价具有巨大的商业价值，核心企业愿意采购金融科技服务以降低产业成本；金融企业愿意采购金融科技服务以赚取供应链金融利润或提升小微业务量；小微企业愿意采购金融科技服务以降低自身的融资成本。

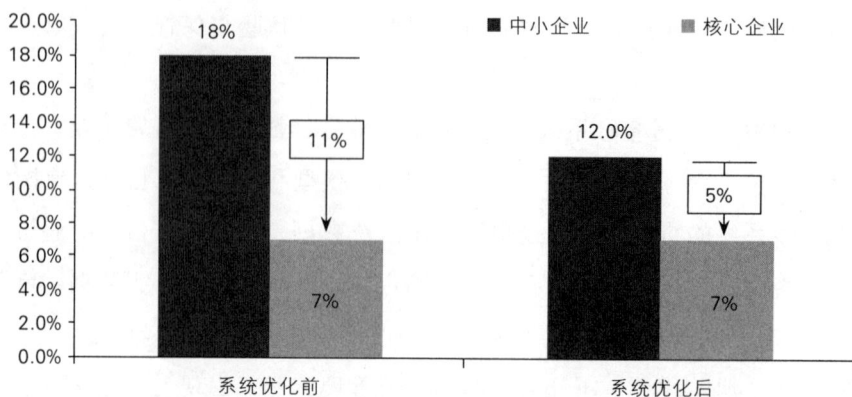

图 3-45　系统优化前后对比

金融科技有利于资源的合理高效配置，有利于实体经济的振兴。开鑫金服将顺势而为，坚持"支持实体，服务百姓"的根本宗旨，保持"诚信专业、创新务实、开放共赢、积极进取"的价值观，砥砺前行，继续为实体企业、金融机构提供高效、便捷的一站式金融科技解决方案，让金融科技助力普惠金融，同时也将开鑫金服打造成为金融科技领域的先行者与领导者。

5）同城票据网——大数据风控平台

同城票据网（www.tcpjw.com）专注于供应链承兑支付体系融资，依托金融科技创新，服务中小微持票企业对接安全、低成本的银行及非银行机构，提高了承兑汇票的流通安全和效率，撮合各类资金支持实体企业发展，有效解决了广大中小微持票企业面临的周转资金缺乏、应收账款回收慢、银行贴现手续烦琐等融资难题，实现安全、高效、普惠、绿色的融资。

同城票据网建立了开放、共享的信用和金融科技服务体系，使票据融资更加智能化，从而提高金融服务效率，从根本上降低企业的资金结算成本、融资成本，增强资金和资产流动性，提升中小微企业的融资效率，服务实体经济。该平台模式如图 3-46 所示。

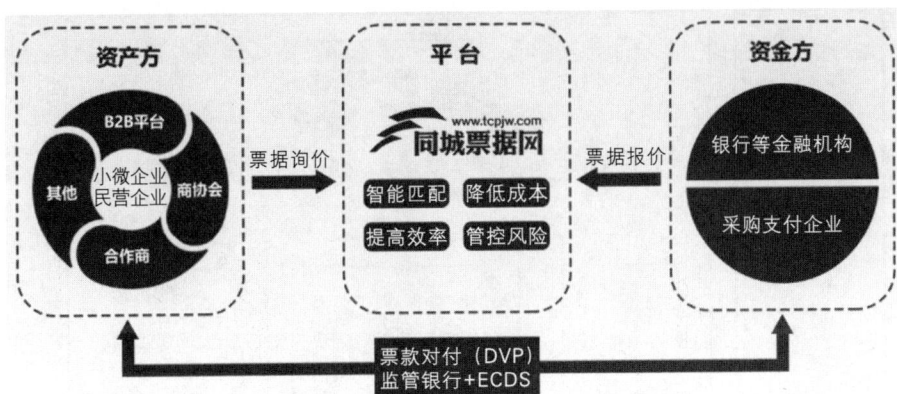

图3-46　同城票据网平台模式

同城票据网搭建了一款集数据采集、存储、搜索、加工、分析为一体的大数据风控平台，融合结构化数据、非结构化数据，实现了分层次、分数据属性的统一数据架构，对海量异构数据的存储归档、信息组织、搜索访问、安全控制和分析可视化，并进行数据挖掘、数据风控等。大数据风控平台如图3-47所示。

（1）数据分层

数据是分层次的，不同的数据其属性、处理方式、价值都是不同的。

①源数据：源数据是各个业务系统中生成的大量的业务生产数据，对源数据应加强备份和归档工作，防止数据的不完整和损坏。

②归档数据：归档数据又称为细节数据，同城票据网抓取所有的源数据进行归档，形成完整的数据库。

③整合数据：对细节数据进行整合，形成按照主题存放的汇总数据集市。

④指标数据：针对客户、员工、管理者，计算生成内容丰富的指标数据源，为进一步做数据挖掘准备丰富的数据源。

⑤决策支持数据：用于决策分析系统、智能化风控分析系统的数据。

（2）数据整理

对于历史数据通过ETL系统工具和Sqoop工具抽取，放入HBase通道中，从而满足实时历史数据的查询需求。

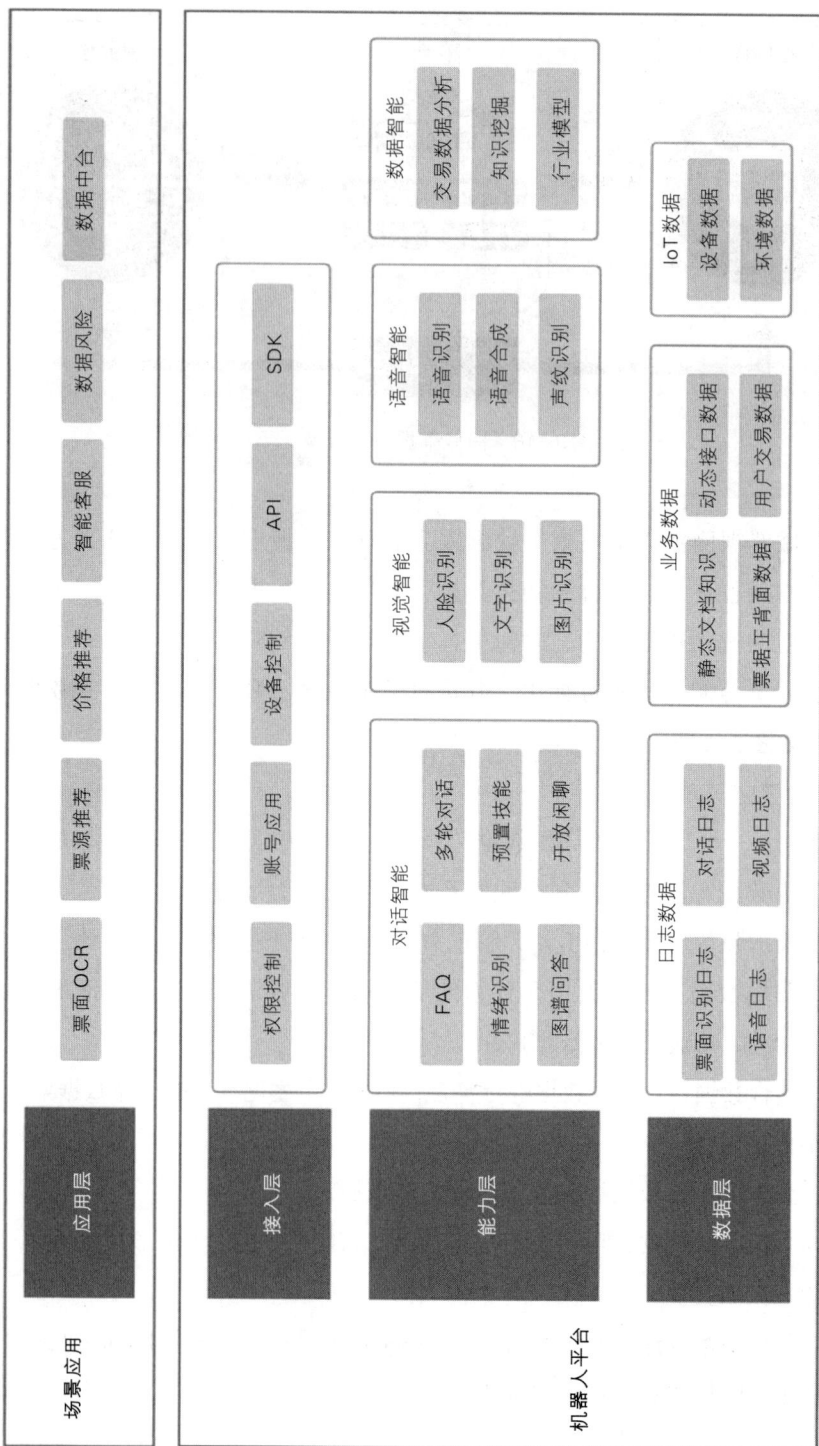

图 3-47 票据-大数据风控平台

场景应用

应用层：票面 OCR、票源推荐、价格推荐、智能客服、数据风险、数据中台

机器人平台

接入层：权限控制、账号应用、设备控制、API、SDK

能力层：
- 对话智能：FAQ、情绪识别、图谱问答、多轮对话、预置技能、开放闲聊
- 视觉智能：人脸识别、文字识别、图片识别
- 语音智能：语音识别、语音合成、声纹识别
- 数据智能：交易数据分析、知识挖掘、行业模型

数据层：
- 日志数据：票面识别日志、语音日志、对话日志、视频日志
- 业务数据：静态文档知识、票据正背面数据、动态接口数据、用户交易数据
- IoT 数据：设备数据、环境数据

①文件格式数据：文件格式数据可使用ETL工具直接导入大数据风控平台中。

②实时变更数据：建立专用通道，将实时变更数据装载到大数据风控平台中。

（3）抽取数据

对现有各种数据库的各类数据进行清洗、转换，并加载到大数据风控平台中。根据代码标准，整合数据类别，形成数据覆盖全面、标准化、规范化的数据集市。

（4）数据仓库

大数据风控平台采用分布式技术的开源数据仓库存储结构化数据，支持各种报表软件和第三方软件的访问，同时满足对结构化数据的计算和存储。

（5）加工数据

大数据风控平台对数据的加工主要表现在以下几个方面：

①数据集成：根据原有的数据生成新的数据，如根据关联表格设置其他维度、生成新的汇总表格等。

②文件处理：将视音频文件、图片、邮件等转换成可识别文字。

③挖掘数据：对同城票据网的数据进行各类数据挖掘处理，如关联分析、分类、聚类、回归预测等。

④计算指标：实时计算各类指标数据，如客户的活跃度、价值、忠诚度、履约能力等。

（6）分析数据

大数据风控平台以可视化方式呈现风控数据、视图、报表等。

该平台用于票据风控的相关场景主要有：

（1）会员信用评级

会员信用评级主要是对企业在同城票据网的经营行为及履约行为进行加工、分类，形成评级影响因子，并计算各个维度的分值，给予每个维度不同的权重，最终得出会员信用评级。会员信用评级是实时变化的，会员信用评级越高代表交易情况和信用水平越好，较高的会员等级可以获得更多会员特权，帮助企业在同城票据网获得更高效、更优质的服务。

①经营行为：交易越频繁、交易量越大、历史交易越稳定、交易速度越快，系统通过数学模型分析得出的评级越高。

②履约行为：交易爽约、交易操作超时、订单类型发布错误等负面行为越多，系统通过数学模型分析得出的评级越低，当负面行为过多时，将自动触发客户风险提示与处罚机制，如部分功能限制使用、交易手续费提升、交易需缴纳保证金、被列入黑名单等措施，后期会员可通过良好的经营行为提升评级。

（2）票据行情预警

票据市场是实时波动的市场，受到政策、资金量、票据量等多维度因素影响，同城票据网每日生成300亿元的订单数据，企业通过平台发布票据价格、成交价格、发布量、成交量、成交率等内部数据，同时结合外部宏观数据建立数学模型，得出每一种票据承兑人的实时行情价格及预测走势曲线图，为商业银行、非银行金融机构及其他企业提示实时和预测的行情风险。

供应链金融最大的创新在于将大中型核心企业的信用传导至产业生态圈中，为产业链中的优质配套企业提供精准的靶向支持。同城票据网综合应用"区块链+物联网+人工智能"等金融科技手段，将供应链的两端有效延伸，为上游多级供应商和下游分销商、经销商提供了融资业务增信，帮助客户提高企业运营效率、降低成本，最终从产业链角度，围绕企业需求，聚焦企业的采购、销售、产业协同等多维需求，为企业融资设计专属金融服务方案。

同城票据网从平台化、数字化、场景化角度发展、提高票据效能，全面满足实体经济对票据综合化服务的需要，通过搭建中小微企业购票支付平台，实现企业规模化采购票据以节省财务成本的目的。

3.4.3 金融机构运用供应链金融科技优化建议

2019年9月，央行正式发布了《金融科技发展规划（2019—2021年）》，强调"金融科技成为金融服务实体经济的新途径"，以及"加强供应链大数据分析应用，确保借贷资金基于真实交易，通过跨界融合、搭建供应链金融服务平台、建立产业链生态等，为供应链上下游企业提供高效便捷的融资渠道，解决供应链资金配置失衡等问题，合理引导金融资源配置到经济社会发展的关键领域和薄弱环节"。

1）加强供应链金融科技与产业链的深度结合

近几年来，国务院、人民银行、商务部等部门连续发文，要求金融服务实体经济发展，开展供应链金融和小微金融服务，加大金融科技产品服务创新力度，加强人工智能、移动互联网、大数据、云计算等科技成果运用。金融科技在数据评估企业信用状况、降低运营管理成本、提高贷款发放效率和服务便利度上发挥重要作用。

要使金融"活水"注入产业链中，服务于实体经济，可以凭借金融科技解决传统的贸易金融的局限，不再简单地以核心企业信用为主要风控手段。

金融机构开展产业链金融业务，不仅能够快速批量获客，还能够充分理解行业产业链的特点，从而提升其风控能力，并开发出符合产业特色的金融产品，持续地为产业链上企业服务。

目前，数家银行等金融机构都拥有基于核心企业应付账款的多级流转平台，为上游核心企业提供融资和支付服务。这些平台包括中国建设银行的"融信"、浙商银行的"应收款链平台"，以及中企云链的"云信"、欧冶云商的"通宝"、中国平安的"一账通"等。

这类平台都有共同的特色，即核心企业的信用和付款能力起着决定作用，这对核心企业在企业信用、现金流能力、付款承诺、系统能力等方面提出了较高的要求。相比传统的银行贸易融资，这类平台产品较好地解决了上游企业应收账款的流转问题，提升了流传速度和效率。

通过对供应链数据——合同、订单、交货能力、结算、发票、纳税及历史应收应付情况等——的获取和分析，运用大数据、算法建模充分分析企业的现金流，判断企业的经营能力，得出企业的综合评分和信用额度，从而能够弱化核心企业的信用背书，是将来银行机构运用金融科技的方向。

2）商业银行与金融科技公司的合作

传统金融机构在不断地提升金融科技能力，在内部设立金融科子公司，或在外部与互联网金融科技巨头合作。

有实力的大中型商业银行通常会选择成立具有独立法人地位的金融科技子公司，如江苏银行的直销银行、中国建设银行的建信金融科技公司等，这些金融科技子公司专门为商业银行提供适合本行的金融科技业务，优化金融服务流程，建设智慧网点、智慧银行。

商业银行客户具有资产规模大、客户信用度高的特点，但其科技部门主要负责银行内核心系统等的开发建设与维护工作，在科技系统建设方面周期长，且不够互联网化；而金融科技公司在某一项或多项金融科技方面有专长，积累了丰富的产品研发经验和系统对接能力，同时还具有一定量的标准化、结构化数据。

商业银行与金融科技公司的合作可以实现优势互补，各取所长。金融科技与商业银行的融合将随着时间的推移不断深入，对商业银行的营销模式、经营理念、管理架构产生深远影响。长期而言，商业银行将全面、整体、革命性地应用新技术，为传统银行业注入新的生命力和增长动力。

中小银行由于资金、人才、规模等方面的局限，难以具备成立金融科技子公司的条件，转而选择和金融科技公司合作，进行技术外包，金融科技公司提供技术、人员，商业银行提供资金，双方共同开发、共同运营，成果共享，风险共担。

3）充分发挥大数据技术在金融全流程的作用

数据是基础，金融科技获取、采集、接入的各类信息都会以数据的方式反映出来。由于各种来源的数据本身不互通，且数据的可靠性、真实性、有效性需要鉴别、验证，因此对于底层的数据使用需要从下面两个方面来考虑：

（1）建立统一的大数据平台，使数据来源多样化。区分出底层的基础数据层和结构化数据，以平台化的思路将不同层次的业务独立成服务，并且清晰地定义各服务的边界及其在系统中的定位。

（2）加强数据的运营能力，发挥数据能够为信贷全流程服务的能力。大数据平台要同时支撑各业务中台，包括智能营销、反欺诈、客户评级、智能定价、智能监控、智能催收等业务。

4）抓住金融科技的风口

2019年，金融科技迎来一个新的增长点，即区块链技术的推行。以金融科技结合区块链和5G等新兴技术为代表的先进科技，正在重塑全球价值链。随着具有高速率、广连接、高可靠、低延时等特点的5G技术的全面运用，物联网等技术在供应链金融方面的应用也随之加强，面向大众的消费互联网时代开始向万物互联的产业互联网时代迈进。

3.5 保险科技

3.5.1 金融科技在保险领域的应用

云计算让海量数据的计算成为可能；大数据，为海量数据的采集、存储、处理、分析应用提供了稳定、可靠的技术框架；机器学习、深度学习技术的发展，为数据价值的发掘、客户价值的变现，提供了快捷通道。自2013年以来，云计算、大数据、机器学习给保险行业带来了极其深远的影响。随着科技的介入，销售渠道入口、产品创新、产品定价、营销策略、销售终端赋能、售后服务等在业务流程、用户体验、客户价值增值等方面发生着巨大变化。

科技已经成为保险价值链（如图3-48所示）运行的基石。

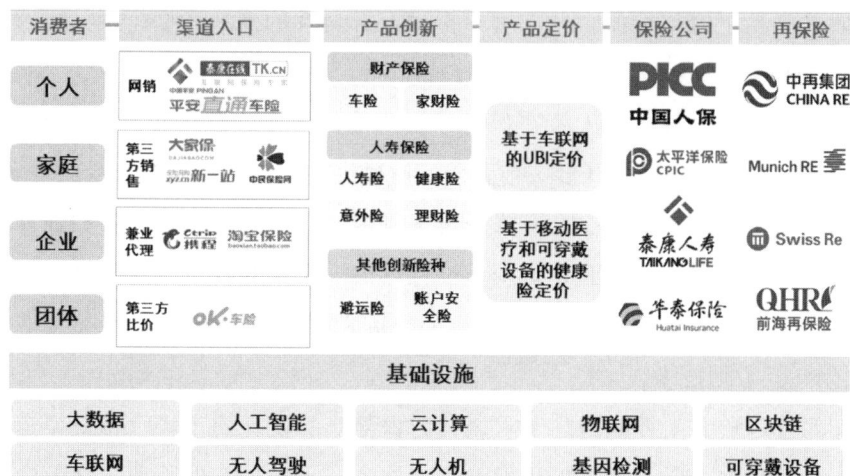

图 3-48　科技成为保险价值链运行基石

（1）区块链：保险公司以保单为单位进行产品销售和管理，目前客户信息较为分散，区块链的应用能够整合多渠道的客户信息，实现客户账户统一管理及数据共享，缩短响应时间，提高业务效率。

（2）人工智能：人工智能技术能够替代人工完成核赔、理赔、用户关怀服务等环节，可以降低成本、提高效率，并给客户带来更好的体验。

（3）大数据：保险公司拥有大量数据，大数据分析能帮助保险公司更好地把握客户需求及风险情况，优化产品设计、定价策略、核保规则和销售方案等。

（4）云计算：未来保险"以用户为中心导向"的产品开发、营销及服务运营，对支撑系统的延展性及优化升级能力有较高要求，云计算平台能满足快速增长的海量交易及数据分析需求，能够以更低的成本、更快的速度实现系统及应用平台的优化升级。

（5）物联网：物联网有助于增加保险公司与用户的互动途径，获取更多用户信息，推动新保险产品的设计；能够持续跟踪监测用户及财产状态，将保险业务范围从承保延展到增值服务。

（6）互联网及移动技术：互联网及移动技术能够极大提高保险产品及服务的可得性和便携性，打破时空限制，实现远程/24小时客户服务，增加用户触点，获取更多信息，并结合大数据推动产品开发与营销。

（7）基因技术：基因技术有助于辨别用户的发病风险，推进更加精准、高效的产品定价与核保，并向客户提供有针对性的疾病预防/监测等服务，从而减少客户未来的患病风险和医疗成本。

（8）无人设备：无人机在保险领域的应用主要表现在查勘定损方面，其既能够有效指导客户开展灾前预防、应付突发灾难、及时赶赴受灾现场，也可以保护查勘人员的安全，降低人工成本，并通过无人机设备和计算机的连接，更精准、更全面地对损失进行评估。无人驾驶汽车的面世有望大幅减少机动车事故率，并对车险及相关产品带来极大的冲击。

1）大数据技术

保险行业的主要业务环节可以分为保险产品设计、市场营销及渠道发展、定价核保，以及后续的理赔及客户服务。大数据在保险业务环节中的应用如图3-49所示。

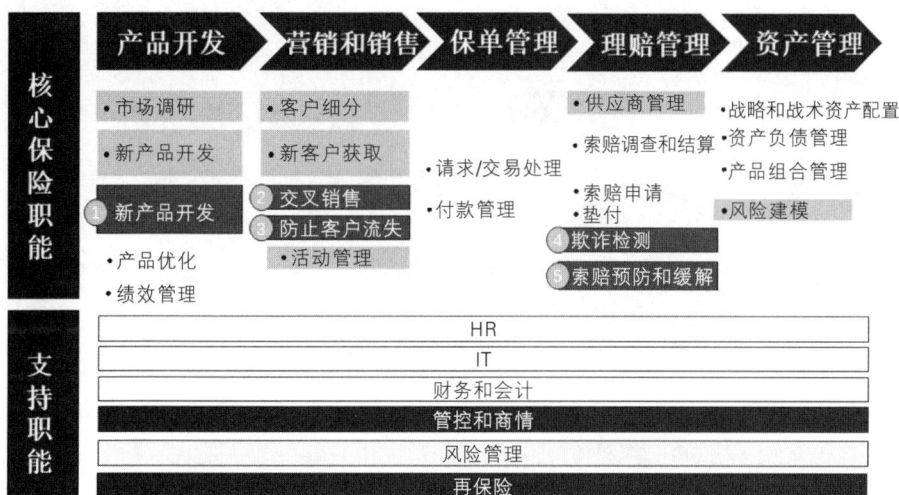

图3-49　大数据技术在保险业务环节中的应用

（1）在产品开发方面，保险是在大数据的基础上做精算，因此大数据对于产品设计有着非常重要的作用，它可以帮助保险公司：

①根据不同群体的风险特征和需求设计有针对性的保险产品。

②基于数据分析结果，进行产品优化，监控理赔风险。

③大数据在市场调研方面也可以发挥共享作用，通过定制风险测评页面、制作调研问卷、进行用户网络行为分析，收集市场需求。

（2）在营销和销售方面，大数据技术能够提炼客户行为特征、产品风险特征、交易特征、设备特征等信息，构建营销场景模型，对客户进行分群、挖掘交叉销售场景，同时还可以防止客户流失、提供客户挽留方案。

（3）在保单管理方面，引入大数据和人工智能技术能够优化业务操作流程，实现线上全流程办公，在节省费用的同时，缩短承保时效，提升用户体验。

（4）在理赔管理方面，大数据在反欺诈领域应用前景广阔，可以构建知识图谱，建立可疑欺诈模型，支持理赔审核人员更加高效地处理核赔事务，缩短理赔时效。图3-50是大数据在医保反欺诈领域的应用示意图。

- 欺诈主体：患者、药房、医院、医生、保险理赔从业人员
- 欺诈类型：药品套现、阴阳病历、虚假损失、虚假材料多种方式套取医疗保险基金

A: 药品套现	通过频繁就医、超高费用、超量用药、过度诊疗、重复诊疗、不合理用药、不合理入院等手段，非法药品套现
B: 阴阳病历	伪造、篡改病历、返还门槛费、替换用药等
C: 虚假损失	冒名就医、虚假就医、分解住院等
D: 虚假材料	票据作假、伪造文书、挂单、门诊特殊病等

图3-50　大数据技术在医保反欺诈领域的应用

（5）在资产管理方面，大数据技术能够构建黄牛识别、反欺诈、交易过程中风险提醒、交易事后风险动态监控等模型。风险建模在医保反欺诈领域也可以发挥重要作用。

2）人工智能技术

人工智能技术在保险行业的应用如图3-51所示，有以下方向：

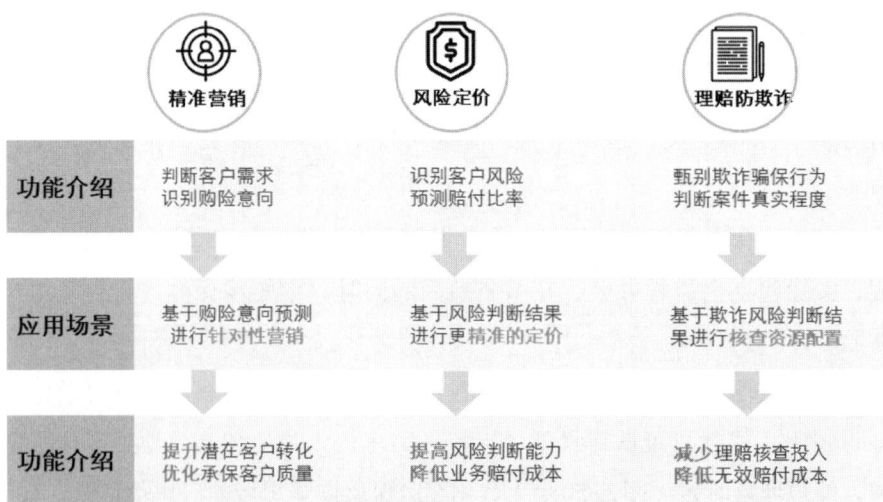

	精准营销	风险定价	理赔防欺诈
功能介绍	判断客户需求 识别购险意向	识别客户风险 预测赔付比率	甄别欺诈骗保行为 判断案件真实程度
应用场景	基于购险意向预测 进行针对性营销	基于风险判断结果 进行更精准的定价	基于欺诈风险判断结果进行核查资源配置
功能介绍	提升潜在客户转化 优化承保客户质量	提高风险判断能力 降低业务赔付成本	减少理赔核查投入 降低无效赔付成本

图3-51　AI在营销、风险定价、防欺诈环节的应用

（1）智能机器人：智能辅助销售管理系统、比价辅助销售平台、综合销售平台。

（2）知识图谱/机器学习：知识图谱在保险行业的应用场景很多，如理赔反欺诈系统、医保稽核控费系统、智能客服、智能核保系统。

（3）自然语言处理：通过文本分析，让机器看懂保单合同，听懂坐席对话，在此基础上，可以构建智能保单管理系统、智能客服呼出和呼入管理系统、电销智能话术系统等。

（4）推荐引擎及协助过滤算法：推荐技术可以应用在网销（产品推荐）、电销（话术推荐）、代理人展业（活动推荐）等方面。

（5）计算机视觉/图像识别：人脸识别技术可以应用在投保与保全核实身份、理赔身份确认、养老金领取等场景的客户身份识别与校验环节。其具体应用环节如图3-52所示。

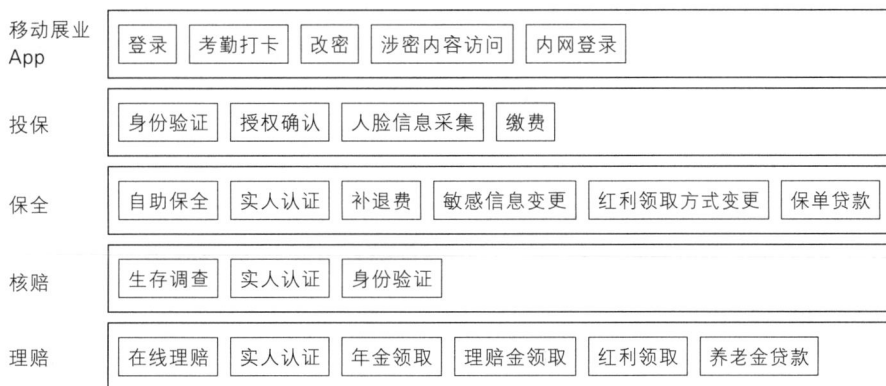

移动展业App	登录	考勤打卡	改密	涉密内容访问	内网登录	
投保	身份验证	授权确认	人脸信息采集	缴费		
保全	自助保全	实人认证	补退费	敏感信息变更	红利领取方式变更	保单贷款
核赔	生存调查	实人认证	身份验证			
理赔	在线理赔	实人认证	年金领取	理赔金领取	红利领取	养老金贷款

图3-52　人脸识别技术在保险领域的应用

（6）情境感知计算：高级驾驶辅助系统、车联网技术服务。

3）云计算

云计算顺应了社会化分工的大趋势，有利于企业用户专注于自己的业务，提高经营效率、降低成本；云计算通过软件实现了计算资源的自动统一管理，用户无须在烦琐的细节上花费不必要的精力，同时也降低了人为操作风险，发展潜力巨大。云计算在保险行业的应用优势如下：

（1）提升监管与监督能力

保险行业可建立信息平台，公开部分信息，使客户可以在使用信息平台的过程中充分选择产品、对比产品的保障责任，避免销售误导、夸大保险保障功能或掩盖免责条款内容等现象的出现。

（2）提升客户体验和满意度

保单通过云计算归集到分公司，降低了营业员对于保单的影响，提升了服务质量和满意度。

通过云计算构建客户标签体系，可以将客户的财务情况、家庭成员、兴趣爱好、保单购买情况、理赔状况等信息集合起来，对客户进行分群，为展业人员提供展业指导。

（3）监管双方交易信息对等

由第三方提供IT服务，打破了保险公司对信息的垄断。从反欺诈方面看，引入云计算后，保险公司对客户的信誉信息将有更强的处理和运用能力，有利于保险公司内部或保险公司之间联手防范信誉差的客户，降低道德风险，减少保险欺诈案件的发生。

（4）提效控费

提效，即在使用云计算后，在签单、理赔等手续办理及信息保存方面的成本优势将更加凸显。与第三方联合会使标准化产品销售更为便捷，大大拓宽销售渠道。

控费，即采用云技术将IT业务外包出去可以将该部分空置资源释放出来，从而降低保险公司资产的成本负荷，也就是降低了保险公司的费用性成本。

4）物联网

如图3-53所示，物联网产生的大数据大大提高了物联网在保险价值链中的渗透与应用，使保险人从风险承保人向智能风险服务提供商转变。

（1）通过物联网收集数据，差异化产品定价

保险公司可以通过物联网终端设备收集关于客户行为状态的大量监测

数据，这类数据的多维性和丰富性可以帮助保险公司有效扩大与客户的接触窗口与时长，通过对个体的数据分析实现差异化产品定价与服务，从而不断推动保险业务创新。

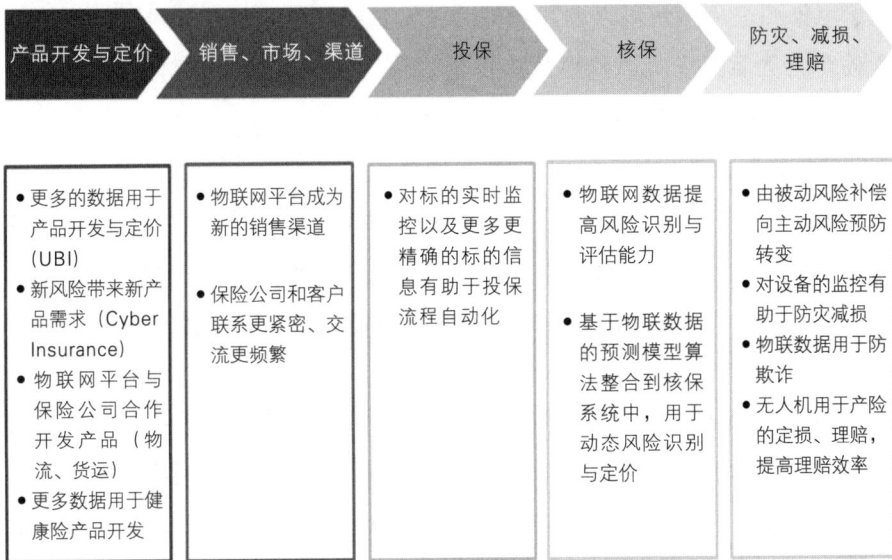

图3-53　物联网在保险业务环节中的应用

（2）通过物联网+大数据技术，实现个性化客户服务

在数字时代，通用型的产品难以引起客户的关注与兴趣，保险客户越来越需要个性化、定制化的产品与服务。为了满足客户需求，保险公司需要掌握更多数据，利用物联网和大数据等技术分析每一个客户的特性、习惯和差异，实时进行产品组合与定价。

（3）物联网让保险风险可量化

将物联网技术引入保险业，可以利用传感技术来对各类保险标的物的风险情况进行详细的识别、预警、定位、追踪、监测等，动态监测和实时采集保险标的物的风险情况，精确地反映和测算各类标的物的风险程度，使得保险公司能够有针对性地设计出个性化产品，制定出差异化费率，从而使风险真正可计算、可量化。

（4）物联网技术让保险风险可控制

保险公司通过物联网技术来对投保标的物的风险事故进行动态监测，将实时监测数据远程汇总并传输到安全监控中心，从而有效控制和预防标的物的潜在风险事件的发生，减少风险事故的发生概率。例如，火灾、爆炸、污染源等风险都可以利用物联网技术进行实时监测、预警、预报和应急救助，从而实现对风险事故的安全预防与管理，从灾后赔付转向防灾、减灾，让风险可控制，并减少损失和赔付支出。

（5）物联网技术让保险可定制

物联网技术可以让保险公司对保险标的物进行实时动态监测，对标的物的风险状况、偏好和行为特征进行全方位的分析，从而针对具体标的物设计出个性化保险服务和产品，提高保险产品和客户的匹配性。

5）区块链

《区块链保险应用白皮书》指出，"区块链与保险行业有天生的契合性"，保险业是区块链应用探索的重要领域。区块链在保险行业的应用场景丰富，众安汽车借助区块链技术开发车险理赔"智能合约"服务，将相关数据在区块链数据库中与车主信息匹配，进而简化理赔流程中的申请、审批环节，用户只要符合理赔条件，便可自助理赔，提升了理赔效率和准确性。

传统保险业务是由一系列的人为操作所驱动的，即无论是从报价到投保申请、从承保到合规审核，还是从出单到第一时间的损失通知等，所涉及的每一个环节都离不开"人"的参与。这种情况就使得整个保险公司价值链的各个部分都面临效率低下的问题，随之而来的还有一定的风险问题。也正因如此，区块链技术在保险领域才有了用武之地，成为人工智能时代的一个创新性应用。

6）互联网及移动技术

当前，整个保险行业都在积极顺应新形势、加快运用新技术、大胆探索新模式，发展的关键是"要始终以用户体验为中心"。如今的互联网保险模式让我们得以真正地直面用户，互联网保险企业必须把客户体验提升到更高的程度，把客户体验放在核心位置。

（1）"千人千面"的营销模式。

在技术驱动下，互联网保险新模式不断涌现。身处风口当中，利用大数据技术进行核保，即可实现"千人千面"的互联网保险营销新模式。保险公司在自有平台上，可以对用户行为轨迹、产品喜好和倾向等方面进行行为分析和数据挖掘，将线索反馈给专属保险顾问和后台的"推荐引擎"；而对于用户而言，获得更高质量服务的同时也能获得更适合自己的保险产品推荐。

（2）互联网保险。

互联网保险，是在保险回归保障功能的前提下，通过技术对保险进行脱胎换骨的改造。在技术驱动下，互联网保险构建生态圈，既可以利用跨界竞合战略建立竞争优势，又可以利用技术应用深耕保险领域，通过产品优势压缩渠道成本，提高盈利水平，使整个保险业的商业模式迈上全新台阶。

（3）产品研发。

互联网保险通过互联网技术，能够收集更多的风险数据，分析风险数据的能力也更强，保险公司设计出来的产品与保险消费者面临的风险状况吻合度得到极大提高。以车险产品为例，当前车险费率因子集中于随车因素，主要涉及车价、车龄、车辆"零整比"系数，完全忽略了随用、随人的原则。在未来的互联网保险经营中，决定车险价格的费率因子会逐步扩大随人、随用的因子的权重，逐步缩小随车的因子的权重。

（4）产品销售。

在互联网保险经营中，由于保险产品设计与具体保险消费者的风向状况吻合度提高，在同一类风险标的、同样保险金额的条件下，保费价格差异悬殊，营销竞争的主要手段就变成了服务。如图3-54所示，以保险电销为例，通过互联网技术优化保险电销坐席拨打的策略是：一方面收集客户信息，对其进行用户画像、行为分析、意图分析、预测分析；另一方面对坐席能力进行量化统计，通过营销建模升级坐席拨打策略，为优秀坐席提供意图高的用户名单，提升转化率和保费收入。

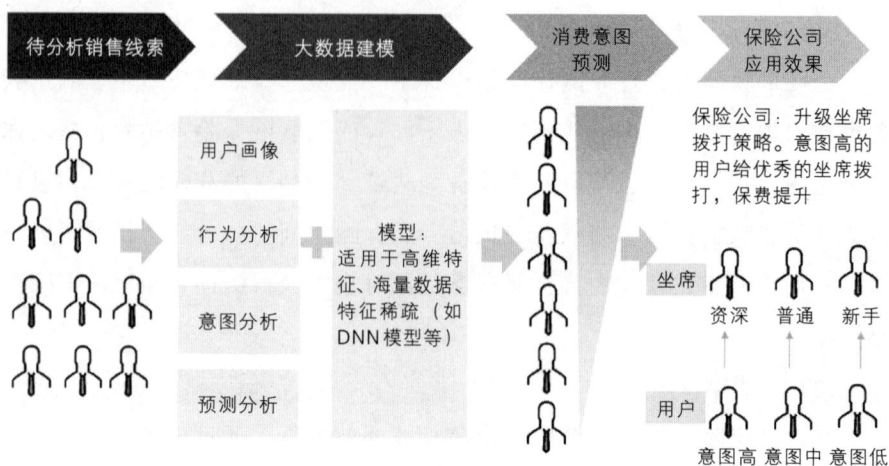

图 3-54 通过互联网技术优化保险电销坐席拨打策略

（5）车险理赔。

在当前保险经营中，保险消费者在进行索赔时需要提供一系列资料，如保单、事故责任认定书、诊断证明书、医疗费支出、死亡证明等；在互联网保险经营中，由于社会各行业数据共享的范围更大、内容更全、方式更简单，保险消费者出险以后，进行索赔时需要提供的资料更少、手续更简单。

7）基因技术

生物体的生、长、病、老、死等一切生命现象都与基因有关，它也是决定人体健康的内在因素。目前基因技术主要包括以下五个方面的内容：基因鉴定、基因制药、基因诊断、基因治疗、基因克隆。其中，如图 3-55 所示，基因诊断和基因治疗有可能对保险业产生较为深远的影响，甚至有可能彻底改变人身保险业务的面貌。

3.5.2 江苏省保险科技特色案例

1）智能画像——东吴人寿基于需求定制产品

（1）方案建设历程

东吴人寿保险股份有限公司（以下简称"东吴人寿"）积极推动科技创新与保险服务深度融合，为客户提供多样化优质服务，通过建立客户资

服务模式

基因检测公司：
基因测序服务

保险公司：
合作推广
数据积累

基因+保险
业务模式

| 低风险 | ➤ 优质客户 |
| | ➤ 常规体检 |

中高风险	➤ 保险+基因检测产品
	➤ 并发症保险产品
	➤ 随访及风险提醒

高风险（确诊）	➤ 保险理赔
	➤ 医院绿色通道
	➤ 专家转诊服务

商保用户：
商保投保、高端
保险+基因服务

保险公司	合作对象	知因保
众安保险	华大基因	知因保
大特保/中国平安	精皮士	爱胸险
大特保/永安保险	瑞金医院待需医疗保健中心/达安基因	特需医疗保险
光大永明人寿	博奥颐和	光因保

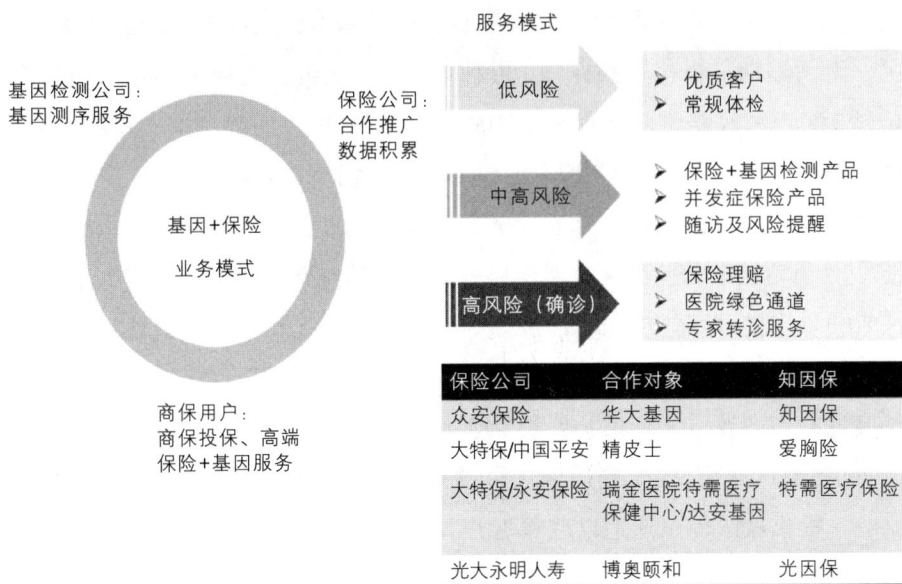

图3-55　基因技术对保险业务的影响

源数据分析和评估体系，创新开发定制化产品。例如，"盛朗康宁定期重大疾病保险"从立项到上市仅用19天；"蜀乐保重大疾病保险"根据一线需求定制研发线上资讯知悉、保单查询、理赔申请、VIP服务等30余项服务。这些都是东吴人寿产品开发人员深入四川"蜀地"，调研客户需求，通过差异化的产品开发策略，为特定客户群定制的专属重疾险产品。

产品开发人员收集到的用户需求有：

常见的轻症、中症及重疾都可以得到保障；

男性/女性特定疾病保障；

可以多次理赔，而不是一次理赔后保单责任立即终结；

多次理赔没有间隔期限制；

....

"盛朗康宁定期重大疾病保险"覆盖了轻症、中症及重疾等155种疾病，男性/女性特定疾病保险金可获得双倍赔付保额。

"蜀乐保"产品的亮点之一就是覆盖的疾病种类多。其中，轻症疾病保障35种轻症，不分组，赔付基本保额的30%，最高赔付3次，无间隔期；中症疾病保障20种中症，不分组，赔付基本保额的50%，最高赔付2次，无间隔期；重疾疾病保障100种重疾，分5组，癌症单独一组，最高赔付3次，每次赔付基本保额的100%，总计3次，间隔期1年。以上155种疾病确诊即享豁免，轻症/中症/重疾均可豁免后期所有保费，同时享有身故保险金，按已交保费和现金价值较高金额返还。"蜀乐保"也针对男性/女性特定疾病保险金实行双倍赔付保额。据统计，保险公司客户中的男性80%以上的理赔集中在恶性肿瘤、脑中风后遗症和急性心肌梗死，而女性的这一比例更是高达90%。而"蜀乐保"的男女性特定疾病，基本包含了高发的大多数重大疾病，让投保人家庭在不幸发生理赔的时候，能够获得200%的保额赔付。"蜀乐保"可谓是一款"终身型纯重疾险"，且服务贴心，提供就医绿色通道以改善客户体验，为参保客户在最短的时间内找到优质医院和优质专家。

（2）方案基于技术创新解决痛点问题

解决痛点一：客户聚焦——了解客群分布

如图3-56所示，东吴人寿的客户聚焦从了解自身开始，即弄清楚自身有什么优势、客群分布特征是什么、如何为目标客群提供更适合的方案、如何提升客户体验、如何增加客户黏性。东吴人寿以内部数据为主，辅以外部大数据、调研收集数据，提取客户特征标签，包括：基于事实提取的事实标签，如性别、年龄、婚姻状况、家庭住址等；基于机器学习技术提取的预测标签，如收入水平、资产水平、客户价值等；基于规则提取的规则标签，如活跃度、购买意向、风险等级等。

保险公司构建事实标签、规则标签、预测标签，对用户进行画像处理。其价值在于：

① 用户画像可以使产品的服务对象更加集中。在行业里，我们经常看到这样一种现象：在做一个产品时期望目标用户能涵盖所有人，包括男人和女人、老人和小孩、专家和"小白"……但通常这样的产品会走向消亡，因为每一个产品都是为特定目标群的共同标准服务的，当目标群的基数越大，这个标准就越低。换言之，如果这个产品是适合每一个人的，那么它其实提供的是最低标准的服务，这样的产品要么毫无特色，要么过于简单。

基于全域用户画像的客户聚焦、精准营销和数据化运营

客户聚焦与画像标签建设（东吴人寿）

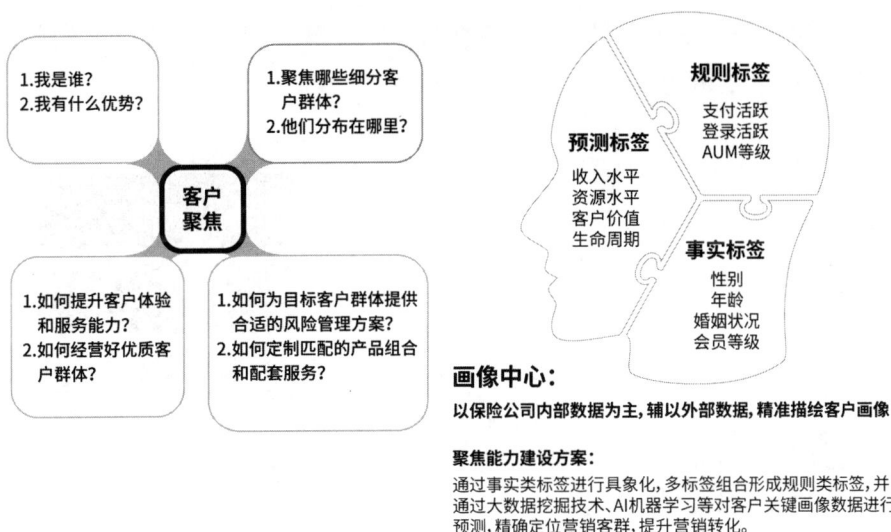

客户聚焦

1.我是谁？
2.我有什么优势？

1.聚焦哪些细分客户群体？
2.他们分布在哪里？

1.如何提升客户体验和服务能力？
2.如何经营好优质客户群体？

1.如何为目标客户群体提供合适的风险管理方案？
2.如何定制匹配的产品组合和配套服务？

规则标签
支付活跃
登录活跃
AUM等级

预测标签
收入水平
资源水平
客户价值
生命周期

事实标签
性别
年龄
婚姻状况
会员等级

画像中心：
以保险公司内部数据为主，辅以外部数据，精准描绘客户画像

聚焦能力建设方案：
通过事实类标签进行具象化，多标签组合形成规则类标签，并通过大数据挖掘技术、AI机器学习等对客户关键画像数据进行预测，精确定位营销客群，提升营销转化。

图3-56　客户聚焦与画像标签建设

② 用户画像可以在一定程度上避免产品设计人员草率地代表用户。代替用户发声是在产品设计中常出现的现象，产品设计人员经常不自觉地认为用户的期望跟他们是一致的，还总打着"为用户服务"的旗号。这样的后果往往是：我们精心设计的服务，用户并不买账，甚至觉得很糟糕。

③ 用户画像还可以提高决策效率。在现在的产品设计流程中，各个环节的参与者非常多，分歧总是不可避免的，决策效率无疑影响着项目的进度。而用户画像是来自对目标用户的研究，当所有参与产品的人都基于一致的用户认知进行讨论和决策，就很容易约束各方保持在同一个大方向上，提高决策的效率。

解决痛点二：以客户为中心——客户细分与客户经营

通过用户画像，保险公司能够了解自身客群分布及客户的需求与关注点，结合企业自身特点，有针对性地设计产品，满足预期客户的需求，在创收的同时赢得良好的口碑。在这方面，东吴人寿做了不错的尝试，也取得了较好的效果。

东吴人寿改变以往以产品为中心、以销售为中心的做法，转而以客户保险需求为中心，实现"知人、知己"的目标。客户细分（如图3-57所示），有助于保险公司了解客户，进而为客户服务、客户转化及多渠道触达提供营销依据，并提高交易规模和保费收入。

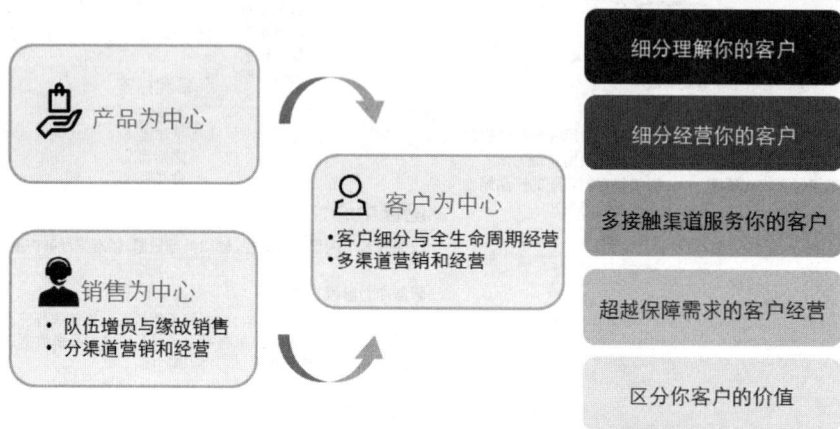

图3-57　客户细分与客户经营

客户细分的常见方法有：

①客户特征细分。一般客户的需求主要是由其社会和经济背景决定的，因此对客户的特征细分，就是对其社会和经济背景所关联的要素进行细分。这些要素包括地理（如居住地、行政区、区域规模）、社会（如年龄范围、性别、经济收入、工作行业、职位、受教育程度、宗教信仰、家庭成员数量）、心理（如个性、生活形态）和消费行为（如置业情况、购买动机类型、品牌忠诚度、对产品的态度）等要素。

②客户价值区间细分。不同客户给企业带来的价值并不相同，有的客户可以连续不断地为企业创造价值和利益，因此企业需要为不同客户设定不同的价值。在经过基本特征的细分之后，企业需要对客户进行高价值到低价值的区间分隔（如大客户、重要客户、普通客户、小客户等），以便根据"20%的客户为项目带来80%的利润"的原理重点锁定高价值客户。客户价值区间的变量包括客户响应力、客户销售收入、客户利润贡献、忠诚

度、推荐成交量等。

③客户共同需求细分。企业应围绕客户细分和客户价值区隔，选定最有价值的客户细分作为目标客户细分，提炼它们的共同需求，以客户需求为导向精确定义企业的业务流程，为每个细分的客户市场提供差异化营销组合。

④选择细分的聚类技术。目前企业多采用聚类技术来进行客户细分。常用的聚类方法有K-means、神经网络等，企业可以根据不同的数据情况和需要，选择不同聚类算法，同时将收集到的原始数据转换成相应的数据模型所支持的格式，这个过程被称为数据初始化和预处理。

⑤评估细分结果。在对客户群进行细分之后，企业会得到多个细分的客户群体，但并不是得到的每个客户细分都是有效的。细分的结果应该通过以下几条规则来测试：与业务目标的相关程度；可理解性和是否容易特征化；基数是否足够大；是否容易开发独特的宣传活动等。

（3）方案实施效果

东吴人寿健康管家简称"就医绿色通道"，致力于为参保客户在最短的时间内找到优质医院和优质专家。目前，东吴人寿已合作了36个城市的700多家医院。东吴人寿2018年共计理赔9 286.03万元，其中单笔最大赔付130万元，已解决理赔案件的10日结案率为96.15%。东吴人寿保险股份有限公司坚守"保险姓保"的发展理念，平衡发展个险与互联网保险、银保、团险、收展等业务渠道，构建了较为完善的业务运作和风险控制制度体系。公司聚焦社会保障服务创新，初步形成了围绕社会保障服务的特色化经营格局，是行业中同时拥有税优健康险、大病保险及税延养老险三类经营资质的9家公司之一。

2）物联网保险——天安财险业务模式创新

（1）方案建设历程

作为金融科技的技术集成代表，物联网技术与金融行业的融合所推动的快速创新，已在整个经济体系中遍地开花。"物联网+保险"的融合创新将全面且深刻地变革传统保险行业的发展模式。基于物联网保险的发展前景，天安财产保险股份有限公司（以下简称"天安财险"）江苏省分公司开展了物联网保险业务。

根据保险监督管理委员会江苏监管局（以下简称"江苏保监局"）有关创新保险金融模式和致力"强富美高"新江苏的总体工作要求，2014年12月，在江苏保监局直接指导下，天安财险江苏省分公司在充分调研认证和人力、物力等筹备充分的情况下，于2015年4月23日成立了全国第一家以物联网命名的保险机构，即天安财险物联网支公司。

天安财险物联网支公司保险业务的初始切入点，主要是无锡感知合约交易中心项目。基于感知集团现有的传感技术，已能够实现有效的产品定位、实时监控、数据传送等功能，且其产品能与App对接，合作的客户均能实时察看监控下的物品实况。

天安财险物联网支公司自成立以来，以物联网技术为抓手，以解决中小企业融资难问题为切入点，在动产融资、动产监管、不动产监管、车辆质押等方面做了有益的尝试，并与各大银行及其他在无锡的金融机构开展了多层次、多方位的探讨、研究和合作。目前，其服务产品主要有融资方面的小额贷款保证保险和监管人责任保险，以及传统保险方面的消防物联网保险。

物联网保险是物联网技术产品与保险的深度融合，是综合运用大数据、人工智能、物联网等技术，形成以客观信用为基础、风控技术为手段、风险管理为支撑，全面实现对保险事故发生可控、可测、可预防的一种保险新业态。从其功能与发展前景来看，物联网保险至少有以下五大发展优势：

①保险有形化

物联网保险实现了从无形产品到有形技术的转变，保险不再是单一的纸质文件，还包含技术设备及技术服务，使保险可见、可感知、可使用。

②产品个性独特化

基于物联网有广泛的、多维的、深入的感知能力，物联网保险可以提供更为精细化、个性化的产品和服务。物联网保险注重实体经济场景应用，保险产品及技术服务可以为不同行业提供差异化风险解决方案，推出定制化、个性化产品，打破产品的同质化恶性竞争局面。

③风控技术化

物联网保险运用全程无遗漏感知，风险事故可测、可控、可预防的技术，深入被保险人的风险标的，实时监测风险因子变化，有效监控、预警异常事件，把风险控制建立在以技术为核心的基础上，实现从大数据服务到大事件服务的转变。

④防赔并重化

物联网保险将实现从事后理赔到事前预防、事中干预、事后补偿全过程管理的转变，把防控放在保险之前，将保险从"听天由命"变为"天人合一""人定胜天"，从"互助式"保险模式转向"防控式"保险模式。

⑤信用客观化

物联网保险是客观信用体系的有机组成部分，物联网信息是实体世界的客观反映，物联网保险让虚拟风险从时、空两个维度全面感知实体风险行为，准确预测实体风险走向，全面解决保险信用和骗赔危机，改变并整合金融核心信用体系。

（2）方案基于技术创新解决痛点问题

解决痛点一：引入第三方可信数据源和评分系统

对于某些类型的物联网/传感器数据，保险公司完全无须亲自经手，得到结果即可。与其将大量数据写入自己的系统，保险公司不如依靠第三方数据公司，让它们去收集、分析数据，建立预测模型，将大量的数据最终简化成一个指标。在上面的案例中，第三方数据公司通过传感器收集客户抵押物信息，并制定标准，根据数据为抵押物打分，为准备提供贷款的公司是否提供贷款提供了重要的判断依据，打消了借款企业对其抵押物安全性的顾虑。

这种物联网数据的评分系统对于高层的决策制定者来说很有用，他们关心的是最终的分析结果，数据处理的过程并不重要。当然，在这一模式下，借款公司非常依赖于第三方数据公司的可信度和专业度。此外，即使第三方公司的可信度和专业度没有问题，其数据也无法完美适配保险公司，因为第三方公司的评分是基于整个行业的标准数据，而非特定保险公司的销售、理赔等数据。

对于业务范围较小的保险公司来说，第三方数据源很有优势，因为其自身的数据太少。就算是大型保险公司，采用第三方数据源也有意义，因为它们可以参考第三方数据来检验和修正自己内部的数据分析结果。

解决痛点二：以物联网和大数据技术构建会员生态体系

目前大多数保险公司的业务经营模式还是 B2C，即围绕潜在的客户推销定制保险产品。但是保险行业的龙头企业，早已布局 C2B 模式，为用户提供生命周期内全套服务。其丰富的产品涵盖了孕期母婴险、儿童健康与意外险、储蓄金、大学毕业创业扶持金、重疾险、养老险、投资连结险、社区养老服务、终老关怀等，为客户的人生重要阶段提供保险、理财、创业、贷款、养老等各项贴心服务。

C2B 模式需要金融机构连接企业生态数据，以"互联网+金融"的模式，为客户提供贴心服务，这需要企业充分挖掘大数据价值，更加了解客户、了解客户需求，为各类场景提供有针对性的服务。大型保险公司自身有着完备的企业生态，而中小保险公司可以联合外部相关企业打造整体会员生态体系，如图 3-58 所示，争取双赢局面。保险公司为合作公司提供会员与保障服务，合作公司为保险公司带来各类潜在销售场景，为保险客户带来实实在在的附加价值，增加客户黏性。

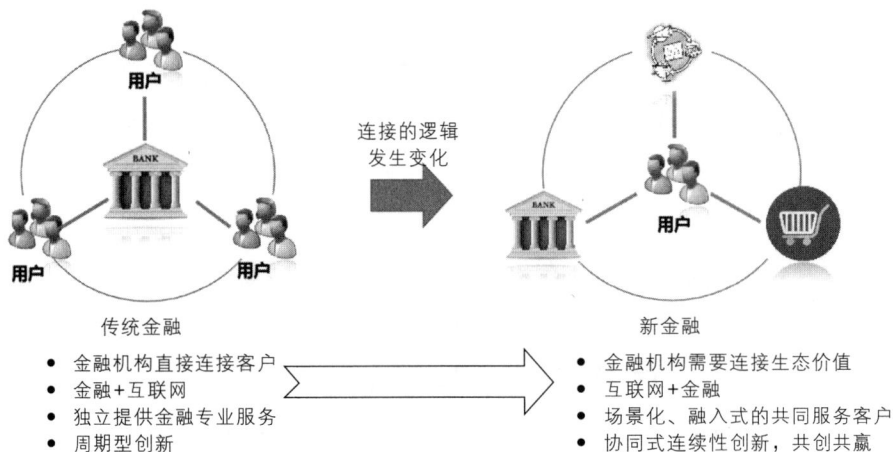

- 金融机构直接连接客户
- 金融+互联网
- 独立提供金融专业服务
- 周期型创新

- 金融机构需要连接生态价值
- 互联网+金融
- 场景化、融入式的共同服务客户
- 协同式连续性创新，共创共赢

传统金融　　　　　　连接的逻辑发生变化　　　　　　新金融

图 3-58　会员生态建设影响新金融的连接逻辑

物联网+保险，是保险公司业务模式创新的一个重要尝试，也是业务转型变革的关键环节、难点环节。在前无标杆、目标模式模糊的情况下，如何集聚各方智慧学习共创、如何在探索中试错与优化、如何在实践中创新与生成目标模式是业务创新需要解决的核心问题。创新分为两种：一种是与软件研发技术相关的创新，特别是在大数据和AI这些快速发展的领域，需要与技术进步保持同频；而另一种创新与公司业务相关，即不断运用技术实现自动化、智能化、规范化，提高业务服务能力与用户体验。但很多技术人员常常会沉迷于技术创新或是业务优化，将新的技术趋势强加在业务上，或者墨守成规地拒绝一些新的有效的技术解决方案。而真正的创新，是在理性思考后，将最适合的技术解决方案应用在最能提升客户体验、为客户带来价值的地方。

（3）方案实施效果

①在融资产品方面

i.开展了小额贷款保证保险业务。2016年，无锡新区某金属贸易企业因流动资金困难，需要短期融资300万元，该企业几乎跑遍了无锡的所有银行及小贷公司，但因其行业限制，都被拒之门外。后经天安财险物联网支公司牵头，以该公司现有库存质押，由无锡感知动产监管有限公司采用物联网技术进行监管，由农行无锡科技支行发放300万元贷款，天安财险物联网支公司出具小额贷款保证保险。由于采用了物联网监管技术，借款企业能实时看到被质押的货物情况，打消了借款企业的疑虑；由于天安财险物联网支公司出具了小额贷款保证保险，从最大程度上打消了银行对借款人风险的顾虑，一举解决了借款人、银行、库方三个方面的互相不信任的问题。2017年5月，天安财险物联网支公司的物联网业务开出了2017年的首单。此次借款人以650万元航空铝板为质押，向恒丰银行无锡分行申请贷款500万元，由感知动产监管有限公司提供监管服务。经协调，该业务以物联网提供的"监管人责任保险"为增信手段，由天安财险物联网支公司承保质押物的"财产综合险"，从而解决企业500万元流动资金贷款的需求，为化解中小企业融资难课题提供了有益的尝试。

ii.开展了监管人责任保险业务。2016年年初，锡山区某高档家具生产企业急需流动资金800万元，想以其库存的红木原木为抵押融资，在四处碰壁后，经天安财险物联网支公司牵头，由新区某小贷公司发放800万元流动资金贷款。一方面，由于物联网技术的介入，借款企业打消了其抵押物安全性的顾虑；另一方面，由于保险的介入，贷款人打消了对监管公司履约能力的顾虑。另外，保险公司借此项目在创新业务及传统业务上均得到了保费收入，监管公司也顺利实施了项目。

②在传统险方面

目前，天安财险物联网支公司正在试点推广的是消防物联网保险。消防物联网是指物联网技术介入企业消防管理，其主要有五大优势：一是可以保证消防设备的有效性、可靠性；二是可以改人工维保为计算机云平台自动巡检，节约部分人力成本；三是通过手机App，企业相关人员可以实时掌握自身消防设备现状；四是风险预警，通过在探头加装计算模块，对风险预警的成功率可达到90%以上，达成风险事前管理、出现苗头及时处置的作用；五是可以为保险公司管控风险。

2017年下半年，天安财险物联网支公司在无锡当地选取了一家印刷厂进行试点，由客户单位、物联网企业和保险公司签订三方协议，共同维护设备的正常运行，目前运营情况良好。2018年，为更好地做好"物联网财产险创新保险项目"的服务与推广工作，经慎重考虑，该项目转由天安财险江苏分公司直接管理，以集中全省的技术力量及客户资源进行该项目的推广。

3）智能柜面——利安人寿优化业务流程

（1）方案建设历程

利安人寿保险股份有限公司（以下简称"利安人寿"）为提高公司客服作业效率，控制客户服务操作风险，提升客户服务感受度及满意度，于2018年启动智能柜面项目开发计划。该计划旨在将目前利安人寿核心业务系统的基础功能优化完善，提升日常工作效率，同时对新设备、新技术进行应用推广，防范机构操作风险，提升客户对公司基础保单服务的满意度。利安人寿通过调研市场及同业现状，根据管理层"科技金融""服务创新"的相关指导要求，引入智能终端设备，着力解决目前全辖客户服务工作中存在的难点和痛点：

①解决客户服务工作的不断增长的人力需求与公司资源投入之间的矛盾；

②满足公司为广大客户提供便捷服务的需求；

③逐步满足柜面客服窗口对智能化支持工具的迫切需求；

④积极顺应行业发展潮流，对标先进同业公司的需求。

智能终端设备主要应用于金融、保险、证券、电信、社保、公检法、民政、电子政务等业务窗口，是一款新型的业务窗口无纸化设备。其能够秒拍多种幅面，通过软件进行图片效果实时处理。利安人寿引入的是一款专为柜台设计的多功能智能设备，集成了立式拍摄仪、二代身份证读卡器、人脸识别、指纹识别、磁卡读写器、IC读卡器等常用功能模块，可根据业务系统实际需求提供不同功能模块，从而简化柜面操作与接口连线，让业务窗口操作更加安全舒适、高效便捷。通过智能柜面项目的建设，利安人寿实现了如下业务创新：

①流程创新。采用前端受理、后端处理的方式，通过智能终端设备收集业务申请，在后端集中处理，提升工作效率。

②低碳环保。通过智能终端设备，进行客户信息及材料电子化处理，实现无纸化作业。

③资源复用。智能终端设备采集的客户影像资料在系统内加密存储，同时客户可通过智能终端设备设置服务密码，在客户多次办理业务时，做到一次审核、多次复用，缩短客户业务办理时间，提升客户满意度。

④作业标准化。通过智能终端设备进行客户头像及业务人员头像的双向采集，保证业务办理的安全性和规范性，达到服务监督的效果。

⑤加强服务评价。用户在办理完业务后，通过智能终端设备上的服务评价模块，可方便快捷地进行服务评价操作。

目前，智能柜面系统功能主要应用于保全业务办理过程，优化后的业务流程设计如下：

①客户进行保全申请时，调用智能终端的身份证识别接口，通过读取身份证、输入五项基本信息或输入客户号码查询该客户的十项基本信息（显示在客户基本信息下面），通过基本信息查询该客户名下作为投保人和被保险人的所有有效个人保单，并在移动终端显示，选择可操作的保单进入工作池。

②受理本次申请时，通过智能终端进行信息读取，拍摄客户保全资料、客户头像、客户柜员二合一头像、身份证及银行卡正反面信息，并上传至影像系统，在保全影像模块将保单、单证号、关联单证号、保全受理号关联。

③进入保全处理时，保持原保全功能流程不变。

④对于无实物申请书的保全申请，通过智能终端生成电子保全申请书，并由客户签字确认，签字后的申请书按照保全批单打印方法生成 PDF 文件，并由柜员展示给客户确认，确认完成后对客户签名进行 CA 认证，并将带签名的电子保全申请书转为图片上传至影像系统。

⑤若本次保全操作涉及保全收付费，则在收付费页面可通过智能终端直接读取银行卡信息，若客户需要修改银行信息，也可通过本页面读取银行卡信息。

（2）方案基于技术创新解决痛点问题

解决痛点一：引入无纸化设备，优化业务流程

智能终端设备作为便捷的外接设备，采用在机构柜面直接接入的方式，在不改变现有核心系统基本业务逻辑框架的条件下，集成智能终端模块，实现保全业务流程的智能化与便捷性。

整体业务流程图优化结果如图 3-59 所示：

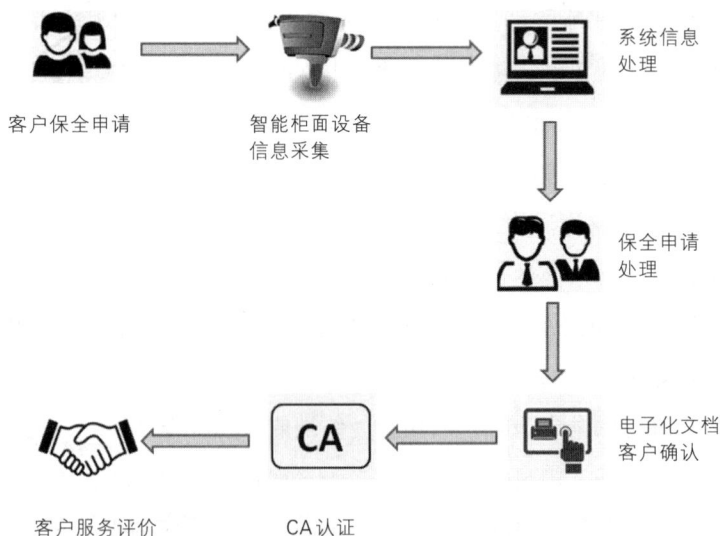

图 3-59　智能柜面业务流程优化结果

智能柜面主要集成模块及功能：

①身份证读取：读取身份证件信息（可手动触发读取；增加计时器，实现自动触发读取功能）。

②证件2合1摄像头：拍摄身份证件正反面、银行卡正反面。

③主摄像头：拍摄银行卡、身份证、保全申请书。

④客户摄像头：拍摄客户头像信息。

⑤柜员客户2合1摄像头：同时拍摄客户和柜员头像。

智能柜面项目于2018年8月开始计划立项，随后开展对市场的调研对比，选定合适的智能终端设备，并展开对现有系统集成的二次开发。项目实施团队由8人组成，投入项目资金200万元，现在智能终端设备已开始在利安人寿部分机构试点推广。

解决痛点二：智能核身，保障客户数据安全

如图3-60所示，智能柜面项目基于现有核心业务系统，集成智能终端相关功能模块，进行身份证、银行卡的读取和客户的人脸识别；无须手动输入客户信息，也不需要经过影像系统扫描，实现客户操作的便捷性；通过对客户及业务人员的双向头像确认，保证客户信息的安全与准确性，以及业务人员操作的规范性。

如图3-61所示，人脸识别技术将人脸信息接入公安部户籍系统，可以准确识别客户身份，进一步提升智能柜面项目的价值，其在保全操作、理赔、养老金领取等多个场景应用，极大地减少了保险人受到的欺诈风险。

（3）方案实施效果

对智能终端设备的试点应用分析及对客户使用的满意度调研显示，智能终端设备对客户人像及柜员采用的双向人像采集方式，能够有效提升柜员操作的规范性及客户操作的安全性；对证件及材料信息读取的方式，省去了客户手动填写信息的烦琐操作，大大提高了操作便捷性，改善了客户的使用感受，提升了客户的满意度。

近年来，中国的银行和保险机构在科技的助力下，从1.0时代的"信息科技+金融"、2.0时代的"互联网+金融"向3.0时代的"智能金融"转型，

行业痛点

操作风险	大量的线下人工作业（识别、认证等），存在保全申请资料不齐全、保全项目操作错误、给付对象错误等风险
流程烦琐	保险行业保全多个业务都需临柜，导致人力成本较高，整体流程耗时较长，对于投保人的体验较差 自助保全，存在他人违规操作风险

解决方案

- *智能核身降低操作风险*

  应用智能核身技术，在保全流程中快速识别客户身份，有效防范虚假证件、署名办理的情况，并改善保全审核效率，提升客户体验。

- *保全线上化*

  通过智能核身、电子签名等应用技术的结合，逐步将保全业务电子化，降低用户办理保全业务的临柜率，能够大幅减少保险公司人工成本，同时为用户提供便捷。

推荐产品

智能核身-人脸识别

结合OCR、活体检测、人脸识别技术，在线核实用户身份

图3-60　智能核身在保全流程中的应用

- 通过人脸识别与眼纹识别等生物识别技术，提供对用户进行实人验证的产品
- 有效地识别用户身份，防止身份冒用、欺诈等风险
- 身份核验，覆盖所有中国公民

确保本人操作	服务可靠	覆盖所有中国公民	简易接入
·活体检测 ·身份验证 ·人脸比对	·人脸识别精度 ·人脸识别通过率 ·适配多样机型	·7*24小时 ·直连公安户籍管理系统 ·覆盖全量中国大陆公民	·标准的SDK开发包 ·适应iOS及Android系统

图3-61　人脸识别技术特色

在智能化建设的推广中，银行保险服务的效率和质量不断提升。智能柜面建设作为智能化建设的关键体现，也是利安人寿未来的重点工作目标之一。

4）智能电销——利安人寿人工智能创新应用

（1）方案建设历程

2018年前，利安人寿连续几年的公司呼入接听率指标一直大幅低于行业平均水平。随着公司业务的快速发展，客户的呼入需求不断增长，传统客服呼入接听工作面临巨大挑战。同时，由于呼入岗新人培养周期长且流失率较高，故在人员招聘、新人培养及队伍建设等方面，公司仍需不断强化和提升。

在此背景下，利安人寿建设了一个整合性电话中心平台（如图3-62所示），整合现有电话、官网、微信渠道形成多媒体客服平台系统，系统提升公司科技服务水准，缩短与同业先进公司服务平台的差距，降低呼叫中心成本，提升作业效率，分流高峰时段呼入客流，为客户提供多渠道服务平台，全面提升客户满意度。

多媒体客服平台项目的实施，打破了以往单一电话呼入客服系统的限制，整合现有电话、官网、微信等渠道对接核心业务系统、呼叫中心系统，形成多媒体客服平台。在支持客户电话呼入咨询的同时，实现为客户进行智能在线咨询回复的功能，具体包括：

① 智能文字回复。

② 坐席点对点回复。

③ 知识库检索，知识库包含坐席培训资料、产品信息、客户基本信息、应对话术等。

④ 坐席转接。

⑤ 呼入呼出实时监控页面。

⑥ 坐席工作实时状态监控。

（2）方案基于技术创新解决痛点问题

解决痛点一：岗前智能培训，缩短培训周期，提升培训效果

岗前智能培训，即对新招聘客服人员进行岗前智能培训，基于AI技术、人机对话，使客服人员快速熟悉话术、提升沟通能力和抗压能力，其特点是：

图3-62　AI在保险电销全流程中的应用

① 1对1专属陪练。

② 配备教师教学助手，提高培训质量。

③ 模拟真实电销场景，引导话术设计。

④ 随时随地训练。

⑤ 提升7日破零率指标。

⑥ 提升有效通话时长。

目前该系统可以面向全国各分公司开放，由各分公司安排培训课程、设置营销话术。

江苏省地处我国东南地区，整体地势低平，北部地区平原广阔，南部地区水网密集。苏南紧靠上海，成为"长三角"经济增长点，苏中相对经济发展缓慢，苏北则更慢。2018年整个苏南地区的生产总值已经接近苏中和苏北之和，增长量更是远超两区之和。各区农耕社会的长期自然条件与历史特点、文化传统、交通位置等因素都是造成这些情况的原因。保险电销可以针对江苏经济的这些特点，在培训内容的选择、营销话术的设计、推荐的产品、坐席考核的规则等方面进行规划，快速提升坐席合格率，缩短培训时间，节省成本。

解决痛点二：岗中智能检索与推荐，提高坐席产能

电销坐席上岗后，科技可以在多个流程环节进行赋能，提高坐席产能。具体产品形态有：

①金牌话术：坐席在与客户的沟通过程中，实时分析谈话内容，将声音转成文字，根据文本内容分析检索知识库，抓取推荐话术、客户基本信息、客户标签、多渠道触客信息。

②销售助手：金牌话术是电话沟通过程中实时推荐的话术内容，而销售助手还可以为坐席提供客户名单、客户名单分析、销售建议、沟通过程指导等内容，提供客户信息自我管理服务。

③自助检索：自助检索一般基于智能检索工具，从多个产品形态、模块中搜索相关内容，支持模糊搜索、关键词精准搜索、拼音搜索、首字母搜索、补全信息搜索，搜索出的信息分组展示。

④知识库：智能应用系统离不开知识库，这里包含了对话逻辑、敏感词汇、热词、专业术语等信息，支持人机对话与信息检索服务。

解决痛点三：岗后全量质检，业务数字化，支持精细化运营

岗后质检，能够针对电话录音进行100%质检，及时发现触发红线、不合规、不准确、不规范的问题。如果这些工作全部依靠人工，工作量极其庞大，费时耗力，一般业界的做法是抽样质检，根据质检结果预测这一阶段的整体通话情况。智能质检使质检、呼叫中心一体化，提供语音转写服务，实现从语音转写（ASR引擎可选）、数据存储、定制模板，到基于座席分析报表的质检一体化服务。智能质检紧贴呼叫中心业务，实现座席通话录音100%全量质检，双轨录音识别说话方；优化质检流程，无须批量上传录音，直接质检云端数据；转写文本、质检结果、分析报表，实现云端存储管理。

智能质检这种新模式可以节省人力，自动评分，实现智能识别高频率词汇、敏感词汇及讲话人语速等，输出多维度分析报表，评分、评级功能均可由用户自定义：根据用户的业务需求，通过图形界面拖拽实现智能建模，支持关键词、语速、应答时长或情绪值等参数自动判定，支持人工复核，确保质检结果准确。

智能质检产品的主要功能包括：

①语音识别：双轨录音即客户/座席分别录音，能提高语音识别的准确率，辅以专业的双轨录音标注系统及热词导入、模型训练等方式，可以不断提高识别的准确率。

②身临其境：语音多维度检索和调听，支持倍速播放、文本跟随、定位调听、情绪识别、质检历史记录查看等。

③内容检测：质检规则模板高度灵活、可定制，支持常见关键词检测及复杂质检场景，检测结果自动打标签，方便统计和快速定位查阅。

④通话检测：支持在通话过程中对不同角色的语速、静音、抢话、情绪、通话时长等话务信息检测。

⑤智能建模：根据设定的模板全自动质检，无须人工干预，自动生成结果报告。

⑥质检评分：自定义评分模板与评分流程，手动评分与智能评分相结合，支持异议复核线上处理，支持分数制和等级制，更能满足客户需求。

⑦质检报表：报表详尽，提供不同角色报表、整体报表、关键词报表，可查阅话务检测结果、内容检测结果等，座席情况和质检员工作情况一目了然。

在行业监管越来越严格的情况下，智能质检现已成为保险电销行业的标配。

（3）方案实施效果

国内客服市场的整体规模庞大，金融企业客服部门需要兼顾成本控制、效率提升的目标，提升客户满意度，不能出现顾此失彼的状况。与此同时，现阶段人工智能擅长的是快速处理简单、重复的问题，这已经是科技界的共识。而在客服领域出现较多就是重复率较高、复杂度相对较低、对于效率要求较高的工作。所以，客服行业可以说是人工智能能够带来较大商业价值的领域。可以预见，智能客服技术的进入会给保险电销领域带来极其明显的变化。

5）智能回访——利安人寿服务创新与提效

（1）方案建设历程

利安人寿新契约回访工作面临的难点有：监管要求越来越高；回访外包成本逐年递增；随着公司全国布局初具规模，业务规模不断扩大，对于回访储备人力的要求增加。近几年，智能语音回访在车险回访中已有相当体量的运用，但由于寿险回访流程相对复杂，问卷问题较多，且回访过程中客户产生的疑问点、理解歧义也较多，故寿险行业使用智能语音形式进行新契约回访的案例较少。利安人寿秉承"科技金融""服务创新"的精神，积极探索新技术在相关客户服务场景中的应用，成功实施"智能语音回访项目"，通过引入智能回访云平台系统，旨在使用智能语音识别相关技术，结合保险公司新契约回访业务流程，完成新契约回访。

"智能语音回访"项目（如图3-63所示）利用智能语音识别（ASR）、关键词检测（KWS）、语音合成（TTS）等相关语音技术，使用外部智能云平台，对接公司传统的呼叫中心系统，结合寿险公司新契约回访业务场景，完成一整套语音回访流程。其中，智能语音技术就是基于语音进行文字转译、语义分析、意图定位等，供各种场景使用。该项目不改变公司现有的呼叫中心架构，在现有人工外呼回访的系统流程基础上，增加智能外呼回访的节点，建设基于云端的智能回访平台，通过智能语音语义识别、自动语音播报等技术，完成新契约回访操作。

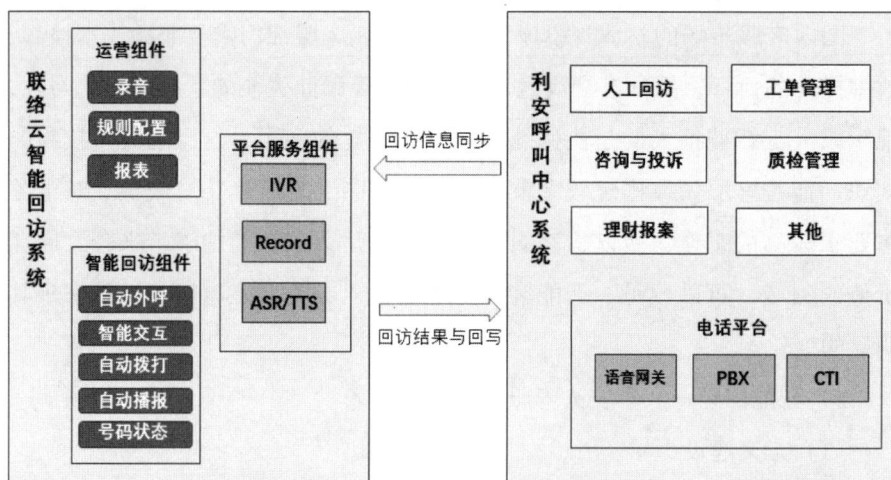

图3-63　智能语音回访平台整体系统架构

（2）方案基于技术创新解决痛点问题

解决痛点一：与呼叫中心无缝集成，提升回访效率

目前该系统功能主要包括自动外呼、回访规则配置、智能交互、自动播报、录音等。利安人寿对智能语音回访的应用，不仅达到了"提升回访效率、降低人力成本"的目标，还为寿险行业在此方面的应用积累了相关经验。

智能回访具体业务流程设计如下：

①联络云平台获取回访名单及客户信息数据（标准化接口、通过专线

传输数据）。

②联络云根据问卷要求设计回访流程及处理逻辑。

③利安人寿确认回访流程及处理逻辑。

④联络云发布回访问卷。

⑤联络云执行回访外呼（外呼号码显示利安服务热线号码）。

⑥联络云记录回访结果并回传（标准化接口、通过专线传输数据）。

⑦录音文件回传（标准化接口、通过专线传输数据）。

⑧利安呼叫中心系统对回访数据及录音做后续处理。

解决痛点二：优化用户体验，保障回访真人效果

联络云根据问卷要求设计回访流程及处理逻辑，包括：

①客户身份核实方法：通过若干话术的设计和对话逻辑，快速核实客户身份。

②问卷内容定量采用录制放音问件方式：将话术中每一句进行录音，提供多个声音版本，如男声、女声，声音效果可以是沉稳低沉，也可以是清脆悦耳，给用户带来不一样的听觉效果，使回访对话效果更加真实。

③问卷内容变量采用TTS方式：话术中需要客户回答的内容，以内容变量的方式进行对话，采用TTS方式进行发声。通过算法对TTS发声与录音文件的切换做好过度。

④问卷过程逻辑处理：智能回访系统中的每一轮对话逻辑，都是向导式提问，系统根据谈话内容跳转到下一轮对话中，基于正则表达式和NLP的判断结果进行对话跳转，实现人机对话。

⑤回访结果需记录数据信息：针对智能回访录音进行解析，分析每一轮对话内容，了解客户关注内容和对话跳转逻辑，收集对话语料，为今后的机器学习提供录音信息。

（3）方案实施效果

利安人寿"智能语音回访"项目于2017年7月开始立项，随后开展对市场的调研对比，选定合适的供应商，是对现有系统集成的二次开发。"智能语音回访"项目，结合智能语音、互联网云平台等创新技术，顺应

金融科技发展趋势，体现了利安人寿在科技的驱动下，积极运用科技武装自己，提高业务处理效率。当然，"智能语音回访"仅仅是一个开端，保险科技的兴起已在改变传统保险行业的认知，催生了新的保险服务需求。

6）智能营销——紫金保险全面赋能销售终端

（1）方案建设历程

紫金财产保险股份有限公司（以下简称"紫金保险"）于2018年制定了"数字紫金"IT战略，将"致力于打造国内保险行业数字化发展的领军企业"作为公司信息化长期发展愿景，通过技术上的架构升级和治理上的组织革新来建设公司未来的"智慧保险体系"。

"一二三"IT战略是建设"数字紫金"的总体指导方针，即以科技创新为主线，跨过系统架构与治理结构转型的关键门槛，并实现三大平台的落地执行。

①一条主线：以科技创新为主线，布局保险科技，践行"双模"创新，实现科技对保险业务价值链的赋能。

②两个转型：在坚持科技创新的主线的同时，实施必要的转型与变革，换道超车，实现"数字紫金"的战略目标。

③三大平台：打造紫金"共享化"私有云平台、"组件化"应用中台、"统一化"数据平台。

数字营销平台（如图3-64所示）作为"一二三"IT战略布局的核心，是践行紫金敏态IT、打造"数字紫金"的关键举措，开启了紫金保险数字化转型的全面进程。该平台搭建了自有产品体系，如"紫属保""紫农保""移动核保""车险快速报价""紫金展业平台"等，覆盖了代理人、合作伙伴、内部员工等业务应用场景，围绕产品用户体验、场景打造、智能应用，提升核心流程转化率，为用户提供更有价值的产品；实现了中台微服务搭建和技术升级，建设了包含订单中心、投保中心、账户中心、销管中心、应用网关等在内的微服务应用，实现"大中台，小前端，瘦核心"，为后续业务打下坚实的基础。

前台 | B2C | B2B | B2B2C | B2E | 报表及决策 | 开放平台 渠道对接中心

中台

客户管理 | 客户信息管理 | 客户分级分类 | 客户分析 | 客户满意度管理 | 客户主数据管理 | 增值服务管理

账户中心 | 客户中心 | 客服中心 | 销售中心 | 产品中心

承保中心 | 保单中心 | 批改中心 | 理赔中心 | 审核中心 | 支付中心

再保中心 | 单证中心 | 通知中心 | 工具平台 | 规则引擎 | 外接渠道

数据中台

后台 | 风险合规 | 内部管理 | 人力资源 | 财务管理

技术中台

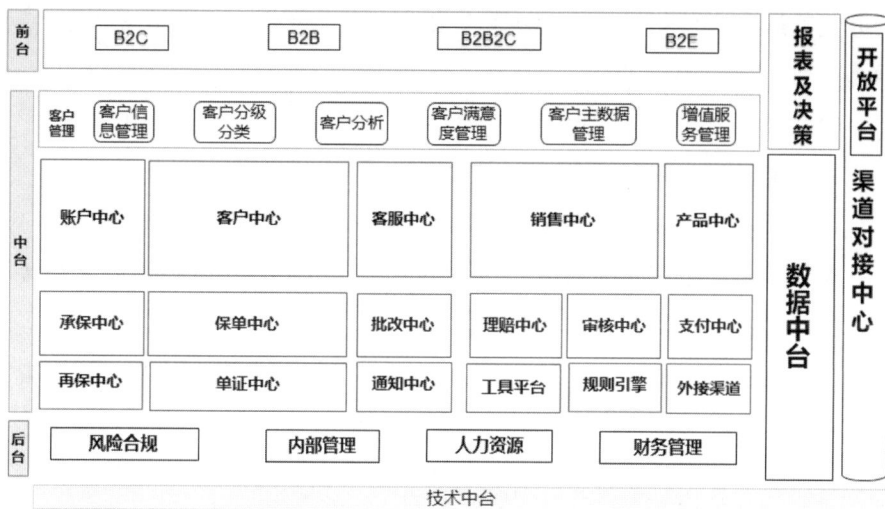

图3-64　紫金保险基于数据中台的数字营销平台业务架构

数字营销平台秉承互联网和中台化的架构理念，分层建设，并行推进，致力于向客户提供客户生态、数据生态、产品生态和技术生态一站式的全方位服务。其通过标准化、共享化、可编排、可视化的领域中心化中台服务，以分布式数据库、分布式中间件为核心，形成以敏捷开发、持续集成、自动化测试、完善的监控预警及海量交易支持为核心能力的技术平台。该平台的外部渠道产品接入效率提升了6倍，新产品上线时间缩短了80%以上。紫金保险重点打造的基于云原生架构的业务服务平台，涵盖了其核心业务——共94个业务应用，借助Docker容器、Kubernetes、Service Mesh服务网格等新兴云原生技术，以青云QingCloud旗下KubeSphere容器平台为支撑，在2019年3月至12月期间，逐步将紫金保险全国24个机构的车险快速出单系统、交管平台、税务平台、中介平台、保单登记平台、电子保单平台、双录系统、实名认证系统等生产业务从传统的IT架构迁移至此平台之上，并实现了自治理、自服务、轻运维等目标。

紫金保险的"数字营销平台"荣获"2019中国保险业信息化优秀案例奖"，获得了专家的认可。紫金保险以前端应用、业务中台和私有云平台为核心"三大平台"，自下而上支撑平台构建，并从上至下推动后端平台转型。

同时，其配套的IT组织架构变革和敏捷化转型，从机制上保障三大平台平稳运行。

（2）方案基于技术创新解决痛点问题

解决痛点一：基于数据中台实现数字化营销

紫金保险"数字营销平台"安全、可靠、灵活，能够快速构建业务应用，又极大地降低了成本投入，为业内首创实践。该平台采用稳定高效、敏捷创新的IT新架构，安全可靠地提升业务连续性，交付效率提升了3倍。紫金保险通过专属客制化开发，高度契合其业务场景，并且全程自主研发，掌握IP技术，中台化架构为中小财险业内首创。

①应用中台采用先进微服务架构和领先IT技术，自上线以来一直平稳运行，在创新的同时保障业务连续性。

②自主研发紫金保险专属应用中台，布局前端应用，高度契合业务场景。

③沉淀自主研发能力，掌握应用中台的IP技术，建立新一代信息化架构，在同规模险企中，率先采用100%自研开发模式。

④实现低成本、快速高效的品牌推广和客户获取。通过互联网快速拓展产品服务的市场范围，获取新客户，引导和创造客户的泛保险金融产品服务需求。

⑤实现互联网渠道客户信息整合，搭建客户大数据资源库。基于从互联网平台获取的大数据，对消费者的消费习惯、支付偏好等进行深度挖掘与分析。

⑥提供与第三方对接的渠道，提高客户市场渗透率。该平台"无缝式"对接第三方平台，嵌入第三方平台产品服务的购买、支付、物流等各个环节/场景，满足客户多样的产品服务需求。

⑦符合"以客户为中心"的发展理念，提高销售利润率。该平台通过提供优质客户体验、差异化定价、灵活的产品组合、主动营销和交叉营销提高互联网客户的购买率和续保率，降低退保率。

⑧实现客户闭环管理，减少客户流失率，提升公司内涵价值，通过提供增值服务增加与客户的互动，提高客户的黏性，从而增加业务的可持

续性。

（3）方案实施效果

"数字营销平台"的建设，开启了紫金保险数字化转型的全面进程，助力其业务发展。

"紫属保"上线以来已出保单 10 000 多单，产生保费超过 1 000 万元。"紫属保"于 2019 年 5 月 18 日上线试运行，主要实现个人代理自主注册，代理人绑定，意健险、车险在线出单，自助结佣（T+1）等功能。其目前上线地区已扩大到山东、河南。"紫属保"上线是紫金保险数字化转型的一小步，却是公司系统微服务中台化的一大步，是公司自主设计开发、系统微服务化、系统中台化从 0 到 1 的突破。

"紫农保"可以采集农险标的图片、地块等信息，实时传递给核心业务系统，保证信息快速准确，缩短了信息采集和出单过程，提高了出单效率，同时利用小程序位置服务和腾讯地图 API（开放程序接口），实现了空间相机、测亩仪等农险标的采集功能。其后台利用数字化平台提供的微服务，开发自动化流水线，在一个敏态迭代周期内完成主要研发工作。该系统的上线，填补了紫金保险在农险移动端的空白，为公司对外投保争得先机，为农险理赔服务提升了效率、节省了人力成本。

紫金保险的车险移动展业工具能够实现车险精准报价，成为全员营销出单工具。车险精准报价功能于 2019 年 6 月 28 日验收，7 月在江苏地区全面使用。

紫金保险的电子签章系统上线后，服务于电子投保单系统，每日签署量超过 15 000 次，每年将为公司节省成本超过 200 万元。该开放平台的上线，使得紫金保险渠道接入周期由 18.52 天缩短至 12.45 天，交付效率同比提升 48.76%。

"数字营销平台"的建成对公司核心竞争力的帮助，以及对行业的应用价值和示范效应，表现在以下几个方面：

①打造双速 IT："数字营销平台"通过传统模式打造数字产品，通过直通式处理降低成本，通过快速修正提高产品功能覆盖范围与稳定度；模式迅速创新，成为高科技的、与客户有大量接触互动的多渠道零售业者。

②架构创新性：该平台架构从传统的 MVC Model 直接转型为逐步开始成熟的"云原生微服务架构"，大量采用了 CNCF 或其成员提供的云原生服务解决方案。

③研发流程采用 Devops：自主构建了 CI/CD 流水线，实现从需求等级、任务分配、需求分析、编码、静态代码质检、单元测试到自动化测试的各个流程的系统化、标准化、自动化，并在积极建设快速响应的反馈链能力。

④运营稳定性：基于 Kubernetes 的容器调度编排，使所有部署的微服务均为无状态、多副本的高可用形态。通知支持服务在运行时的生产时段升级、迁移、扩容等一系列动作，做到服务不中断、用户无感知。

⑤部署便捷性：积极践行最新的 OPS 理念，摒弃传统部署中大量的人为操作，实现了一键部署能力；同时因部署动作的简化，也让不具备专业部署技能的人员参与到部署应用的工作中。

⑥经营数据精细化：借助数据分析套件 EFK 和根据场景自定义的展示面板，实现对业务数据的实时分析和对统计分析数据的图形化展示，为业务开展提供更直观的运营情况展现和更高效的数据支撑。

⑦运维监控：基于普罗米修斯和 Grafana 的监控系统可实现对计算机资源的实时监控和预警，提高了服务稳定性和解决问题的时效性。量化的资源使用数据也为精细化的资源管理和高资源利用率提供了数据支撑。

⑧开发快捷性：因采用基于云原生的容器集群编排、服务网格等技术，开发人员的技术选择范围更广，他们可以选择最适合的技术栈（理论上可以选择任何语言体系）来实现业务需求。项目组也鼓励学习和引入开源社区的优秀组件。

3.5.3 江苏省保险科技优化建议

1）科技转型——险企能力聚焦

作为新型保险科技的参与者、领先者，需要聚焦企业核心能力，比传统保险公司更加了解客户、了解客户需求，更需要数据来支持业务创新、产品创新，同时提升企业科技能力，在同质化现象严重、竞争激烈的保险行业开辟出新的道路。

提升保险科技应用水平，主要是建设保险企业的科技能力与核心能力

（如图3-65所示），其中科技能力包括：

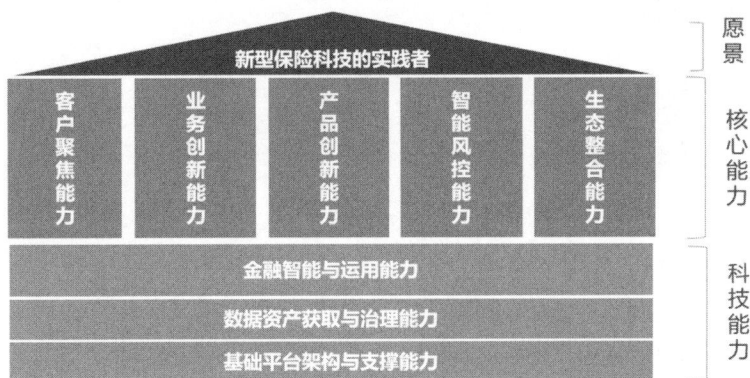

图3-65 保险企业新型保险科技实践能力建设

（1）基础平台架构与支撑能力：云计算、物联网、大数据、分布式数据库等技术为企业转型提供了坚实的基础。

（2）数据资产获取与治理能力："业务数据化、数据资产化、资产服务化、服务产品化"这一理念得到了很多公司的认可，在保险行业也不例外。企业基于微服务架构打造核心系统，可以实现小核心大外围；数据应用采用大中台小前台方案，使数据资产化，可以轻松对接各个场景，支持企业创新与转型。在这一过程中，数据资产的获取能力、治理能力通过企业的创新成果呈现出来。

（3）金融智能与运用能力：如图3-66所示，智能技术在保险业的应用不断深化，逐渐涉足核心的产品设计和精算定价领域，真正开启保险业的全面变革。近来，很多保险公司开始改变被动等待用户上门的做法，积极引入智能技术，加强营销能力，提高获客与销售能力。在大数据基础上建立的用户画像，能够帮助保险公司识别不同人生阶段用户的保险需求，从而进行精准营销，推动企业运营体系从以保单为中心转化成以用户为中心，有效促进交叉销售。

科技能力是基础，要成为保险科技公司，科技的引入仅仅是必要条件。保险企业的转型，还需要聚焦五个核心能力的建设：

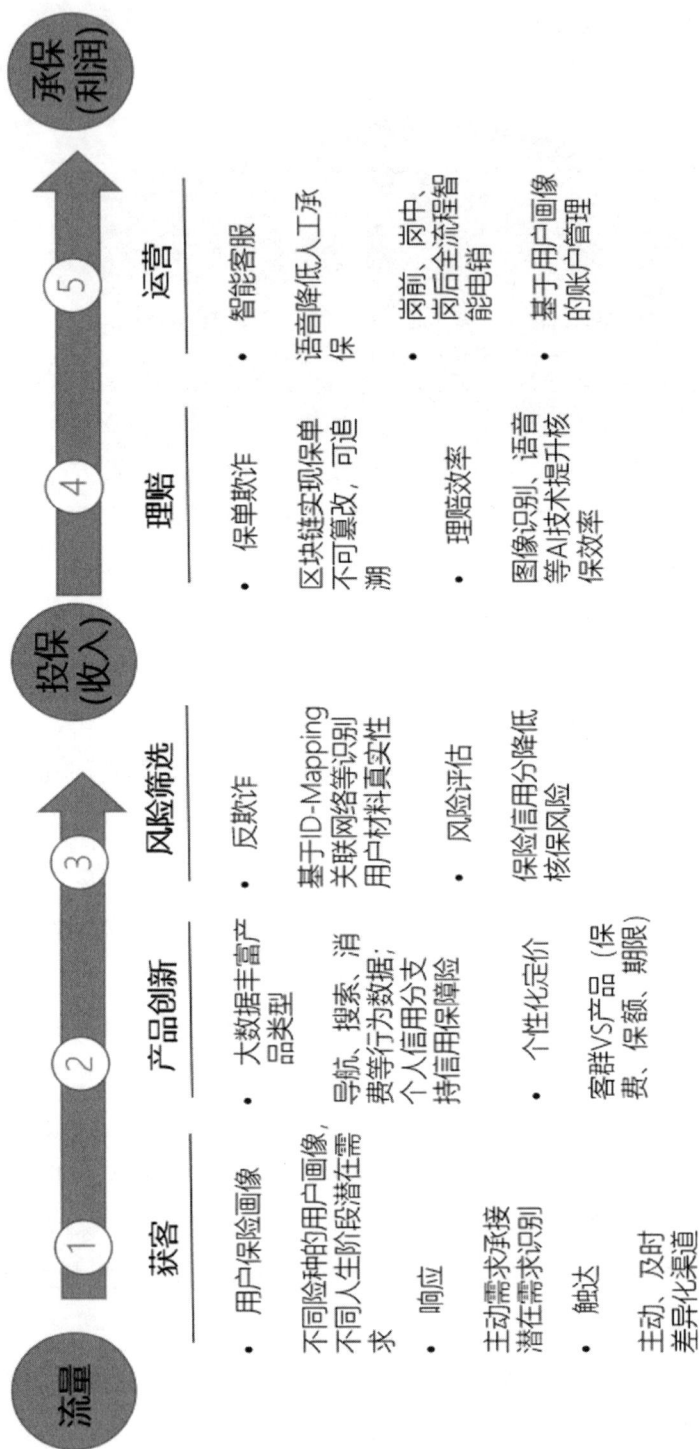

图 3-66　智能技术在保险业的应用不断深化

（1）客户聚焦能力：深入了解自身客群特征，了解不同客群的真实需求和关注热点、客户的喜好和习惯。

（2）业务创新能力：细分客户，通过场景的挖掘，实现产品的创新，从而为保险客户带来实实在在的附加价值，增加客户黏性。

（3）产品创新能力：让业务的创新最终落到实处，创新的产品根据其特征、风险的不同，选择最佳的销售通道触达客户，引起共鸣，从而走进消费者心中。

（4）智能风控能力：在业务流程、用户体验、风险管控等多个方面引入智能技术，通过不断的微创新，由量变成为质变，最终实现企业成功转型。

（5）生态整合能力：以客户为中心，服务模式转为C2B模式，企业通过自身的生态整合、数据共享、平台共享，实现一站式服务和特定场景管家式服务。

2）产品创新及其销售策略

在进行产品的创新设计时，需要考虑该产品的定位、服务的对象、今后的销售策略，要根据产品的价值、责任的复杂度、目标客户对于渠道的接受程度来设计产品销售策略，如图3-67所示。

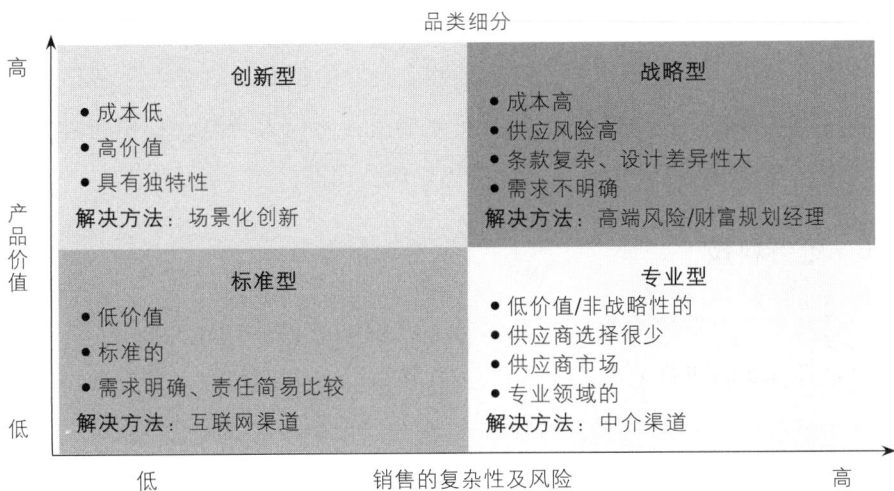

图3-67　产品创新及其销售策略

（1）标准型产品的特点是价值低、产品保障内容易于理解、核保流程简单、针对的客群清晰，具体包括账户安全险、综合意外险、赠险。这类产品的销售可以选择互联网渠道，该渠道简洁、高效，营销活动方式多样，成效明显。

（2）创新型产品成本低、价值高，是很多中小型保险公司的发力点，目前市场上同质化产品太多，保障条款上相差甚微，不足以让客户将其从繁杂的合同文本中发掘出来。在从众心理作用下，客户一般选择排名靠前的大型保险公司。因此，中小型保险公司的发展方向之一是进行场景化创新，针对特定的场景（如怀孕、生育、互助、求职、临近毕业）提供贴心的产品。这类产品不一定会带来很高的保费收入，但有很大概率会带来客户规模的增加和良好的口碑。

（3）战略型产品成本高、风险高，针对的客群价值高，但是需求的差异性高，潜在的个性化需求会在销售过程中不断出现，需要组合多个产品责任，对于销售人员的素质要求很高。这类产品的客户是高净值优质客户，为其提供贴心的产品服务，不仅能够留住这些客户，还可以提升公司的品牌和形象。这类产品包括市场上出现的高端理财产品、养老社区、财富规划服务。

（4）专业型产品价值低、产品责任简单明了。保险公司希望针对某些客群提供这类产品服务，但这部分客群在实力强大的第三方手中，如果保险公司强行挤入，会受到第三方甚至整个行业的抵触。这类产品包括在家装建材市场推销的运输险、在4S店推销的交强险、人身险，其销售可以通过与第三方合作或联合中介公司和销售代理公司进行。

3.6 证券科技

近几年，互联网金融的风起云涌虽然推动了证券行业的数字化转型，但是证券行业的调整还在进行：一方面，C端市场已经薄利，证券公司开始逐渐削减对C端的投入；另一方面，证券公司开始关注B端机构业务，然而证券公司面向机构的组合服务能力尚需整合和提升。

证券行业在科技方面加速了开放平台的建设合作，加速了移动端证券

App的打造，加速了证券大数据平台的建设和应用，加速了AI和云计算平台的打造，智能投顾产品刚刚兴起，还未能形成较大的市场规模和投资回报。

3.6.1 金融科技在证券领域的应用

1）金融科技与证券行业结合的四个方面

金融科技在证券行业的应用主要表现在以下四个方面。

首先，其是券商传统业务与金融科技的结合。金融科技中的核心技术——人工智能、区块链、云计算、大数据等，与诸如证券经纪、资产管理、财富管理、风险管理等券商传统业务的结合日益紧密，从而驱动业务向线上化、数据化、智能化、定制化转型。证券公司在金融科技领域的布局，也主要围绕这几类技术展开。虽然区块链等技术多数停留在概念和理论阶段，鲜有此领域应用落地，但无论是交易所还是券商都对此表现出很大的兴趣。而大数据和AI则是当下券商的应用焦点。

其次，金融科技帮助开拓新的业务模式，诸如精准营销、智能投顾、人工智能与量化投资、异常交易风控、去中心化证券结算、自动化行研报告等创新应用模式层出不穷，给证券业带来了创新思路和机遇。新应用模式的兴起预示着金融科技与证券行业传统业务的融合正在逐步深入。

再次，随着信息技术的日新月异和资本市场改革进程的加快，证券市场面临着海量数据的爆发式增长，证券业信息化建设面临传统数据架构升级、数据治理与标准化的迫切需求，因此需要重构应用、数据、技术和业务架构，以满足新市场、新环境、新客户和新业务的需要。

最后，从证监会近期积极考察大数据与AI方面的平台和应用模型，对监管科技、监管沙盒的探索，以及对数据治理和标准化的日益重视可以看出，监管部门对券商、交易所大数据治理、大数据应用、人工智能创新提出新的要求，向国外投行、交易所学习的过程才刚刚开始。

2）证券公司发展大数据与AI的挑战

目前，中国证券公司在大数据与AI领域的能力呈两级分化趋势，中小证券机构在技术实力、数据积累、投入资源、创新能力等方面远不能与大型券商相比。通过对资金投入、人力投入、系统建设、应用创新等多个维度的评估，基本可以看出：第一梯队的券商以少数老牌、大型券商为主，以广发、华泰、国君、平安为首的，以零售经纪为重点的大型券商是金融科技研发的先行者。这些机构在大数据、AI等应用上投入颇多，其线上产品也都是明星产品，如广发的贝塔牛、华泰的涨乐财富通APP、国泰君安的君弘；而以资管、融资、财顾等业务为主的招商、海通等在创新技术的应用上较为务实。对中小券商来说，创新型机构资源有限，其大多数仍以补缺者的身份出现。

证券公司运用大数据与AI面临的挑战主要有三个：业务与科技的矛盾、思维与能力的矛盾、体制与变革的矛盾。首先，业务与科技之间的矛盾导致科技转型的驱动力不足，各个流程之间的制约导致金融科技创新易"难产"。其次，思维与能力的矛盾是说其业务理解能力、数据运用能力、技术研发能力跟不上大环境的变化节奏。能持续投入的也就是少数几家大机构，大多数券商的科技部门在传统业务应用系统的运维上都步履艰难，更谈不上积累、开拓新技术能力了。最后，科技不理解业务需求，业务不关心技术实现是一直存在的问题。其中，最难以突破的是第三点，其涉及传统体制与新兴思维之间的碰撞，而这往往需要组织高层、股东和董事会层面牵头，自上而下地推动金融科技战略的落地。

3）证券公司大数据与AI应用方向

当前，大型机构有资源和余力，其多数采用探索性、试验式的方法，逐步推进大数据和AI的应用实践。总体而言，如图3-68所示，这些科技应用被划分为六大方向：数据基础设施类、机器学习工具类、智能风控与运营类、智能投研类、智能客服类、用户画像类。

• **数据基础设施类**：它是大多数券商实践金融科技的第一步，例如构建大数据仓库、构建基于大数据平台的数据集市、历史数据查询、报表平台、商业智能、管理驾驶舱、行情和投研数据中心、交易回测平台、ACRM（分析型客户关系管理系统）、非结构化数据存储等。目前，大型券商对数据基础设施的建设已初步完成，中小机构正在这一领域逐步推进。

图 3-68　证券公司大数据与 AI 应用方向

• **机器学习工具类**：大机构在 AI 领域的实践并非仅限于应用。大规模机器学习平台、深度学习框架+引擎、算法建模与分析工具、特征工程与模型训练也是基础设施工具的研究方向。

• **智能风控与运营类**：在这一领域实践的券商较少，其多数停留在思考探索阶段，正致力于进行实时交易风控、高频交易分析、日志分析、文本分析、智能财务与资金分析等。

• **智能投研类**：投研类应用的涉及领域非常广，诸如智能问答、智能选股、知识图谱、知识库、股权投资、研报自动分析、市场情绪分析、舆情感知、量化投资、大类资产配置等都可以算作这一领域的应用。

• **智能客服类**：AI 市场方兴未艾，运用语音语义识别、计算机视觉、自然语言处理等技术的智能开户、机器人客服问答、投资机器人应用逐渐兴起。

• **用户画像类**：多数券商在大数据应用上的尝试会从用户画像入手，因为这是构建客户标签体系的基础。典型应用包括移动行为分析、精准营销、智能投顾、投资者适当性管理、用户标签、反洗钱、羊毛党识别等。

3.6.2　江苏证券科技特色案例

1）华泰证券案例

（1）交易全栈解决方案

该方案是集证券投资研究、投资管理、交易执行、投资评价于一体的整体化解决方案。

（a）方案简介

其依托业务积累和技术平台能力，为机构客户提供从行情接入、交易平台、交易引擎、极速交易系统到极速交易网络等一揽子交易解决方案，通过金融科技赋能客户，提升其交易体验，使其把握投资机会，从而赢得先机。

（b）特色服务

i.算法引擎

通过多年对千亿元资金的实盘检验，其可适应各种标的和多变的交易形态。其通过AI内核全面提升算法绩效、算法完成度和执行绩效。其部署方式灵活，可作为内嵌算法引擎集成到用户本地系统。

ii.极速行情

其提供支持多市场、多交易品种的L1和L2行情数据服务，支持互联网和局域网、云端等多种方式。其满足软硬件转发等多种服务需求，提供实时行情推送、历史行情回测、衍生指标定制等丰富的行情数据服务。其中，硬件转发系统可提供纳秒级解析、微秒级转发的极致实时行情推送服务。

iii.极速交易

业内最早上线的内存交易服务，稳定运行了7年。其支持A股、信用、期权全品种内存交易，提供能够穿越10微秒级别延迟的具有行业领先水平的内存交易服务，且其分布式部署支持客户独享交易节点和计算资源。

iv.低延迟网络

通过提供各交易所机房之间的高速线路互联和机房内的低延迟局域网，为客户提供具有市场竞争力的多市场互联及纳秒级局域网整合服务。

v.统一API

其屏蔽异构服务系统间的接口差异，支持智能路由和账号无缝切换，实现一次开发，全时服务。

（c）相关产品

i.行情服务INSIGHT

INSIGHT是华泰证券依托大数据存储、实时分析等领域的技术积累，整合接入国内多家交易所高频行情数据，为投资者提供的集行情接入、推送、回测、计算及分析等功能于一体的行情数据服务解决方案。

INSIGHT行情服务：客户使用公司提供的机房内转发服务或接口转发服务，并利用特定行情接入接口接收交易所非展示类行情数据、行情衍生指标数据及其他金融数据的过程。其提供如下五类行情数据：

基本即时行情（以下简称"Level-1行情"）数据：交易所依照有关规定，为组织公平的集中交易提供保障，而向市场实时发布的基本信息。信息内容包括：证券代码、证券简称、前收盘价、最新成交价、当日最高价、当日最低价、当日累计成交量、当日累计成交金额、实时最高五个价位买入申报价和数量、实时最低五个价位卖出申报价和数量等。

增强即时行情（以下简称"Level-2行情"）数据：在"Level-1行情"的基础上，实时买卖盘由五档扩展到十档，并增加最佳价位的前50个分档明细、逐笔成交、逐笔委托等信息。

非展示类行情数据：以特定接口方式接收的且仅供自身非展示使用的交易所行情数据（包含"Level-1行情"和"Level-2行情"数据）。

行情衍生指标数据：公司在非展示类行情数据的基础上通过技术来分析所得的各类衍生指标数据，例如K线数据等，但不包含交易类推荐信号等数据。

其他金融数据：行情数据之外的其他金融数据，例如资讯数据、量化因子、舆情因子等。

ii.机构交易平台MATIC

MATIC是华泰证券为专业机构投资者打造的综合交易平台。该平台以金融机构、公募基金、私募基金、资产管理机构，及高净值个人等专业投资者为目标用户。MATIC平台根据用户投资交易的全流程需求，按照投前、投中、投后的逻辑将数据服务、市场监测、交易服务、风控服务、管理服务、运营服务等集成在一个终端，通过有效的整合和设计，为客户提供标准化的交易服务新体验。

算法交易：MATIC算法交易，将华泰证券的数据分析能力、专业模型运算能力和交易规划能力融合成专业的交易执行能力，为投资者提供涵盖TWAP、VWAP、狙击手等在内的被动执行类算法服务，以及AITWAP、AIVWAP、AI调仓、AIPOV、AI债券回购等主动规划类算法服务，以帮助投资者以更高效、更专业的方法跟踪市场变化、合理执行交易、降低交易成本、管理交易风险的同时，避免对市场的冲击。另外，MATIC算法交易内嵌异常交易风控，其具有异常场景语音提醒等个性化功能，从而为安全、高效交易保驾护航。

ETF套利：MATIC为专业ETF套利用户提供ETF的折溢价套利功能，系统会通过极速行情、迅捷的交易、深度契合投资者的交易行为习惯等方式，满足专业ETF套利用户的需求，其是ETF套利用户不可多得的利器。

指令管理：MATIC指令管理用来实现多岗位流程化指令交易，通过指令流程可以实现指令下达、审批、分发、执行。其提供灵活的工作流程序，用户可以根据业务需要灵活设置多节点工作流。通过多样化交易流程，支持不同用户的多样化需求。

组合交易：针对手工多标的交易投资者，其提供组合批量下单功能，支持A股、场内基金、债券的买卖，信用账户的担保品买卖，融资买入、融券卖出、买券还券、现券还券等功能，是阿尔法投资者的贴心助手。

快捷交易：针对境内手工日内回转交易的特点，MATIC为手工T+0客户提供了快捷交易功能。该功能以极致的交易体验、完善的运营管理、全面的风险监控、独具特色的投后分析，为日内回转客户提供全流程的日内回转交易服务。

量化交易：MATIC为量化客户提供集策略编写、策略回测、仿真交易、实盘交易于一体的量化交易解决方案。针对不同客群，提供MQuant和策略工坊两大产品，以全面覆盖量化交易客户的不同需求。轻量级量化产品MQuant，为客户提供完善的编译和运行环境，用户使用脚本语言即可轻松实现投资策略的编写、调试、回测和运行。对于进阶级量化产品策略工坊，用户可以在 MATIC 运行框架下 DIY 自己的专属策略插件，并将其托管至后台运行，享受内网级别的行情和交易服务。

债券交易：MATIC 为合格的机构投资者提供多平台、全品种的债券交易功能。其涵盖竞价交易系统、大宗交易系统、固收平台等多平台，支持现券买卖、全品种回购交易，集成华泰资讯、极速行情、算法交易、指令管理、风险控制等模块，为客户提供操作便捷、安全可靠的债券交易解决方案。

（2）资产管理综合解决方案

（a）方案简介

华泰证券基于多年市场实践，结合资管同业需求，推出集管理人运营、投资研究、投资管理、交易执行、产品运营、投资评价于一体的专业化服务解决方案，致力于助力金融资产管理机构完成资管业务主动管理的转型升级。

投资研究服务：包含全面信用分析数据体系、覆盖全行业的信用评级、全资产类别定价、产品评价研究。

投资管理服务：华泰证券可以提供平台化投前决策和交易分析，智能化、专业化的组合管理工具，专业的投资交易风险分析、绩效评估等服务。

交易执行服务：包括全交易品种，多交易模式以及统一、实时风控。

产品运营服务：在产品运营方面，华泰证券可以提供运营风控、运营管理、自动化估值、分策略估值、实时估值等服务。

（b）相关产品

i.FOF/MOM 投研一体化管理平台 LENS

"LENS 明鉴"FOF/MOM 投研一体化管理平台，是华泰证券凭借金融科技、资产管理两大核心能力及综合金融服务优势，为投资者重磅打造的覆盖 FOF/MOM 投前、投中、投后整体流程的专业服务平台。

尽调管理：基金及管理人实施尽调任务发起、尽调内容录入、尽调统计、尽调报告生产等功能。

基金筛选：基于全市场的公募及私募数据，按策略维度，以及关键的业绩风险指标，筛选符合FOF/MOM管理人要求的优秀基金及投顾。

基金分析：按照策略维度分析评价基金及管理人的投资能力，包括整体业绩分析、持仓分析、交易分析、业绩归因、风险分析、风格分析等。

资产配置：资产配置工具箱，通过资产配置模型辅助构建资产配置方案；通过压力测试、情景模拟，检验配置方案的有效性。

风险监控：设置相关监控产品的监控指标及相应阈值，并可多维度查询监控结果。

投后分析：FOF基金的穿透分析，母子基金的持仓、交易、风险、业绩分析、归因。

ii.专业机构服务平台INCOS

INCOS专业机构服务平台是依托华泰证券强大的金融科技平台，自主研发建设的面向专业机构的一站式服务平台。该平台聚焦资管产品全生命周期管理，覆盖从产品设计成立，销售运营，到投资清盘等的全流程管理交互。随着机构服务能力的不断深化，INCOS已经逐步升级为覆盖各类金融持牌机构及私募基金的综合金融服务平台。

场内业务实时清算交割：针对场内转账指令，利用影像切片等技术实现智能审核，不仅提升了指令处理的精确度，同时也极大地提高了指令处理效率。

实时费用统计及分析：管理人可实时查询产品待支付费用总计、费用支付明细，已计提金额，以满足管理人多维度的费用统计需求。

赢博士AI智能答复：基于托管及服务业务知识库搭建，借助智能机器人就客户提出的问题提供快速、标准的智能答复，同时支持转人工在线服务。

iii.机构交易平台MATIC

iv.智能投研平台ISEE

ISEE智能投研平台是华泰证券为应对信息时代金融市场变革挑战、把握新环境下各类金融业务跨越式发展机遇而打造的，面向专业投资者的投研解决方案，也是华泰证券基于前沿科技和实际业务场景沉淀的投研能力的输出窗口。

多源投研数据库：提供全维度、体系化、标准化的研究数据库和深度加工因子数据，并覆盖宏观、行业、主体、新闻、诉讼等维度。

行业研究框架：提供行业数据服务支撑及核心因子体系，输出基于量化模型和客观数据的投资观点。

主体研究工具：提供主体经营、财务、流动性、公司治理、外部支持等全方位的分析工具，构建主体的信用分析等场景化研究模型。

风险监控预警：提供完备的监控指标体系及高度灵活的场景化预警配置，并基于大数据处理能力实现全面、全时、全速的风险监测预警。

2）南京证券案例

（1）云计算技术——宁证云

（a）方案简介

"宁证云"是一个将互联网分布式系统开发与应用部署融为一体的有着基础架构的云平台项目，包括云平台基础架构和技术中台。云平台基础架构是具有统一、弹性、高效等特性的 IT 资源平台，可实现资源的分权限管理；技术中台具有可复用（Resume）、可扩展（Extend）、安全（Security）等特性，提升了开发效率以及稳定性。

（b）技术优势

i.提供完善的云服务

"宁证云"平台（技术架构见图 3-69）提供 IaaS、PaaS、SaaS 三层服务，其是标准的云平台的结构。在 IaaS 层面，其借助云资源管理系统完成对物理机器、网络等的统一管理和分配；借助容器技术对硬件进行虚拟化管理，进行 K8S 容器虚拟化，提供业务系统弹性的计算与存储服务。在 PaaS 层面，其主要致力于对通用技术组件的服务化，部署技术中台各组件服务，以实现敏捷开发和安全运维。在 SaaS 层面，根据不同的业务场景完成对应的业务应用承载，打通系统数据的共享和服务共享，提供应用快速的部署管理。

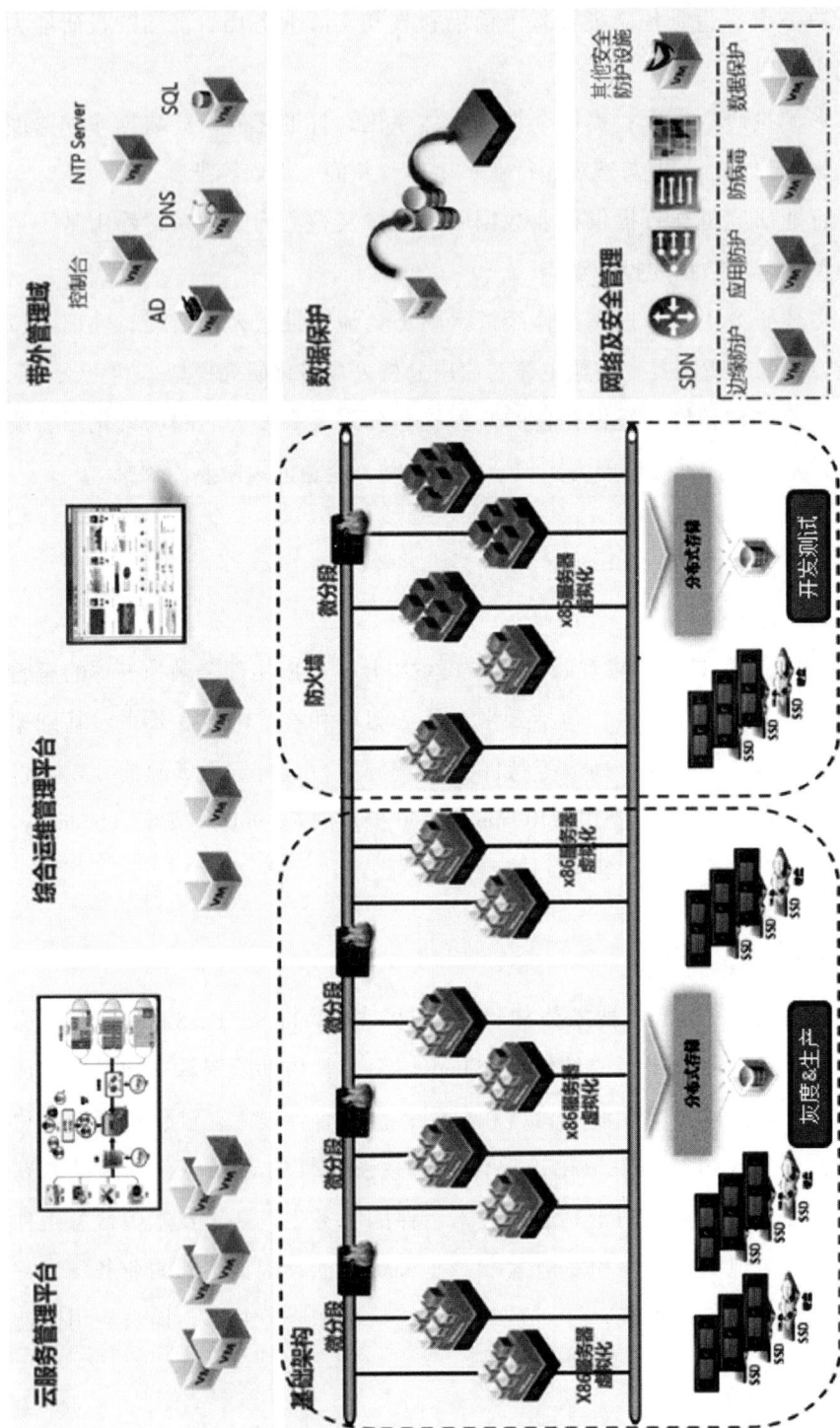

图3-69 "宁证云"技术框架

ii.建立高效的技术中台

技术中台在Paas层提供基于开源架构的服务开发框架,提供统一的开发规范、各种分布式技术组件API接口,支持联机类服务、批处理类服务、流程类服务等多种模式,丰富的技术组件封装减少了开发人员的重复劳动,提升了开发效率;针对大数据平台提供统一的数据分析的开发规范以及框架,进一步降低了大数据业务开发的难度;监控运维组件可以提供智能运维服务。

iii.运维管理更便捷

整个平台从研发之初就是按照"运维优先"的思路来搭建的,其分为两大块:一块是底层技术组件以及计算资源的运维,以提供云平台本身的运维视角;另一块就是应用视角的运维,每个应用都有自己的运维视图,不同的应用系统可以分配各自的运维人员,资源互相隔离,互不影响。平台提供了对应用视角、平台视角两个维度的监控,提供了全方位的技术组件以及业务的监控指标,从而让业务系统内部隐藏的问题可以提前暴露出来。

iv.应用平滑易扩展

整个"宁证云"按照微服务理念进行设计和开发,所有的技术组件以及框架自身都是可以平行扩展的,性能也可以无限扩展,只要硬件资源允许。基于平台来开发业务系统,自身应做好微服务的拆分,所有的业务服务也应可以快速弹性扩展,从而进一步提升整体业务系统的并发效率。

v.业务编排本地化

"宁证云"具有完善的灰度升级、弹性扩展的场景编排功能。其方便IT人员部署升级工具,实现真正全白屏化的操作,降低手动操作的风险。编排自动化功能可以实现业务开市之前或闭市之后所有的规定操作,从而减少了运维人员的工作量。通过监控、部署升级、自动化三大功能,其极大地提高运维人员的工作效率。

vi.持续交付上线快

"宁证云"提供面向互联网产品的一体化研发平台,其致力于实现Devops开发,贯通需求管控、设计管理、研发管理、测试管理、集成管理与发布管理等产品研发生命周期，统一业务产品研发技术栈，优化产品研发生命周期交付链路，提升业务产品研发效率，降低业务产品研发门槛；其可以缩短项目研发周期，提高项目研发效率，降低项目研发技术门槛，降低项目研发出错率，使业务产品能够紧跟市场步伐，快速将需求转化为线上功能。

（c）相关产品

i.智能账户系统

智能账户基于大数据和微服务技术为客户提供丰富、细化的账户分析服务，支持7天×24小时的实时资产处理及查询操作，系统前端以微服务+容器的方式部署在"宁证云"上，使客户可以实时查看统一资产视图以及智能账单，从而满足客户多样化的账户管理需求。

ii.领导驾驶舱

基于"宁证云"平台自主研发的"领导驾驶舱"（参见图3-70）为公司内部领导及高管提供有关公司运营状况的实时指标分析。该系统打破了原本数据相互隔离的现状，实现了指标分析及决策场景落地。其有着详尽的指标体系，并将采集的数据形象化、直观化、具体化。该系统部署在"宁证云"上，通过云平台统一架构规划、分布式部署从而实现一站式开发；通过借助云计算技术，该系统实现了实时数据的采集及计算，并实时反映企业的运行状态。该系统致力于充当高层经理了解、领导和控制公司业务的管理室（驾驶舱），它实际上是一个为高层管理者提供"一站式"（One-step）决策支持的管理信息系统。

（2）大数据应用技术——基于大数据平台的智能账户服务建设

（a）项目简介

证券行业是信息化程度比较高的行业，南京证券业务涉及的信息系统有近100套，由于业务系统的分割以及数据的分散，没有统一的数据管理平台，无法为公司提供快速数据支持；而随着公司业务规模的不断扩大，所形成的数据增速也越来越快。公司原有的基于ORACLE数据库平台的数据中心已不能适应公司对数据管理的需求。因此，制定新的数据中心系统架构标准，构建全新的、统一的数据中心，并在此基础上提供数据服务成为南京证券的目标。

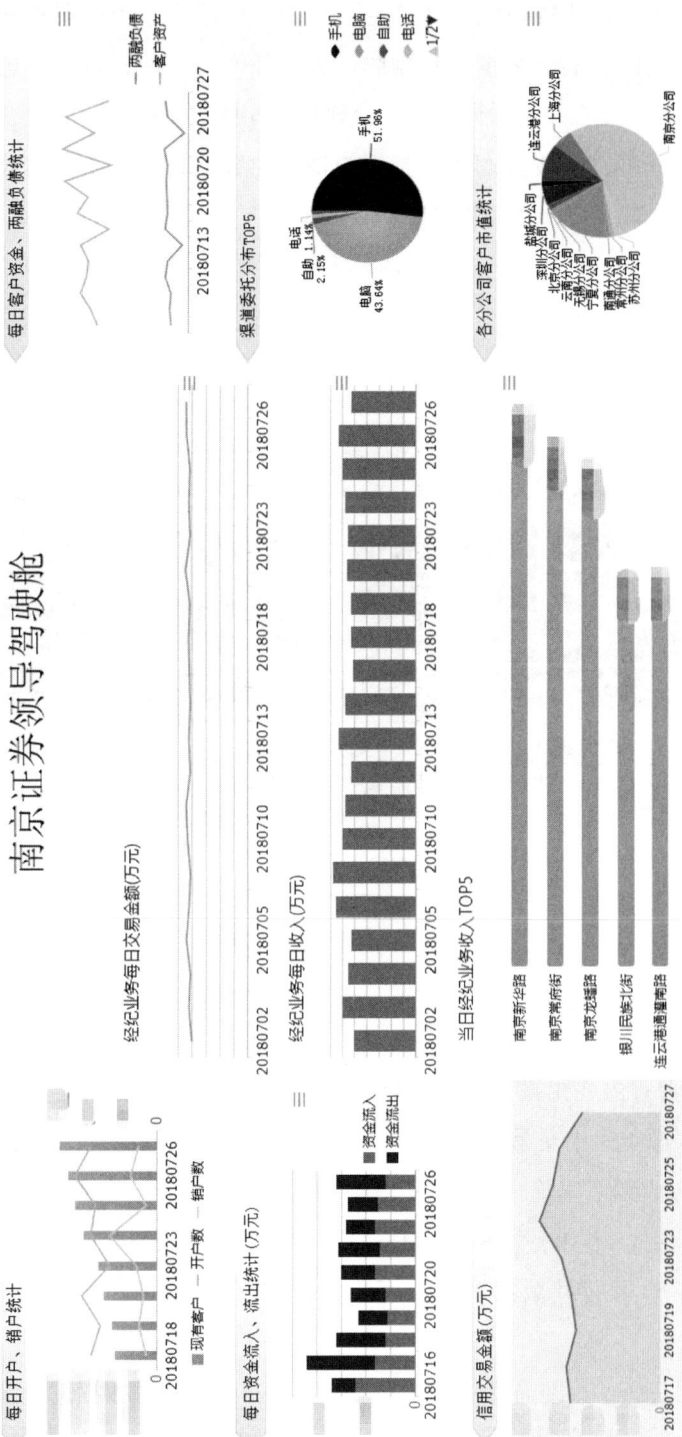

图3-70 南京证券"领导驾驶舱"

大数据平台智能账户服务（参见图3-71）的建设，为公司积累了大数据架构和开发的经验。依据大数据的高可用和弹性扩展，后继公司计划增加1倍大数据节点，并基于大数据平台建设公司的数据中台，结合公司数据治理工作的开展，形成公司统一数据治理后的数据仓库，以提供数据集市服务、监控报表服务、公司级风险监控服务。

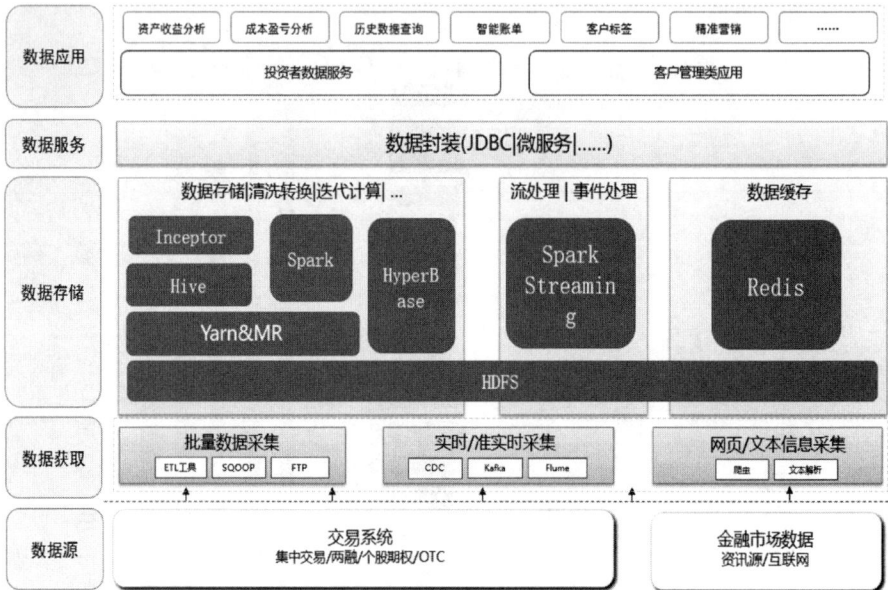

图3-71　基于大数据平台的智能账户

（b）平台构建

i.数据源：主要由投资者数据与金融公共数据两类数据源构成。投资者数据主要来源于集中交易系统、OTC、两融交易系统、个股期权等，具体包括：投资者股票、基金、债券、回购业务、两融业务、个股期权业务等，覆盖沪A、深A、沪B、深B、沪HK、深HK、特转A、特转B市场等投资者相关数据。金融公共数据主要来源于相关的资讯源和互联网渠道，如万得等。

ii.数据获取：主要通过一些相关的数据采集工具对源数据进行采集、清洗、转化。主要的采集工具有：Sqoop、爬虫、Kafka等。数据采集接口全部可配置。

iii.数据存储：将从数据获取层获取的数据进行清洗转换后存储，这些数据最终可以通过大数据平台的数据运算处理工具进行深度加工处理。

iv.数据服务：上层应用需要相关的数据服务支持，这些数据服务可以由数据服务层提供，数据服务的方式主要包括：数据封装、数据推送、数据接口、数据订阅、数据文件等。

v.数据应用：主要的数据服务应用包括成本盈亏分析、资产收益分析、历史数据查询、智能账单、客户标签、精准营销等。

（c）相关产品

i.盈亏分析：提供客户的累计总盈亏、年化收益率、年化收益率是否跑赢上证指数、年化收益率在本公司排名、年平均收益率、当月盈亏、当月收益率等数据。

ii.仓位分析：提供资产利用率、今日仓位、每日仓位（股票、债券、基金、收益凭证等）、平均仓位（股票、债券、基金、收益凭证等）、历史最高、历史最低、今日持仓、每日持仓变动等数据。

iii.持仓分析：提供持仓总盈亏、交易股票数、平均持股天数、胜率、盈利股票、亏损股票等数据。

iv.清仓分析：提供清仓总盈亏、交易股票数、平均持股天数、胜率、盈利股票、亏损股票等数据。

v.对账单：提供以月和年为维度的期初总资产、期末总资产、周期内盈亏、周期内收益率、周期内收益率是否跑赢上证指数、周期内收益率在本公司排名、周期内资产变动、月度总资产变动曲线、周期内持仓个股、周期内清仓个股等数据。

（3）AI技术——两融客户信用风险评估

（a）项目简介

目前，融资融券客户信用风险评估研究选取的指标主要包括申请者的人口统计学信息、财务状况、历史信用状况等。根据有关信用风险评估指标的最新研究，除信用客户的传统信息外，一些随着技术进步而改变的用户行为特征，例如交易行为特征等也逐渐被学者所关注。本项目基于行为金融学的理论，结合心理学、行为学和金融学等学科的知识，充分利用证券公司的数据资源，将能够反映融资融券客户盈利能力和风险把控能力的交易行为数据，纳入融资融券客户个人信用风险评估体系。

（b）系统优势

i.丰富信用风险评估维度，以构建更全面和更具竞争力的信用风险评估模型。本项目结合心理学、行为学、和金融学等学科的知识，从更多维度来探索能够提高信用风险评估准确性的特征，以完善融资融券客户的个人信用风险评估指标体系。

ii.根据完善后的个人信用风险评估指标体系，运用机器学习算法——随机森林算法（Random Forest）进行关键特征筛选，探究影响个人信用风险状况的关键特征。

iii.构建自动化的个人信用风险状态预测模型。根据个人信用风险状况的关键特征，利用机器学习方法构建个人信用风险状态预测模型，实现对个人信用风险状态的预测，推动金融机构与人工智能相结合。

（c）系统实现

数据准备：数据集包括全部融资融券客户样本。根据证券行业的现行标准和一般规律，本书将维持担保品比例低于1.5的客户标注为负样本，否则为正样本。数据集包括违约客户（负样本）和非违约客户（正样本）。数据集的每个样本都包括6个维度，18个指标。

特征筛选：筛选影响个人信用风险状况的关键特征，一方面可以增强证券公司对信用风险把控的主观理解和把控能力；另一方面可以减少不相关特征的数量，从而大大缩短预测模型的运行时间，提升预测模型的分类性能。随机森林算法在处理不平衡数据方面表现良好，本项目运用随机森林算法进行关键特征筛选。

评估系统性能分析：包括评估参数、模型性能对比以及特征维度对比。

（4）人工智能技术——基于人工智能的券商客户流失预警

（a）项目简介

基于公司账户数据，构建投资者画像，搭建客户指标体系，并在此基础上，着重于对流失客户预警的分析，建立客户流失预警模型，为公司精准客户服务提供帮助。具体来说，就是对已销户客户和资产转出客户作为流失客户进行打标签，利用传统行为金融学理论构建客户特征，包括基础信息、持仓行为、交易行为和投资能力等维度，然后运用XGBoost集成算法构建券商客户流失预警模型，以有效、准确预测流失客户，挖掘现阶段潜在客户。这不仅在金融理论研究层面有着开创性的意义，也对公司以及整个证券行业进行客户服务和客户挽留具有重大实践价值。

（b）项目目标

i.基于现有的学界理论和文献，以及业界研究成果和已有做法，对券商流失客户进行有效定义，并打好标签。

ii.基于现有的金融学理论和文献收集的有关券商客户持仓交易行为的指标，对券商客户行为特征进行定义和刻画。

iii.基于得到的标签和特征数据，预测券商客户流失的可能性，同时挖掘现阶段潜在客户。

（c）模型建立及优化

已流失客户定义及统计：在所有客户数据的基础上，首先去除无效客户，主要是去除没有资产或者不做交易的客户。

机器学习模型建立及参数优化：通过XGBoost模型训练，首先进行有关重要特征的重要性排名，并选择排名靠前的指标进行下一轮优化训练。

（5）综合财务状况和网络负面舆情对上市公司股价波动影响研究

（a）项目简介

通过结合舆情传播理论和行为金融理论，分析在企业负面舆情发生时期各利益相关者的活动，从网民投资者投资行为的影响因素入手，对网络负面舆情事件背景下股价的波动情况进行研究，并应用数据挖掘和机器学习方法，建立融合负面舆情事件影响和企业财务状况的上市公司股票波动预测模型。

（b）项目目标

i.基于对公告文本、负面新闻的挖掘，利用热点词发现算法从年报等文本信息中提取的金融相关词汇表。

ii.基于Themis异常值信用评级技术对公司财务报表进行财务数据异常评级。

iii.爬取负面舆情事件网民评论文本，利用深度学习的方法进行网民情感分析。

iv.利用舆情发生时的市场层面表现对企业负面舆情影响程度进行分级。

v.结合上市公司当前财务状况、外部环境因素、企业行为、舆情发展情况等因素，建立上市公司股价波动预测模型。

vi.结合公司交易用户交易行为数据、投资者财务风险数据，研究投资者交易行为与上市公司股价波动之间的关联性。

vii.基于模型检测技术实现上市公司股价波动自动预测。

viii.基于耦合隐马尔可夫模型对上市公司下一时刻的股票涨跌状态进行预测。

（c）内容和方法

数据处理：利用Themis纯定量异常值评级方法针对年报数据进行财务数据异常评级，从上市公司年报、公告、证监会问询函等文本信息和财务报表中划定部分内容作为输入，通过构建金融词典对相关文本数据进行分析，结合财务报表相关数据，通过扩展的Themis纯定量异常值评级方法，得到财务数据变动异常程度、当期财务报表异常程度两个指标。

模型构建：从东方财富网和经济政策不确定性网站获得该企业所在行业的行业指数、经济政策不确定指标（EPU），从东方财富股吧上获取突发舆情事件的相关数据，包括点赞数、转发数、评论数、评论内容等文本数据和数值型数据，并利用百度指数对舆情事件热度以及舆情发展阶段进行判断，通过深度学习的方法对网民评论信息进行情感识别，并得到总体的网民情感值作为舆情相关指标之一。另外，通过文本分析能够得到企业的应急行为，包括企业的干预方式和干预频率等，再结合公司的企业负面新闻数据库获得舆情类型和相关舆情文本。然后，通过决策树等机器学习算法获得上市公司股价预测的规则。最后，一方面，该结果可结合模型检测技术实现网络负面舆情演化中企业股价波动的自动检测；另一方面，通过耦合隐马尔可夫模型，可对某一特定时间内下一时刻的股票涨跌状态进行预测。

3）苏宁智投案例

（1）苏宁智投简介

苏宁智投是由苏宁金融研究院、苏宁金科公司、苏宁基金研究中心三方协作开发完成的智能投资顾问服务平台。

苏宁智投从客户自身的风险收益属性和理财需求出发，基于均值方差模型，开发了一体化、自动化、智能化的资产配置模型。苏宁智投的理念是在严格控制风险的前提下，追求收益的最大化。这为普通投资者提供了便捷、高效、安全、低成本的投资顾问服务，可满足多达15类客户的个性化理财需求。

（2）苏宁智投解决方案

投资顾问的核心功能是立足投资者的风险承受能力、投资期限以及投资偏好等因素，为投资者量身定制投资组合。常用的投资组合管理工具主要有三种：资产配置、择时和证券选择。资产配置是构建投资组合的第一步，它包括选择并定义构建投资组合的各种资产类别，以及决定各资产类别在投资组合中的比例。择时是指通过短期内偏离长期资产配置目标来获利的一种投资策略。证券选择是指对单个资产类别进行积极管理。主流的观点认为，合理的资产配置决策决定投资收益，择时和证券选择的作用是次要的，但这一观点能够成立还有赖于其所处的资本市场具有有效性和成熟度。我国的资本市场波动较大，市场的有效性还有待提升，这意味着择时和证券选择能够较为明显地改善投资组合的风险收益比。因此，苏宁智投（其架构参见图3-72）根据投资者的投资特点和需求，决定资产配置、择时和证券选择这三者在投资组合构建和管理过程中的相对重要性。

苏宁智投模型的推出借助了互联网金融平台拥有海量用户信息的优势，将集团平台的用户画像与客户的风险偏好特征相结合，向客户推荐适合的公募基金组合，以实现用户财富的保值增值。

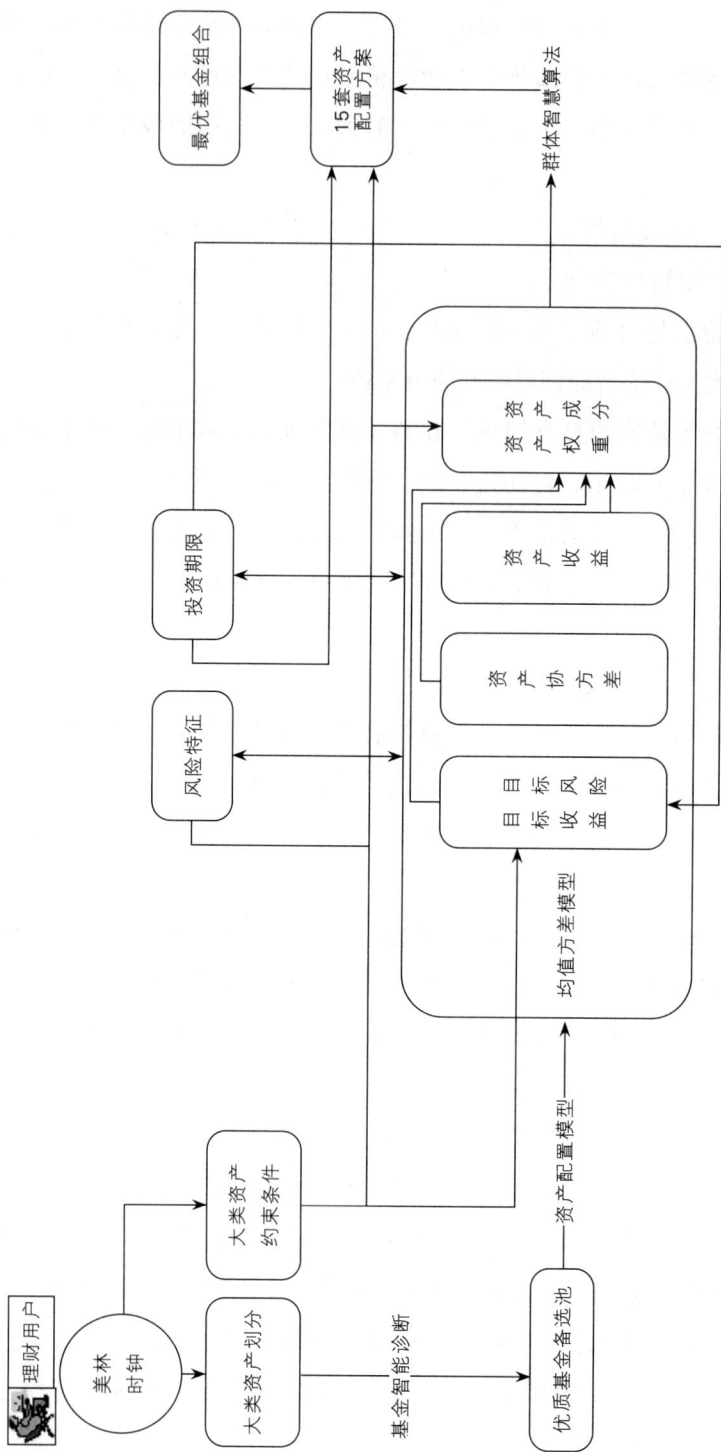

图3-72 苏宁智投架构

苏宁智投产品，通过计算机技术与算法，结合用户的投资期限与风险偏好诉求，推荐适宜的基金组合。

苏宁智投资产组合构建流程如图3-73所示：

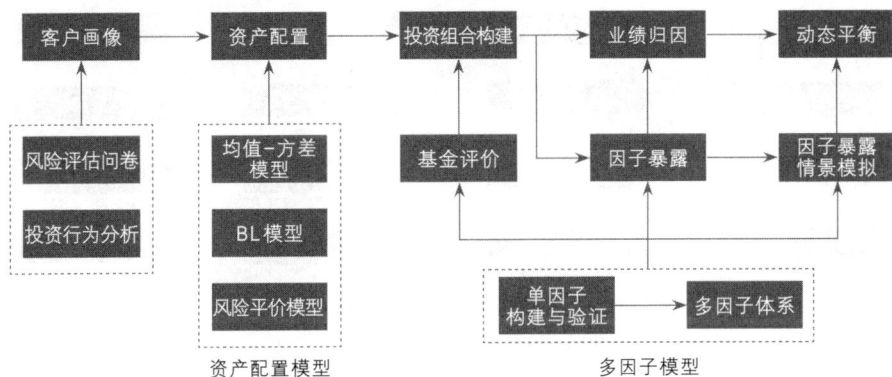

图3-73 苏宁智投资产组合构建流程

第一，客户画像是结合风险评估问卷和对客户投资行为的分析，评估客户的风险承受能力、投资期限以及投资偏好，并将此作为客户资产配置的依据。第二，在客户画像的基础上，运用大类资产配置模型决定特定客户的投资组合中各大类资产的配置比例。第三，在资产配置的指导下，运用自建的多因子模型筛选各大类资产中相对占优的代表性公募基金形成可投资的公募基金组合。第四，基于多因子模型，通过计算投资组合在各个因子上的暴露，对投资组合的业绩及风险进行归因分析。第五，基于业绩归因分析和对投资组合因子暴露情景模拟的结果，定期对投资组合进行动态再平衡。

（3）苏宁智投优势

（a）技术优势领先

苏宁智投的核心技术优势如图3-74所示：

（b）专业化的投资研究团队

苏宁的基金销售服务汇集了苏宁金融研究院、苏宁金科公司、苏宁基金研究中心三个团队的力量，由多位博士以及数十位硕士参与，团队成员

大数据+AI技术

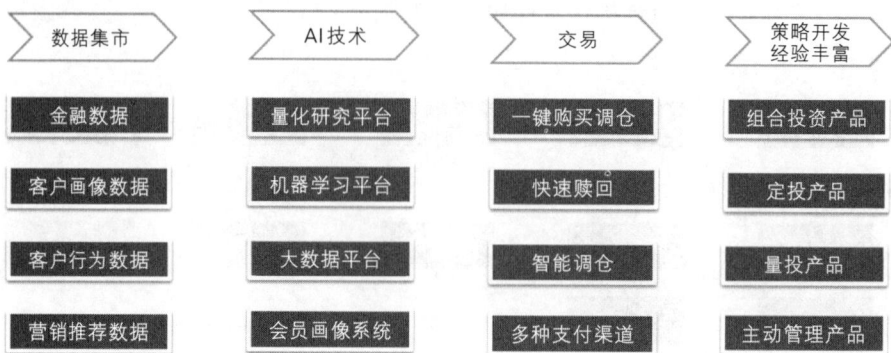

数据集市	AI技术	交易	策略开发经验丰富
金融数据	量化研究平台	一键购买调仓	组合投资产品
客户画像数据	机器学习平台	快速赎回	定投产品
客户行为数据	大数据平台	智能调仓	量投产品
营销推荐数据	会员画像系统	多种支付渠道	主动管理产品

图3-74　苏宁智投核心技术优势

有着丰富的银行、基金以及证券等专业金融机构的从业经验，在基金投资、产品开发、基金销售等领域也有着充足的实战经验。

平台设置了专职的基金研究分析人员，其由基金业务中心牵头，从宏观策略研究、基金产品分析和大数据量化研究三个角度开展基金投资的研究分析，向平台会员提供宏观经济分析、投资策略建议、产品分析、基金组合、投资知识等多方面、专业的基金销售服务。

（c）审慎、严谨的基金分析流程

苏宁提供的基金产品和基金组合有严格的评审制度。

在挑选基金单品时，苏宁基金研究中心遵循量化分析、三级基金池、调研分析、动态更新的基金筛选业务逻辑，如图3-75所示：

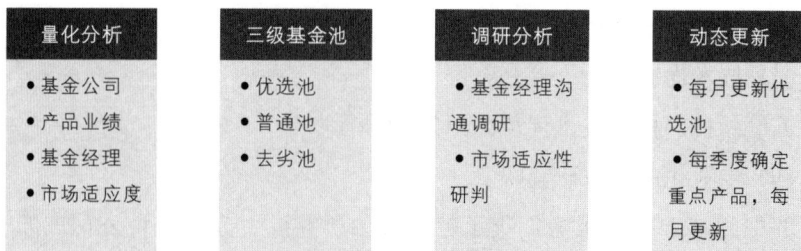

量化分析	三级基金池	调研分析	动态更新
• 基金公司 • 产品业绩 • 基金经理 • 市场适应度	• 优选池 • 普通池 • 去劣池	• 基金经理沟通调研 • 市场适应性研判	• 每月更新优选池 • 每季度确定重点产品，每月更新

图3-75　基金筛选业务逻辑

通过多个维度的量化指标分析基金单品，建立三级基金池，确保基金池每月更新。

对于基金池中评分领先的优质基金，由产品研究人员调研基金经理，了解投资思路和策略，跟踪产品最新表现，最终判断产品的持续盈利能力及市场适应性。

通过将严谨的量化分析与定性的跟踪研究相结合，深入了解基金产品和基金经理获得持续收益的能力，最终将契合不同风险偏好的优秀产品提供给客户。

在组合评审时，由金融研究院专家牵头组建评审委员会，对产品和组合的配置合理性、风险控制等方面进行严格把关。

（d）规范化的销售服务流程

基金研究中心在整合内、外部研究资源的基础上，每季度确定投资策略及产品策略，并根据基金公司、产品业绩、基金经理分析等要素，在全市场遴选长期业绩优秀或短期盈利机会突出的优秀产品，通过单品、组合、定投等方式将其展现给会员。

在客户持有期间，紧密跟踪基金公司，定期提供售后的投资运作报告和持有期建议，帮助客户以正确的方式持有基金，使其最终能够获得应有的收益。

（4）苏宁智投产品的功能和特点

苏宁智股的特点（参见图3-76）在于：

（a）具有完备的数据库系统，并基于海量数据，精准描绘客户画像；

（b）有着严谨的基金诊断系统，可五个维度精选优质基金，剔除存在风险的基金；

（c）具有智能量化模型，助力客户进行多元资产配置，帮助其分散投资风险；

（d）有着极简操作体验，会员能够一键享受专业投顾服务。

3.6.3 江苏省证券科技优化建议

当前，证券公司对大数据和人工智能的价值仍然没有很好的概念和意识，在核心技术能力、业务分析能力、数据管理能力、数据科学能力等方面均存在着非常多的短板，与国外一流投行的差距仍较大。

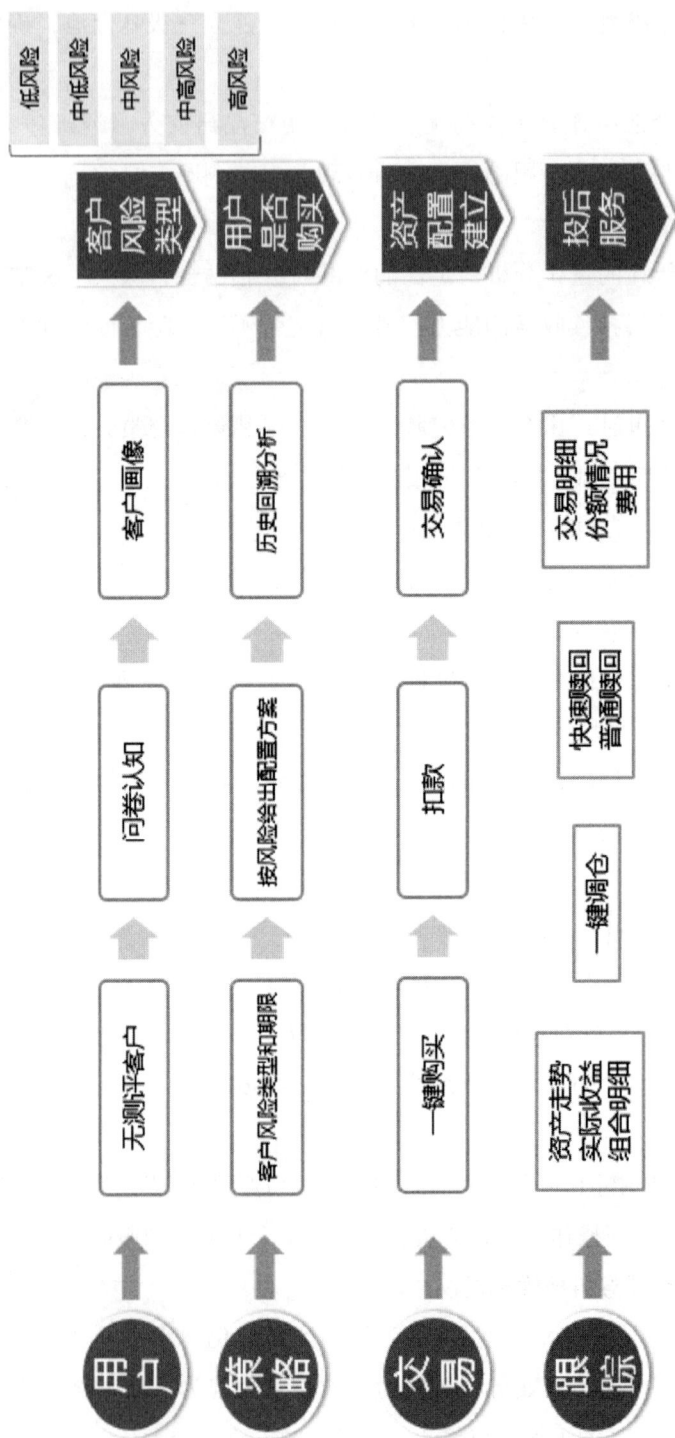

图 3-76 苏宁智投产品功能介绍

在金融科技大潮的背景下，如何应需而变、顺势而为是证券公司需要直面与思考的。其高层管理者应统领大数据与AI战略，建立数据驱动业务的思维，行成自上而下的规划、执行、跟进、落地和监督机制。

- 从理解业务与科技现状、建立面向新时期的IT战略规划入手，将发展大数据与AI作为整体战略的核心要素，制定明确的大数据与人工智能发展与应用路线图；

- 制定一系列数据相关制度与政策，包括不限制数据标准和程序、审阅和批准数据架构、计划并发起数据管理项目和服务、评估数据资产价值和相关成本；

- 规划设计从基础设施，到数据管理，再到数据服务与数据应用的技术架构、数据架构与应用架构，重新打造符合业务发展现状的大数据与AI技术体系，例如满足经纪业务和自营业务数据应用需求的架构规划；

- 打通业务与科技之间的隔阂，形成"双驱动、双监督"的良性循环，形成项目小组和产品小组的联动机制，从横向和纵向两方面了解业务需求，以技术、数据和模型服务形式输出产品或接口；

- 从整体IT战略规划、执行、落地到检查的过程中，高层应积极跟进大数据+AI战略的执行情况，形成有效的绩效管理机制，逐步推动整体战略达到预期效果；

- 在人才储备、企业文化上形成有效的激励机制，鼓励创新实践和人才发掘。

第4章

金融科技人才和科研

4.1　江苏省的人才优势

人才资源是一个地区长远发展的重要基础，优质的教育资源能够为所在地区培养大量的人才，为经济发展提供支撑。江苏省作为教育大省，拥有丰富的教育资源，能够为金融科技的创新发展提供优秀的人才。因此，企业可以通过加强与高校之间的合作，共同培养金融科技领域的人才、具有互联网意识和金融知识的复合人才，加强人才的专业化培养，将人才知识储备转化为金融科技发展的真正动力。

近几年，金融科技发展迅猛，市场规模持续扩大，而与之对应的人才资源却十分匮乏。据业内人士预估，"互联网+金融+科技"的复合型人才，在全国范围内的从业规模将在5年内快速增长至435万人，因此相关人才的培养迫在眉睫。

江苏省高等教育发达（见表4-1），截至2019年，教育部公布的江苏省普通高等学校共167所，其中本科院校77所，专科院校90所，在校生约200万人，专任教师11万人。另外，其有一批全国知名的大学，如南京大学、东南大学、南京航空航天大学、南京农业大学、苏州大学、南京理工大学、中国药科大学、河海大学、南京师范大学、中国矿业大学等。高校数和在校生人数均居全国第一。

根据江苏统计局的统计，2018年，江苏省全省共有科研机构2万多家。从来源看，其中属于科研单位的有130家；规上企业有2万多家，占比约为90.8%；隶属高校的有1 000多家；其他来源的约900多家。其总量相对于2014年有所提升，在2016年后基本持平。

此外，研发人员约有79万人，研发经费为2 504亿元，相对于2014年提升了51.5%。研发经费的投入，无论是绝对值，还是在地区生产总值中的占比，近5年来都在稳定增长，这也说明科技活动越来越受到各类机构的重视。

表 4-1   江苏省普通高校基本情况

指标	学校数（所）	在校学生人数	教职工人数	专任教师人数
普通高等学校	167	2 000 840	170 589	116 350
研究生		194 563		
本专科学生		1 806 277		
普通中等专业学校	155	497 649	35 286	31 783
普通中学	2 765	3 238 377	366 213	286 386
职业高中	50	77 216	10 611	9 494
技工学校	124	262 193	18 491	14 373

资料来源：江苏统计局

4.1.1　江苏省高校及研发机构综述

江苏省高校众多，在创新驱动的发展中发挥着重要的支撑作用。根据江苏统计局的统计（见表 4-2），2018 年江苏省高校共有研发机构 810 个，比 2014 年增加了 204 个；共发表学术论文 101 418 篇，比 2014 年增长了 23.9%；全省获国家级获奖成果 41 项，科技成果转让 2 535 项。

表 4-2   江苏省科研成果基本情况表

指标 ＼ 年份	2014年	2015年	2016年	2017年	2018年
参加科技统计的高校（所）	117	142	146	146	149
研究和发展机构（个）	606	635	702	780	810
当年研究与开发经费收入（万元）	1 417 795	1 449 858	1 600 660	1 825 727	1 397 090
研究与发展课题（项）	40 765	42 988	48 734	50 899	57 125
科技成果转让（项）	1 666	1 432	2 349	3 442	2 535
获奖成果数（项）	547	394	385	447	457
国家级	32	28	33	29	41
省部级	346	279	218	270	277

近年来，全国高校毕业生总人数屡创新高，而如何让学生优质就业，提供市场需要的人才是高校教育改革的重点。与此同时，高校是人才储备的重要基地，有大量创新能力突出的储备人才，可以从源头上为企业补充新鲜"血液"。当前，学校的培养模式和企业需求存在着差距，打通高校与企业的人才通道势在必行。

4.1.2 金融科技人才培养的方式

科技与金融的深度融合，改变了金融服务的业态，重塑了金融行业的生态和竞争格局，而进行金融科技人才培养是金融业实现高质量发展的重要途径。

培养高质量的金融科技复合人才，是中国金融科技发展的现实需要。从分布来看，人才特别是高端金融人才呈现出所处空间上的不平衡。高端人才集中在国内外的一线城市，而很多中小银行处在二三线城市甚至偏远地区，其在高端人才的争夺上明显处于劣势。另外，该行业处于高速发展时期，人才培养出现供需偏离的现象，综合性人才供不应求。

要培养金融科技人才，其到底该学些什么？参考国际高水平大学的金融科技专业的建设情况，结合国内的实践经验，金融科技人才的培养需要扎根于技术层面，坚持"产学融合、复合培养"的原则，以培养既懂业务，又懂技术的金融科技人才。"产学融合"是以应用场景的需求为导向，结合高校和企业的资源，共同培养金融科技人才；"复合培养"是在人才培养的过程中，侧重金融业务知识与金融科技能力的结合，以塑造复合型金融科技人才。

金融科技起源于欧美发达国家，其充分吸收国际上成熟的金融科技理论及实践成果，并在此基础上，提升实战能力。首先，其致力于涵盖主要的金融科技ABCD（A是人工智能"AI"，B是区块链"Block Chain"，C是云计算"Cloud Computing"，D是大数据"Big Data"），并寻找金融机构的应用场景及解决方案；其次，其致力于涵盖金融科技发展趋势、数字化转型等；最后，还要兼顾监管科技、职业道德等内容。

4.1.3 金融科技人才培养的现状

近年来，金融科技在中国发展异常迅速，甚至在一些领域其已经走在了世界前沿。几乎所有的金融科技公司都与各类金融机构结成了合作关系；同时，银行也在大力发展金融科技，与科技公司在支付结算、普惠金融等场景开展深度合作，取得了十分显著的效果。事实上，各类金融机构普遍加大了对金融科技的研发投入。银保监会有关数据显示，2018年，银行机构对科技的总投入同比增长13%，科技人员同比增长近10%，一些股份制银行科技人员同比增长超过20%，科技人员占比超过4%，一些民营银行科技人员占比甚至超过35%。

金融科技产业需要龙头企业带领发展，树立服务社会发展的正面形象，营造诚信规范发展的良好氛围。根据毕马威2019年发布的《全球金融科技100强》报告，我国有10家企业进入百强榜，其中包括蚂蚁金服、百度金融、陆金所等知名企业，入榜的金融科技企业大多位于北京、上海、杭州等地。在2019年毕马威发布的《中国领先金融科技企业50强》名单中，江苏地区苏宁金融入选。江苏地区金融企业还需继续人才培养和发展，以期跻身行业前列。

1）金融科技专才培养

金融科技并不是科技与传统金融的简单融合，金融科技人才应当是互联网时代新型的复合人才，其不仅应具备信息技术、金融业务等知识技能，更需要具有独特的互联网思维。相关人才的培养关乎到相应的专业设置和教育理念的改革和更新，以使得高校培养的人才与市场更好地接轨，并与金融科技的发展接轨。同时，这对江苏经济的发展和教育模式的更新也大有裨益。

国际人力招聘公司Michael Page（中国）2019年7月发布的《2018年中国金融科技就业报告》显示，92%的受访从业者认为金融科技行业前景光明。然而，92%的受访金融科技企业表示，国内目前正面临严重的金融科技专业人才短缺。

据了解，中国的高校近两年已开始重点培养金融科技人才，清华、北大、中国科学技术大学、上海交大、南京大学等数十所高校陆续开设了金融科技或人工智能等相关学院或专业。但是，金融科技人才缺口巨大的企业已经等不及了，一些金融企业不得不选择与院校合作开展短期的高强度培训，直接为自己以及外部金融机构输送实战人才，另一些金融企业则选择直接在海外招聘所需要的金融科技人才。

2）培养模式创新

江苏科研院所众多，截至2017年底，江苏共有2.4万个科研院所，其中政府直属的有133个，国家级实验室有42个，省级实验室有134个，另外还有300多个省级的科技服务平台，451家博士后创新工作实践基地。在已有的机构中，苏宁金融研究院对金融科技有一定的研究，也有一定的影响力。江苏拥有众多科技创新型企业，截至2016年底，江苏经过国家、省级认定的企业技术中心达到1 993个，其中有10个国家级企业技术中心，3 780个企业研究生工作站，401个企业博士后科研院所，468家省级以上科技企业孵化器，无论是数量还是规模，均位居全国前列。

金融科技涉及较多的交叉学科，专业知识覆盖面广。真正的金融科技人才很难单独在学校培养出来，其必须具备一定的综合素质，掌握金融学、IT科技等多领域知识。因此，必须重视对金融科技人才的培养。首先，高校的人才培养结构应该优化，应适当调整部分专业的培养内容，比如，对软件、金融学、密码学等不同专业的学生进行交叉培养。同时，通过建立研究基地，加强人才专业化培养，为高校学生提供更多实际操作的机会，将人才知识储备转化为金融科技产业发展的真正动力。其次，要增加在岗培训。企业应积极邀请有关金融科技专家对企业员工进行培训，金融科技企业员工也可以自行参加一些金融科技方面的社会培训。

4.2 高校科研资源和人才培养

金融科技行业逐渐发展为一个覆盖范围广、与日常生活结合紧密的行业，同时它也是一个具有创新性的智力密集型的行业。因此，想要发展金融科技行业，必须加强高校金融科技相关专业的人才培养。江苏省作为教育大省，拥有丰富的教育资源，能够为金融科技创新发展提供优秀的人才。

4.2.1 江苏省高校概况

江苏省高等教育发达，截至2019年6月15日，教育部公布：江苏省普通高等学校共167所，在校生约200万人，专任教师11万人。江苏省211高校共有11所，其具体名单见表4-3：

表4-3　　　　　　　　　　江苏省"211"高校名单

序号 项目	学校名称	主管部门	"985"	"211"	"双一流"
1	南京大学	教育部	是	是	是
2	苏州大学	江苏省		是	是
3	东南大学	教育部	是	是	是
4	南京航空航天大学	工业和信息化部		是	是
5	南京理工大学	工业和信息化部		是	是
6	中国矿业大学	教育部		是	是
7	河海大学	教育部		是	是
8	江南大学	教育部		是	是
9	南京农业大学	教育部		是	是
10	中国药科大学	教育部		是	是
11	南京师范大学	江苏省		是	是

1）地区高校资源对比统计

截至2019年6月15日，全国高等学校共计2 956所。其中，普通高等学校2 688所（含独立学院257所），成人高等学校268所。全国共有31个省级行政区域，假设平均分布的话，每个省级行政区域高校总数应该占全国高校总数的3%，而江苏省高校数量是上述平均值的两倍。

如图4-1所示，江苏省本科学校最多，然后由多到少依次为：北京市、广东省、四川省、上海市；从专科学校数量对比的角度来看，依旧是江苏省专科学校最多，然后依次为广东省、四川省、上海市、北京市；从这五个地区各类高校总数的对比来看，数量最多的是江苏省，然后依次为广东省、四川省、北京市、上海市。

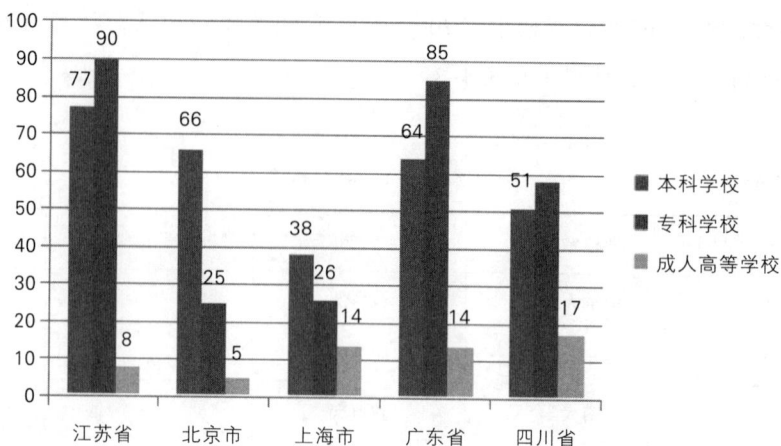

图4-1　江苏省、北京市、上海市、广东省、四川省各类高校数量对比情况（所）

资料来源：江苏统计局

2）江苏省高校金融科技专业情况统计

如图4-2所示，江苏省共有11所"211"高校，其中中国药科大学、南京农业大学与南京师范大学未开设金融科技相关专业。从江苏省"211"高校拥有金融科技相关院系的数量来看，南京大学和东南大学并列第一，其都设立了5个相关院系；之后是河海大学与江南大学，其并列第二，均开设了2个相关院系；最后是南京航空航天大学、南京理工大学、苏州大学与中国矿业大学，这4个学校都设立了1个金融科技相关院系。从江苏省"211"高校金融科技相关院系数量与院系总数占比情况来看，南京大学开设金融科技相关专业数量占总专业数量的比重最高，然后依次是东南大学、江南大学、河海大学、南京航空航天大学、南京理工大学和中国矿业大学（二者并列）、苏州大学等。

4.2.2　江苏省高校师资力量概况

师资是立教之基、兴教之本、强教之源。高校教师队伍建设一直以来都是高等教育改革和发展的核心环节，高素质的教师是教育发展的第一要素。

江苏省高校教师数量占全国教师总数量的3.5%，略高于平均占比。而江苏省高校数量占全国高校总数的6.2%，所以江苏省高校教师资源相对

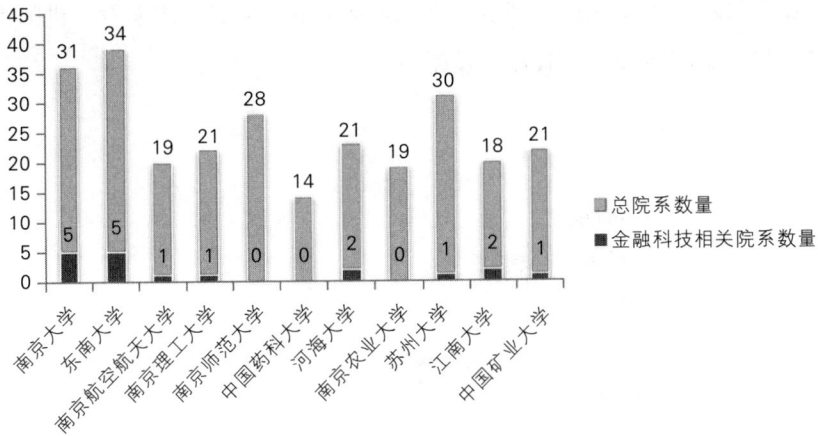

图4-2 江苏省"211"高校金融科技相关院系开设情况对比

资料来源：江苏统计局

而言，不够充足。江苏省高校在校生总数占全国在校生总数的5.2%，高于全国平均水平。

从江苏省高校教师的整体情况来看，近年来，其师资队伍建设取得了一定成绩。如图4-3所示，从2010年到2018年，除了2014年，江苏省高校教师人数有少量下降外，其余年份其高校教师数量都在稳步增长。

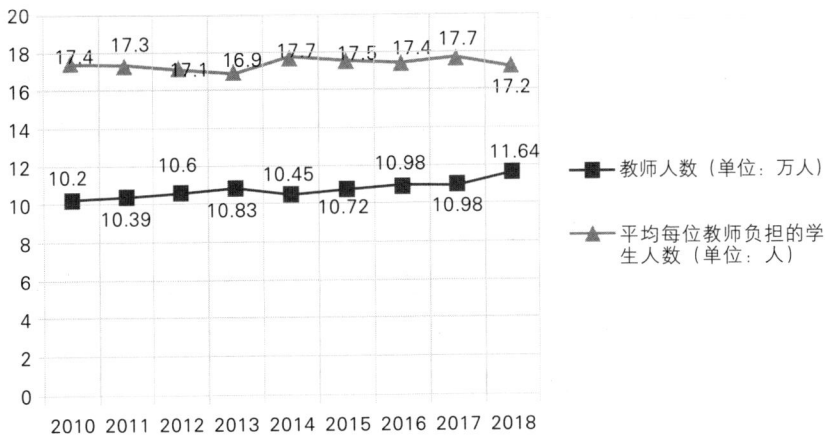

图4-3 2010—2018年，江苏省高校教师人数与平均每位教师负担的学生人数变化情况

资料来源：江苏教育厅

江苏省高校师资队伍的情况，如图4-4所示，从其组成来看，讲师人数最多，然后是副教授、正教授以及助教。

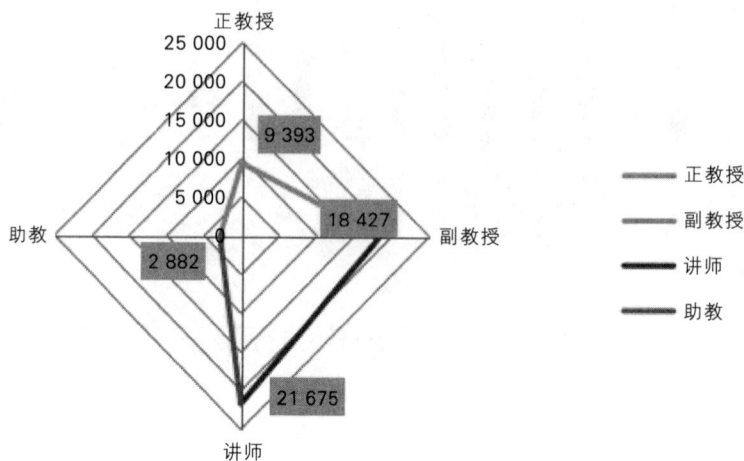

图4-4　江苏省高校师资队伍分析（单位：人）

资料来源：江苏教育厅

江苏省共有11所"211"高校，其中中国药科大学、南京农业大学与南京师范大学未开设金融科技相关专业。如图4-5所示，其余8所"211"高校中，东南大学金融科技相关专业教师人数最多，然后依次为南京大学、江南大学、南京理工大学等。

以南京大学为例，可以看出江苏省各高校金融科技相关专业教师队伍的大致构成情况。其计算机科学与技术学院教师人数最多，然后依次是信息管理学院、工程管理学院、软件学院、人工智能学院。

4.2.3　江苏省高校在校生概况

人才是推动科技进步和教育发展的基本力量，是推进经济社会发展的重要因素。其中，高校人才的培养更是重中之重。做好人才的培养，要树立以人为本的理念，把促进人才健康成长和充分发挥人才作用放在首要位置，加大对人才培养的支持力度。

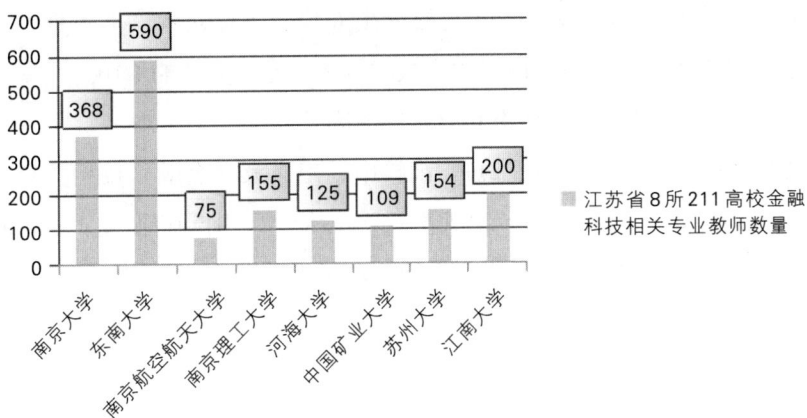

图4-5　江苏省8所"211"高校金融科技类专业教师人数（单位：人）

资料来源：高校官网

1）江苏省高校在校生分布与构成情况

由图4-6可以看出，江苏省内，南京高校在校生数量最多，然后依次是苏州、徐州、常州、无锡、南通、镇江、扬州、淮安、盐城、泰州、连云港、宿迁等，南京在江苏省的教育资源最为丰富。

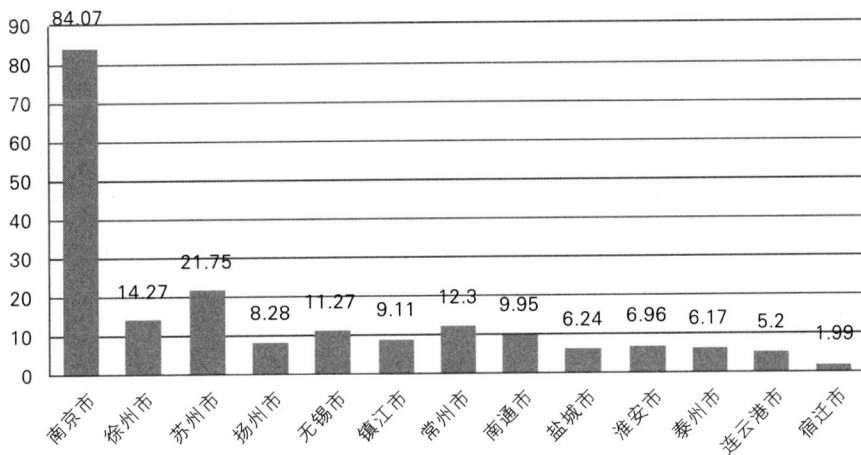

图4-6　江苏省各市高校在校生数量（单位：万人）

资料来源：江苏统计局

对江苏省高校本、专科人数与研究生人数的统计显示，其本科、专科人数远远多于研究生人数，研究生人数约占本、专科人数的1/10。

2）江苏省高校金融科技类专业在校生情况

如图4-7所示，江苏省"211"高校中，南京大学金融科技相关专业在校生人数最多，然后依次为东南大学、江南大学、中国矿业大学、河海大学、苏州大学、南京航空航天大学、南京理工大学等。

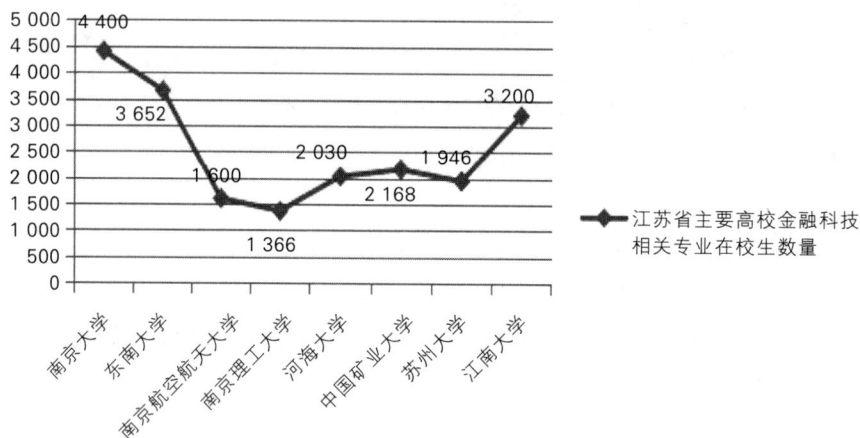

图4-7 江苏省"211"高校金融科技相关专业在校生数量（单位：人）

资料来源：高校官网

3）江苏省高校毕业生就业情况

江苏省将近3/4的高校毕业生都选择省内就业，只有1/4的毕业生选择去江苏省外工作，这其中还包括了部分回家乡工作的毕业生。由此可以看出，江苏省的就业形势良好，就业机会多，所以大部分学生都选择留在省内工作。如图4-8所示，从地域来看，在江苏就业的江苏省高校毕业生中，到苏南地区就业的占65.10%，到苏中地区就业的占15.20%，到苏北地区就业的占19.70%，各地区就业情况较不平衡。

根据江苏省高校招生就业指导服务中心的统计，尽管面临全国主要大城市人才大战的激烈竞争，但是作为经济较发达的江苏省，其对高校毕业

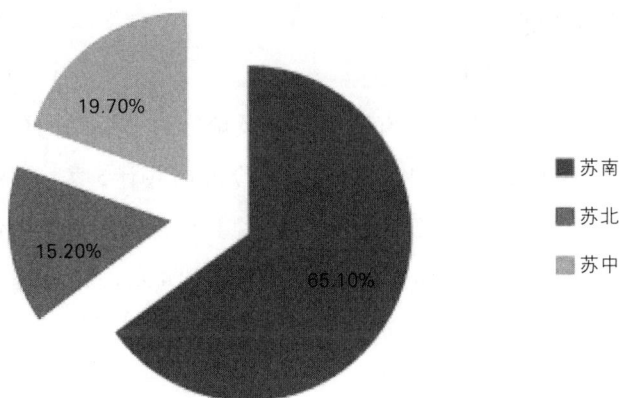

图4-8   江苏省高校毕业生于省内就业的地域分布情况

来源:《2018年江苏省普通高校毕业生就业质量年度报告》

生仍然有着强劲的吸引力,其留苏就业比例持续居于高位,呈人才净流入状态。值得注意的是,调查的43 760人中,江苏省内生源31 705名,占比为72.45%;而留苏就业的总人数为32 516名,其占比比省内生源占比仅高出1.86个百分点,由此说明江苏省对省内高校毕业生具有较强的吸引力。

4.3   省内金融机构概况及需求

江苏省"十三五"规划纲要提出:"重点发展金融、现代物流、科技服务、商务服务等生产性服务业,推动服务业与制造业互动发展;加快从传统信贷功能向资金融通、资源整合、价值增值和社会管理等多功能拓展,把江苏打造成为国内一流的产业金融高地。"经过多年发展,江苏省以主要金融机构为核心的金融业态健康发展,金融产业链进一步完善。

随着云计算、大数据等技术的广泛运用和快速迭代,传统行业的数字化进程也逐渐加速,金融科技应运而生。在金融业态不断完善的同时,江苏省对相应人才的需求也在逐渐扩大,并重点体现在金融科技方面。当下,技术创新速度以指数级递增,摩尔定律也不再贴合计算机迭代的周期,金融科技快速发展的背后是其对人才的强烈渴求。

4.3.1 金融机构状况

1）江苏省金融机构概况

如图4-9所示，根据江苏省银保监会及地方官方网站的数据，截至目前，注册地为江苏省的银行共计6家、保险公司共计5家、证券公司共计6家。综合此三类机构，其总量在全国排名第四，仅次于北上广。与此同时，江苏省期货公司共计10家，信托公司共计4家，私募基金目前已经超过800家，其总量在全国排名第五。但值得注意的是，全国100多家公募基金中，目前尚无一家在江苏省注册设立。

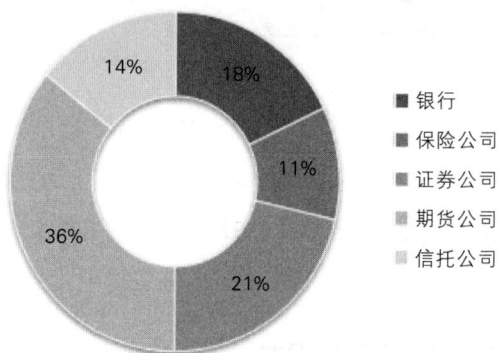

图4-9　2019年江苏省主要金融机构类型分布情况

从地域分布来看，江苏省主要金融机构的总部多驻扎在南京、无锡及苏州三地。此外，常州、南通、靖江也有在本地注册的金融机构。从总数来看，南京市含有的金融机构数量接近全省的一半。江苏省的金融活动也主要集中在南京及苏州两地。

2）江苏省银行业机构概况

根据江苏省银保监会的官方数据，2018年末，江苏省银行业金融机构的总资产为17.7万亿元，同比增长6.3%，盈利水平有所上升；2018年全年其银行业金融机构实现净利润2 009.16亿元，同比增长253.64亿元。2018年末，江苏省共有法人银行业金融机构172家（见表4-4），全年银行网点稳定在13 000家左右。

表4-4　　　　　　　　　　　江苏省金融机构营业网点统计概况

项目 银行业机构类别	网点数	从业人数	法人机构
大型商业银行	4 936	107 437	0
国开行及政策性银行	78	2 415	0
股份制商业银行	1 047	33 657	0
城商行	906	32 549	5
城市信用社	0	0	0
小型农村金融机构	3 275	51 817	63
财务公司	328	51 817	14
信托公司	25	573	4
邮政储蓄	2 515	25 164	0
外资银行	35	2 292	6
新型农村机构	173	4 625	74
其他	12	1 136	6

3）江苏省证券机构概况

根据江苏省证监会的官方数据（见表4-5），2018年末，江苏省共有法人证券公司6家，证券营业部928家，同比增长4.62%。其境内上市公司总数为401家，较上年新增19家，拟上市公司206家，后备上市企业资源充足。IPO融资在全国位居前列，2018年，省内企业IPO融资共计188.67亿元。

截至2018年末，江苏省有新三板挂牌公司1 273家，总量位列全国前列。其企业境内上市公司总股本3 639.3亿股，比上年增长11.7%；市价总值31 986.1亿元，比上年下降21.4%。江苏省区域股权交易中心已有4 444家挂牌企业，融资额比2018年初增加2.2亿元。其期货行业稳步发展，全省共有法人期货公司9家，证券期货营业部1 100家，期货经营代理交易额共计15.3万亿元。全年证券市场交易额为28.7万亿元，证券经营机构股票交易额为13.4万亿元。

表4-5　　　　　　　　　　江苏省证券业机构统计概况

证券业机构类别	数量
省内证券公司数	6
省内基金公司数	0
省内期货公司数	10
2018年末省内上市公司数	401
2018年末省内A股筹资（亿元）	1 450.7
2018年末省内H股筹资（亿元）	1 263
2018年末省内债券筹资（亿元）	7 495
其中：短期筹资券（亿元）	545
中期票据筹资（亿元）	1 518.7

4）江苏省保险业机构概况

根据江苏省银保监会的官方数据（见表4-6），2018年，江苏省累计实现保费收入3 317.28亿元，在全国31个省份中，其保费规模位列第二。其中，财产险保费为858.8亿元，同比增长5.51%；江苏财产险公司实现承保利润25.12亿元，排名全国第三，承保利润率为3.11%；人身险保费为2 458.5亿元，同比下降6.72%。

表4-6　　　　　　　　　　江苏省保险业统计概况　　　　　　　　（单位：个）

保险业机构类别	数量
省内保险公司数量	5
其中：财产险经营主体	2
寿险经营主体	3
保险公司分支机构	5 739
其中：财产险公司分支机构	2 352
寿险公司分支机构	3 387
2018年保费收入（亿元）	3 713.3
其中：财产险收入（亿元）	858.8
人身险收入（亿元）	2 458.5
各类赔款给付（亿元）	996.7

资料来源：江苏省保险业统计概况

从保险机构的数量来看，江苏省注册保险公司的数量为5家，其中财产险经营主体有2家，寿险经营主体有3家。保险公司下辖的分支机构共5 739家，其中财产险公司分支机构为2 352家，寿险公司分支机构为3 387家。上述机构覆盖所有市县。保险业在江苏省处于较成熟的发展阶段。

4.3.2 金融科技部门组织架构

金融机构中的金融科技及研发部门，对于机构开展金融业务起着越来越重要的支撑作用。在传统金融机构中，如银行、券商及保险机构，其科技及研发部门在组织架构上有一个从"后台"，到"中台"，再到"前台"的变动趋势。

以往，计算机技术、信息技术更多地在后台服务于金融机构的数据管理和行政自动化。而随着金融科技的快速发展，技术渗透到金融业务的方方面面，人工智能、大数据、云计算等技术部门在金融机构中的地位逐渐"提升"，甚至开始驱动前台业务的开展。

以江苏省主要法人银行江苏银行、紫金农商行和南京银行为样本考察组织架构中金融科技类部门所处地位，可以发现，这些银行正致力于利用金融科技驱动业务发展。其中，如图4-10所示，上述银行共同的特点是，其信息科技部在组织架构上已从归属于"后台管理部门"转为归属于"中台管理部门"，并对前台业务及后台行政起到支撑作用。另外，其信息科技部一般下设：信息管理部、金融科技创新部、软件研发中心、大数据中心等。

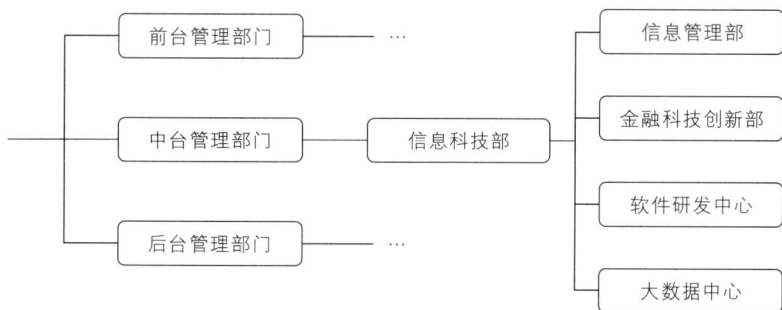

图4-10 信息科技部在其银行组织架构中所处地位

从上述组织架构可以看出，银行对信息技术人员的定位不再是数据管理和流程自动化，而是将科技创新从信息技术中分离出来，从而体现了银行将技术支撑业务转变为技术驱动业务的战略调整。

关于组织架构的具体案例分析，可以参考4.4节内容。

4.3.3　金融科技岗位需求

中国人民银行于2019年8月22日印发《金融科技（FinTech）发展规划（2019—2021年）》，这是央行首次出台有关金融科技顶层设计的文件。该文件中指出："要加强人才队伍建设。围绕金融科技发展战略规划与实际需要，合理增加金融科技人员占比。制订金融科技人才培养计划，深化校企合作，注重从业人员科技创新意识与创新能力培养，造就既懂金融又懂科技的专业人才，优化金融业人员结构，为金融科技发展提供智力支持。"

IMF原副总裁朱民曾说过，"金融科技在今天所面临的最大挑战是人才。"在我国，金融科技相关知识在有关教材中尚未得到体现，其复合技能亦需在工作过程中培养。除了自学以外，一些注重人才培养的企业会对员工进行培训。值得一提的是，含金量较高的资质认证考试之一CFA于2019年首次加入了FinTech的有关考点，证明金融市场已认识到技术的重要性。

普华永道（pwc）在《2018年中国金融科技调查报告》中指出：92%的金融科技行业雇主表示，中国正面临专业金融科技人才短缺的问题。对于最热门的职位，受访者中分别有40%、32%及12%的人选择了"大数据"、"人工智能"和"风险管理"；对于雇主最期待人才所具备的技能，受访者中分别有59%、57%及43%选择了"扎实的技术能力"、"快速的学习能力"和"扎实的金融背景"。从中不难看出金融科技行业对于科技人才的重视。

除了诸如北京、上海、深圳等一线城市外，江苏省各市区及其他省份所辖市区对于金融科技类人才的需求也在逐渐加大。下面，基于相关数据阐述江苏省金融机构及相关金融科技公司在金融科技方面的岗位设置情况。

1）金融科技类岗位划分

金融机构及金融科技公司涉及的金融科技类业务包括小额贷款、支付、汽车金融、网络借贷、区块链、大数据风控、征信等，基于这些业务所设的岗位分为IT/互联网类、金融类、品牌和市场类、行政类、兼职类等（见表4-7）。

表 4-7 金融科技类岗位分类

岗位类别	细分岗位
IT/互联网类	开发、产品经理、设计、运维
金融类	催收、投资、分析、风控
行政类	财务、法务、行政、人事
品牌和市场类	销售、媒体、客服、品牌、运营
兼职类	管培生、实习
其他	售后、物流

根据上述岗位分类，针对主要招聘网站2019年的数据收集了6万余个岗位样本。上述网站包括智联招聘、前程无忧、猎聘及 Boss 直聘等。根据对样本的统计发现，IT/互联网类与金融类岗位招聘人数最多，占招聘总人数的67.8%，这两类岗位也是金融科技类公司的核心岗位。

2）金融科技类岗位招聘数量

据样本统计数据，2019年部分省、直辖市金融科技类岗位的招聘数量如图4-11所示：

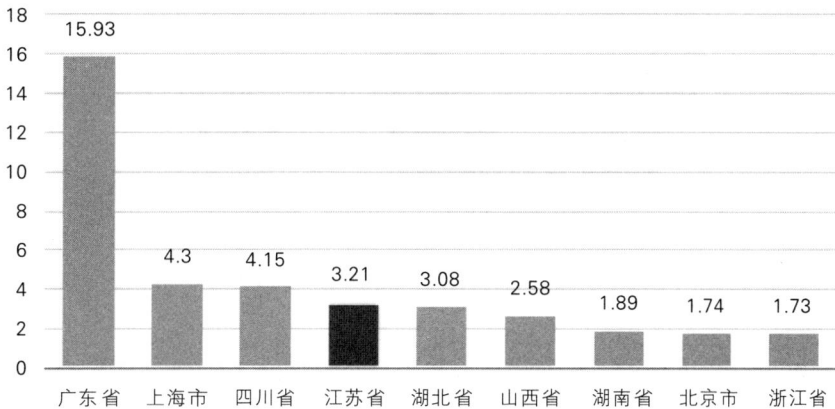

图4-11 2019年，部分省、直辖市金融科技类岗位招聘数量（万个）

2019年，江苏省金融科技类招聘岗位的地域分布情况如图4-12所示：

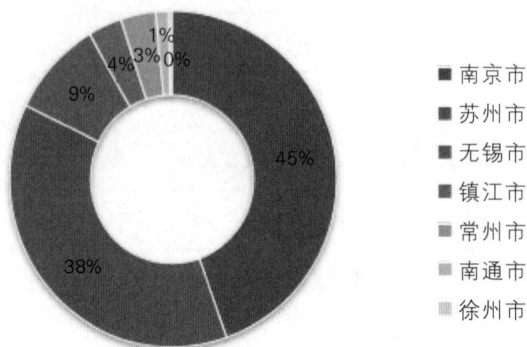

图4-12 2019年，江苏省金融科技类招聘岗位的地域分布

2019年，全国金融科技类岗位招聘数量约为45万个，其中广东省招聘数量居首，达15.93万个；江苏省位列前四，招聘数量达3.21万个。这3万多个岗位在地域上集中分布于南京市和苏州市，其中南京市的金融科技类岗位在线招聘数量约为1.5万个，占全省金融科技类岗位招聘总数量的45%。

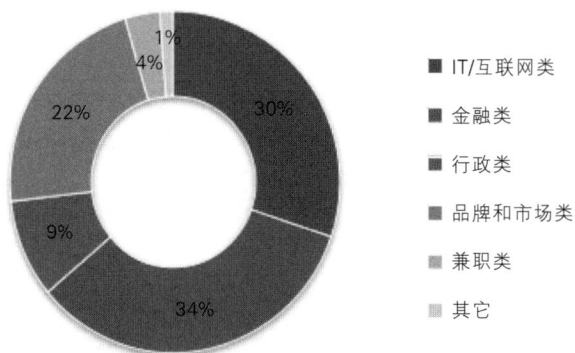

图4-13 2019年，江苏省金融科技类招聘岗位类别分布

如图4-13所示，在所招聘的岗位类别上，金融类和IT/互联网类占绝大多数，分别为34%、30%，这说明金融机构及金融科技公司在金融科技方面的核心岗位分布在这两类中。另外可以发现，品牌和市场类岗位占比也超过

20%，反映出品牌运营及市场营销类岗位在金融科技行业也是比较重要的。

4.3.4　金融科技类岗位薪酬状况

受全球经济下行的影响，我国金融市场开始重视对风险的管控，扩张速度有所放缓。自2015年起，科技力量开始渗透传统行业，互联网与金融业、零售业、工业等的"结合"层出不穷。除了提高产能、控制成本之外，其服务模式亦从"科技服务于传统行业"逐渐转变为"传统行业技术能力自强"。

工资是就业市场的晴雨表，根据wind的数据，截至2018年12月31日，金融、保险业就业人员年平均工资为12.98万元，信息传输、计算机服务和软件业就业人员年平均工资为14.77万元，可见科技类行业成为最"吸金"的行业之一。

1）城镇就业状况

如图4-14所示，以往，在城镇单位19个行业（注：详细行业情况请见国家统计局有关数据）中，金融业一直是收入较高的行业，但近年来，其工资增速亦逐年放缓。与之相对的，2016年，信息技术业平均月工资率先突破万元大关，使其一跃成为收入较高的行业；次年，其拉开了与金融业的差距，两者的平均月工资分别达到1.11万元、1.02万元。另外，根据wind的数据，金融业就业人员月平均工资为1.12万元，而信息技术业就业人员月平均工资为1.23万元。

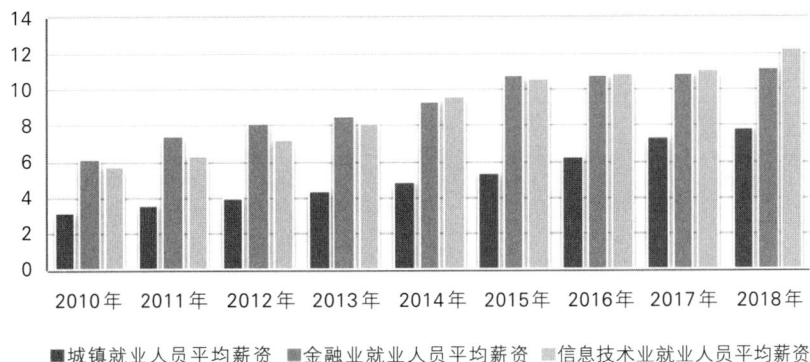

图4-14　2010—2018年城镇就业人员平均薪资与金融业就业人员平均薪资、信息技术业就业人员平均薪资的比较（单位：千万/月）

2019年，金融业受多方面影响，发展态势不及信息技术业乐观。结合2019年上半年工信部公布的"互联网和相关服务业运行情况"，我国规模以上互联网和相关服务企业（注：上年度互联网和相关服务收入500万元以上的企业）实现业务收入5 409亿元，同比增长17.9%。受益于基础设施互联网数据中心、云服务、云存储等业务的快速增长，互联网数据服务收入达48.2亿元，同比增长34.2%。所以，传统金融业工资出现逆袭的可能性不高。

2）金融科技企业细分岗位薪酬

表4-8列示了金融科技企业各细分岗位平均月薪情况。其中，IT/互联网类岗位就业人员平均工资为1.89万元/月，为上述所有大类中薪酬最高的。排名第二的为金融类岗位，其平均工资为1.35万元/月。IT/互联网类岗位就业人员月平均工资比金融类岗位就业人员多出40%，可见信息技术等技能在金融科技公司中的含金量，以及该类公司对技术类岗位的重视。然后，排名依次为品牌和市场类、兼职类及行政类，其平均工资分别为1.12万元/月，1.05万元/月及0.88万元/月。

表4-8　　　　　　　金融科技企业各细分岗位平均月薪

岗位	平均月薪（万元/月）	岗位细分	平均月薪（万元/月）
IT/互联网类	1.89	开发	2.19
		设计	1.46
		运维	1.77
		产品经理	2.23
金融类	1.35	风控	1.67
		投资	1.68
		分析	2.24
		催收	8.2
行政类	0.88	财务	1.03
		人事	0.99

岗位	平均月薪（万元/月）	岗位细分	平均月薪（万元/月）
		法务	1.11
		行政	0.6
品牌和市场类	1.12	媒体	1.06
		运营	1.48
		品牌	1.57
		客服	0.82
		售后	1.21
兼职类	1.05	管培生	1.21
		实习生	0.57

如图4-15所示，从2019年部分省、直辖市金融科技企业整体月平均薪酬来看，北京市位居第一，领先第二名上海市5 000多元。浙江省、广东省及江苏省位列第三至第五，其金融科技企业整体月平均薪酬分别为1.86万元、1.64万元及1.28万元。

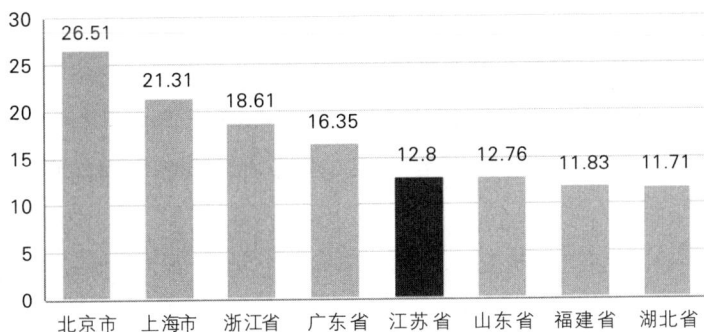

图4-15　2019年部分省、直辖市金融科技企业整体月平均薪酬（千元/月）

3）学历对岗位薪酬的影响

如图4-16所示，根据样本数据，在不同岗位，学历对薪酬的影响不尽相同，多数行业以本科为分界线。其中，IT/互联网类岗位对学历的要求最为严格，其薪酬呈明显的阶梯式变化。金融类岗位人员中，本科学历者和硕士学历者月工资差距较小，不到300元；但与本科以下学历者则拉开了至少6 500元的差距。品牌和市场类岗位人员中，本科以下学历者的月工资在9 000元左右，本科学历者为1.04万元，硕士学历者达到1.15万元。兼职类岗位人员其月工资随着学历的提高呈现小幅增长，但相互之间差距不大。

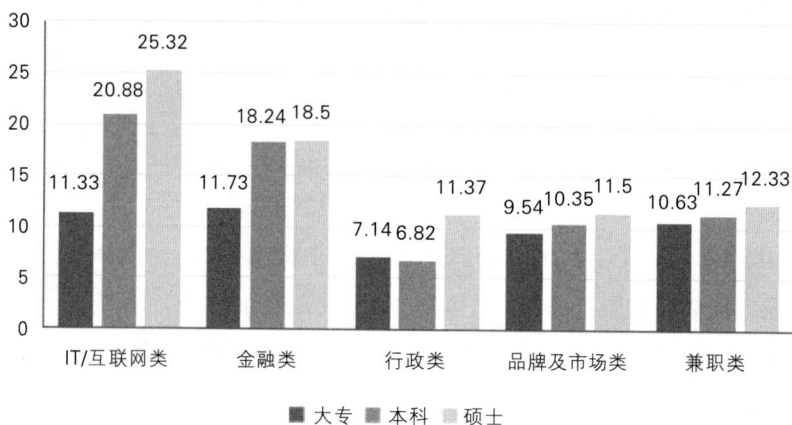

图4-16　不同学历、不同岗位月平均薪资分布（单位：千元/月）

4）工作年限对岗位薪酬的影响

如图4-17所示，样本企业对应聘者工作年限的要求通常为0到15年之间。我们依据缺乏工作经验、有工作经验及有丰富的工作经验三种情况，将其工作年限划分为0～2年、3～5年、6～15年三类。IT/互联网类岗位人员的工资增长乏力，不及其余岗位。金融业注重经验和人脉的积累，工作超过5年，工资会有较大的提升，这种现象主要集中在银行、证券公司等传统金融机构。

江苏省在金融机构类别、治理以及市场规模等方面均位于全国前列。毫无疑问，江苏省是经济和金融大省。近年来，江苏省金融生态逐渐完善，各方面配套服务设施日趋丰富。同时，其对于人才的需求也逐渐加大。特

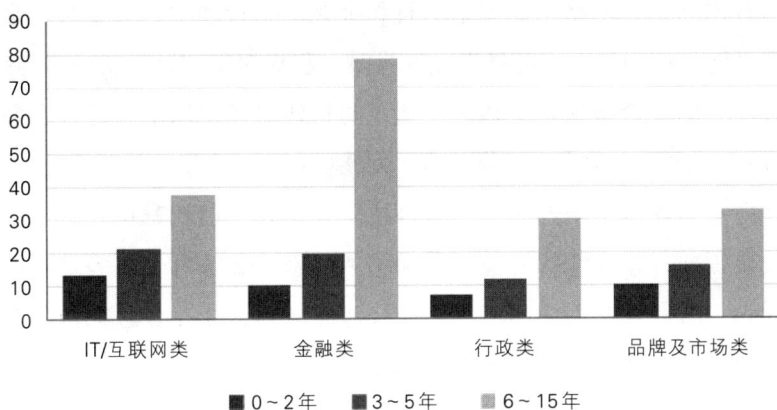

図4-17 工作年限対崗位薪酬的影响

別是在近年来金融与科技日益融合的趋势下，金融科技类人才缺口十分明显。在这种背景下，江苏省各市区通过各项优惠政策引入了大批高质量人才。从相关岗位的薪酬设置来看，江苏省在金融科技领域的投入不断加大，竞争力也在不断加强。

4.4 人才培养和组织架构的典型案例

4.4.1 南京理工大学金融科技人才培养

金融科技的兴起对金融市场以及金融人才培养带来相当大的冲击。毕马威对金融科技的解读是，非传统金融企业以科技为手段进入金融领域，用更具效率的手段抢占市场，提升金融服务效率，更好地管控风险。金融稳定理事会（FSB）认为，金融科技是由技术带来的金融创新，它通过创造新的模式、业务、流程及产品对金融市场服务模式造成重大的影响。金融科技作为一种金融创新手段，为金融业发展注入了新的动力与活力，也对金融从业人员提出更高的要求，这间接影响了高等院校对金融专业人才的培养方式。

金融业是现代经济的核心行业，在"双一流"、新经济、新工科的建设背景下，南京理工大学主要依托其经济管理学院，在金融科技人才培养、金融科技研究项目等方面融合创新并形成了自身的专业特色，且将计算机科学与技术学科、网络空间安全学科和金融学、管理学、会计学、金融电子化等经济学科相结合，打破专业的界限，积极探索"计算机科学与技术+金融技能"的复合型人才实践教学体系的构建路径，以培养适合金融行业的FinTech人才，为地方"一带一路"发展培育新生力量。

首先，其致力于培养的"金融科技"人才为，创新意识强、适应地方经济发展需要，系统掌握计算机科学相关技术、金融电子化等基础理论和专业知识，具有较强的应用能力和社会适应能力，能在金融机构、IT行业及计算机应用等领域从事分析与集成、设计与运行、研究与开发的人才。其人才培养要打破传统的学科边界进行学科融合，所培养的金融科技人才需要：（1）掌握基本金融理论、经济理论，了解相关金融产品、金融风险；（2）熟悉金融事务处理流程，能将金融产品模型应用于研究，掌握金融产品程序开发方法；（3）提高金融微观效率和市场效率，规避金融风险，具有市场竞争意识和金融产品创新意识。

其次，其通过构建"通识教育课程＋学科基础课程+专业课程＋实践教学"四大板块，来构建相应的实践教学体系。其中，通识教育课程实践提高了学生的综合素质。学科基础课程实践让学生对金融专业涉及的计算机科学与技术有了清晰的认识。专业课程实践环节中，教师根据课程特点，找到金融知识与所授技术课程间的联系，然后据以设计并收集有关案例，从而使学生具有金融知识与计算机专业知识相交融的知识体系。在实践教学环节，使学生逐步掌握网上银行、网上证券、网上保险、网上个人理财、银行卡应用系统、金融管理信息系统的知识和应用技能，熟悉SAS系统的数据加工整理、数据访问、数据管理、数据展现、软件安全和网络安全技术，从而使其实现与自身原有背景知识的融合。

再次，教育者必须对学生毕业时应达到的能力及水平有清楚的构想，然后寻求设计适宜的教育内容与手段来保证学生达到预期目标。但是，传统的课堂教学强调的学生能力是行为主义的，其往往根据一系列孤立的行为来界定学生的动手能力、实践能力，并形成了任务即能力的观点。但是金融科技人才培养现状表明，即使学生能够完成各门课程明确规定的各项任务，他在工作岗位上也不一定能成为合格的工作者。因此，教育理念需要更新，形成基于学习产出的教育模式（Outcomes-based Education，OBE）。南京理工大学经济管理学院以学院教师承担的前期项目为基础，让教师积极鼓励和带领学生完善项目，参加互联网+、挑战杯等国家级创新创业大赛，让学生在对参赛资料的收集整理过程中，充分了解项目相关内容等前沿信息与技术，关注技术热点，对行业发展有清晰的认识，并制订后续的学习计划。此外，其每学期举办讲坛，邀请金融行业、互联网行业、计算机科技行业的专家就行业动态、新业态和相关岗位动态等内容开展讲座，以帮助学生明确学习目标和就业方向。

最后，师资队伍建设是保障金融科技人才培养质量的关键。没有一流的师资队伍，就不可能培养出高质量的专业人才。因此，其做了如下工作：一是定期进行师资培训，以提高教师教学科研水平。二是选派教师定期和不定期出国培训深造，以开拓其视野，提高其教学科研水平。三是引进国内外高水平教师到校任教。其经济管理学院与美、英、法、日、韩、加、中国香港、中国台湾等国家和地区的高校在人才培养、学术交流等方面有着广泛的合作，同时其还与国内数十家著名企业建立了长期的友好合作关系。南京理工大学金融硕士培养方案见表4-9。

表4-9　　　　　　　　　南京理工大学金融硕士培养方案简稿

专业	金融硕士 Master of Finance（代码：025100）
一、培养目标	培养具有扎实的经济学、金融学理论基础，富有创新和进取精神，拥有较强的从事金融实际工作能力的高层次、应用型金融专门人才。同时，还要使学生具备较强的金融数据分析能力，使其了解金融业发展前沿，适应金融科技发展的新趋势
二、培养方向	1.金融市场与机构 2.金融大数据分析 3.金融风险管理 4.金融投资实务 5.金融资产定价

专业	金融硕士 Master of Finance（代码：025100）
三、学制和学分	全日制硕士研究生实行以2.5年为主的弹性学制，原则上不超过5年。总学分不少于37学分，其中必修一门全英文课程
四、培养方式	1.教学方式上，注重理论联系实际，采用课堂讲授与案例教学相结合的方式，培养学生分析问题和解决问题的能力，并聘请有实践经验的专家、企业家和监管部门的人员开设讲座或承担部分课程的讲授。 2.考评方式上，综合评定学生的学习成绩，形式包括考试、平时作业、案例分析、课堂讨论、撰写专题报告等。 3.通过鼓励学生在金融机构或其他金融工作岗位参加专业实践，来加强对其的实践环节培养；积极促进实践基地的信息反馈工作，对实践教学做出适时、必要的调整。 4.采用专题、案例等多元化教学模式，注重金融职业道德培养

4.4.2 南京银行组织架构

南京银行成立于1996年2月8日，是一家具有独立法人资格的股份制商业银行，实行一级法人体制。南京银行历经两次更名，先后于2001年、2005年引入国际金融公司和法国巴黎银行入股，在全国城商行中率先启动上市辅导程序并于2007年成功上市。目前，其注册资本为84.82亿元，资产规模达12 432.69亿元（截至2018年末），下辖17家分行、191家营业网点，并于2016年，实现布局京沪杭及江苏省内设区市的全覆盖。其先后入选英国《银行家》杂志公布的全球1 000家大银行排行榜、全球银行品牌500强，且排名逐年提升，2019年分列第129位和第133位。

南京银行将中小企业金融和零售业务作为战略业务发展重点，致力于丰富业务产品体系，倾力满足中小企业与个人的金融需求；同时，将金融市场、资产管理、投行业务、同业业务作为特色业务，不断向纵深推进，使自身业务品牌影响力不断扩大。

南京银行信息技术部坚持稳中求进，以改革创新统领全局，以转型发展为主线，准确把握形势变化，推动能力提升，建立并完善了以"一部两中心"为主导的信息管理架构体系。

其科技管理部下设项目架构部、科技风险管理部、质量管理部和综合管理部等四个部门，负责提升科技治理能力、IT规划和项目管理能力；其致力于信息安全架构、监管合规、风险评估及监控、信息安全基础设施规划、制度和规范等的制定与实施；其致力于加强全行信息系统质量管控及测试体系建设，实现对分支机构的管理，并做好后勤保障工作。

其研发中心下设产品开发部、渠道创新部、数据管理部和风险应用部等四个部门，由其负责健全软件开发相关技术规范和规章制度，对重点业务领域开展项目研究和自主研发，提升开发人员业务能力和关键系统自主掌控能力。

其运维中心下设设施管理部、系统管理部、网络管理部和应用维护部等四个部门，由其负责制定全行信息系统基础设施建设和运维管理的总体发展规划及目标，建立健全信息科技基础设施和运维管理相关技术规范和规章制度，加强运维团队能力建设，组织处理信息系统故障，保障运营稳定可靠。

目前，其正加快推进全行的数字化转型。2018年3月，该行在城商行领域率先成立了数字银行管理部，以全面引领和推进全行的数据治理和数字化转型工作。其董事会、行长充分意识到金融科技对其业务的支撑和促进作用，对信息科技的人力和财力投入逐年持续增加，且对IT的投入也持续增加，每年以20%的比例增长。

第5章

江苏金融科技政策

5.1 金融科技产业规划

金融业是经济增长的动力源，对经济的发展具有巨大的推动作用。而金融科技对金融业的良性发展具有巨大推动作用。它在降低金融成本、提高其服务的效率、降低金融风险等方面都有优化作用。金融科技产业的发展壮大不仅充分加强了科技在金融中的作用，而且对国民经济的发展也有贡献。金融科技作为新兴产业，其发展路径具有一定的规律和特征，研究金融科技在特定区域的发展情况对全国金融科技产业的发展具有重要借鉴意义。江苏省是我国的经济大省，但其金融科技产业发展与北京市、上海市、广东省、浙江省等省份相比差距明显。江苏省发展金融科技产业必须扬长避短，充分利用江苏省的经济发展优势，补足发展短板，在金融科技产业规划中心区域发展壮大一批金融科技独角兽企业，打造全国一流的金融科技产业园区，从而为全国其他省份的金融科技发展提供借鉴。

5.1.1 中国央行金融科技发展规划

中国人民银行2019年8月印发《金融科技（FinTech）发展规划（2019—2021年）》，该规划中提出了明确的发展目标：到2021年，建立健全我国金融科技发展的"四梁八柱"，进一步增强金融科技应用能力，实现金融与科技的深度融合、协调发展，明显提高人民群众对数字化、网络化、智能化金融产品和服务的满意度。

金融科技是科技驱动的一种金融创新，其在新一轮科技革命和产业变革的时代背景下大有可为，必须发挥科技对金融的赋能作用，推动我国金融业的高质量发展。人工智能、区块链、云计算、大数据、物联网等新一代信息技术与传统金融业务的深度融合，为金融业发展提供创新活力。实施金融科技战略必须坚持创新驱动发展，加快其部署与安全应用，这已成为深化金融供给侧结构性改革、增强金融服务实体经济能力、打好防范化解金融风险攻坚战的内在需要和重要选择。

上述规划明确了未来三年金融科技工作的指导思想、基本原则、发展目标、重点任务和保障措施。该规划明确要求到2021年，推动我国金融科技发展居于国际领先水平，实现金融科技应用先进可控，金融服务能力稳步增强，金融风控水平明显提高，金融监管效能持续提升，金融科技支撑不断完善，金融科技产业繁荣发展。

上述规划还进一步明确了金融科技要服务于国计民生，推动实体经济的发展。应合理运用金融科技手段丰富服务渠道，完善产品供给，降低服务成本，优化融资服务，提升金融服务质量与效率，使金融科技创新成果更好地惠及百姓民生，推动实体经济健康可持续发展。同时，应强化对金融科技的合理应用，全面提升金融科技应用水平，将金融科技打造成为金融高质量发展的"新引擎"。

上述规划中还强调了金融科技在防范风险方面的要求。应运用金融科技提升跨市场、跨业态、跨区域金融风险的识别、预警和处置能力，加强网络安全风险管控和金融信息保护，做好新技术应用风险防范，坚决守住不发生系统性金融风险的底线。

在金融科技监管方面，央行将加快推进监管基本规则拟定、监测分析和评估工作，夯实金融科技基础支撑，从技术攻关、法规建设、信用服务、标准规范、消费者保护等方面支撑金融科技健康有序发展。

总之，展望未来，央行鼓励积极探索新兴技术在金融领域的应用，扭转我国核心技术和产品受制于人的局面，全面提升金融科技应用水平，将金融科技打造成为金融高质量发展的新引擎。

5.1.2 江苏省金融科技发展规划

江苏省金融科技发展规划目前还没有出台，但是江苏省围绕科技创新与金融支持出台了一系列重点扶持政策（见表5-1）。

2018年9月，江苏省政府印发《关于深入推进大众创业万众创新发展的实施意见》，先将其主要内容梳理如下。

表 5-1　　　　　　　　江苏省科技创新与金融支持相关扶持政策

发布单位	政策	发布时间
江苏省政府	《关于深入推进大众创业万众创新发展的实施意见》	2018.9.14
江苏省财政厅、科技厅	《关于修订印发〈江苏省高新技术企业培育资金管理办法〉的通知》	2019.11.13

在创业创新方面：将扩大试点示范效应，进一步加强双创建设。推进国家级和省级双创示范基地建设，到 2020 年，打造 100 个覆盖全省各地，包括区域、高校和科研院所、创新型企业等主体类型的省级双创示范基地；推动小型微型企业双创基地发展，到 2020 年，创建 300 个省级小微企业双创示范基地；鼓励开展离岸双创基地合作，到 2020 年，创建 50 个省级离岸双创基地；打造一批众创社区和专业化众创空间，到 2020 年，创建 100 个省级众创社区；强化创新示范企业培育，充分发挥大企业在资金、技术、人才、市场等方面的优势，带动中小企业双创，着力培育一批具有国际先进技术水平和国际竞争力的创新型企业；确定省级双创平台认定和考核标准，促进现有各类省级双创平台的交流与合作，形成双创推进合力。省有关部门共同制定省级双创平台认定标准，规范省级双创平台的认定工作。对已认定的双创平台实施定期评价，对于不合格的双创平台，第一年提出警告，连续两年不合格者予以摘牌。另外，通过定期评价，优胜劣汰，持续提升省级双创平台的服务质量。

在金融科技服务方面：支持创业投资引导基金发展，全面落实创业投资企业和天使投资个人有关税收试点政策，引导社会资本参与创业投资。省天使投资风险补偿资金对符合条件的天使投资机构按规定给予一定的风险投资损失补偿。依法依规豁免国有创业投资机构和国有创业投资引导基金国有股转持义务；鼓励创新金融服务方式，支持金融机构为创业企业创新活动提供股权和债权相结合的融资服务，以及以"小股权、大债权"方式，为企业提供金融服务。在有效防控风险的前提下，合理赋予大型银行县级支行信贷业务权限。支持地方性法人银行增设从事普惠金融服务的小微支行，支持地方性商业银行向县域及以下增设网点、延伸服务；拓宽创业企业直接融资渠道，支持符合条件的科技型企业在中小板、创业板、新三板上市或挂牌。稳步扩大双创公司债券试点规模，鼓励双创企业利用短期融资券、专利质押、商标质押等方式融资。鼓励保险公司为科技型中小企业知识产权融资提供保险服务，对符合条件的由地方各级人民政府提供风险补偿。支持政府性融资担保机构为科技型中小企业发债提供担保。鼓励地方各级人民政府建立政银担、政银保等不同类型的风险补偿机制。

2019年11月13日，江苏省财政厅、江苏省科技厅发布《关于修订印发〈江苏省高新技术企业培育资金管理办法〉的通知》，安排资金对高新技术企业培育给予支持，并支持省高新技术企业培育库内企业，使其加快成长为高新技术企业。省财政厅负责省培育资金年度预算安排，确定省培育资金使用方案，下发资金并进行监督；并会同省科技厅制定省培育资金管理办法。省科技厅负责建立省高新技术企业培育库，开展培育库日常管理和服务工作，提出省培育资金使用方案；指导各地区高新技术企业的培育工作。

总之，在《金融科技（FinTech）发展规划（2019—2021年）》的指引下，相信江苏省政府、财政厅、科技厅后续会进一步加快研究，出台更加具体、有针对性的支持金融科技发展的政策。

5.2 金融科技企业和人才扶持政策

5.2.1 金融科技企业

江苏省金融科技处于发展初期，目前相关企业较少。2019年11月，由地方金融论坛办公室、《金融时报》社、地方金融研究院等单位评选出全国"十佳服务地方金融科技企业"，现将江苏省获选的优秀金融科技企业及其简单业务情况梳理如下。

江苏在风控技术方面，有苏宁金融科技、江苏金农、企查查、龙戈软件、车300、通付盾、银领公司、冰鉴等公司；在人工智能技术方面，有晟昊、迪普思、科沃斯商用、思必驰、苏宁金融科技等公司；在银行监管科技方面，有科融公司；在区块链方面，有苏宁金融科技、南京可信区块链与算法经济研究院、苏州同济区块链研究院等机构；在全流程金融科技方案方面，苏宁金融科技具备全流程的小微金融科技、消费金融科技和供应链金融科技解决方案，开鑫金融科技则具备供应链金融科技解决方案。

5.2.2　人才扶持政策

江苏省金融科技方面的人才扶持政策纷纷出台。现将其金融支持和科技创新的扶持政策梳理如下。

推进农村青年返乡创业基地建设。鼓励农村青年返乡创业，重点整合建设一批农村青年返乡创业基地，打造具有江苏区域特色的创业集群。把返乡下乡人员双创纳入双创相关政策支持范围，允许返乡下乡人员依法使用集体建设用地开展双创，返乡农民工可在创业地参加各项社会保险，鼓励有条件的地方将返乡农民工纳入住房公积金缴存范围，按规定将其子女纳入城镇（城乡）居民基本医疗保险参保范围。

深化高等院校双创教育改革。整合双创教育课程资源，建立双创教育课程资源共享平台，推行在线开放课程和跨校学习的认证、学分认定制度，鼓励双创教育专家、知名企业家进课堂，推动高水平双创讲座、高品位双创活动进课堂。鼓励建立弹性学制，支持在校学生保留学籍休学创业。将双创教育纳入教师专业技术职务评聘标准和绩效考核指标体系，支持教师以对外转让、合作转化、作价入股、自主创业等形式将科技成果产业化，鼓励教师带领学生双创。

开展江苏大学生创业培育计划。依托省内高校设立的大学科技园、软件园、产业园、创业园（街）等，支持建设一批大学生双创示范基地。举办"创青春"大学生创业大赛、江苏青年双创大赛等各类双创活动，支持奖励一批大学生优秀创业项目。鼓励地方设立大学生双创天使投资基金，对符合产业政策和发展方向的大学生创业项目提供股权融资支持。

鼓励科研院所专业技术人员双创。在履行所承担的公益性研发服务职能的前提下，应进一步扩大科研院所自主权，强化激励导向，支持科研院所符合条件的专业技术人员携带科技成果以在职创业、离岗创业等形式开展双创活动，切实解决离岗创业人员的人事关系、基本待遇、职称评聘、考核管理等问题，提高科研院所成果转化效率。

引进高层次人才来江苏省创业。灵活制定引才引智政策，采取不改变人才的户籍、人事关系等方式，解决关键领域高素质人才稀缺等问题。加大对海内外高层次人才或团队来江苏省创业的政策支持力度，简化事业单位引进高层次和急需紧缺人才的招录程序。深入实施"双创计划"、"凤还巢计划"和留学人员回国双创启动支持计划，对拥有先进技术和自主知识产权的人才或团队到江苏省实施成果转化的项目，在同等条件下给予政策倾斜。对回国领军人才、高端人才创办的科技型中小企业，在同等条件下给予优先支持。

加强外国人才制度保障。完善外国高端人才居住证制度。推动外国人签证审批权限下放至县级公安机关，放宽来苏外国高端人才永久居留证办理条件，对列入江苏省"双创人才"的外国高端人才，其本人及其外籍配偶和未满18周岁的外籍子女，可申请办理永久居留手续，拥有永久居留身份证，享受与中国公民同等的待遇。简化外国高层次人才办理在华工作许可和居留证件程序，开展安居保障、子女入学和医疗保健等服务"一卡通"试点。允许外国留学生凭高校毕业证书、创业计划申请加注"创业"的私人事务类居留许可。依法申请注册企业的外国人，可凭创办企业注册证明等材料向有关部门申请工作许可和工作类居留许可。

江苏省是制造业大省，很多制造业企业本身就是科技创新型企业，这些企业在提升其科技水平的同时，也推动了金融科技产业的发展。金融科技在提高金融业运行效率的同时，又可以反哺实体经济的发展，从而提高了整个社会的运行效率，促进了产业升级。江苏省良好的实体经济基础、丰富的人才资源和政府扶持政策，都为发展金融科技提供了较好的基础。

5.2.3 南京市金融科技建设

南京市金融科技发展处于江苏省领先地位，现将近几年南京市金融科技建设的重要政策和发展情况梳理如下。

南京市2017年7月6日出台了《关于加快科技金融体系建设促进科技创新创业的若干意见》，以着力打造科技金融"南京样本"，现将其主要内容梳理如下。

一是健全科技创新创业投融资机制，构建覆盖企业全生命周期的全方位金融政策扶持体系。根据科技创新创业企业生命周期不同阶段资金需求及风险收益特征，建立和完善多元化、多层次投融资服务体系。如企业在研发和孵化阶段，则支持企业引入天使和创投，鼓励"创客中心"、众筹等平台的搭建，并出台针对大学生创新创业项目的投资资助和补贴等专项扶持政策。等其到了成长壮大的阶段，有科技银行、科技小贷等提供间接融资支持，还有科技保险、担保等提供增信。到企业成熟阶段，还有专门的上市辅导和融资奖励等。

二是把握科技金融创新前沿趋势，通过加强自主创新补齐发展短板。像投贷联动试点这样的国家层面推动金融改革创新的重要举措，对促进金融与科技共生共赢、协调发展，从深层次解决科技创新创业企业融资难、融资贵等问题具有重要意义。虽然南京市未被列入国家投贷联动首批试点地区，但其依然积极主动通过创新谋求发展。在上述意见中，首次明确要大力推动"投贷联动"试点工作，支持南京银行、紫金农商银行等本土法人银行积极争取投贷联动试点资格，同时支持投贷联动试点银行在南京设立投资公司或投资子公司，并给予50万元到80万元的一次性设立资金补助。

三是加大财政资金投入力度，强化政策导向作用和对科技创新创业的精准扶持。为了提高科技创新创业的信贷可得性，鼓励设立科技金融专营机构，并采取分级分档区别对待的差异化支持政策，强化政策导向，发挥精准撬动作用。首次提出每年按照初创、成长期科技型企业贷款余额新增的1%给予银行贷款增量补贴，推动科技银行进一步加大信贷规模，并加大对扶微扶创资源的倾斜力度。同时，进一步鼓励科技银行对初创、成长期科技型企业发放基准利率贷款，将利息补贴比例由20%提高到40%，切实降低科技企业融资成本。

四是把发展直接融资放在重要位置，拓宽融资渠道，增加有效供给。为了吸引更多社会资本广泛参与南京市战略性新兴产业的投资与发展，上述意见明确到2020年，共安排南京市产业发展基金100亿元，撬动社会资本投资400亿元，总规模达500亿元，并通过参股引导、直接股权投资等市场化基金化方式支持南京市产业发展。同时，对于在南京市新设的创业投资基金，最高可给予1 500万元的开办费用补贴，进一步优化创业投资发展环境。为鼓励科技创新创业企业引进股权投资，首次提出对入选"创业南京"的企业引进创投给予融资金额2%的奖励，同时对企业在南京联交所挂牌融资给予10万元的奖励，设立5 000万元股权质押融资风险补偿专项资金，探索轻资产企业股权质押融资路径。

五是贯彻"质量优先、效率至上"的新发展理念，提高容错激励和风险化解能力。为确保相关的金融机构、组织和科技创新创业企业能够切实享受扶持政策带来的实惠，上述意见的相关政策在降低准入门槛、简化操作程序、节约时间成本等方面进行了创新。例如在科技银行贷款风险分担方面，将原有的事后补偿转变为提前代偿，大幅提升了财政资金使用效率。同时，将科技银行信用贷款和知识产权质押贷款风险代偿比例由70%提高到80%，不良率上限由6%提升到10%，大幅增强了银行风险承担能力，激发了其放贷积极性。此外，还将全面推广小额贷款保证保险和小微企业应急互助基金，进一步完善融资担保风险共担模式，创新股权债权退出机制，为金融支持科技创新创业提供坚实的保障。

在区域金融科技中心建设方面，南京也有所作为。2018年8月28日，由南京市人民政府、南京大学、江苏银行、中国人民银行南京分行和中国人民银行数字货币研究所五方于南京大学共建的南京金融科技研究创新中心在南京市江北新区正式揭牌成立。江北新区金融中心将充分利用人工智能、区块链、云计算、大数据、物联网等新一代信息技术，提升金融科技研发水平，引导金融资源为区域实体经济转型升级贡献力量。

5.2.4　苏州市金融科技建设

苏州市金融科技发展势头良好，近几年苏州市金融科技建设的政策见表5-2。

表5-2　　　　　　　　　苏州市金融科技建设相关政策

发布机构	政策文件	时间
苏州市政府	《关于加强科技金融结合促进科技型企业发展的若干意见》	2018.9.7
苏州市政府	《中共苏州市委　苏州市人民政府关于开放再出发的若干政策意见》	2020.1.3

2018年9月7日，苏州市政府印发《关于加强科技金融结合促进科技型企业发展的若干意见》，就进一步加强科技金融创新融合，促进科技型企业发展提出意见，现将其主要内容梳理如下。

第一，创新体制机制，进一步完善科技金融政策体系。

创新科技资金投入方式。坚持政府引导和市场主导相结合，充分发挥财政资金的引导作用，撬动社会资金支持科技创新。创新科技资金投入方式，科学运用风险补偿、奖励补贴、投资引导等科技金融支持方式，全面支撑科技型企业发展。

健全科技创新投融资体系。根据科技企业生命周期不同阶段的资金需求，科学配置科技项目资助、科技金融政策引导、科技金融市场化服务等支持手段。建立科技项目从实验研究、中试到生产，科技型企业从初创期到成熟期的全过程、精准性和差异化的投融资体系。

加强省市区联动。积极向上争取各级科技金融政策资金支持，鼓励各市（区）出台配套科技金融政策，完善科技金融市（区）专业服务网络，共建科技金融服务平台，开发科技金融产品。

第二，密切协同联动，进一步创新科技信贷服务模式。

优化科技信贷风险补偿运作机制。充分发挥科技信贷风险补偿功能，为科技型企业增进信用、分散风险、降低成本。提高科技信贷风险容忍度，建立快速风险补偿机制。构建覆盖科技型企业全生命周期的"科贷通"产品体系。加大对重点创新型企业的风险补偿支持力度，倾斜支持种子期和初创期科技型企业。

加强科技信贷产品创新。鼓励银行类金融机构和担保、保险、创投、融资租赁等类金融机构开展合作，建立和完善科技金融信息共享和风险共担共控机制，推出更加契合科技创新创业特征的科技信贷创新产品，开发投贷联动等交叉性科技金融创新产品，推动知识产权质押融资，提高科技型企业融资可得性。

深入开展科技信贷融资补贴。对科技型企业通过银行、科技小额贷款公司获得贷款所产生的利息和担保费给予部分补贴。加大对重点创新型企业、种子期和初创期企业的补贴力度，切实降低企业融资成本，引导企业有效运用金融资金，加速科技成果产业化。

第三，创新支持方式，进一步激发创业投资活力。

壮大天使投资阶段参股。健全天使投资阶段参股资金持续投入机制，完善天使投资阶段参股资金运作方式，吸引国内外优秀投资机构在苏州市设立天使投资子基金，全面提升苏州市天使投资发展水平。

创新天使投资奖励方式。进一步引导投资机构投资种子期和初创期的科技型中小企业。实行天使投资管理机构奖励补贴政策，针对投资种子期、初创期科技型中小企业的基金，对其投资管理机构给予奖励补贴。

开展天使投资风险补偿。建立天使投资风险共担机制，促进天使投资、创业投资支持科技型中小企业创新发展。贯彻落实《江苏省天使投资风险补偿资金管理办法（试行）》（苏财规〔2017〕18号），对符合条件的天使投资机构给予风险投资损失补偿。

打造创业投资联动体系。推动国内外知名创投、研究院所来苏设立股权投资基金，促进科技成果转化。支持天使投资与创新载体的有效嫁接，形成"基金加基地、孵化加投资"等新型基金运作模式。鼓励创业投资基金与其他机构开展"投贷联动""投保联动""投债联动"等创新合作，提供综合性科技投融资服务。

第四，加强要素融合，进一步挖掘科技保险发展内涵。

实施科技保险风险补偿。通过分担保险机构的承保风险，鼓励和支持保险机构缓释科技型企业创新创业过程中的风险。贯彻落实《江苏省科技保险风险补偿资金实施细则（暂行）》（苏财教〔2015〕243号），实施科技保险保单赔付风险补偿，对产品质量险、产品责任险、小额贷款保证保险等险种给予风险补偿。

创新科技保险产品。积极引导保险公司创新科技保险产品，为科技型企业、科研项目、科研人员提供全方位保险支持。加强知识产权保险业务创新，推广小额贷款保证保险运用于科技贷款融资，降低科技型企业融资门槛。推动设立科技保险"共保体"，形成支持科技型企业发展的合力。

创新保险资金运用方式。探索保险资金以股权、基金、债权、资产支持计划等形式，直接支持科技项目和科技型企业发展。在科技保险创业投资基金试点的基础上，进一步通过政策性参股引导，风险补偿配套支持，吸引更多保险资本参与设立科技保险创业投资基金，为科技型企业提供"投保贷"结合的增量融资资金。

加大科技保险费补贴力度。完善科技保险费补贴的分类补贴机制，加强创新险种的推广，对科技型企业通过保险机构购买科技保险险种所产生的科技保险费用给予部分补贴。对重点创新型企业购买的创新险种加大补贴力度。

第五，创新金融工具，进一步拓宽科技型企业融资渠道。

发展科技融资租赁。实施科技融资租赁风险补偿，对合作融资租赁公司为苏州市科技型企业提供的用于科技研发和创新创业的设备、器材、资金等所发生的损失进行补偿。开展科技融资租赁融资费用补贴，促进科技型企业融资融物。

探索应用各类金融工具。提高科技型企业直接融资比重，鼓励企业拓宽债券融资渠道，积极支持科技型企业"登陆"多层次资本市场。进一步发掘科技型企业股权、知识产权和创新能力的融资价值。探索金融科技在融资服务领域的应用，为科技创新创业提供有效支撑。

第六，完善服务体系，进一步夯实科技金融创新融合基础。

深化科技金融工作协调机制。建立科技金融工作协调机制，定期就科技金融工作进行磋商讨论，明确分工，落实责任，实施绩效考核。各地区、部门要根据各自职能，通力配合，加快实施，共同营造全市科技金融协调发展的良好环境。

加强科技金融服务平台建设。完善苏州市科技金融备选企业库，完善科技信用体系建设，建立科技型企业分类评价机制。打造区域性科技金融服务平台，引导银行、保险、担保、创投、科技小贷、融资租赁、科技金融中介等机构资源向平台集聚。运用人工智能、大数据等技术手段，推动科技金融供需双方依托科技金融服务平台开展对接交流，满足科技型企业全方位、多层次、个性化的融资需求。

2020年1月3日，苏州"开放再出发大会"发布2020年1号文件《中共苏州市委　苏州市人民政府关于开放再出发的若干政策意见》，其明确提出30

条政策意见，以推动金融科技发展，具体包括：

第一，支持企业利用境内外资本市场做强做优，对在境内外资本市场实现IPO的企业，给予不少于300万元的奖励。

第二，加大外资持牌金融机构招引，支持境外金融机构在苏设立法人机构。

第三，完善地方金融科技产业生态，建设金融科技开发平台、测试平台、监管沙盒试点，引进境内外金融科技龙头公司，创设金融科技实验室。

第四，建立投贷联动合作机制，通过信息共享、优化服务、政策支持，吸引头部创投机构，打通投资机构和银行之间的合作通道，提高创新型企业多元化融资发展活力。

第五，在税收优惠、绩效奖励、风险补偿、融资补贴、退出机制等方面加大政策扶持力度，鼓励境内外创投资本投资苏州创新创业企业。

相信南京、苏州这些城市的金融科技政策与建设近况能够为江苏省未来的金融科技规划、建设提供借鉴。

第6章
未来江苏金融科技发展展望

6.1 金融科技发展展望

21世纪初，互联网大潮席卷各行各业，零售、餐饮、出行、文娱等产业相继完成互联网改造，线上场景愈发兴盛，人们开始对线上金融有所需求。而金融业，一直处于国民经济的金字塔尖，对实业新趋势选择"视而不见"，其线上化动力不足。因此，导致线上金融严重滞后于线上场景，线上场景方趁虚而入，开启了场景自金融探索，于是互联网金融崛起了。

从2004年的第三方支付，到2007年的P2P，再到2010年的电商小贷，甚至2013年的宝宝理财，其钻了传统金融的管理漏洞，在市场缝隙中萌芽、壮大。如图6-1所示，以第三方支付为例，其市场规模从2009年的0.54万亿元增至2018年的190.50万亿元，年复合增长率高达92%。高速增长的数据背后，人们的支付方式和生活习惯正在发生改变，而这从方方面面影响着整个商业领域的线上化变革。

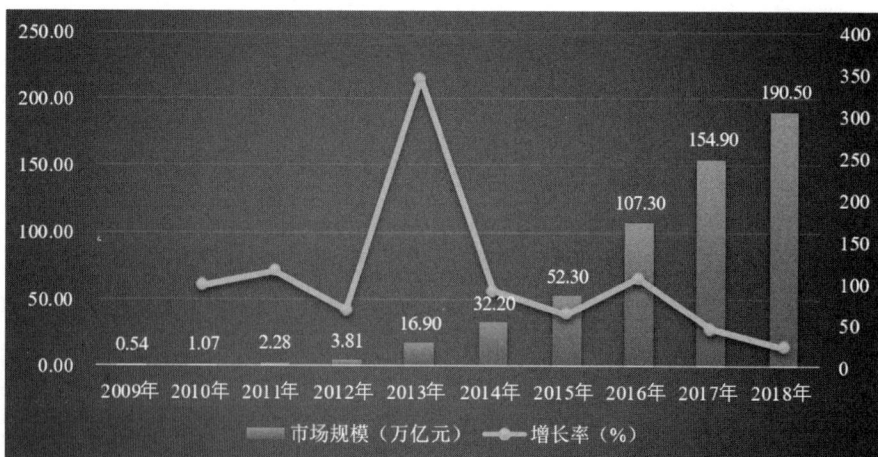

图6-1 第三方支付市场规模

资料来源：中国人民银行，苏宁金融研究院

2016年，互联网金融开始实施强监管，以《互联网金融风险专项整治工作实施方案》发布为标志，集中整治拉开大幕。2017年，传统金融亦开始实施强监管，为切断传统金融与互联网金融之间的传染链条，地方股交所/金交所成为监管重点，各大互联网平台下架各类金交所合作产品。互联网金融与传统金融，在监管压力下，相继走上转型发展之路，金融科技乘势而起。

对于互联网金融而言，2019年是个关键节点，因为防范化解重大金融风险攻坚战收官在即，各项整治工作须加速推进，行业开始加速分化。与此同时，宏观行业环境也在发生重要变化。除经济下行压力外，中国移动互联网的人口红利也基本用尽，整个行业陷入"获客难、获客贵"的困境。根据Quest mobile发布的《2019年中国移动互联网秋季大报告》，如图6-2所示，截至2019年9月，中国移动互联网月活跃用户为11.33亿人，1—9月用户增长了238万人，增长率仅为1.3%。而2018年同期的增长数量是4 607万人。

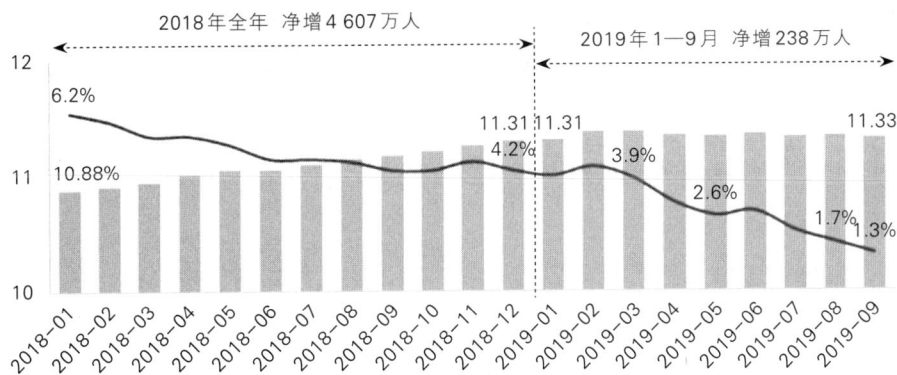

图6-2 中国移动互联网月活跃用户规模（亿人）

资料来源：Quest mobile，苏宁金融研究院

面对各种内外部挑战，在持续发力金融科技的基础上，互金平台加速合规转型，积极布局海外市场；有关监管部门也出台了一系列政策措施，以破旧立新，为行业发展确定规则、指定方向。

6.1.1 强监管下，行业发展回归常态

2019年，"建立长效机制，防范化解风险"仍然是监管机构的工作重点。针对在行业中存在的非法放贷、高利贷、暴力催收、侵犯公民隐私等问题，监管机构持续发文，强化监管，以切实维护消费者合法权益。

强监管下，互联网金融"野蛮生长"的时代落下帷幕，随着合规经营成为新常态，行业发展呈现新特点。

第一，监管持续趋严，持牌经营成为常态。随着放贷、催收、个人信息保护等监管措施的陆续出台，行业监管持续趋严。持牌经营成为开展金融业务的前提和常态，而无牌照的互联网流量平台只许导流，不能兜底风险。

第二，行业日趋成熟规范，互联网成为标配。互联网技术对提升金融服务质量的作用得到业界的广泛认可，无论是互联网机构的金融化，还是金融机构的互联网化，互联网金融逐步成为标配，渗透到百姓生活的方方面面（如扫码支付、在线借款、信用支付等）。

第三，聚焦小微，回归本心。2019年两会后，国家给出明确信号，聚焦小微企业融资的突出问题，下大力气解决中小企业融资难、融资贵的问题。随后，银保监会在《关于2019年进一步提升小微企业金融服务质效的通知》中提出，对银行业金融机构扶持小微企业的具体要求。然而，仅靠国有银行等传统服务还远远不够，多管齐下，特别是发挥民间资本力量成为重要途径。

互联网金融是对传统金融的有效补充，应充分发展金融科技，利用人工智能、大数据等前沿技术，有效降低普惠金融的服务门槛，提升服务效率，增强中小微企业在融资需求方面的获得感。

以苏宁金融为例，2015年来，苏宁金融将人工智能、区块链、云计算、大数据、物联网（ABCDT）等金融科技技术，运用到苏宁零售O2O生态的B端金融领域，为小微企业客户提供包括融资、支付、保险、理财等在内的一揽子服务。截至2019年，苏宁金融累计为全国范围内超过30万家小微企业及个体工商户提供了价值千亿元的融资支持。

6.1.2 金融科技发展步入新纪元

金融科技具有工具属性，其本身是中性的，运用不当会带来风险隐患。2019年，金融科技领域防风险更多地从底层着手，如以大数据产业强监管为抓手净化数据土壤，出台《金融科技发展规划（2019—2021年）》强调产业层面的统筹引领作用，不断夯实征信基础设施，推动金融机构设立金融科技子公司等，以攻为守，扶优限劣，在产业层面持续推动科技向善，助力金融服务实体经济。

经过近3年的集中清理整顿，互联网金融领域的风险防范基本告一段落，目前仅有P2P、现金贷等特定领域仍在清理过程中。P2P以清退为主，以帮助P2P平台转型助贷和小贷公司；现金贷领域则持续强化定价监管和催收监管，以持牌经营为抓手，持续清退无证放贷机构和非法放贷行为，并取得了较好的效果。

2019年8月，《金融科技发展规划（2019—2021年）》的出台，明确了科技创新的边界和发力方向，并提出了16字原则，即"守正创新、安全可控、普惠民生、开放共赢"，其尊重科技发展的开放性，引导创新资源重点发力普惠民生领域。

从某种意义上说，上述规划的出台标志着金融科技行业的发展步入新阶段，而中国版监管沙箱的落地，则意味着监管部门已着手解决金融科技创新与风险的平衡难题，从机制体制方面为金融科技长远发展保驾护航。

2019年12月，在央行指导下，北京宣布启动金融科技创新监管试点。中国人民银行营管部会同北京金融局、中关村管委会、西城区和海淀区政府组成工作组，以制订试点方案，组织试点项目的申报和遴选，最终有46个金融科技项目获国家六部委批复成为试点，且涉及参与的机构和企业有77家，标志着中国版监管沙箱的落地。

6.1.3 行业创新，依旧层出不穷

2019年，互金机构加速B端转型，发掘B端风口，在B端支付、小微金融等领域取得了积极进展。

在支付行业，刷脸支付迎来大爆发，2019年成为"刷脸支付元年"，中

国银联、支付宝、微信支付、苏宁支付、度小满支付等机构纷纷入局刷脸支付市场。相比于目前占据主流的条码支付方式，刷脸支付基于生物识别技术确认用户身份，安全性更具保证。同时，刷脸支付不再需要介质，用户可获得极其便捷的支付体验。当然，与其相伴的，还有不断出现的安全隐患，如信息泄露、资金安全、算法漏洞、假体攻击等，其所带来的风险也制约着刷脸支付的普及。2020年1月，中国支付清算协会出台的《人脸识别线下支付行业自律公约（试行）》，向市场发出了积极信号，即在规范有序的前提下，刷脸支付未来的发展不可限量。

Libra 的推出，加速了中国版数字货币的出台，并再次掀起区块链创新热潮。Facebook 推出 Libra 之后，剑指全球货币市场，并在全世界掀起广泛讨论。随后在 2019 年 8 月，中国人民银行支付结算司副司长穆长春指出，央行数字货币已经呼之欲出。之后，更有媒体报道数字货币已经进入闭环测试阶段。

虽然央行的数字货币不一定采用区块链技术，但其再次引发了市场对于区块链技术的关注，在国家发声旨在推进区块链的发展后，区块链技术愈发成为全民话题。未来，区块链研究将基础化、核心化、标准化，应用方面将在实体企业、商业流通、民生、智慧城市等众多领域率先落地，"区块链+"将与新技术在各领域深度融合，以全面提升社会效益。

6.1.4　布局海外，拓展跨境市场

2019 年，国内互金市场呈现"竞争加剧，市场饱和"的趋势，一方面，"赛道"进一步变窄，基于监管的要求，部分业务因为合规性问题不得不退出市场；另一方面，"选手"增加，除了蚂蚁金服、腾讯金融、苏宁金融等头部互联网金融公司提前布局外，今日头条、美团、滴滴等互联网巨头也纷纷在此布局。在如此大环境下，输出在国内市场发展中积累的技术和经验，布局海外市场，成为头部互联网金融公司的理性选择。

根据上述布局图（参见图6-3）可以发现，互金巨头海外扩张的过程具有以下三个特点：

一是集中布局发展中国家，互金巨头往往更青睐布局于东南亚各国、印度、俄罗斯等发展中国家。

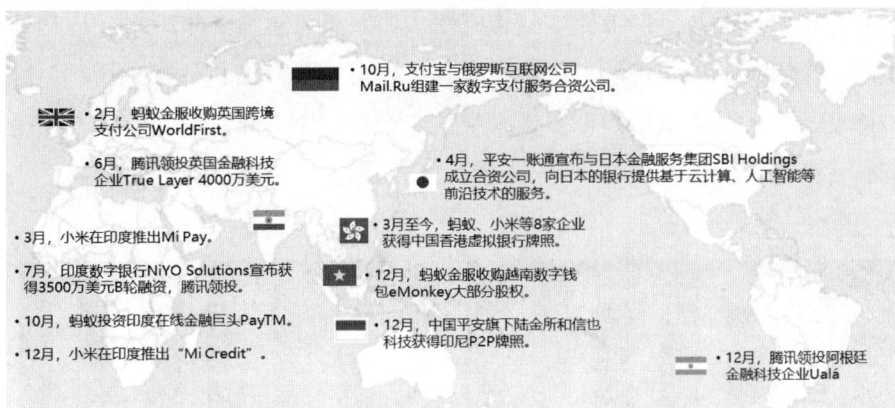

图 6-3　2019 年互金巨头海外扩张布局

资料来源：网络公开资料，苏宁金融研究院

二是以收购与投资为主。相比直接申牌，并购有利于迅速实现互联网金融服务的本地化，以在品牌形象、业务拓展、客户资源等方面更好地融入当地社会。

三是从业务角度看，无论是支付，还是借贷解决方案，或者金融科技，其基本上都是各互金巨头在国内成熟业务的延伸。

6.1.5　展望 2020 年：合规经营，机遇犹在

展望 2020 年，互金行业踏上新征途，步入新阶段，其可在以下几个方面寻找业务机会。

第一，流量变现，在资管蓝海中分杯羹。防范化解重大金融风险，取得阶段性成绩，在资本市场得到正反馈，2019 年，沪深 300 指数上涨 36%。2020 年伊始，虽然经历了新冠疫情的考验，资金面持续宽松，但资本市场依然火热，为"抗疫情，保经济"提供着源源不断的资金支持，大资管百万亿蓝海揭开序幕。基金代销、开户导流，将成为互联网机构流量变现的新渠道。

第二，场景分期，是值得深耕的万亿市场。过去两年，场景分期乱象不断，吓退不少金融机构。但有门槛是好事，跨越门槛就创造了壁垒，深耕场景，依旧值得期待。如图 6-4 所示，从居民贷款结构的角度看，中国居

民杠杆率快速提升，但主要是结构问题，而非总量问题。2020年，从总量上看，个人贷款仍将持续上行，但结构会发生显著分化。"房住不炒"，房市降温，为居民负债结构调整带来空间。房贷占比下降，消费贷款占比提升，将为消费金融场景分期带来丰富的机会。

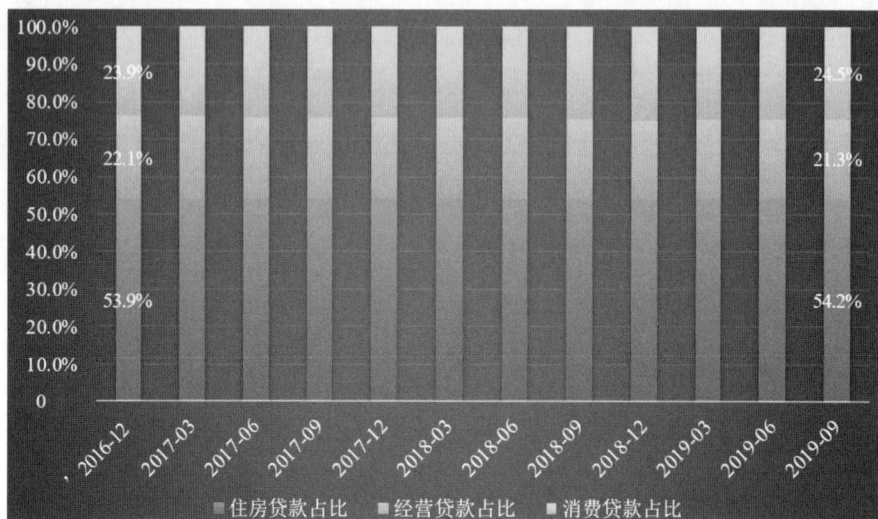

图6-4　中国居民贷款结构

资料来源：Wind，苏宁金融研究院

第三，把握不变的逻辑：得用户者得天下。在未来几年中，用户规模和黏性，依旧是互金机构竞争突围的胜负手。"得用户者得天下"，即持续做强做大用户，才有未来。如何在控制成本的前提下，高效率地提升用户规模和黏性，为客户提供高质量的互联网金融服务，是各机构的管理者需要思考的问题。

综上所述，2020年互联网金融领域，监管趋严，规范化、牌照化、合规经营成为常态。但发展的机会仍然存在，除了开发海外市场，在资管、场景分期、用户培养方面都蕴含着大量的机会，值得业内各个机构去挖掘深耕。

我们相信，行业未来会更好。

6.2 投融资热点和趋势

6.2.1 中国金融科技企业发展已成为全球资本关注的焦点

放眼全球，中国的金融科技市场正占据着越来越重要的地位。虽然与欧美等发达国家相比，我国金融科技起步较晚、基础相对薄弱，但是中国金融市场规模巨大，且传统金融机构转型升级的需求不断提升，为金融科技近年来的快速发展提供了良好的土壤。金融与科技的不断融合，也给中国金融科技企业带来了前所未有的发展机遇，其已逐步位于世界前列。

首先，从知识产权的排名情况来看。2020年1月，IPRdaily与incoPat创新指数研究中心联合发布"2019年全球金融科技发明专利排行榜"（TOP100）。该榜单对2019年公开的全球金融科技领域发明专利申请数量进行了统计和排名，入榜前100名的企业主要来自9个国家或地区（如图6-5所示），且其集中分布在中国和美国，其中中国企业占比达到48%，已遥遥领先于美国。苏宁金融作为江苏省优秀的金融科技企业代表，其全球排名第54位。

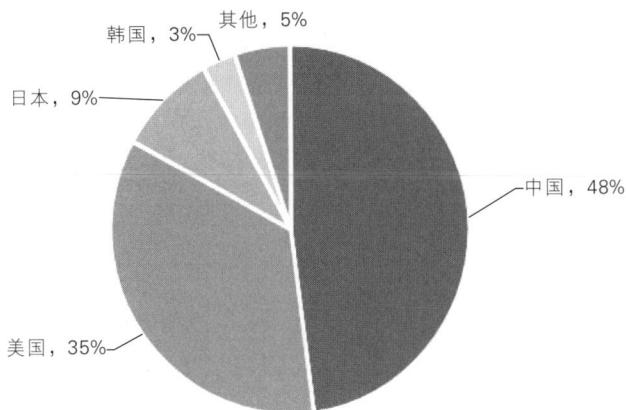

图6-5 "2019年全球金融科技发明专利排行榜"前100名企业的地域分布情况

资料来源：IPRdaily、incoPat

其次，从全球金融科技企业的投融资情况来看。据统计，全球范围内金融科技企业的融资笔数和融资金额均呈现较为明显的增长趋势（参见图

6-6；其中，若剔除2018年蚂蚁金服140亿美元的融资，2019年融资金额较上年仍提升了29个百分点）。根据毕马威有关统计，2014年，中国金融科技企业融资规模仅占全球的3.10%；但到2018年，中国金融科技企业融资规模已占全球的16.40%，增速远超欧美等国家和地区（参见图6-7）。

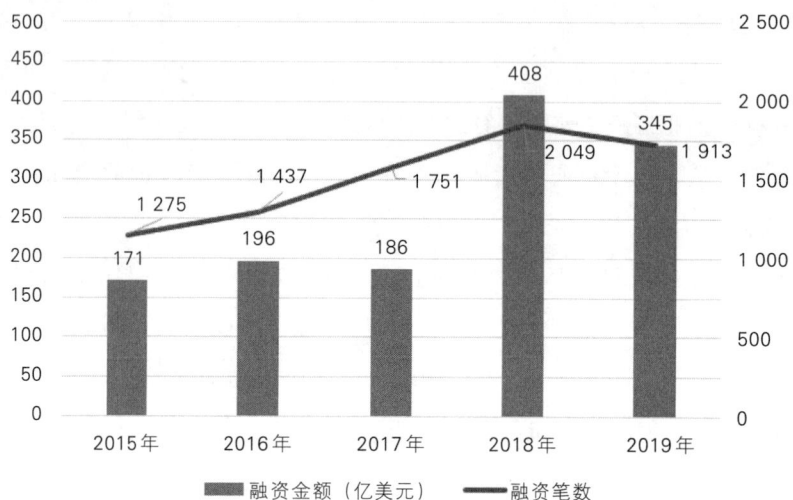

图6-6　全球金融科技企业融资情况统计

资料来源：CB Insights

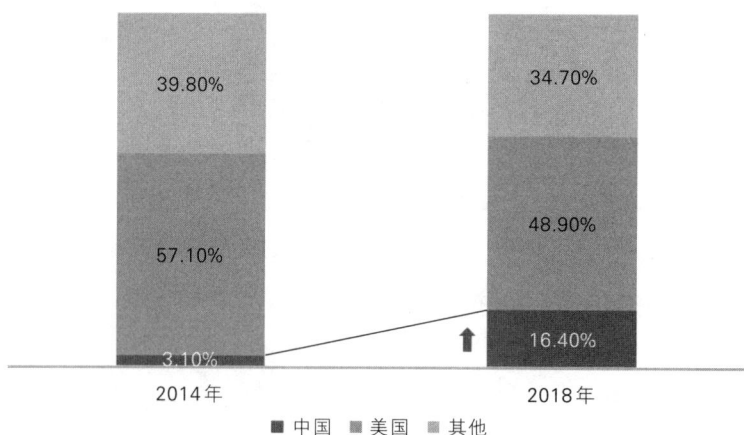

图6-7　2014年、2018年全球金融科技投资地域分布情况

资料来源：*The Pulse of Fintech H1 2019*

值得一提的是，在毕马威公布的2019年全球金融科技公司百强名单中，排名前10位中有3家为中国企业，且中国企业已连续两年居于榜首。

此外，根据CB Insights对全球金融科技独角兽企业的最新统计，中国企业表现抢眼（参见图6-8）：全球10亿美元估值以上的金融科技企业共67家，中国有5家，占比达到7.50%；从估值规模来看，全球67家金融科技独角兽企业估值合计为2 446亿美元，其中中国企业估值合计为453亿美元，占比达到18.50%。

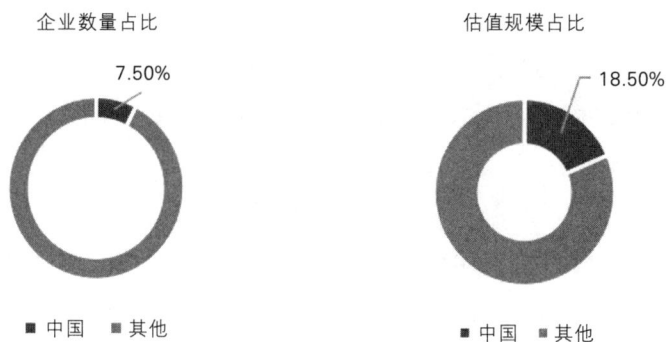

图6-8　中国与其他国家金融科技独角兽企业情况

资料来源：CB Insights

6.2.2　中国金融科技企业的投融资热点及趋势

1）受经济环境及政策监管趋严影响，整体有所放缓

近年来，资金、牌照、业务、渠道等方面的监管新规纷纷出台，如全面严格监管互联网金融，专项整治P2P网贷风险，重点打击暴力催收、非法侵犯公民个人信息的乱象等。近年来，尤其是2019年，金融科技领域的投资较过去几年有一定程度的放缓（参见图6-9）。

2）新兴前沿技术领域的投资仍然保持活跃

从金融科技领域不同板块投融资情况来看，资本市场对于网络借贷、网络理财等类金融平台的投资兴趣大幅下滑，而对于人工智能、大数据、云计算、物联网、区块链等前沿技术领域的投资仍然保持活跃。

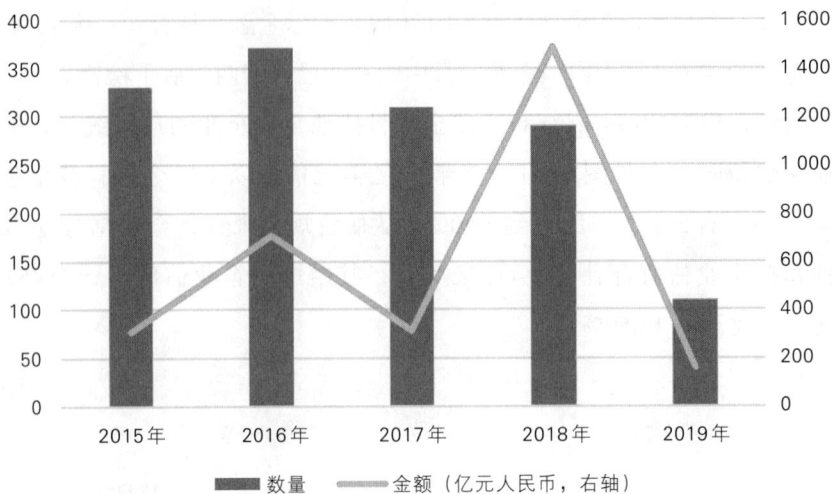

图6-9 金融科技领域整体投资情况统计（2015—2019年）

资料来源：IT桔子

具体来看（参见图6-10），过去5年中，其投资热点主要集中在金融信息化、网络借贷、信用及征信等领域。其中，信用及征信、虚拟货币成为2018年最受投资人关注和追逐的热点；而网络借贷、网络理财等传统金融类业务的投融资活跃度下降幅度最大。

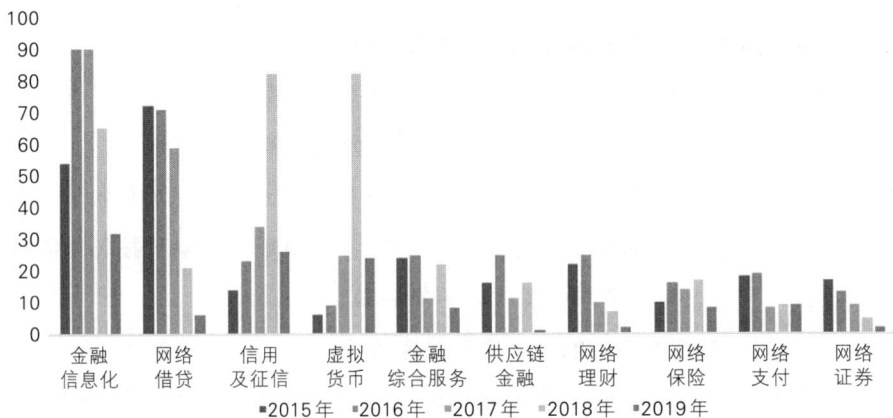

图6-10 金融科技不同领域投资情况统计（2015—2019年）

资料来源：IT桔子

此外，近年来由于人工智能、区块链、云计算、大数据等新技术的兴起，以及人们对行业的理解愈加深刻，前沿技术在金融行业不同垂直领域的应用也在不断深入、不断渗透，这为金融企业提供了更大的业务价值。因此，前沿科技领域的金融科技投资也较为活跃（参见图6-11、图6-12）。

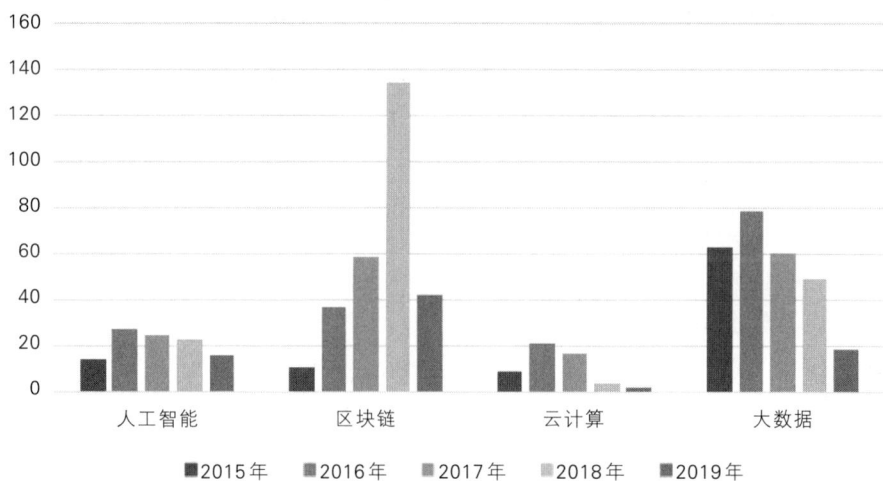

图6-11　前沿科技领域的金融科技投资情况统计（融资笔数）

资料来源：IT桔子

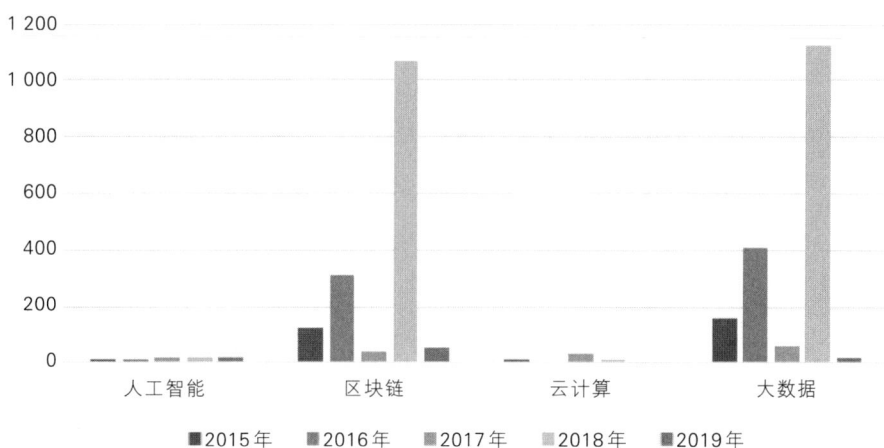

图6-12　前沿科技领域的金融科技投资情况统计（融资金额，亿元）

资料来源：IT桔子

总体而言，近年来，随着国家对互联网金融严监管的实施，资本市场对于金融相关领域的投资偏好已经明显分化，即侧重金融业务投资的更加看重合法合规的牌照资源，而侧重对科技能力投资的更加看重科技创新能力在金融领域的应用，且更加关注前沿技术与金融行业的融合。

3）整体来看，行业处于市场培育阶段，以早期投资为主

从投资阶段来看，虽然我国金融科技企业近几年开始快速发展，但其整体仍处于市场培育阶段，且相关领域的投资也以早期投资为主（参见图6-13）。这也意味着其行业未来的发展前景可期，其具有较大的投资价值。

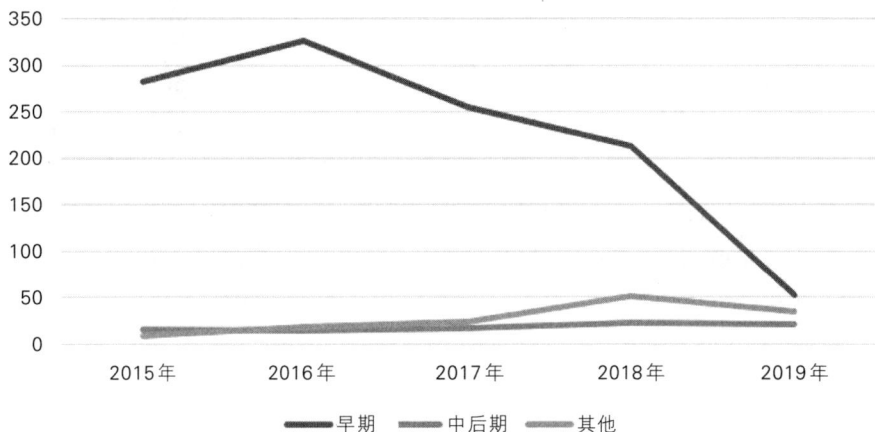

图6-13　金融科技行业投资的阶段分布情况（2015—2019年）

注：早期投资包括天使轮、A轮、B轮，中后期为C轮以后，其他主要为战略投资。

资料来源：IT桔子

4）中国金融科技企业平均估值保持上升趋势

从金融科技企业的估值变化情况来看，企业平均估值水平不断上升，反映出市场对于金融科技领域的未来发展信心坚定。

从统计数据来看（参见图6-14），200亿元以上的高估值金融科技企业占比有所提升，而低于10亿元的企业数量占比不断降低。分析其主要原因，在于前期不断积累人才、技术、资本等资源，行业头部企业的竞争力不断

提升，而这些企业也更容易获得资本青睐。

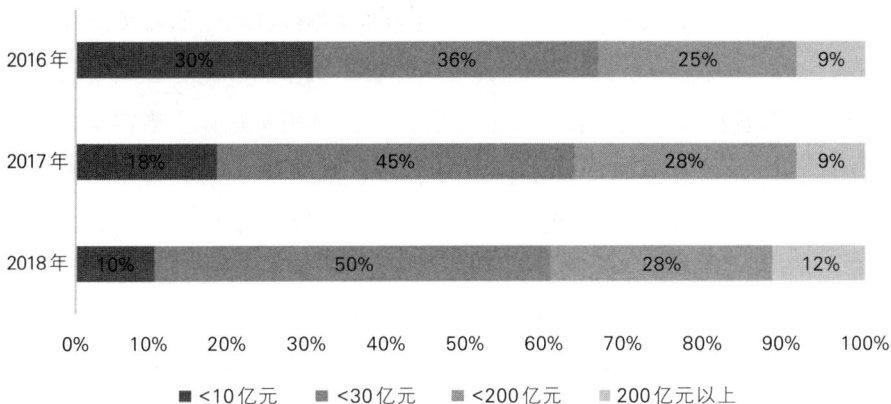

图6-14　中国金融科技企业估值分布（2016—2018年）

资料来源：艾瑞咨询

根据艾瑞咨询的统计，从金融科技企业的平均估值水平来看（参见图6-15），中国金融科技企业的平均估值从2017年的73.20亿元上升至2018年的91.30亿元，平均估值提升了约18亿元，这体现了在整体资本市场趋冷的大环境下，金融科技领域仍然是资本市场投资者青睐的热点之一。

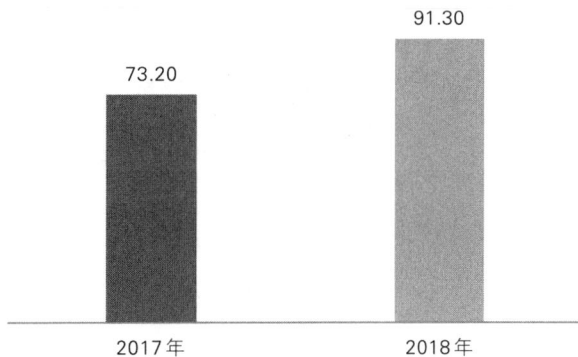

图6-15　2017—2018年中国金融科技企业平均估值（单位：亿元）

资料来源：艾瑞咨询

5）从政策及国外市场经验来看，监管科技的蓝海市场预计将成为下一个重要的投资热点

一方面，从政策角度来看，一系列鼓励监管科技发展的政策规定陆续发布，这将为监管科技的发展提供强有力的推动作用。央行在2017年5月成立了金融科技委员会，旨在将强化监管科技应用实践作为丰富金融监管的重要手段，并在同年印发了《中国金融业信息技术"十三五"发展规划》，提出要加强金融科技和监管科技的研究与应用。2019年8月，央行正式披露的《金融科技（FinTech）发展规划（2019—2021年）》更从顶层设计的角度，明确将"加大金融审慎监管力度"作为六大重要任务之一。央行指出，虽然我国在金融科技方面已具备一定基础，但也要清醒地看到，金融科技的快速发展促使金融业务边界逐渐模糊，金融风险传导突破时空限制，给货币政策、金融市场金融稳定、金融监管等方面带来全新挑战。金融科技、金融监管科技，将成为防范金融风险的新利器。

另一方面，从国外市场发展的经验来看，与以美国、英国监管科技企业为代表的金融业发展成熟度高的企业相比，中国的监管科技企业起步晚、数量少，2013—2017年，美国以外地区全球监管科技融资企业分布中（见图6-16），中国企业占比仍不足4%。此外，金融科技在业务中的逐渐应用使传统的监管模式无法满足监管需求，因此监管升级迫在眉睫。

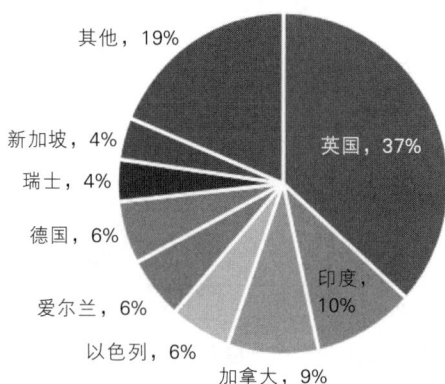

图6-16　全球监管科技融资企业分布（除美国外，2013—2017年）

资料来源：艾瑞咨询

6）不同类型主体各有特色，未来趋向融合发展

从主体类别来看，不同类型主体的金融科技演进路线各有特色，但整体来看，其未来趋向融合发展，其中三类主体更容易受到资本青睐，即科技创新转型的传统金融机构、新兴的综合型金融科技企业、领先的基础技术服务商。

首先，近年来，传统金融机构纷纷加大科技投入，其科技创新转型不断加速，纷纷成立金融科技子公司，形成"金融牌照+金融科技"的业务布局；金融科技子公司基于内部业务经验积累，对外开放同业赋能，为金融机构提供行业解决方案。

其次，蚂蚁金服、腾讯金融科技、苏宁金控集团、度小满等依托阿里、腾讯、苏宁、百度的流量平台，自创始之初即以"科技金融"或"金融科技"的定位切入，以为传统金融机构提供金融产品解决方案赋能为基础，逐步通过自身牌照布局打造综合型金融科技集团。

最后，面向金融机构提供IT系统服务的传统技术服务商，依托深耕行业积累的丰富行业客户资源，及时调整公司战略方向，加大对于人工智能、大数据、区块链等前沿技术的研发投入，其通过技术升级迭代，也有望成为金融科技行业的龙头企业。

6.3 江苏金融科技向何处去

全篇报告至此，已经接近尾声。江苏省制造业规模连续9年位列全国第一，金融业规模也位居全国第二，江苏省金融业集聚程度亦居全国第二。有这样坚实的基础，江苏省金融行业和实体经济结合得非常紧密，其金融科技具备非常有意义和广阔的发展空间。近几年，江苏省金融科技，紧密围绕服务实体经济的使命，建立了比较完整的金融科技生态，如小微金融科技、供应链金融科技、消费金融科技、证券科技、保险科技、监管科技等。涌现出一批掌握核心金融科技、有差异化特色的金融科技公司和金融机构。

消费金融科技方面，消费金融是金融科技应用最彻底的业务领域，贯穿获客、风控、催收、客服等全流程。消费金融科技已经形成了相对成熟

的产业链，各类机构间分工协作、优势互补，共同推动消费金融科技从单体竞争走向生态竞争。江苏金融资源丰富、科技能力突出，在消费金融生态建设优化方面具有广阔的发展空间。

小微金融科技方面，融合公共数据的小微金融科技也将进一步发展，护航小微金融业务向更深、更广的市场发展。各家金融机构的小微风控技术将从通用评分卡走向场景化数据风控模型，并基于司法、社保、工商、税务、海关、电力和电信等数据，在各种场景下开发场景化的小微风控模型。

企业征信方面，江苏省企业征信能力有了明显提高，开始出现覆盖全省、汇聚跨金融机构数据的企业征信公司，比如江苏省联合征信有限公司；也有着像企查查、苏宁金融多普勒企业风险预警系统等优秀的企业风险监控产品，这对于金融机构更好地基于数据做好小微企业金融服务提供了重要支撑。

物联网金融方面，江苏将进一步扩大在物联网金融领域的发展态势，未来其一方面，将继续深化在新场景供应链金融中的应用，比如农村金融、零售金融；另一方面，其开始进入保险行业，以促进保险从无形向有形转化，并开发面向实体经济场景的个性化保险产品，通过物联网提升保证保险和监管责任人保险的安全性。

金融 AI 方面，将全面提升江苏金融业务的效率，提升线上金融服务能力。智能营销将在线上贷款、证券、保险中得到更进一步的应用，以帮助中小金融机构进行自动化、智能化、精准的流量经营。另外，金融 AI 将加快和金融业务系统的融合，提升金融服务的效率，提升客户贷款业务的体验，比如迪普思数据科技的数字化员工产品、小 V 智能客服技术等。金融 AI 也将进入 IT 运维、数据治理、流程治理等层面，以切实提升后台运维效率。

区块链方面，江苏已经在供应链金融、小微企业融资、资产管理等方面落地了十多个非常务实的场景，也拥有自己的区块链 BaaS 平台。未来，江苏不仅会继续深化场景应用，也将在跨链、共识算法、加密算法、分布式账本等基础技术领域中不断突破和布局知识产权，以占领区块链技术的高地。

　　寄语洛城风日道，明年春色倍还人。江苏金融科技的发展是务实的，也是创新的。在《金融科技（FinTech）发展规划（2019—2021年）》的指导下，2020年，江苏金融科技将继续创新探索，以科技之力推动金融行业转型，以科技之力促进普惠金融发展。

第7章

江苏省金融科技大事记（2019）

1月　南京市焦点互联网科技小额贷款有限公司用户画像基础平台全面升级，提供定制化、精准化、智能化服务，为获客、风控提供更加有效的科技支持。

1月29日　紫金信托有限责任公司自主开发的"紫金信托–紫金小程序PMS"（V2.7.0）获得中国国家版权局颁发的《计算机软件著作权登记证书》。

2月　江苏省综合金融服务平台注册企业超过10万家。从江苏省地方金融监管局获悉，截至19日，江苏省综合金融服务平台注册企业超过10万家，达103 071家，上线金融产品865项，发布融资需求6 343.9亿元，解决需求6 041.5亿元，企业融资需求满足率超过95%。从行业大类来看，制造业融资需求最为旺盛，注册企业数量17 138家；紧随其后的是批发业和零售业，注册8 613家；排在第三位的是建筑业，有2 447家；随后是科学研究和技术服务业、住宿餐饮业、居民服务修理和其他服务业、软件和信息技术服务业。

3月　苏州银行股份有限公司启动小苏云扩容建设项目，搭建小苏云容灾测试环境。

3—7月　华泰证券股份有限公司先后在上海、深圳、广州、北京举办了四场以"人与科技的融合协同，我们与客户的共同成长"为核心理念的科技博览会，集中展示公司近年来在金融科技领域自主开发的近20项前沿数字产品、发布HUATECH机构客户数字服务体系，以开放的平台持续向客户和市场赋能。

4月1日　东吴证券成功上线全国产化、独立自主产权的全业务、全内存新一代核心交易系统A5，在券商行业首次实现彻底打破在核心技术和数据库领域对国外软件厂商的依赖。

5月6日　紫金信托有限责任公司自主开发的"紫金信托–远程双录系

统"（V1.1.0）获得中国国家版权局颁发的《计算机软件著作权登记证书》。

6月14日 江苏省联合征信有限公司召开发起人大会暨第一次股东会，省地方金融监管局钱东平副局长应邀出席会议。大会审议通过了《发起人协议》《公司章程》等文件，并选举产生了公司第一届董事会、监事会。会上，钱东平副局长发表讲话，对省联合征信公司班子提出了"不忘初心创新业、团结一致建队伍、时不我待争一流"三点要求，期望公司做好金融人才、科技人才两个队伍建设，争创全国一流的征信企业。

6月28日 东吴证券、上海证券交易所信息网络公司、上海证券交易所技术公司、北京大学、复旦大学以及数家券商技术负责人在苏州召开证券业存证联盟链内部研讨会，探讨上证信息和东吴证券合作开发的证券业日志审计联盟链解决方案的价值和推广可行性，东吴证券也是行业唯一的上交所区块链联合开发单位。

6月29日 南京工业大学互联网金融科技研究中心主任赵成国老师主持的项目："互联网金融市场风险形成机理与协同监管机制研究"，获江苏省教育厅2019年度江苏高校哲学社会科学研究重大项目立项，批准号：2019SJZDA063。

8月20日 开鑫金融科技服务江苏有限公司荣登由工业和信息化部网络安全产业发展中心（信息中心）、江苏省互联网协会联合发布的"2019江苏省互联网企业50强榜单"，成为入榜的唯一一家金融科技企业。

9月 江苏银行股份有限公司强力推出直销银行5.0版本，秉承"快乐很简单"的理念，打造智能、敏捷的线上金融服务平台，从客户体验、系统功能、智慧场景等多方面实现了全新突破升级。

9月 苏州紫光数码互联网科技小额贷款有限公司面向紫光数码供应链合作伙伴推出的线上自营金融平台已在互联网平台上线。初期采用白名单客户邀请制度，为优质供应链伙伴提供优质、便捷的金融服务。目前上线产品主要服务于IT渠道客户，有针对性地满足渠道客户解决其特有的金融需求。未来将开发更多产品，以满足供应链上下游不同类型客户的不同需求。

9月 江苏银承网络科技股份有限公司创始人兼CEO曹石金荣获"全球

科技创新奖"。

9月11日　江苏省农村信用社联合社主机系统查询应用下移投产上线，这是行业内首家采用OGG12.3版本同步工具进行的主机同步下移，日间联机交易同步平均延时时间不到1秒，为使用大型主机的商业银行降低主机资源消耗提供了一套成熟的、可借鉴的模式。

9月19日　江苏金盾检测技术有限公司为苏宁银行提供网络安全培训，培训对象覆盖各个业务处室。通过此次培训，不仅能够提升单位整体网络安全意识，更能深入地理解网络安全带来的风险，了解相应的安全预防、处置措施，为今后的工作实践打下良好基础。

10月　江苏银承网络科技股份有限公司旗下平台同城票据网入选"2019江苏省互联网平台经济'百千万'工程重点企业"。

10月　苏州银行股份有限公司启动手机银行5.0建设。

10月21日　开鑫金融科技服务江苏有限公司入选由江苏省商务厅、省工业和信息化厅、省生态环境厅、省住房城乡建设厅、省农业农村厅、省地方金融监管局等部门联合开展的"江苏省首批供应链创新与应用重点培育企业"名单。开鑫金服运用自身金融科技（X-LINE供应链金融系统、鑫云大数据系统、灵析风控系统），把金融和产业链接起来，疏通中小微企业融资路上的堵点，助力省内供应链金融的发展。

10月29日　江苏金盾检测技术有限公司为中国农业银行江苏分行全员提供网络安全培训，内容包含网络安全等级保护2.0、网络安全意识等，通过此次培训，了解国家信息安全相关政策、法规，深入理解信息安全等级保护制度，熟悉等级保护中各个环节的工作思路和方法，能够组织开展好本单位等级保护工作，最终符合《网络安全法》和等级保护相关要求。

11月　华泰证券股份有限公司获得中国信通院所颁发的DevOps成熟度标准持续交付部分三级评估授牌，以及该标准技术运营二级评估授牌，成为全国证券行业首家同时通过持续交付和技术运营相关评估的企业。

11月1日　江苏苏宁银行股份有限公司凭借在金融科技上的发展成绩，斩获了2019"铁马"中小银行"最佳科技竞争力"奖。

11月17日　南京区块链产业应用协会成立大会在南京国际青年文化中

心举行,东南大学教授周勤当选南京区块链产业应用协会会长,吴清烈担任协会顾问。

11月21日 江苏省农村信用社联合社大数据服务平台准实时数据区投产上线,标志着江苏省联社的数据处理能力进入一个新阶段。

11月29日 江苏股权交易中心开发的证券江苏App2.0版发布,证券江苏APP对于江苏省在主板、中小板、创业板、科创板、新三板和江苏四板各板块挂牌交易和展示的企业实现了实时统计。此次新版本进一步优化了统计数据分析,增加了"新企点"资本市场学院和金融市场知识库功能,为江苏省企业尤其是上市后备企业和四板挂牌展示企业提供了线上的专业培训和学习机会。

12月 江苏苏宁银行股份有限公司"基于大数据分析的金融风控应用"和"人脸识别线下支付安全应用"两项目入选中国人民银行等六部委的金融科技应用试点,成为全国民营银行序列金融科技应用获批试点项目最多的机构。

12月 华泰证券股份有限公司基于FPGA的高速行情解决方案将交易所原始行情处理的速度从毫秒级,提高到了微秒级。月底"涨乐财富通"月活数已突破770万人,位居证券公司类App第一名。

12月 江苏银承网络科技股份有限公司旗下平台同城票据网全年撮合融资金额6 939亿元,撮合融资笔数244万笔,全年为企业节约财务融资成本14亿元。

12月 苏州银行股份有限公司与苏州市园区管委会合作共建园区金融科技创新中心,打造园区金融科技新业态。

12月12日 在《金融时报》(由中国人民银行主管)主办的"2019中国金融机构金牌榜·金龙奖"评选中,江苏苏宁银行股份有限公司荣获"2019年度最佳金融科技创新中小银行"奖,成为首家开业未满三年便斩获该奖项的银行。

12月12日 由《中国银行保险报》主办的"2019中国保险信息技术年会"在海南省海口市举行。紫金财产保险股份有限公司"数字营销平台"荣获"2019中国保险业信息化优秀案例奖"。

12月12日　在《中国银行保险报》主办的"2019中国保险信息技术年会"上，利安人寿保险股份有限公司"智能柜面项目"荣获"2019保险业信息化年度优秀案例"。

12月20日　开鑫金融科技服务江苏有限公司整合政产学研资源，成立开鑫金融科技研究院，致力于打造江苏金融科技发展的"智囊团"。

12月20日　独立自主知识产权的证券行情交易App版本开发完成，完全自主研发、掌握核心技术、能快速响应业务需求，是东吴证券在研发领域又一重大突破。